El pensamiento cristiano revolucionario en América Latina y el Caribe

Samuel Silva Gotay

El pensamiento cristiano revolucionario en América Latina y el Caribe

Implicaciones de la teología de la liberación
para la sociología de la religión

1989

Primera edición, 1981
Segunda edición, 1983
Tercera edición, 1989

Diseño de portada: Yolanda Pastrana Fuentes

©1989, Ediciones Huracán, Inc.
Ave. González 1002
Río Piedras, Puerto Rico

Impreso y hecho en los Estados Unidos de América/
Printed and made in the United States of America

Número de catálogo Biblioteca del Congreso/
Library of Congress Catalog Card Number: 88-80390
ISBN: 0-940238-97-7

Contenido

Dedicatoria 9

Reconocimiento 11

Presentación 13

Introducción 15

1. Las condiciones y los procesos históricos que hicieron posible el desarrollo de la teología de la liberación en América latina 29

2. La crisis teórica de las teologías europeas en América latina 73

3. Respuesta latinoamericana a la crisis teórica de la teología: recuperación de la historia real como lugar de la salvación 97

4. La revolución hermenéutica: recuperación de sentido histórico y liberador del reino de Dios en la literatura bíblica 137

5. Fe y política: el redescubrimiento de la dimensión política de la fe 183

6. Fe y ciencia: cambio en el punto de partida para la reflexión teológica y la incorporación de las ciencias sociales a la teología 203

7. Fe e ideología: la opción de la fe por los valores, intereses y el proyecto histórico y utópico del proletariado revolucionario 233

8. Hacia una ética cristiana de liberación: historización de los valores y politización de la ética 273

9. Conclusiones de este estudio y sus implicaciones para la sociología marxista de la religión 315

Bibliografía 371

Indice general 391

Dedicatoria

A la Jova, fiel compañera que compartió los desvelos y trabajos de esta obra, a David, a Fernando y a Carlos Iván, quienes toleraron este libro con infinita paciencia, y a mis padres, que me enseñaron a amar la justicia.

También va en homenaje a los 1.514 sacerdotes, pastores, religiosos, religiosas y laicos asesinados, apresados, perseguidos, secuestrados y enviados al exilio entre 1964 y 1978. Muy especialmente, a mi maestro, compañero y hermano Mauricio López, mártir de la iglesia de los hermanos en Argentina, quien fuera secretario para América latina de la Federación Universal de Movimientos Estudiantiles Cristianos, secretario del Departamento de Iglesia y Sociedad del Consejo Mundial de Iglesias y rector de la Universidad de San Luis al momento en que fuera secuestrado por los militares argentinos en represalia por su obediencia al evangelio; al hermano Oscar Romero, arzobispo de San Salvador, voz de los pobres y oprimidos en medio de la lucha por la liberación de El Salvador, asesinado en catedral el 24 de marzo de 1980 por las fuerzas de los terratenientes al servicio del imperialismo; y finalmente pero más sentido todavía, en homenaje a Augusto Cotto, hermano del alma que tanto me alentó en la investigación de este libro, profesor de teología, pastor bautista y ministro de relaciones exteriores de las fuerzas revolucionarias de El Salvador, y quien diera su vida por la liberación de sus hermanos este mes pasado.

San Juan, Puerto Rico
25 de octubre de 1980

Reconocimiento

Hemos de dar gracias a todos los amigos latinoamericanos que nos alentaron durante esta larga jornada investigativa, al Centro de Estudios Latinoamericanos de la UNAM —muy particularmente al maestro Leopoldo Zea, nuestro consejero—, a la Universidad de Puerto Rico por sus generosas concesiones de tiempo —en especial a la Oficina de la Coordinación de Estudios Graduados e Investigaciones y a las facultades de Ciencias Sociales y de Estudios Generales—, a los centros de estudios y documentación que nos facilitaron colecciones documentales aquí mencionadas —especialmente CENCOS, CIDOC, Centro de Estudios Socio-religiosos del Río de la Plata, al Seminario Bautista de México por su amistad—, a los bibliotecarios del Seminario Evangélico de Puerto Rico por su benevolencia y paciencia, al Fondo Mundial de Educación Teológica, por su aportación financiera para mis viajes de estudio a Perú, Bolivia, Chile, Argentina, Uruguay y Paraguay, a las tres personas que pasaron este documento a máquina en sus tres etapas de desarrollo, Jovita Caraballo de Silva, Zaida Sánchez y Sylvia Rodríguez. A todos aquellos que hicieron posible el que yo realizara esta investigación, debo y expreso mi reconocimiento. De las limitaciones que en este trabajo se encuentren, sólo yo soy el responsable.

Presentación

Esta obra fue presentada en 1978 para alcanzar el grado de doctor en Estudios latinoamericanos, en la facultad de filosofía de la Universidad Nacional Autónoma de México. Tuve el gusto de formar parte del tribunal en el momento de la defensa de esta investigación. No fue poca mi admiración, ya que no había estado en contacto con el autor en la elaboración de la misma, al considerar este trabajo único en su género. El autor estudia históricamente el desarrollo del pensamiento cristiano, sociológico y teológico, desde 1960 hasta 1973 aproximadamente. «Es en en esos primeros años estudiados aquí cuando se resuelven definitivamente los problemas metodológicos de la teología de la liberación». Y digo hasta 1973, porque todavía no se encuentra en esta obra el pathos de la derrota de Allende en Chile, no se vislumbra todavía una teología del cautiverio como la que Boff cultivará en Brasil.

Este trabajo histórico es único en su género, decimos, porque recoge el inmenso material de la producción sociológica y teológico cristiana de América latina en la década de la formación de lo que hoy llamamos teología de la liberación latinoamericana.

Una primera virtud de esta obra es la de haber recogido todo el material producido por pensadores protestantes. Samuel Silva Gotay, siendo él mismo protestante y actor en alguno de los acontecimientos relatados, nos ha dado una descripción amplia de las obras de las iglesias cristianas no católicas.

En segundo lugar, y es una ventaja de importancia, abarca el conjunto de las distintas corrientes y movimientos de pensamientos cristianos de la década del 60. Hay otros trabajos que sólo se vinculan a la teología católica, o a la teología de algún país. En esta obra encontramos, entonces, un horizonte mucho más amplio y explicativo.

Un tercer valor de este trabajo es el de haber incluido un capítulo sobre la exégesis en uso en el pensamiento cristiano revolucionario latinoamericano. Este aspecto de la reflexión latinoamericana ha sido por lo general poco tenido en cuenta. Hay muchos que piensan que deben comenzarse a realizar trabajos bíblicos en la línea de la teología de la liberación. El autor nos muestra teólogos y exegetas que ya han caminado largamente en esta vertiente.

No sin interés es también el haber dedicado una parte de su trabajo a la reflexión de la ética de la liberación. Es otro de los aspectos de la teología de la liberación que ya han sido expuestos, pero que por lo general se olvida en el relato de los trabajos de esos años.

El doctor Samuel Silva, además de ser miembro del Instituto de Estudios del Caribe, de la Universidad de Puerto Rico, es el coordinador del área del Caribe de la Comisión de Historia de la Iglesia en América Latina (CEHILA). Dentro de poco dará a luz el tomo correspondiente a las iglesias del Caribe, bajo su responsabilidad.

ENRIQUE DUSSEL

Introducción

La presencia de cristianos como Camilo Torres y docenas de clérigos que como él han dado su vida en el proceso de liberación de América latina en los últimos veinte años ha llamado la atención del mundo entero a un hecho inesperado: la existencia de un sector de «cristianos revolucionarios» en las iglesias cristianas de América latina, tanto católica como protestantes.

La presencia de esta nueva práctica política de los cristianos se dramatiza en dos acontecimientos significativos. El primero, la desafiante concepción de una nueva relación entre cristianos revolucionarios y marxistas revolucionarios, articulada por el premier cubano Fidel Castro cuando dice en Chile: «Nosotros vemos los cristianos de izquierda, los cristianos revolucionarios, como aliados *estratégicos* de la revolución». Estas fueron sus palabras ante universitarios de Concepción respondiendo a un militante del Partido Izquierda Cristiano[1]. Ante la pregunta de otro militante socialista sobre «lo estratégico», dice en la Universidad Técnica de Santiago:

> Entonces es muy correcta esa frase: lo que significa *estratégicamente* para la revolución el que los cristianos tomen conciencia revolucionaria... nosotros vemos el papel de los cristianos revolucionarios de la izquierda cristiana en ganar a esas masas numerosas de obreros, de campesinos, de estudiantes, de mujeres y hombres humildes del pueblo a la causa de los intereses de sus patrias, a la causa de los intereses de los humildes y explotados... Y por eso nosotros decimos que la alianza no era *táctica*, que no se trataba de la teoría de los compañeros de viaje *sino sencillamente de la alianza estratégica*[2].

1. *Habla Fidel Castro sobre los cristianos revolucionarios. Antología*, 42, 43. Las notas sobre las casas editoras de libros y artículos, y las fechas, volúmenes y países de los trabajos citados serán indicados en la bibliografía al final de este trabajo. Las excepciones serán en razón de lo que pueda aportar esa información al texto mismo en el momento en que se citan.
2. *Ibid.*, 46-48.

En su discurso de despedida en el estadio nacional de Chile dice que esa unidad entre los revolucionarios marxistas y los revolucionarios cristianos «no está fundada en oportunismos, sino en principios, no en ventajismos, sino en razones profundas, en convicciones». Termina diciendo que cuando se busquen «las similitudes entre los objetivos del marxismo y los preceptos más bellos del cristianismo, se verá cuántos puntos de coincidencia... Cuando se busquen todas las similitudes, se verá cómo es realmente posible la alianza *estratégica* entre cristianos revolucionarios y marxistas revolucionarios»[3].

El segundo acontecimiento que dramatiza esta presencia en el continente es la celebración del I Encuentro latinoamericano de Cristianos por el Socialismo, donde se reúnen por primera vez diversos grupos nacionales de sacerdotes, pastores, religiosos y laicos que luchan por la liberación y se pronuncian en favor del socialismo. Declaran en su *Documento final:*

> Los cristianos comprometidos con el proceso revolucionario reconocen el fracaso final del tercerismo social cristiano y procuran insertarse en la única historia de liberación del continente. La agudización de la lucha de clases, significa una nueva etapa de la lucha ideológica política y excluye toda forma de presunta neutralidad o apoliticismo... El pueblo, a través de todos los elementos eficaces de análisis que proporciona sobre todo el marxismo está tomando conciencia de la necesidad de ponerse en marcha para la verdadera toma del poder por la clase trabajadora. Sólo esto hará posible la construcción de un auténtico socialismo, única forma hasta el presente de lograr una liberación total... Sólo sustituyendo la propiedad privada por la propiedad social de los medios de producción, se crean condiciones objetivas para una supresión del antagonismo de clases[4].

La aceptación del significado de la presencia política revolucionaria de los cristianos plantea serios problemas teóricos, tanto a los cristianos como a los marxistas revolucionarios. Mi libro, concebido desde la perspectiva de la historia de las ideas, examinará las soluciones a los problemas teóricos que conlleva esa práctica política, especialmente para el sector de los cristianos, y examinará las implicaciones de esta nueva realidad para la sociología mar-

---

3. Fidel Castro entiende las implicaciones desafiantes de sus palabras para la concepción marxista de la religión, por esto hace las siguientes declaraciones en su entrevista con el Movimiento Sacerdotal de los Ochenta: «Nosotros estamos pasando una fase en que yo diría que el cristianismo *dejó de ser una doctrina utópica* que venía a ser como un simple consuelo espiritual, que dejó de ser utópica y que es real y que no es un consuelo espiritual para el hombre que sufre. Puede ser que se produzca la identificación desde el punto de vista material y que desaparezcan las clases; bueno: ¿dónde está la contradicción?, todo lo contrario, creo que se produciría un reencuentro con el cristianismo de los primeros tiempos, en sus aspectos más humanos, amplios, más morales, lo más justo» (*Ibid.,* 85, 86).
4. *Cristianos por el Socialismo,* 290, 281, 295.

xista de la religión. ¿Tiene fundamento teórico esto de «cristianos revolucionarios»? ¿Se justifica teóricamente esa práctica entre los cristianos? ¿Qué transformaciones han ocurrido en las ideas del pensamiento religioso latinoamericano para armonizar la práctica política y la teoría revolucionaria con las creencias religiosas? Para ello habrá que examinar la historia de la teología de la liberación.

Por el otro lado, si existe tal justificación teórica, ¿qué implicaciones tiene para la concepción marxista de la sociología de la religión?; y digo concepción, porque no existe tal cosa como una teoría marxista de la relligión. ¿Puede continuar aplicándose indiscriminadamente el marbete de «opio de las masas» a todo tipo de expresión religiosa? ¿En qué dirección habrá que trabajar teóricamente para desarrollar una sociología dialéctica de la religión para dar cuenta teóricamente de esta nueva *praxis* social?

Mi libro es sobre la crisis teórica que implican las opciones políticas del cristianismo revolucionario latinoamericano y sobre el modo en que sus militantes solucionan esa crisis para hacer posible la integración teórica de la fe cristiana con el pensamiento latinoamericano que postula el cambio revolucionario y socialista como única opción para la creación de una sociedad justa.

En este trabajo habremos de comprobar las hipótesis de que sí existe efectivamente ese sector revolucionario de la iglesia en América latina; y de que logran establecer una vinculación teórica eficiente entre fe cristiana y pensamiento revolucionario, como resultado de su práctica política y su reflexión teológica. Con ello comprobaré la necesidad de desarrollar la concepción marxista de la religión para construir una sociología marxista de la religión que dé cuenta de esta nueva práctica histórica. A partir de esta comprobación habré de sugerir la hipótesis de que el estudio sociológico de la práctica social de la religión sólo tiene sentido cuando se estudia dialécticamente y en relación a los modos de producción. Mi tesis sugiere la hipótesis de que de la misma manera que surgió un *cristianismo burgués* de la crisis feudal, para acompañar y legitimar el naciente modo de producción capitalista, puede surgir ahora un *cristianismo proletario* que acompañe el modo socialista de producción. En otras palabras, que la religión, como *teoría general* de la sociedad en que se da, desaparece al desaparecer la concepción ideológica en que se expresa ese modo de producción. Pero que la fe cristiana, por no constituir una epistemología ni poseer un contenido cultural propio de ella, sino una esperanza y un compromiso con la justicia y la igualdad del prójimo, se transforma en cada nuevo modo de producción e incorpora la nueva ideología para responder con ella a lo que constituye su esencia: la pregunta por la justicia y la igualdad para el prójimo.

Aquí habrá que tener claro, desde ahora, que no estamos trabajando con la filosofía o la teología marxista sobre la existencia de Dios, sino que estamos trabajando con la sociología que da cuenta de la práctica social de la religión. Independientemente de si Dios existe o no, los cristianos sí existen y pueden «legitimar» un modo de producción en una formación social dada, o pueden «deslegitimarlo» y unir su fuerza ideológica a la lucha por su transformación. Este libro reconoce la existencia de los cristianos como una fuerza socio-política activa en América latina. Esto quiere decir que esta tesis se localiza específicamente en la historia de las ideas desde la perspectiva de la sociología política.

Mi libro se propone ser una contribución a la construcción de una teoría dialéctica de la práctica religiosa, en otras palabras, una contribución a la reconstrucción de la sociología de la religión. Para ello, intentará esclarecer las múltiples preguntas que surgen a partir de la creciente participación de sacerdotes y militantes cristianos en el proceso revolucionario latinoamericano.

Para enjuiciar analíticamente el fenómeno de la nueva praxis política de este sector de los cristianos latinoamericanos, sobre los cuales quiero demostrar que pueden ser llamados «cristianos revolucionarios», haremos uso de los siguientes criterios:

1. Lo que la sociología del socialismo científico reconoce como «revolucionario».

2. Lo que entiendo que debe ser hoy la revolución en América latina, en contraposición a la interpretación reformista de la revolución latino-americana.

La sociología entiende por revolución social aquel cambio social que produce una transformación en la estructura de clases y en las condiciones y fines de la producción, lo cual da lugar a una reestructuración de toda la sociedad, que se refleja en la organización política y en las representaciones ideológicas predominantes en ella: sus prioridades valorativas, su estilo de vida —consciente e inconsciente— su cultura y las representaciones teóricas de ésta —la filosofía, el derecho, la teología, la ética, la estética, etc.

La clave en esta concepción de revolución social es el cambio en la estructura de clases. *La forma económica específica* mediante la cual una clase dominante extrae de los productores el trabajo excedente no pagado, determina siempre la relación entre dirigentes y dirigidos. Esa relación es la que señala, según Marx, «el secreto más íntimo, la base oculta del conjunto de la construcción social». Las clases sociales son grandes grupos de hombres que se diferencian entre sí por el lugar que ocupan en el sistema de producción. Esa relación clave sería la que habría que cambiar para transformar toda la sociedad revolucionariamente. Revolucionario sería, entonces, aquello que apunte efectivamente a ese cambio. Se sobreentiende lo que Marx describe a Weydemeyer, eso de que «la existencia de clases va unida a determinadas fases históricas del desarrollo de la producción», esto es, que las clases son efectos específicos de determinados modos de producción. Se trata de aquellos modos de producción en los que existe la propiedad privada de los medios y/o agentes de producción (hombres, tierra, herramientas, máquinas, etcétera) y donde las relaciones sociales se organizan en torno a un mecanismo fundamental de explotación: relaciones entre amos y esclavos en el modo de producción esclavista, entre señores y siervos en el modo de producción feudal, entre burgueses y proletarios en el modo de producción capitalista.

En vista de que las relaciones de clase son *relaciones de explotación* puesto que una de ellas siempre se apropia del trabajo de la otra en razón de la propiedad sobre los medios de producción, esa relación es antagónica, siempre está en lucha, aunque esta lucha no tenga siempre igual intensidad. Cuando ese orden de relaciones sociales entra en conflicto con el desarrollo de sus fuerzas productivas mismas, se generaliza la crisis, se intensifica la lucha de clases y el orden social puede cambiar. La revolución socialista se dirige a la eliminación de las clases sociales con la abolición de propiedad privada de los medios de producción.

En el caso del sistema capitalista, la burguesía terrateniente, financiera y comercial constituyen la clase dominante porque tienen la propiedad de los medios de producción industrial. Estos determinan en última instancia el papel del estado, la legalidad del sistema —sus privilegios y deberes al igual que los de las demás clases—, qué es ilegal y qué no lo es, y las prioridades valorativas que dominarán ideológicamente en los procesos culturales. Para que un cambio social sea llamado una revolución social tendría que ocurrir la toma del poder político por otra clase social (hoy los obreros y campesinos) más afín con un nuevo desarrollo de las fuerzas productivas. Esto traería como consecuencia una nueva legalidad y una nueva expresión cultural e ideológica que legitimaría ese nuevo orden social y que expresaría los intereses de la nueva clase dominante.

Usando este criterio sociológico para analizar sistemas de pensamiento social, diríamos que se consideraría revolucionario aquel que contuviera esta concepción sociológica del orden social y un instrumental que además de revelar esta estructura, postulara una estrategia eficaz para ese cambio.

En segundo lugar, para ser revolucionario hoy en América latina habría que distinguir lo revolucionario de lo que en nuestra historia ha sido *reformista* y optar por el cambio revolucionario con todas sus implicaciones. Para ser revolucionario hoy en América latina habría que apoyar un proceso político en favor de la toma del poder por los obreros, campesinos y sus aliados que producen directamente la riqueza y constituyen la masiva mayoría de la población que sufre el hambre, la desnutrición, el desempleo, la mala vivienda, la explotación, y la opresión que les impide su desarrollo como seres humanos. Esa toma del poder político tendría el fin de eliminar el mecanismo de extracción de plusvalía que determina esas relaciones sociales existentes, sobre las cuales se afinca la dominación económica, militar y cultural extranjera en América latina. Esto no sólo por el hecho de la injusticia, que ese dominio opresivo implica, desde el punto de vista moral, sino por el hecho técnico y objetivo de que el estancamiento de las fuerzas productivas latinoamericanas y su incapacidad para llenar las necesidades de la población pone en peligro la existencia de la sociedad, hasta tal punto que, sólo mediante medidas de control militar de tipo fascista es posible mantener el orden existente. La situación económica y política en América latina comprueba que no es posible el desarrollo del ser humano dentro del sistema social vigente que mantiene un orden capitalista de relaciones sociales.

Esto nos indica que las fuerzas productivas en los países de mayor desarrollo en América latina están entrando en una seria crisis que reclama un nuevo modo de propiedad, y por lo tanto, de orden social, para hacer posible la continuación de su crecimiento y la función económica de llenar las necesidades de la creciente población sin poner en peligro la existencia misma de la propia sociedad. Se plantea un antagonismo irreconciliable entre los intereses de esa burguesía latinoamericana y sus propios pueblos. La toma del poder político-militar por estas burguesías en alianza con los militares nacionales y extranjeros para el establecimiento de modos de control neofascista en Brasil, Uruguay, Bolivia, Chile, Argentina, la asimilación de Paraguay, su relación con el sistema militar de las dictaduras tradicionales de Centro América y la crisis socioeconómica en Colombia y México, indican el carácter irreconciliable de los intereses de clase y la imposibilidad objetiva de un proyecto de desarrollo nacional con la presencia de las oligarquías terratenientes, o en base a la clase social burguesa que se desarrolló durante el proceso populista iniciado a partir de la década de los 30.

En conclusión, no es posible el desarrollo de las clases sociales que representan al pueblo masivamente sin transformar la estructura de clases. Para ser revolucionario en América latina hoy, habría que entender y aceptar la naturaleza conflictiva de las clases sociales y comprender el mecanismo de la producción de la plusvalía que hace imposible todo cambio social en favor de las masas y toda ampliación de la independencia nacional dentro del sistema capitalista; habría que entender la estructuración del poder político y la naturaleza de la sociedad para aceptar que no es posible cambiar la sociedad por medio de legislaciones ni gradualmente; habría que aceptar que sólo se puede cambiar la sociedad mediante una revolución social, esto es, mediante la toma del poder político para hacer posible la abolición de la propiedad privada sobre los medios de producción, sobre la cual se fundamenta la burguesía como clase dominante. Sólo así se puede dar la transformación de toda la sociedad capitalista que hace posible la explotación del hombre por el hombre, la marginación de millones de pobres en América latina, de los procesos económicos y culturales esenciales al desarrollo del hombre.

He dicho que lo revolucionario debe ser lo contrario a *reformista*, porque el reformismo se fundamenta en un entendimiento burgués de la sociedad que no reconoce la naturaleza irreconciliable de los conflictos de clase. Cree que es posible reformar la sociedad gradualmente, mediante medidas legislativas en favor de los obreros y los pobres en el parlamento controlado por la burguesía y con un estado coordinador que alega ser árbitro imparcial entre clases. Pretende «reformar» dejando intacta la estructura de clases. El fin es mejorar, perfeccionar el sistema existente, no es cambiarlo. El reformismo es lo contrario del cambio social.

La historia latinoamericana nos demuestra que el populismo nacionalista, que representó esa opción hasta la década del 60, cuando se da su agotamiento final en algunos y entra en una larga crisis en otros, sólo pudo llegar hasta donde los intereses de la burguesía nacional lo permitieron. Luego entró en la fase de estancamiento y desnacionalización que sumió más los países en la dependencia externa y llevó al aumento del control político militar para mantener en cauce el descontento de las masas desprovistas y explotadas y mantener la propiedad privada sobre los medios de producción.

Con estos criterios para medir habrá que analizar la práctica política y especialmente la reflexión teórica de los cristianos para determinar si es posible afirmar la existencia de un sector de *cristianos revolucionarios* en América latina. Teniendo estos criterios en mente hemos procedido a hacernos las preguntas que esta tesis intenta contestar:

1. Evidentemente, la opción por soluciones históricas a los problemas del hombre implica una crisis teórica para la teología tradicional y aun para la teología existencialista reformista. ¿Cómo se define esa crisis? ¿Cómo se soluciona? ¿Cuáles son las bases teóricas sobre las cuales se da esa solución?

2. ¿Es posible ser cristiano y revolucionario? ¿Cómo integran sus opciones políticas de naturaleza material, histórica, socioeconómica y política a los problemas del hombre, cuando la idea de la «salvación del alma» en el pensamiento religioso latinoamericano tradicional ha conllevado siempre un

rechazo a las soluciones materiales de los problemas humanos que alteren el orden social y eliminen la propiedad privada?

Tradicionalmente, se ha fijado la raíz del problema humano en el daño *metafísico* del pecado, lo cual invalida los esfuerzos *políticos* por solucionar los problemas humanos en la historia. ¿Cómo resuelven esto para que los esfuerzos políticos no resulten inútiles, se empeñen en ellos y proclamen ahora una relación entre salvación y revolución?

3. ¿Qué entienden éstos por fe cristiana? ¿Responde su definición de fe cristiana a las tradiciones bíblicas fundamentales? ¿Contienen estas tradiciones en sí mismas los recursos, la visión del mundo y la perspectiva secular para hacer posible el arreglo-teórico necesario para esa identificación con el proceso y los fines de la revolución social? ¿No será esto una mera *renominación* del pensamiento cristiano en lenguaje revolucionario? ¿Contiene el pensamiento cristiano la concepción revolucionaria en sus propios recursos?

4. Generalmente se entiende la teología como la expresión de «verdades reveladas» independientemente y desde fuera del proceso histórico, pero el revolucionario fundamenta su verdad en el conocimiento del proceso dialéctico de la historia. ¿Cómo relacionan revelación y conocimiento científico? ¿Cómo se relacionan teología y ciencias sociales? ¿Cómo relacionan revelación y el proceso dialéctico de la historia de donde se desprende la verdad social? ¿Cuál es su idea de la historia? ¿Cómo relacionan historia y reino de Dios? ¿Qué papel viene a jugar lo que se conoce tradicionalmente como la escatología cristiana?

5. ¿Por qué tipo de revolución abogan? ¿Es su crítica al sistema capitalista una crítica estructural y definitiva, o es sólo una crítica a sus derechos morales? ¿Qué instrumental de análisis socioeconómico usan para entender la sociedad latinoamericana? ¿Cuál es su posición ante los proyectos revolucionarios·seculares y cuál ante el proyecto democristiano de la revolución *cristiana*? ¿Cómo relacionan la ética y la estrategia política revolucionaria? ¿Cómo integran el «amor al prójimo» con la «lucha de clases»? ¿Cuál es su posición ante la violencia revolucionaria que históricamente surge en estos procesos de cambio social?

6. ¿Apoyan estos cristianos el proceso político revolucionario de la toma del poder por las masas obreras y campesinas para socializar los medios de producción y la planificación social de la economía bajo el poder político hegemónico de esta clase?

7. La revolución implica la opción de la expresión concreta de los intereses y valores de una clase social específica expresados en una visión del mundo y en su proyecto histórico, en este caso, el proyecto socialista. ¿Cómo se da esa opción ideológica? ¿Cómo relacionan fe e ideología?

8. Si incorporan el instrumental del materialismo histórico para el análisis socioeconómico, la estrategia política para la construcción del socialismo y hacen una opción por los elementos importantes de la ideología marxista, ¿qué piensan del marxismo? ¿Son cristianos marxistas? ¿Se puede ser cristiano y marxista?

9. ¿Constituyen estos *cristianos revolucionarios* un sector significativo de la iglesia en América latina? ¿Cuál es su significado?

10. ¿De dónde surgen? ¿Qué condiciones históricas los hacen posibles? ¿Cómo explican su aparición?

Estas son las preguntas que he considerado fundamentales en el examen de los documentos, declaraciones, artículos y libros donde se recoge la reflexión teórica sobre la práctica política de los cristianos revolucionarios de América latina

Por otro lado, hay que preguntarse lo siguiente: si es cierto que existe una práctica social de la religión que puede ser reconocida con el nombre de *cristianos revolucionarios,* y si es posible una alianza *estratégica* entre cristianos revolucionarios y marxistas revolucionarios, ¿es posible decir esto sin que ello implique una reformulación de la sociología marxista de la religión?

Ello plantea una contradicción con la sociología marxista de la religión, que sólo reconoce la religión como «expresión de la miseria», como transformación «fetichista» de las fuerzas socioeconómicas que operan incontrolables e irreconocidas sobre la miseria del hombre explotado y oprimido. Si la religión es el «opio de las masas», ¿cómo se explica una práctica religiosa que moviliza a sus creyentes hacia una revolución sociopolítica y económica en la tierra para enfrentarse a la miseria humana? Si siempre han propuesto la solución de los problemas humanos para el cielo ultraterreno o para después de la muerte —o a lo más lo disuelven en una decisión existencial subjetiva— ¿cómo se explica que ahora localicen la salvación en la tierra y afirmen la revolución social como necesaria a ese proceso de salvación y solución de problemas humanos? ¿cómo se explica el rechazo a la actitud de la resignación con la que los cristianos tradicionales recibían lo que llamaban «pruebas» impuestas por Dios a sus hijos? ¿Cómo se explica la transformación de las actitudes de «servilismo», «desprecio a lo humano», que según Marx caracteriza al cristianismo, en actitudes de militancia revolucionaria? ¿cómo se explica la transformación de la reverencia por la ley, el orden y la tradición de los poderes establecidos que hacía posible la función ideológica de la religión como fuerza de apoyo y legitimación del orden de opresión, en todo lo contrario, en una actitud revolucionaria que hace la función de fuerza ideológica desafiante y deslegitimadora de la ley y la tradición del orden de opresión? ¿cómo se explica que el cristianismo se pueda transformar en ideología de liberación histórica? ¿cómo se explica que la rebeldía histórica de lo que Engels llamó el «cristianismo primitivo» vuelva a renacer históricamente, a pesar de que Engels había firmado teóricamente su acta de defunción con su derrota en la revuelta de los campesinos de 1525? Si la sociología marxista de la religión, fundamentada en la concepción marxiana de la religión, no puede dar explicación teórica a estas preguntas, ¿en qué dirección debe continuar el desarrollo de la sociología marxista de la religión para que pueda dar cuenta teóricamente de los nuevos acontecimientos históricos que señalan a la existencia de una nueva práctica social?

Para el análisis de este fenómeno histórico que hemos llamado *cristianos revolucionarios,* me propongo examinar en primer lugar, el desarrollo de las condiciones históricas, teóricas y materiales, que hicieron posible el desarrollo de la teología de la liberación.

En segundo lugar, examinar el desarrollo en sí de la teología de la liberación como metodología de reflexión crítica sobre la participación de los cristianos en el proceso histórico de liberación desde la perspectiva de la fe cristiana. Analizaré su crítica a la teología tradicional, a la teología neo-tomista que se recoge en la doctrina social cristiana, su crítica a la teología existencialista y a la teología política europea de corte radical. Luego, analizaré su propuesta para reestructurar la teología con una nueva metodología de reflexión teológica que surge a partir de una concepción histórica del mundo y de su práctica política de liberación.

En cuarto lugar, examinaré la nueva teoría de interpretación bíblica y los fundamentos bíblicos que sirven de base teológica a su identificación política con las clases oprimidas y a su actitud revolucionaria.

En quinto lugar, examinaré las consecuencias prácticas y teóricas de esa nueva concepción histórica de la salvación, en lo referente a la dimensión política de la fe, a la incorporación del instrumental de las ciencias sociales y el proyecto histórico socialista a la reflexión teológica, y finalmente, a la adopción de los elementos esenciales de la ideología que representa los intereses y valores de la clase revolucionaria y sus implicaciones para la problemática de la relación cristiano-marxista.

En último lugar, examinaré las implicaciones de esta nueva teología para la reconstrucción de la ética cristiana.

Con este material contestaremos las preguntas que nos hemos formulado, habremos de sugerir una hipótesis explicativa para el desarrollo de la sociología marxista de la religión, que puede ser de utilidad a marxistas y a cristianos para el estudio de la práctica social de la religión, y finalmente, consideraremos las implicaciones de la teología de la liberación y de Cristianos por el Socialismo para la historia de las ideas en América latina.

Está en orden, hacer algunas aclaraciones desde esta introducción: esta no es una tesis sobre «la teología», sino sobre la teología de la liberación. Es una tesis sobre cómo la crisis de la formación capitalista dependiente de América latina se registra al nivel teórico e ideológico de una práctica social, la práctica religiosa, y cómo ésta expresa esa crisis al nivel teórico de esa práctica social. Es una tesis sobre los fundamentos teológicos del pensamiento sociopolítico de un sector de la iglesia cristiana latinoamericana. Por esto, no se encontrará aquí ni se discuten numerosos asuntos teológicos que no nos parecen pertinentes a la tesis como tal.

Hemos ido construyendo la estructura metodológica de la teología de la liberación que se encuentra en forma fragmentada en miles de artículos, estudios, declaraciones y documentos mimeografiados en medio del apresurado proceso de liberación y en algunos libros que ya comienzan a reflexionar más pausadamente, pero que aun así, todavía no constituyen una exposición comprensiva y detallada de esta metodología. Esta es la metodología de reflexión teológica de la teología de la liberación de los «cristianos revolucionarios». Hay otra teología de la liberación vaga e imprecisa, tan vaga e imprecisa como es esa «teoría de la dependencia» que no hace referencia a la estructura de clases y que puede ser usada para defender los intereses de los opresores nacionales frente a la burguesía extranjera. Aquí no se trata de esa. Ya se hará la distinción a su debido tiempo.

Este libro constituye un esfuerzo interdisciplinario. La *departamentalización* del estudio de la realidad latinoamericana ha hecho mucho daño a la ciencia, al igual que a la teología.

La departamentalización es uno de los instrumentos de dominación. Toda mi generación ha recorrido un largo camino en el proceso de desideologización y reconstrucción de la conciencia. En este sentido, este libro sintetiza la historia intelectual de toda una generación de teólogos, científicos sociales e historiadores. Intenta recoger lo que quizás sea la transformación ideológica más importante de esta generación, y quizás de su siglo. Aun cuando el período histórico que aquí se registra pudiera terminar en una fecha específica, el acontecimiento transformador que aquí se registra constituye el núcleo de una gran síntesis histórica que habrá de proyectarse en el proceso de cambio en América latina durante lo que resta del siglo.

Este libro constituye la tesis doctoral del autor. A ello responde su estructura. Contiene gran cantidad de citas que he creído necesario para probar la existencia de este importante acontecimiento histórico. No sólo son numerosas, también son extensas. He creído necesario preservar y difundir lo mejor de los exponentes de la teología de la liberación y de los documentos históricos del inicio de este movimiento intelectual en la iglesia latinoamericana, ya que muchos de estos escritos fueron circulados en publicaciones muy perecederas y se encuentran coleccionadas en muy pocos centros bibliográficos en América latina. Para evitar repeticiones innecesarias a las notas al calce, he decidido mencionar el autor, el título y la página solamente ya que las fichas informativas de todos los trabajos se encuentran en la bibliografía al final del libro.

Este estudio fue redactado pensando también en su publicación para el beneficio de los investigadores de la historia de América latina, científicos sociales, teólogos, filósofos, sacerdotes, pastores y estudiantes de seminarios y universidades. Más aún, fue escrito teniendo en cuenta la necesidad histórica y política de que ambos, cristianos y marxistas, protagonistas del drama de nuestro tiempo, se conozcan cara a cara, con toda la honestidad intelectual que les requieren sus respectivos compromisos con la historia de la humanidad.

No puedo terminar esta introducción sin señalar que en el trasfondo de la motivación para la realización de la tarea científica que este libro ha requerido, está la voz de aquellos que claman por su liberación. Al terminar la corrección de estos párrafos introductorios, hoy, viernes, 28 de septiembre de 1979, el obispo, monseñor Antulio Parrilla, ha sido ya condenado por el tribunal colonial de Estados Unidos en Puerto Rico a un año de cárcel por celebrar un culto en solidaridad con los habitantes de la isla-municipio de Vieques. Dos terceras partes de las tierras de este municipio fueron expropiadas por la Marina de guerra de los Estados Unidos. La Flota del Atlántico y sus aliados bombardea un extremo de la isla periódicamente con sus aterradoras prácticas de tiro desde barcos y aviones que destruyen la pesca, las redes y el derecho al desarrollo y a la tranquilidad de este municipio. En el otro extremo de la isla, los 116 depósitos de explosivos de la Marina de guerra amenazan la seguridad y tranquilidad de los viequenses.

Los pescadores de Vieques han salido en sus pequeños botes de madera para cruzarse frente a los gigantescos acorazados del imperio y han logrado interrumpir y paralizar las prácticas de tiro. Pero 21 puertorriqueños están siendo enjuiciados por haber celebrado un culto ecuménico en solidaridad con los viequenses en ese territorio puertorriqueño expropiado por la Marina. Entre estos se encuentran un obispo católico y dos pastores protestantes. La corte colonial de Estados Unidos en Puerto Rico se ha burlado de la justicia grotescamente y los ha ido condenando uno a uno.

El clamor por los derechos humanos de los habitantes de Puerto Rico, la única antilla hispanoamericana que aún no ha logrado su primera independencia, estará presente en cada página de este libro aunque no se relate.

1

Las condiciones y los procesos históricos que hicieron posible el desarrollo de la teología de la liberación en América latina

En el inicio de la década del 60 se dan en América latina las condiciones materiales y teóricas apropiadas para que los cristianos participen en una praxis política y social que los llevaría a una mayor radicalización y a reformular los supuestos teóricos con los que inician su estreno en el proceso político. Esa reformulación se habrá de recoger en la teología de la liberación que analizaremos en los capítulos subsiguientes.

En este capítulo nos proponemos señalar las condiciones materiales que presenta la crítica situación latinoamericana al inicio de la década, la manifestación política de esa situación, la situación en que se encuentra la teología en ese momento y el desarrollo de la praxis política de los cristianos durante la década. Ello nos explicará el surgimiento del cristianismo revolucionario, su expresión teórica en la teología de la liberación y su expresión organizativa en movimientos como Cristianos por el Socialismo.

1. La crisis socioeconómica y política de América latina a principios de la década del 60 y su expresión política

A finales de la década del 50, se hace notar en toda la América latina la crisis del estancamiento de los programas de industrialización y desarrollo social que habían llenado las esperanzas de los movimientos populistas que a partir de la crisis de la depresión del 30 intentan desligarse de la vieja dependencia agroexportadora para sustituir importaciones, crear un mercado interno y toda una economía nacionalista [1]. Esos intentos populistas, realiza-

---

1. F. E. Cardoso - E. Faletto, *Dependencia y desarrollo en América latina;* A. Quijano - F. Weffort, *Populismo, marginalización y dependencia;* H. Dongi, *Historia contemporánea de América latina*

dos desde la década del 30, allí donde las economías agroexportadoras habían logrado el desarrollo de una fuerte burguesía nacional, que podía transferir sus esfuerzos a la industrialización y a medidas de carácter social para habilitar una clase trabajadora eficiente y un mercado de compradores, se estrellaban ahora, en la década del 60, ante las siguientes situaciones:

1. La nueva dependencia tecnológica y financiera.

2. La inelasticidad de su mercado (especialmente allí donde los campesinos nunca fueron integrados al mercado de consumo y de trabajo mediante la correspondiente reforma agraria).

3. La agudización del conflicto de intereses entre el estado coordinador de la «economía nacional» y los intereses de la burguesía en necesidad de asociación con intereses extranjeros para la importación de tecnología y financiamiento.

4. La ruptura de la alianza política y la paz industrial como producto de la importación de la inflación y de la aplicación de las restricciones del Fondo Monetario Internacional y de otros organismos que querían asegurar un producto rentable y el cobro de sus préstamos.

5. La agudización de las tensiones sociales por el crecimiento del desempleo, por la falta de fondos para aumentar los beneficios sociales, y por la creciente marginalidad de las migraciones rurales, debido a la incapacidad de la estructura de propiedad rural para ofrecer trabajo y alimentación a millones de campesinos sin tierra. Por otro lado, aquellas sociedades como las centroamericanas, donde las medidas del capitalismo nacionalista del populismo nunca fueron factibles —debido a la ausencia de una burguesía nacional fuerte y debido al dominio de los enclaves agrícolas o mineros extranjeros —a las cuales les fueron impuestas dictadores tradicionales para mantener el control extranjero, a estas sociedades, se les hizo tarde para tomar medidas nacionalizantes de corte social por las implicaciones que ello tenía para la nueva «guerra fría». En estos países, la dependencia iría aumentando, tanto al nivel económico como al nivel tecnológico y militar. Su industrialización sería realizada con fondos extranjeros.

El perfil de esa crisis de la década del sesenta se caracteriza por los siguientes procesos:

1. Estancamiento económico. El crecimiento per cápita anual del producto nacional bruto baja de un 2,2% en 1950-55 a 1,5 en 1960-65 y a 0 en 1965-66.

2. Marginalidad de la población rural por la estructura de propiedad de la tierra que hacía imposible la producción industrial para la alimentación de la población rural y para sostener la población urbana (Guatemala tiene que llegar a importar su maíz). Ello lanzará oleadas de campesinos a las ciudades a formar los «cinturones de miseria», «favelas», «ciudades perdidas» y «arrabales» en derredor de las grandes ciudades.

3. Marginalidad de la población trabajadora de las ciudades. La dependencia de la tecnología extranjera y la desnacionalización de la industria llevarán al continuo ahorro de mano de obra y al aumento consecuente del desempleo en las ciudades. El empleo en la industria bajará de un 27,8% en 1950-60 a un 22,0% en el período de 1960-65.

4. Desnacionalización económica, tecnológica y cultural. El estancamiento de la industria latinoamericana en los cincuenta por la penetración del financiamiento norteamericano, la compra de industrias latinoamericanas, la dependencia tecnológica (por la cual hay que pagar grandes sumas de renta), la aceptación de las condiciones de los prestamistas, especialmente el Fondo Monetario Internacional y luego la Alianza Para el Progreso, lleva a la desnacionalización de los sectores estratégicos de la economía, a la desnacionalización cultural y a la desnacionalización político-militar, a la descapitalización de América latina, y finalmente, al aumento de la deuda extranjera y a una peligrosa situación en la balanza de pagos. Paradójicamente, al finalizar el período del nacionalismo económico de América latina, el capital extranjero tiene una posición predominante sobre el nacional. A lo cual hay que añadir que estas corporaciones extranjeras vienen a usufructuar las ventajas de bajos costos de consumo de energía (electricidad y petróleo nacional) y de la protección del mercado interno diseñado décadas antes para fomentar y proteger la industria nacional. Con la tecnología extranjera se transfiere la atención de la educación técnica y profesional hacia la literatura y universidades extranjeras, postergándose la nacional y, con ello, las definiciones de problemas y soluciones técnicas para el «desarrollo nacional».

5. La desnacionalización de los ejércitos. Este proceso se comenzó con el Acta de Chapultepec de la conferencia sobre la guerra y la paz en 1945; fue confirmado con la firma del Tratado interamericano de ayuda recíproca en Río de Janeiro en 1947 y con el establecimiento de la OEA en 1948. Fue puesto a prueba con el caso de Guatemala y con la invasión de la República Dominicana en 1965. Los ejércitos son entrenados en el Canal de Panamá en la doctrina de la seguridad hemisférica y la «amenaza comunista» como el problema fundamental de la civilización contemporánea según defini-

ción de los Estados Unidos. Esenciales a esta dependencia son la integración de los ejércitos en sistemas de defensa como el de Centroamérica (CONDECA), la modernización de los ejércitos a través de la venta de armamentos y la elaboración de una cortina anti-insurreccional. La historia reciente de América latina da testimonio de la eficiencia de esa coordinación (Brasil, Uruguay, Chile, Argentina)[2].

Estos procesos articulan la estructura del capitalismo dependiente latinoamericano, que hace posible la continuación de multitud de situaciones de miseria en el continente análogas a la del nordeste brasileño. En el nordeste brasileño vivían más de 25 millones de habitantes: 20 millones de ellos vivían el infierno de saber que su espectativa de vida era de 27 años y de ver morir el 50% de los que niños que nacían. El 30% de ellos padecían tuberculosis por el hambre y la desnutrición, mientras el 2% de los ricos del nordeste poseían el 98% de la tierra, la mantenían ofensivamente ociosa en su mayor parte, explotaban al campesino e impedían la sindicalización rural.

Es importante entender que estas condiciones a las que se enfrenta América latina al comenzar la década son típicas para todo el llamado tercer mundo o regiones explotadas del globo, que al igual que América latina, se encuentran insertadas en el sistema capitalista. Una de las condiciones históricas de la época es el sentido de crisis en todo el orden internacional y que habría de generalizarse en la década siguiente. Se hacía evidente en la litera-

---

2. Sobre todos estos procesos socioeconómicos, políticos, culturales y militares, véanse los siguientes: R. Mauro Marini, *Dialéctica de la dependencia;* O. Sunkel - P. Paz, *El subdesarrollo latinoamericano y la teoría del desarrollo;* Th. Dos Santos, *El nuevo carácter de la dependencia,* en *América latina, dependencia y subdesarrollo;* Id., *Socialismo o fascismo, el nuevo carácter de la dependencia;* P. Paz, *Dependencia financiera y desnacionalización de la industria interna:* El Trimestre Económico XXXVII; O. Sunkel, *Capitalismo transnacional y desintegración nacional en América latina:* El Trimestre Económico CL; Id., *Política nacional de desarrollo y dependencia externa:* Revista de Estudios Internacionales 1; o en Jaguaribe y otros, *La dominación de América latina.* M. S. Wionczek, *Inversión y tecnología extranjera en América latina;* A. Quijano, *Redefinición de la dependencia y proceso de marginalización en América latina;* M. Kaplan, *Estado, dependencia externa y desarrollo en América latina:* Estudios Internacionales 2; F. E. Cardoso - E. Falleto, *Associated dependent development: theoretical and practical implications,* en Stephan, *Authoritarian Brasil,* New Haven; A. García, *Industrialización y dependencia.* El Trimestre Económico XXXVII (1971) 731-754; A. Cuevas, *Problemas y perspectivas de la teoría de la dependencia;* H. Veneroni, *Estados Unidos y las fuerzas armadas de América latina;* J. Saxe-Fernández, *Proyecciones hemisféricas de la paz americana;* R. A. Arroyo Velasco, *La fuerza interamericana de paz;* Cuartel general del ministerio del ejército de Estados Unidos, *Guerra de guerrillas* (FM 31-21); U. S. Army, Special Warfare School, *Counterinsurgency planning guide* (ST 31-176). Este último incorpora como recomendaciones militares las reformas sociales modernizantes de las medidas desarrollistas y el papel que deben desempeñar organizaciones como AID, Cuerpos de paz, los pastores y sacerdotes, las organizaciones cívicas, etc.

tura de la época y los informes de UNCTAD, de los países no alineados, y de organismos de la ONU, que el 15% de la población mundial (los países ricos) usaban para su desarrollo el 85% de los recursos mundiales y que el 85% de la población mundial (los países pobres) sólo podían usar para mitigar su hambre el 15% de los recursos del mundo. Gerald Leach, cronista científico de la revista francesa Le Nouvel Observateur, decía en su artículo «Los últimos treinta años de la tierra»:

> Estados Unidos, que apenas representa el 6% de la población mundial, consume el 25% de la producción mundial de acero y abonos, el 40% de la pasta de papel, el 36% de combustibles fósiles (petróleo, gas, etc.), el 20% de algodón y utilizan el 10% de las tierras agrícolas mundiales, además de las propias [3].

Mientras el ingreso per cápita de esa minoría de países desarrollados aumentaba en 60 dólares por año, el ingreso per cápita de la mayoría de la humanidad (los 2.600 millones de habitantes de Asia, Africa y América latina) aumentaba en menos de 2 dólares por año. Este es el sistema internacional que determinaba que la riqueza de los países desarrollados se duplicara cada 17 años, mientras determinaba que la riqueza de los países pobres se duplicara cada 35 años, a pesar de que estos últimos aumentaban de población 3 veces más rápido. Como resultado de este orden, el mundo subdesarrollado tendría que esperar 130 años para llegar al nivel medio de los países desarrollados, pero para esa época los desarrollados tendrían 250 veces más que los países pobres. Se advierte la dinámica de un orden internacional en que los pobres habrían de ser cada vez más pobres y los ricos cada vez más ricos en forma continua e irreversible.

Se informaba en esta época que 800 millones de personas en el mundo vivían con un equivalente a 30 centavos diarios. Dato que McNamara vuelve a recoger en su informe al banco mundial en 1973 [4]. La mitad de la humanidad que vivía en Africa, Asia y América latina padecían desnutrición y del 20 al 25% de sus hijos morían antes de cumplir los 5 años. Una década después las condiciones continúan igual. En este ordenamiento socioeconómico, dos tercios de los 800 millones de niños padecían desnutrición en los países subdesarrollados, con las consecuencias físicas resultantes de ello. De cada 100 niños recién nacidos en los países pobres, cuarenta de ellos morían de enfermedades (que podrían ser curables), de los sesenta sobrevivientes, cuarenta sufrirían desnutrición grave con daños irreversibles en su cerebro

---

3 G. Leach, *Los últimos treinta años de la tierra,* en el periódico *El Día* (México), 2 de abril de 1972.
4. Informe reunión junta directores, Nairobi, Nov. 1972, en *Excelsior,* México.

y su estructura física. Esto es lo que hacía y hace posible que el 45% de las muertes en América latina fueran de niños de menos de 5 años [5].

Ante esta situación de desastre total, las recomendaciones técnicas del latinoamericanismo de la CEPAL para hacer posible el desarrollo y las recomendaciones de las teorías del desarrollo de la ciencia social de las sociedades capitalistas, que sugerían una mayor compenetración económica con las sociedades desarrolladas, un aumento de importación de capital y tecnología extranjera y programas de control de la natalidad, para hacer posible el despegue y el automantenimiento económico, resultarían ser una cadena de desilusiones.

La ciencia social de la sociedad capitalista resulta en una ciencia descriptiva de la situación, que trabaja aislando los problemas sin una visión de conjunto ni una visión dialéctica de la historia. Por eso, no puede pasar del nivel *descriptivo* al nivel *explicativo* de la causalidad, ni mucho menos al nivel de la elaboración *estratégica de soluciones* para atacar eficientemente los problemas del subdesarrollo [6].

Es esta frustración la que lleva eventualmente al descubrimiento de la relación entre desarrollo y subdesarrollo y a la elaboración de una ciencia social interdisciplinaria y dialéctica que pueda, además de describir, arrancar la explicación causal del entendimiento del proceso histórico mismo y, finalmente, proponer, a partir de la historia acontecida, una estrategia para la solución del problema del subdesarrollo.

Esto es lo que habría de hacer la *teoría de la dependencia*. Esta teoría señalará el hecho de que no es correcto que los países subdesarrollados pudieran volver a pasar históricamente por los mismos procesos que los países desarrollados, porque estos últimos se desarrollaron como producto de la colonización imperialista de las economías dependientes de las cuales extrajeron la materia prima y transfirieron el capital producido por una mano de obra cuyo costo de reproducción era mínimo. Esta ciencia descubre, que his-

5. R. Peters, *Dimensiones de una época*, ONU, N. Y. 1974.
6. Th. Dos Santos, *La crisis de la teoría del desarrollo y las relaciones de dependencia en A. l.*, en Jaguaribe y otros, *La dependencia político-económica de A. l.*, 147-189; G. Arroyo, *Pensamiento latinoamericano sobre subdesarrollo y dependencia externa;* A. Gunder Frank, *Sociología del subdesarrollo y subdesarrollo de la sociología*, en *Economía política del subdesarrollo en América latina*, 377-446 y en *El desarrollo del subdesarrollo, o.c.*, 27-42; o véase del mismo autor *Dependencia económica, estructura de clases y política del subdesarrollo en A. l.*: Revista Mexicana de Sociología 2/32, 195-228; O. Sunker - P. Paz, *El subdesarrollo latinoamericano y la teoría del desarrollo;* A. García, *La estructura del atraso en América latina;* R. Stavenhagen, *Siete tesis equivocadas sobre A. l.*, en *A. l., ¿reforma o revolución?*, y *Sociología y subdesarrollo;* O. Fals Borda, *Ciencia propia y colonialismo intelectual;* M. Kaplan, *La ciencia política latinoamericana en la encrucijada.*

tóricamente el subdesarrollo es producto del desarrollo de los países capitalistas que han ido desvalijando los países del llamado tercer mundo o mundo explotado. Elaboran así un nuevo entendimiento del problema del subdesarrollo en base a un entendimiento del proceso histórico del *imperialismo*. De aquí proviene la única estrategia posible para extirpar la dependencia constante del subdesarrollo: la liberación de las ataduras a la economía extranjera [7].

Como en un principio la teoría de la dependencia define como la contradicción social «fundamental» la relación imperio-nación y su manifestación en el interior de la nación subordinada, no toma en cuenta la relación de clase social como contradicción fundamental, por lo que su solución será en su origen una de carácter anti-imperialista y anti-feudal, más bien que una de lucha de clases.

Ante esa situación de estancamiento, marginalidad, dependencia, explotación, incremento de la miseria y de represión en América latina, la revolución cubana surge como la única alternativa viable para romper el núcleo causal del subdesarrollo: la dependencia. La capacidad de Cuba para lograr el triunfo mediante el foco guerrillero, su capacidad para defender la revolución ante la invasión de Bahía de Cochino y su decisión de socializar los medios de producción, para hacer posible una sociedad justa y la formación de un «hombre nuevo», se convierte en la única esperanza para toda la América latina. Cuba abre el camino de la historia para América latina en el momento de su crisis.

La juventud de los partidos populistas, que añoraban el agotado nacionalismo manifestado por sus partidos en los años de 1930 a 1950, abandonan esa agotada posibilidad. Los partidos comunistas, controlados por Moscú, aceptaban la importancia estratégica de la «coexistencia pacífica» para hacer posible el desarrollo del socialismo en una sola nación, que sirviera de modelo competitivo, optaron por una política de colaboración con las clases dominantes en busca de objetivos reformistas. La lucha de clases según los partidos comunistas debía ser conducida de tal manera que no arriesgase la paz entre los bloques, además, era necesario impulsar las medidas modernizantes que desarrollarían una clase obrera significativa allí donde no existiera una. Los jóvenes marxistas también abandonaron los PC en busca de una vía revolucionaria.

Frente a la frustración con el reformismo populista desnacionalizado y el reformismo de los partidos comunistas, se fue gestando en América latina

7. Cf. los trabajos sobre la dependencia indicados en la nota al pie número 2 y en la anterior.

una nueva izquierda revolucionaria inspirada por la revolución cubana. Esta volvió a poner sobre el tapete la táctica de la insurrección armada como única vía para la toma del poder y la reconstrucción social.

Al comenzar la década, surgen multitud de movimientos revolucionarios que parecen arrastrar a toda la América hacia una segunda revolución de independencia. Algunos de los más importantes fueron los siguientes:

1. La resistencia popular al intento de golpe militar en Brasil en 1961.

2. La instalación del movimiento guerrillero en Guatemala, entre 1961 y 1963, como resultado de una serie de alzamientos provocados por la radicalización de sectores militares, y la ampliación de la resistencia armada en las ciudades.

3. La formación en Nicaragua del Frente sandinista de liberación nacional, en 1961, y la instalación del movimiento guerrillero.

4. El inicio en 1962 del movimiento insurreccional en Venezuela, que logra unificar al Movimiento de izquierda revolucionaria y al partido comunista, a través de acciones de guerrillas urbanas y rurales.

5. El nuevo carácter que asume el movimiento campesino en Colombia que culmina en 1964 con los acontecimientos de Marquetalia y el surgimiento de las guerrillas, con un carácter insurreccional, comandadas en el sur por Marulanda, miembro del PC colombiano, y en el norte por el Ejército de liberación nacional, dirigido por Fabio Vásquez Castaño, que empieza sus acciones a partir del 64.

6. El movimiento campesino en el sur del Perú, dirigido por Hugo Blanco y el surgimiento del FIR (Frente Izquierda Revolucionaria), la formación del Movimiento de Izquierda Revolucionaria (MIR) que representaba un intento de superación del APRA rebelde y que, posteriormente en 1965 inicia acciones guerrilleras en el centro y en el sur del país.

7. Además hubo intentos guerrilleros, aunque frustrados, en el Paraguay, Argentina, Honduras, Ecuador y Brasil, entre el 60 y el 63.

8. El surgimiento, en prácticamente todos los países, de organizaciones de izquierda con el claro objetivo de preparar la insurrección [8].

8. A pesar del carácter introductorio de este capítulo y a pesar de que fue el «foquismo» el que ejerció la mayor influencia, creo necesario señalar la variedad de grupos nacionales que proponen la insurrección armada como único medio para realizar la revolución social: Los «pro-chinos» fueron aquellos que se formaron bajo la influencia del conflicto chino-soviético. Planteaban que el carácter de la revolución latinoamericana, como la China, tenía que ser una de liberación nacional, democrática, anti-imperialista y

Por razones que no nos ocupan en esta etapa de trabajo, la insurrección en América latina termina su auge con la muerte del comandante Ernesto Che Guevara en 1967.

Inicialmente, esa multitud de movimientos insurreccionales no tienen una identidad ideológica. Son en su mayoría anti-imperialistas, anti-feudales, y en algunos casos, son claramente anti-capitalistas, pero definido esto último en términos vagos, debido a la débil tradición teórica del marxismo latinoamericano. Será en el proceso de la lucha que estos grupos insurgentes se irán definiendo ideológica y teóricamente.

Es entonces, en medio de estas condiciones históricas de crisis, intensificación de la miseria, sufrimiento de obreros campesinos y marginados, de explotación de los trabajadores, de persecución de aquellos que quieren construir un mundo mejor, de aumento de la represión para hacer posible el mantenimiento de los privilegios de las oligarquías, de la burguesía y de las multinacionales extranjeras, y de insurrección guerrillera contra ese mundo, que los cristianos, sacerdotes, religiosos, pastores, teólogos y laicos toman en serio la nueva comprensión de su cristianismo —expuesto por los teólogos de vanguardia y que habría de ser expresado parcialmente por las encíclicas y los acuerdos como los de Vaticano II, la conferencia del CELAM en Medellín y otros— para lanzarse a participar en el proceso de liberación. Esas motivaciones evangélicas y reformistas de la inserción primera habrán de radicalizarse y habrán de repercutir en una transformación teórica de la teología, para reiniciarlos en una nueva práctica y una nueva historia.

anti-feudal, y que por lo tanto podrían participar en ella todos los sectores nacionalistas, sin discriminación de clases. Su estrategia: la guerra campesina que rodearía las ciudades. Los «foquistas» , seguidores de la experiencia cubana según teorizada por el comandante Che Guevara y Debray, planteaban que las condiciones revolucionarias ya estaban dadas y que la guerrilla las hace madurar y crea las condiciones subjetivas necesarias para la revolución a partir del foco guerrillero. Concebían la revolución como una anti-imperialista que se transforma en anti-capitalista. Relegaban a un segundo plano, el partido, la clase obrera y la formación ideológica. La «nueva izquierda» se formó en oposición a los partidos comunistas y planteaban la organización de un partido revolucionario que se convertiría en vanguardia revolucionaria para agudizar la lucha de clases y preparar las condiciones revolucionarias. Concebían la revolución como una revolución socialista, anti-imperialista y anti-capitalista, conducida por la alianza obrero campesina bajo el liderato de la clase obrera. En su mayoría eran jóvenes estudiantes independientes, trotskistas, ex-militantes de los PC y de los partidos populistas. A pesar de su visión de conjunto y de la aplicación creadora del instrumental marxista, su expresión militar durante la época resultó lenta aunque su crítica y trabajo teórico ha sido tomado en serio. Sobre el desarrollo del movimiento insurreccional en la historia reciente de América latina véanse los siguientes: V. Bambirria y otros, *Diez años de insurrección en América latina* I y II; R. Gott, *Las guerrillas en A. l.;* INDAL, *Movimientos revolucionarios en A. l.;* E. Che Guevara, *Obra revolucionaria;* R. Debray, *Ensayos sobre A. l.;* Huberman - Sweezy y otros, *Debray y la revolución latinoamericana.*

2. Condiciones teóricas de la teología católica y protestante de principios de la década del 60

Estos cristianos revolucionarios de América latina habrían de enfrentarse a las condiciones materiales existentes en el continente con una concepción del mundo y una interpretación teológica diferente a la de sus predecesores, lo cual los va a sumergir en el proceso revolucionario latinoamericano con unas intenciones reformistas que eventualmente habrían de radicalizarse y repercutir transformando esa interpretación teológica original.

Sus predecesores, el clero constantiniano que articulaba su teología sobre una concepción esencialista del mundo, tomada del tomismo aristotélico de la Edad Media, entendían el orden social como una expresión de la esencia predeterminada de las cosas, no ya en el mundo de las ideas sino en la mente del Dios que las estableció. Alterar el orden establecido era pecado. Esto los hacía guardianes del orden establecido.

Pío IX confirmará esa posición de la iglesia sobre las desigualdades sociales:

> Sepan, además, que también cae dentro de la *natural e inmutable* condición de las cosas humanas, que, unos prevalezcan sobre otros ya por diversas dotes del alma y del cuerpo, ya por la riqueza u otros bienes de esta índole, y que *jamás, bajo pretexto alguno de libertad o igualdad,* puede incurrir que sea lícito invadir los bienes o los derechos ajenos o violarlos de cualquier modo[9].

León XIII, en su encíclica *Quod apostolici muneris* de 1878, en que condena el socialismo, todavía no plantea seriamente «el problema social». Aquí se limita a condenar el socialismo en razón de que éste «niega toda obediencia», mientras que la iglesia defiende que el poder gobernante está «fundado en la ley divina y natural»; predica la «igualdad absoluta» entre los hombres, cuando la doctrina de la iglesia no excluye las «desigualdades» sociales y jurídicas «queridas por Dios»; y ataca de raíz el «derecho de propiedad», a pesar de que la doctrina enseña que éste existe en virtud del «derecho natural» y que el respeto a la propiedad es un «deber moral»[10].

El reconocimiento esencial de las desigualdades puede que suene extraño y ofensivo al oído contemporáneo, pero así dice la encíclica: «La iglesia admite y reconoce como más útil y provechosa la desigualdad entre los hombres y extiende esta desigualdad, aplicándola también a la posesión de los bienes»[11].

---

9. Pío IX, *Nostis et nobiscum*, en *o.c.*, 464.
10. León XIII, *Quod apostolici muneris*, en Doctrina pontificia, documentos sociales III, 177-192.
11. *Ibid.*

En la encíclica *Rerum novarum* de 1890, León XIII plantea ya el problema obrero como un problema social fundamental y le dedica toda la larga encíclica para combatir la solución socialista, defender la propiedad privada, la conciliación de clases y las desigualdades sociales, como expresiones del orden natural según establecido por Dios. Todavía impera la visión esencialista del mundo. De aquí, que la comunicación entre marxistas y cristianos sea imposible en esa época, porque de lo que se trata es de la imposible reconciliación de una visión esencialista y una historicista[12].

Pío X, en 1908 continúa esa línea de pensamiento:

> La sociedad humana tal como Dios la ha establecido está compuesta por elementos desiguales. En consecuencia es conforme al *orden establecido por Dios* que en la sociedad humana existan príncipes y súbditos, patronos y proletarios, ricos y pobres, sabios e ignorantes, nobles y plebeyos[13].

Su sucesor, Pío XI, celebrando la *Rerum novarum* cuarenta años después, con la *Quadragesimo anno*, avanzando el siglo y en medio de la depresión de 1931, exhorta a los obreros a aceptar sin rencor *el lugar que la divina providencia les ha asignado*[14]. Se entiende perfectamente por qué no solamente Marx y los obreros de la época, sino los intelectuales también, entendieran la religión como una expresión del orden socioeconómico vigente, como una institución legitimadora del orden de opresión, y que en consecuencia se postulara la desaparición de la religión con el cambio del orden social.

---

12. León XIII confirma lo dicho anteriormente con respecto a la autoridad y el derecho a la propiedad con el argumento de la «ley natural» que establece la prioridad de derecho del hombre respecto al estado: «...el hombre es anterior al estado». Esto lo entiende así desde esa concepción ahistórica de la persona humana a la cual la propiedad privada le es consustancial: ...«el derecho de poseer bienes en privado no ha sido dado por la ley, sino por la naturaleza». Esta vez reconoce el *trabajo* «como la única fuente de la que obtienen los medios de subsistencia» la mayoría de los hombres y establece la obligación y el derecho de la iglesia a prestar su concurso a la solución del problema social. Reconoce el trabajo como la única fuente de «riqueza nacional». Invita a los hombres a la convivencia de clases, que sólo en la iglesia puede darse; les enseña que las riquezas no dan felicidad y que los hombres deben seguir el ejemplo de «pobreza» de Jesús. El estado debe prodigar sus cuidados a los proletarios y hacer respetar los derechos de todos, frenando los agitadores, eliminando los motivos de huelga y defendiendo la dignidad de los obreros. Exhorta a los obreros a asociarse para conseguir jornadas de trabajo razonables, descanso legítimo y salarios justos (León XIII, *Rerum novarum*, en Doctrina pontificia, documentos sociales, 305-360).
13. Pío X, *Fin dalla prima nostra enciclica*, en *o.c.*, 464.
14. Pío XI, *Quadragesimo anno*, en *o.c.*, 763.

Sin embargo, en esta última encíclica, Pío XI no puede sustraerse de la lucha de clases, cuya presencia histórica reconoce, ni del «imperialismo internacional del dinero» producido por «el espíritu individualista» resultado «del pecado original», que crea «la descomunal y tiránica potencia económica en manos de unos pocos» [15].

Esta extraña encíclica, *Quadragesimo anno*, ya no puede expresarse tan tajante y dogmática como las anteriores. En su primera y segunda parte confirma todo lo dicho por León XIII, pero en la tercera parte, la realidad la invade como un torrente avasallador y la obliga a buscar respuestas más modernas, aunque en ese contexto esencialista. Luego de su exabrupto en contra del capitalismo, que «se ha destruido a sí mismo» al permitir la destrucción de la libre competencia [16] —recordemos que han ocurrido el reparto mundial y las guerras, productos de la fase monopólica del capitalismo—, el papa se ve obligado a enfrentarse al análisis histórico socialista y reconocer que «la actual situación de cosas»... «divide los hombres en dos bandos o ejércitos que se atacan rudamente» [17].

Rechaza la alternativa socialista, por las razones expuestas por su predecesor, aunque discute su teoría y reconoce dos vertientes de socialismo: el comunismo violento de los bolcheviques y «el socialismo moderado que parece inclinarse y hasta acercarse a las verdades que la tradición cristiana ha mantenido siempre inviolables» [18].

Pero opta por recomendar un tercer camino que procede de la «filosofía social cristiana sobre el capital y el trabajo», fundamentada en «la caridad». Este enfoque «corporativista» recomienda agrupar obreros y patronos en una misma «corporación», constituida por «delegados de ambos sindicatos (patronos y obreros)» [19]. Esto puede ser posible «cuanto mayor sea la importancia concedida a la aportación de los principios católicos y su práctica, no ciertamente por la Acción Católica... sino por parte de aquellos hijos nuestros que esa misma Acción Católica forma en esos principios, y a los cuales prepara para el ejercicio del apostolado bajo la dirección y el magisterio de la iglesia». Le concede al Estado la responsabilidad de coordinar la economía para el bien común. De aquí se alimentarán ideológicamente, tanto la social democracia como el fascismo.

Esta posición se inscribe en la filosofía de la «recristianización de la sociedad», que Maritain articulará filosóficamente mediante la propuesta de

15. *Quadragesimo anno*, en o.c., 744, 745.
16. *Ibid.*, 745.
17. *Ibid.*, 733.
18. *Ibid.*, 748.
19. *Ibid.*, 738.

«humanizar el capitalismo», y que los partidos de la Democracia Cristiana ejecutarán políticamente.

En esta etapa del desarrollo teórico de la iglesia, tampoco podría haber diálogo posible entre cristianos y marxistas. Como hemos dicho, para el tomismo, la historia es un accidente con respecto a la esencia. Para el marxismo, la historia es todo. El hombre no tiene esencia, tiene historia. En esta etapa de la historia el cristianismo y el marxismo hablan dos idiomas diferentes e intraducibles. Una epistemología lleva a la política de la *conservación* y la otra a la de la *transformación*.

En esta etapa del desarrollo histórico, esa relación está sellada por las palabras de Pío XI en *Divini redemptoris:* «El comunismo es *intrínsecamente malo,* y no se puede admitir que colaboren con el comunismo en *terreno alguno* los que quieren salvar de la ruina la civilización cristiana» [20].

Esa encíclica auspiciará un ambiente reformista y modernizante que hará posible la aceptación de las reformas de la social democracia y el populismo.

De aquí en adelante la nueva teología del siglo XX se transformará a partir de lo siguiente: los trabajos de Karl Barth en 1922, que rompen con la teología natural, rechazan el esencialismo idealista y afirman que el hombre ha sido creado para vivir como verdadero hombre; los estudios exegéticos de la crítica bíblica que restauran el carácter historicista y materialista del pensamiento hebreo; los trabajos del teólogo protestante Rudolph Bultmann para desmitificar el nuevo testamento de los mitos del nacimiento virginal de Jesús, la conciencia mesiánica, los milagros, la resurrección histórica de Jesús, la ascensión y la escatología mítica, con el propósito de distinguir la fe de la epistemología; los trabajos de Dietrich Bonhoeffer afirmando la necesidad de «desreligionizar» la fe cristiana de ese ropaje idealista para descubrir su significado para un mundo «secular», donde el hombre está encargado de hacer su propia historia en un mundo con un futuro abierto, rechaza la ética cristiana de principios esencialistas, y propone una ética relativa, que se construye como respuesta de amor a la situación histórica concreta; los trabajos de los teólogos católicos para enfrentarse a la concepción constantiniana de la «cristiandad»; la teología existencialista de Paul Tillich, Bultmann, Rahner y Schillebeeckx; los esfuerzos de Lebret, para elaborar una «teología del desarrollo» para instrumentar la idea de la salvación como el «desarrollo integral del hombre —lo cual recoge el concilio Vaticano II— y los del personalista francés Mounier, quien después de participar con la resistencia francesa en contra de los nazis, rechaza la expresión democristiana de la doctrina social de la iglesia y convoca al diálogo y la colaboración

20. Pío XI, *Divini redemptoris,* en *o.c.,* 877.

entre cristianos y marxistas para reconstruir una Europa sin explotación de clases ni guerras; y finalmente, las «teologías de la historia» de teólogos como Comblin y Thils, «la teología de la secularización» de norteamericano Harvey Cox, y las «teologías políticas» de Blanquart, Richard Shaull, Metz y Moltmann, que algunos de ellos llegan a llamar «teología de la revolución».

Muy especialmente hay que mencionar estos dos últimos. Ambos ven a Dios presente en la revolución social. En ella se historiza el concepto de la trascendencia, el futuro histórico toma el lugar del cielo, se redescubre la naturaleza política de los actos de salvación, se señala la naturaleza ideológica de la pretendida apoliticidad de lo espiritual, se subraya la naturaleza política de la fe, se introducen las categorías básicas de la fe, la salvación y la gracia en la amplitud del proceso histórico y se rescata de la historia del mensaje cristiano los contenidos subversivos de la esperanza de un nuevo hombre y un nuevo mundo fundamentado en la justicia y la fraternidad humana. Pero aun aquí no se incorpora un instrumental socioanalítico ni una ideología revolucionaria concreta. Esto tendrá que suceder en América latina.

La historización del pensamiento occidental, incluyendo el de las iglesias, será clave en la transformación teológica y, eventualmente, repercutirá en América latina, donde la historización del pensamiento religioso será llevado hasta sus últimas consecuencias. Ante la generalidad de este fenómeno en el pensamiento occidental, uno de estos jóvenes teólogos latinoamericanos, el historiador cubano Justo González, decía hace unos años:

> Estamos presenciando lo que, a falta de un término adecuado, podemos llamar la «historificación» del mundo... quiere decir que el concepto mismo de la historia se ha adueñado del mundo. Porque por extraño que parezca, la idea de la historia no ha existido siempre en todas las civilizaciones, sino que por el contrario requiere ciertas presuposiciones que se encuentran en el corazón mismo del cristianismo y que son parte del legado de nuestra fe a la civilización occidental y a la humanidad en general...
> La primera de estas presuposiciones es que el tiempo es lineal, y no cíclico. Si el tiempo es de carácter cíclico, de tal modo que «la historia se repite», o que, con el decir de Aristóteles, «hay una especie de círculo del tiempo», no puede haber tal cosa como un genuino concepto de la historia, pues una historia que se repite constantemente, en la que nada nuevo sucede, no es realmente historia, sino sólo una existencia cíclica...
> La segunda presuposición de la historia es que *lo que sucede dentro del orden de lo temporal es real*. Esta presuposición se opone a toda filosofía sustancialista y a toda religiosidad trasmundanal. Cuando el antiguo filósofo afirmaba que la realidad de las cosas había de encontrarse, no en las cosas mismas en su existencia temporal sino en ideas eternas e inmutables, estaba negando la posibilidad, o al menos la importancia, de la historia [21].

21. J. González, *El cristiano en la historia*, serie de conferencias en la Universidad

La metafísica sustancialista, que servía de lenguaje a las encíclicas que hemos examinado, implica una teoría del conocimiento según la cual, sólo puede ser conocido lo que no cambia. Pero todos sabemos ya que lo que no cambia no es histórico. La velocidad y la implacable presencia del cambio como forma permanente de la realidad generados por el modo de producción capitalista y su devoradora extensión a todos los rincones del mundo, conjuntamente con la reflexión teórica que a partir del siglo XVIII toma conciencia de la necesidad de negar el pasado feudal y su justificación ontológica, para justificar el presente moderno, y justificarlo sin más fundamento que el hecho de ser producto del hombre —lo que Voltaire llama «filosofía de la historia»— [22] y que finalmente toma la forma de ciencia social, obliga al pensamiento religioso contemporáneo a incorporar gradualmente la realidad histórica en toda su conflictividad y determinación socioeconómica. Esto es lo que los teólogos protestantes contemporáneos llaman —a partir de Bonhoeffer— el «proceso de secularización», que no debe ser confundido con «secularismo».

Todas estas influencias habrán de fructificar en América latina en forma crítica —como veremos en el próximo capítulo— en la gestación de una nueva teología que habrá de surgir de lo profundo de la práctica política.

El impacto de esta nueva teología en la jerarquía será lento, pero tendrá el efecto de promover cambios teológicos importantes, aunque frenados en sus consecuencias políticas por el dominio de los reformistas de la doctrina social cristiana, como habrá de demostrar la visita de Pablo VI a América.

Veamos los cambios de énfasis que se producen en el magisterio de la iglesia, representados en las encíclicas y Vaticano II, a partir de estas influencias teológicas mencionadas, aun cuando no recogen todavía la radicalidad de los teólogos de avanzada.

A pesar de que la nueva teología tardará en penetrar el magisterio oficial de la iglesia —todavía en *Mater et magistra* se piensa con las viejas categorías—, en la encíclica *Pacem in terris* de 1963, Juan XXIII abre un nuevo capítulo en la historia de la iglesia católica al reconocer como derechos las libertades que la iglesia había negado antes, restaurar el derecho a la revolución y dar permiso para contactos de orden práctico entre cristianos y marxistas. Esta encíclica tendrá un enorme impacto sobre la situación latinoamericana.

de Princeton, publicadas en el boletín del seminario evangélico de Puerto Rico: El Boletín 2/34,2.
    22.   Cf. el capítulo de L. Zea sobre *La historia como invención occidental*, en *América en la historia*, 37-58.

Aun cuando en ella se piensa todavía en términos de la categoría del «orden establecido por Dios», este orden se define ahora en términos de los derechos humanos y no en términos de las estructuras de explotación.

Coloca como primero el derecho «a la existencia, a la integridad física, a los medios indispensables y suficientes para un nivel de vida digno, especialmente en cuanto se refiere a la alimentación, al vestido, a la habitación, al descanso, a la atención médica, a los servicios sociales necesarios» [23]. Esto implica que ya los obreros no tienen que contentarse con la condición en que se encuentran y que no es por designio de la providencia el que estén en esas condiciones. De aquí en adelante, el pensamiento de la iglesia luchará con la problemática de incorporar el «cambio» en su esquema de «orden».

Juan XXIII, dedica gran parte de la encíclica al asunto del *fundamento moral del orden*. «Toda autoridad deriva de Dios» dice, pero no los gobiernos específicos (para esta fecha el orden en Venezuela, Guatemala, Colombia y Perú está siendo seriamente amenazado por el desarrollo de guerrillas). Apunta como «señal de los tiempos» la liberación de la mujer, de los obreros y de las antiguas colonias. De la misma manera hace énfasis sobre la *invalidez de las leyes y preceptos* que estuvieren en contradicción con la voluntad natural o la ley natural.

> Si las leyes o preceptos de los gobernantes estuvieren en contradicción con la voluntad de Dios, no tendrán fuerza para obligar en conciencia puesto que es «necesario obedecer a Dios antes que a los hombres». «Más aún, en tal caso la autoridad dejaría de ser tal y degeneraría en abuso». Aquí cita a santo Tomás: «Cuando una ley está contra la razón se le llama ley injusta y así no tiene razón de ley, sino que más bien se convierte en una especie de acto de violencia» [24].

Si bien es cierto que esta norma esencialista puede ser usada por la derecha, lo mismo que por la izquierda, su rescate y pronunciamiento habría de ser de gran utilidad a los cristianos disidentes en América latina en 1963, especialmente después de haber definido el orden querido por Dios en los términos que lo hizo.

En las «recomendaciones pastorales», haría su más radical contribución al romper con la posición de los papas anteriores con respecto a la relación entre cristianos y marxistas. Reconoce la distancia filosófica entre cristianos y marxistas pero no puede evitar su colaboración política en el cambio social. En «el campo económico-social-político», hace una distinción entre «las teorías filosóficas sobre la naturaleza, el origen y el fin del mundo y el hombre, y las iniciativas del orden económico, social, cultural o político» y sugiere

---

23. Juan XXIII, *Pacem in terris*, en Actas y documentos pontificios, 5.
24. *Ibíd.*, 12.

que en la medida que estas iniciativas sean conformes a los dictados de la recta razón e intérpretes de las justas aspiraciones del hombre, pueden tener elementos buenos y merecedores de aprobación. Estos «contactos de orden práctico» que antes se consideraban inútiles se considerarán «provechosos» y la determinación de cuándo lo sean y «las formas y el grado» será potestad de aquellos cristianos que se desempeñan en asuntos concretos en cargos de responsabilidad en la comunidad [25].

Sin embargo, compensa lo ya dicho asumiendo una posición conciliatoria, aunque no dogmática, con respecto a la revolución: Con respecto a la *revolución y la violencia* dice en el párrafo que sigue: «No faltan *hombres de gran corazón* que, encontrándose frente a situaciones en que las exigencias de la justicia no se cumplan, movidos del deseo de cambiarlo todo se dejan llevar de un impulso tan arrebatado que parece recurrir a algo semejante a una revolución». A éstos, recuerda que «todas las cosas adquieren su crecimiento por etapas sucesivas», y les recuerda las palabras de Pío XII cuando dice: «No en la revolución sino en la evolución bien planeada se encuentra la salvación y la justicia. La violencia nunca ha hecho otra cosa que destruir, no edificar; encender las pasiones, no aplacarlas. Acumulando odios y ruinas, no sólo no ha logrado reconciliar a los contendientes, sino que a hombres y partidos los ha llevado a la dura necesidad de reconstruir lentamente» [26].

Ya bien entrada la década, la «Constitución pastoral sobre la iglesia en el mundo actual», *Gaudium et spes,* del concilio Vaticano II articula alguna de las ideas más avanzadas de la doctrina social cristiana fundamentadas en el personalismo y en los teólogos desarrollistas. Su influencia, al igual que la de Medellín en el 1968, serán tardías y más bien representan lo que unas décadas antes había constituido pensamiento de vanguardia. El documento mantendrá el dualismo entre vida religiosa y secular y la distinción entre los dos planos de actividad, el de la iglesia y el de los laicos. Pero, en un serio intento de savaguardar la «autonomía» de lo secular, afirmará la importancia de la historia como lugar donde comienza a construirse el reino de Dios, donde se espera que Dios habrá de establecer una «nueva tierra donde habite la justicia» y donde «el reino está ya misteriosamente presente... y consumará su perfección» [27]. El dualismo tierra-cielo entra en crisis.

De aquí en adelante se hará un esfuerzo por reconocer los problemas contemporáneos, aun cuando los enfoques estarán dirigidos políticamente por el reformismo socioeconómico de la «doctrina social» de la iglesia.

25. *Ibid.,* 42.
26. *Ibid.,* 43.
27. Cf. el capítulo 4 de *Gaudium et spes,* en Vaticano II, documentos, 227-233.

46

Sólo queremos señalar un punto fundamental: El cambio de énfasis en el principio de la propiedad. El énfasis de este documento está en la «función social» de la propiedad.

> Dios ha destinado la tierra y cuanto ella contiene para el uso de todos los hombres y los pueblos. En consecuencia, los bienes creados deben llegar a todos en forma equitativa, bajo la égida de la justicia y la compañía de la caridad. Sean las que sean las formas de la propiedad, adaptadas a las formas legítimas de los pueblos según las circunstancias diversas y variables, jamás debe perderse de vista este destino universal de los bienes [28].

Aquí rescatan la antigua doctrina del derecho a arrebatar en caso de necesidad extrema: «Quien se halla en situación de necesidad extrema tiene derecho a tomar de la riqueza ajena lo necesario para sí» [29]. Defiende la propiedad privada como extensión de la libertad de la persona pero ahora, en el contexto del nuevo énfasis. El estado puede expropiar la propiedad que sea necesaria para el bien común, aunque define la expropiación en términos burgueses: «con compensación adecuada» y sin abolir la propiedad privada como tal [30]. En base a esto, señala la injusticia de «los latifundios», recomienda las «reformas» necesarias para la «expropiación» y «reparto» de tierras no cultivadas adecuadamente, pero con la debida «compensación» [31]. En Medellín, esto será planteado en forma diferente.

En este documento, la iglesia se pone al día con la historia pasada y el presente con respecto al modo de producción capitalista según se da en las formaciones sociales de tendencia social demócrata. Sólo puede ser de influencia en aquellas sociedades tradicionales donde persisten rasgos feudales o estructuras pre-capitalistas en forma significativa. Para algunos países latinoamericanos, como los de Centroamérica y aquéllos de grandes extensiones rurales que no habían experimentado la reforma agraria éste habría de ser un documento subversivo y una base de apoyo a su clero progresista.

Pero va más allá, en el sentido que se define en contra del «neocolonialismo» aunque no incorpora un instrumental científico que pueda explicar

28. *Ibid.*, 269.
29. *Ibid.*, 270.
30. *Ibid.*, 271-272.
31. *Ibid.*, 272-273. Véase la firmeza de la expresión del Papa Pablo en su encíclica *Populorum progressio* un año más tarde, cuando dice: «El bien común exige, pues, la *expropiación*, si, por el hecho de su extensión, de su explotación deficiente o nula, de la miseria que de ella resulta a la población, del daño considerable producido a los intereses del país, *algunas posesiones sirven de obstáculo a la prosperidad colectiva*»... «el concilio ha recordado también, no menos claramente, que *la renta* disponible no es cosa que queda abandonada al libre capricho de los hombres; y que las especulaciones egoístas deben ser eliminadas» (Documentos pontificios, 15).

sus causas socioeconómicas. Por esto, sus recomendaciones no pasan de consejos bien intencionados.

Parte integral de las condiciones teóricas de la época es el diálogo cristiano-marxista en Europa. Estos diálogos, tan ajenos a la situación latinoamericana, tuvieron una gran influencia en ablandar la dura costra del pasado y en hacer posible el que ambas partes se escucharan y se redescubrieran a la luz de las transformaciones ocurridas en ambos campos. Muchos cristianos todavía entendían por marxismo el represivo dogmatismo estaliniano y muchos marxistas sólo conocían el cristianismo de la escolástica medieval o de su catecismo adolescente. La publicidad del diálogo llevó a multitud de cristianos y marxistas a redescubrir un marxismo y un cristianismo diferentes, sus coincidencias, sus verdaderas diferencias y la posibilidad de la colaboración en una lucha conjunta para la construcción de una sociedad justa.

De la misma manera que en el cristianismo se da una revolución «teológica», en el marxismo también se da una revolución en su manera de pensar. A la muerte de Stalin, el dictador soviético, se sucederían los cuestionamientos de su rígida y mecanicista interpretación del marxismo, que redujo la ciencia marxista a una doctrina dogmática de clase, interpretada y administrada represivamente por el partido y su persona. El criterio de verdad vino a ser la aprobación del partido de un socialismo de estado, donde la «dictadura del proletariado» había sido suplantada por la «dictadura de la burocracia estatal».

En el XX Congreso del partido comunista se rechazó oficialmente esta desviación (que ya había formado parte de la cultura política de la Unión Soviética) y se generalizó de nuevo la discusión de infinidad de temas que la dictadura estalinista había cerrado. Entre ellos, el tema de la religión.

Surge un vigoroso neo-marxismo en los países del este de Europa y en Europa occidental, que no tiene inhibiciones en aplicar la dialéctica al estudio de las nuevas prácticas sociales y en incorporar la realidad a la teoría y modificarla según la realidad la verifique. Esta nueva actitud será fundamental a este diálogo. Sin embargo, será precipitado por acontecimientos concretos como la publicación de los *Manuscritos filosóficos* de 1844 de Carlos Marx, las invitaciones al diálogo emitidas por los filósofos marxistas de Maurice Thorez y Roger Garaudy y la actividad del católico Mounier, de *Esprit,* luego de la participación conjunta de ambos grupos en la Resistencia contra los nazis.

Originalmente, los diálogos europeos estaban centrados sobre temas filosóficos y teológicos, temas que a los latinoamericanos nunca les preocupó, porque su interés era cómo hacer la revolución de los pobres y oprimidos para construir un mundo donde el amor fuera una posibilidad social[32]. A pesar de eso, los diálogos fueron una importante contribución para hacer posible, por un lado, que los cristianos vieran en el socialismo marxista un posible instrumento científico y un posible proyecto histórico, y por el otro, para que los marxistas tomaran en serio la contribución del cristianismo vista desde su perspectiva no-cristiana.

De la misma manera que el marxismo ha sido producto de las condiciones históricas que inciden sobre la conciencia del hombre europeo, así también las transformaciones del pensamiento cristiano y el diálogo entre ambos es fruto de nuevas condiciones históricas.

Como resultado de estos acontecimientos se generaliza el diálogo cristiano-marxista en Europa y sus repercusiones llegan a América[33]. Entre los diálogos más divulgados han sido los de Lyon en 1964, el de la Mutualite en el mismo año y el de Salzburgo en 1965, auspiciados por la fundación católica alemana Paulus Gesellshaft. Sin embargo, se han generalizado en toda Europa occidental y en algunos países de Europa oriental como Polonia, Checoslovaquia, Hungría y Alemania oriental.

De estos diálogos entre prominentes teóricos marxistas europeos y teólogos cristianos, resulta lo siguiente: el reconocimiento del carácter humanista del socialismo marxista, y el reconocimiento de la nueva posición teórica de un cristianismo que ha desechado el idealismo esencialista y que comienza

32. Cf. los comentarios de Camilo Torres sobre este asunto donde le da prioridad a la praxis. «El punto en común entre nosotros», dice, es «la prioridad que tiene la acción para servicio a los demás» (*Cristianismo y revolución*, 319).

33. De estos diálogos, libros y declaraciones, los más divulgados traducidos al español, que han circulado en América latina, son los siguientes: Aguirre y otros, *Cristianos y marxistas. Los problemas de un diálogo* (con artículos de Rahner, Lombardo-Radice, Girardi, Machovec, Mury, Metz, Althusser, Sacristán, Aranguren del período de 1964, 1965); Cardonnel y otros, *El hombre cristiano y el hombre marxista* (con presentaciones de Gorz, Garaudy, Mury, Verley, Casanova, Colombel, Dumas, Bosc, Dubarle, Cardonel, en Lyon y la Mutualité en 1964); J. Dalmau, *Distensiones cristiano-marxistas;* L. Fabri, *Los comunistas y la religión* (un historial de la problemática de los diálogos); R. Garaudy, *Del anatema al diálogo* (selecciones del diálogo de Salzburgo de 1965, uno de los más divulgados); G. Girardi, *Marxismo y cristianismo* (artículos y presentaciones de él en diálogos de Baviera, 1966, Mariembad, Checoslovaquia 1967); A. Moine, *Cristianos y comunistas después del concilio* (análisis marxista de la situación del diálogo con respecto a la práctica política); A. Marchese, *Marxistas y cristianos;* B. Tower, A. Dyson y otros, *Evolución, marxismo y cristianismo* (estudios sobre la síntesis de Teilhard de Chardin, dictados por la BBC); *Teología para el tercer mundo, los cristianos, la violencia y la revolución* (presentaciones en el coloquio de marzo 1968 en la Cimade en Francia bajo los auspicios de varias organizaciones); J. M. González Ruiz, *Marxismo y cristianismo frente al hombre nuevo* (versión del teólogo español); H. Gollwitzer, *Crítica marxista de la religión* (análisis del teólogo alemán, especialista en marxismo); Marcuse y otros, *Marxismo y religión* (fundamentalmente las conferencias del encuentro auspiciado por el departamento de religión de la universidad de Temple en 1969).

a expresarse en un lenguaje historizado; el acuerdo de que en realidad no existe ningún impedimento teológico o doctrinal inherente a la fe cristiana que lo ponga en contradicción con el socialismo como tal excepto la posición política de los mismos cristianos; el señalamiento del «carácter rebelde» del cristianismo como «inherente» al mismo, lo cual no lo hace necesariamente revolucionario a menos que no incorpore una teoría revolucionaria; el redescubrimiento de la contribución que los cristianos pueden hacer a la formación del hombre nuevo con su concepción del valor de cada ser humano, lo cual se expresa teológicamente en la concepción del «amor» cristiano, y la revaloración del valor humano de la persona de Jesús; finalmente, una reconsideración de la concepción marxista de la religión como opio de las masas.

Del examen de la revolución teológica europea, que comienza a abandonar el idealismo esencialista para adoptar un entendimiento histórico de la realidad —a lo menos en el caso de los teólogos de vanguardia, aunque no en el Vaticano—, del examen del nuevo magisterio sobre la problemática social y del examen de los resultados del diálogo cristiano-marxista de Europa, se puede entender que para la época en que se generan en América latina los cristianos revolucionarios, existen unas condiciones teóricas cualitativamente diferentes a las del siglo pasado y principios de este que facilitan esa praxis. Tanto los sacerdotes extranjeros, que en América latina son gran parte del clero (80% en Bolivia), como los nacionales que salen a estudiar a Europa y Estados Unidos, han estado en contacto con esta renovación de pensamientos y de actitudes políticas y las reinterpretan a la luz de América latina.

Veamos ahora, cómo la *praxis* política de los cristianos latinoamericanos en medio de esa condición de miseria, hambre, enfermedad, explotación y represión, les va a llevar a reformular estas condiciones teóricas con las que se inician en el proceso de liberación.

3. Praxis política de los cristianos en el proceso revolucionario de América latina durante la década del 60

Es precisamente en la praxis de liberación generada por la situación revolucionaria del continente, donde coinciden todas las condiciones históricas que harán posible la nueva reflexión teológica de los cristianos participantes.

Como ilustraremos aquí, el proceso histórico mismo habrá de ir cuestionando los supuestos sociopolíticos de los cristianos e irá radicalizándolos.

Este proceso de radicalización ha sido muy similar en todos los países, aunque su avance ha sido muy desigual, porque ha seguido el desarrollo económico y la crisis de los países donde el populismo se ha ido agotando, además de que ese avance dependió siempre del desarrollo intelectual del catolicismo en cada país.

Durante la aguda crisis política que se da en Brasil del 1960 al 1964, en que el país se ve en la disyuntiva de decidir entre el socialismo y el neofascismo, los cristianos involucrados en la acción social, habrán de sufrir una rápida radicalización, que en gran medida representa el proceso que se da en los demás países.

Desde la década de 1940 la Acción Católica había estado operando en Brasil. A finales de la década del 50 sigue la tendencia de independizarse del control de la jerarquía y comienza su creciente actividad en la reforma universitaria, la lucha por la sindicalización rural, la reforma agraria, los programas de alfabetización, de cultura popular y educación de base. Esa actividad se realiza mayormente a través de la Juventud Obrera Católica, Juventud Estudiantil Católica, Juventud Universitaria Católica y los equipos del Movimiento Educativo de Base y el equipo del Movimiento de Cultura Popular. Un importante aliado de estos grupos católicos lo será el Movimiento Estudiantil Cristiano (MEC), organización brasileña de estudiantes protestantes afiliada a la Federación Universal de Movimientos Estudiantiles Cristianos (FUMEC). De aquí se irradia la teología protestante radical de Bonhoeffer, Richard Shaull y del Movimiento Continental de Iglesia y Sociedad (ISAL), mas luego transformado en organismo ecuménico.

El mismo proceso político le va enseñando la dificultad de entender la realidad con las guías de Maritain del «ideal histórico» para la creación de «una nueva cristiandad». Su influencia va a ser suplantada por la de Lebret, el francés de la «teología del desarrollo», Mounier, el filósofo «personalista» que rechaza la instrumentación democristiana de la doctrina social de la iglesia, Teilhard de Chardin, quien rechaza el cosmos estático del esencialismo tomista y postula la historia como un proceso hacia la socialización que es inherente a la naturaleza psico-social del hombre, y la de éstos, a su vez, va a ser enriquecida y complementada por la sociología marxista y las concepciones de Gramsci y Luckacs sobre el problema de la ideología y la formación de la conciencia [34]. Los teólogos Lima Vaz, Cordonnel, y el educador católico Pablo Freire, y el protestante Richard Shaull serán instrumentales en

___

34. Sobre este proceso de la iglesia brasileña, cf. los siguientes: Açao Popular, *Documento base;* J. Cayuela, *Brasil: un Vietnam católico;* J. Comblin, *Cristianismo y desarrollo;* P. Freire, *Educación como práctica de la libertad;* C. Furtado, *Diagnosis of the Brazilian crisis;* I. L. Horowitz, *Revolución en el Brasil;* F. Juliao - Cambao, *La cara oculta del Brasil;* E. Kadt, *Catholic radicals in Brazil;* Moreira Alves, *El Cristo del pueblo;* H. J. Souza, *Cristianismo hoje.*

esa transformación teológica e ideológica. Será la misma estrechez de los esquemas esencialistas, la inviabilidad de las medidas técnicas reformistas y la violencia institucionalizada, todo lo cual se desprende de la praxis, lo que los llevará a posiciones cada vez más radicales y menos eclécticas.

La Acción Católica radicalizada fue transformándose en otra organización: *Acción Popular,* una organización cristiana de izquierda, que en 1964 ya hacía uso de la sociología marxista y la teoría revolucionaria aunque apoyaba la radicalidad de la Revolución cubana frente al mecanismo del partido comunista [35]. Este último apoyaba una mayor modernización del capitalismo en Brasil como condición necesaria para que el proletariado llegara a su madurez.

Al venir el golpe militar de 1964, el régimen no hizo distinción entre reformistas, eclesiásticos, socialistas de estilo anti-comunista, católicos radicales, socialistas ni comunistas [36]. A todos los condenó por igual, los encarceló, los torturó y les quitó sus derechos políticos. El golpe enseñó a los católicos radicales «que la revolución es una» y esto los llevó a abandonar aquellas peculiaridades filosóficas que les impedían tener una comprensión científica de la sociedad y una teoría revolucionaria eficiente. Esto lo demostró dramáticamente en el interrogatorio hecho por la policía militar a Luis Gómez de Souza, quien había sido secretario general de la Juventud Estudiantil Católica en París entre 1959-1961:

—«¿Es usted socialista?
—Soy personalista.
—Eso no existe» [37].

El golpe militar había sido una gran enseñanza y los militantes católicos llevaron su radicalización hasta el culmen. Dice Moreira Alves:

> Después del golpe militar, apremiada por la clandestinidad y por las apremiantes angustias que sentían sus dirigentes, la AP acabó por definirse como una organización marxista-leninista. A esta definición contribuyeron mucho los dirigentes que habían estado en París, donde estuvieron con Louis Althusser, el crítico del marxismo europeo occidental, y conocieron las obras de Lévy Strauss y el estruturalismo [38].

De ese grupo brasileño llegó exilado a México el padre Francisco Lage Pessoa, activo en la renovación de la iglesia desde la década del 40 y en las luchas campesinas durante la década del 50 hasta el golpe militar del 64,

35. Para un recuento completo de ese proceso, cf. E. Kadt, *Catholic radicals in Brazil.*
36. *Ibid.*
37. Moreira Alves, *El Cristo del pueblo.*
38. *Ibid.,* 296.

cuando fue torturado (por ser el líder y fundador de la sindicalización rural que había generado más de 2.000 grupos) y condenado a 25 años de presidio. El padre Francisco se pregunta:

> *¿Podrá un católico ser socialista?*... No sólo puede sino que de acuerdo con su grado de conciencia del problema social, tiene la obligación de serlo, si el momento histórico que vive así lo determina y no hay otra solución para el desarrollo y bienestar de los pueblos. Sería para todos necesario un estudio desapasionado del marxismo para descubrir sus realidades fundamentales (que nada tienen contra el verdadero cristiano) y una nueva lectura del evangelio, en busca del genuino rostro de Cristo... Se llega a una encrucijada: hay que cambiar, pero ¿por vías pacíficas o no? Mi respuesta tendrá mucho de existencial. Soy un sacerdote que desde hace 25 años lucha con armas pacíficas, contra el monstruo destructor de toda libertad e igualdad... La respuesta, en resumen, es esta: Mi parecer es que *no queda otra solución sino recurrir a la violencia...* Hay que luchar ahora con las armas en la mano [39].

En el nordeste, donde la miseria es legendaria, el obispo de Olinda y Recife, Hélder Câmara, ha estado luchando contra la injusticia y sirviendo de guía espiritual a la primera generación de sacerdotes «rebeldes». Hélder Câmara defiende los derechos de los humildes y anatemiza la miseria establecida por los latifundistas y el poder político; habla del desarrollo en lenguaje humano y vivaz; predica con urgencia la necesidad de una «revolución de las estructuras... porque la miseria es repelente y envilecedora; hiere la imagen de Dios que es cada hombre».

La estrategia del uso de la violencia no es compartida por Hélder Câmara porque cree que cualquier guerra liberadora, que fuese declarada en cualquier lugar de América latina, sería inmediatamente aplastada por las fuerzas imperialistas... «una revolución sangrienta degeneraría en una intervención del imperialismo de los Estados Unidos. Habría una guerra imperialista contra la guerra liberadora, porque los Estados Unidos no admitirían una segunda Cuba».

A pesar de que no comparte la idea de la *violencia,* aparentemente por razones estratégicas, no rechaza a los cristianos que no ven otra alternativa. «Tampoco le pido al pueblo que se cruce de brazos ante esta situación»... Yo respeto y respetaré a los que optaron por la violencia... la revolución no la hacen los intelectuales ni los políticos, ni el clero, ni los estudiantes, sino las masas oprimidas, o no hay revolución» [40].

39. F. Lage, *Brasil, la iglesia y el movimiento revolucionario,* en *La iglesia, el subdesarrollo y la revolución,* 162.
40. Cf. lo siguiente sobre H. Câmara, *La revolución de los justos; Iglesia y desarrollo; Universidad y revolución; Manifiesto de los obispos del nordeste,* Recife 1966; *La*

Del Brasil vino también la voz del padre *José Comblin*, quien a pesar de no ser brasileño de nacimiento, representa la manera de pensar del clero, de la Acción Católica y Acción Popular, movimientos radicalizados en el proceso brasileño. En sus notas preparatorias para la reunión episcopal de Medellín, preparadas por un grupo de teólogos de Recife, dice que para lograr el arranque hacia el desarrollo es necesario que las masas tomen el poder por la fuerza y gobiernen por la fuerza para «derrumbar los privilegios e instalar nuevas estructuras».

> ¿Cómo se instala esa fuerza?... Por la fuerza misma. De ahí los dos problemas políticos: A) La conquista del poder por un grupo decidido a hacer las reformas. B) El ejercicio del poder por fuerza dictatorial para imponer por fuerza de gobierno las transformaciones y las novedades [41].

Estas conclusiones se imponen luego de un serio y exhaustivo análisis de la situación de explotación en América latina. Su concepción teológica es importante para llegar a esas consecuencias. Representa, al igual que Hélder Câmara, la gran influencia de Lebret en Brasil. Para Comblin existe una relación necesaria entre «desarrollo» y «vocación humana». La vida ha sido dada al hombre para que la transforme en libertad. El desarrollo de los pueblos es la problemática fundamental que decidirá el futuro de la vida del hombre; en este sentido el hombre no puede desentenderse teológicamente del desarrollo. El desarrollo entonces viene a integrar la teología y el quehacer religioso. A pesar de que Comblin y la Acción Católica se encuentran en un principio en el esquema de la «teología del desarrollo» de Lebret, pronto le superarán incorporando al esquema de análisis y de acción política marxista. Comblin, como los camilistas luego, integrarán la sociología del «materialismo histórico» a su pensamiento rechazando el «materialismo dialéctico» como un elemento ideológico sujeto a cambio y buscando en el evangelio aquellos «elementos ideológicos» que el cristianismo, ya desmistificado, pueda aportar a la revolución. Para él, la historización de la escatología cris-

iglesia debe revisar su posición ante los problemas sociales; J. Cayuela, *Brasil: ¿Un Vietnam católico; Carta a los jóvenes:* Criterio, y en Cidoc informa, 7/21 99 s; *El plan del obispo Hélder Câmara:* Eca (El Salvador, 1969); *Los jóvenes exigen y construyen la paz,* discurso en el congreso mundial de la Federación de las juventudes femeninas católicas en Berlín occidental, 18 de abril de 1968. Copia del discurso en los apéndices de Cayuela, *o.c., 59; Unica opçao ¿A violencia?:* Cidoc 7/21, 107 s; el mismo discurso con el título de *Les juristes chrétiens et le dévelopement* fue dirigido al cuarto congreso mundial de juristas católicos de Pax Romana en Dakar, en diciembre de 1968: Cidoc 44/8; *Violencia de los pacíficos* (discurso pronunciado el 2 de octubre de 1968, en Recife, en la inauguración del movimiento Acción, Justicia y Paz). Véase el plan del Obispo Hélder Câmara, *Eca,* 1969; H. Borrat, *Dom Hélder silenciado:* Marcha, 8 agosto 1969.
    41. A. Gheerbrant, *La iglesia rebelde de América latina,* 142-158.

tiana elimina elementos alienantes de lo supraterreno y hace posible y efectiva esa alianza con los marxistas [42].

En Colombia, *Camilo Torres,* capellán universitario empeñado en la reforma agraria, en un país en que el 64% de la tierra estaba en manos del 3,6% de los colombianos —la oligarquía terrateniente— y el 94,4% de los colombianos tenían que sacar su sustento del 36% de la tierra; y donde sólo la violencia represiva del estado y la oligarquía detenía la presión de las masas por el cambio revolucionario, este Camilo comenzó un arropador movimiento político en pro de un Frente Unido para la toma del poder y la socialización de los medios de producción, que lo llevarían finalmente a la opción por la guerrilla del Frente de Liberación Nacional. Camilo afirma que su motivación por la lucha revolucionaria partía de su necesidad de hacer su «amor», «efectivo» y accesible a las masas: «La revolución no solamente es permitida, sino que es obligatoria para los cristianos que vean en ella la única manera eficaz y amplia de realizar el amor para todos» [43].

Mediante el análisis social llegó a esbozar unos principios:

1. El poder es para las mayorías, sin lo cual no puede haber cambio social.

2. Rechazo de la vía electoral.

3. La lucha armada es un mal necesario para la toma del poder porque la burguesía la impone como condición para entregar el poder.

Su concepción del socialismo como técnica para el desarrollo, y la condición de apertura en la nueva izquierda, lo llevaron a la alianza con los marxistas. Dice sobre el socialismo, al principio de su trabajo político:

> Es necesario definir que esta plataforma (del Frente Unido) tiende al establecimiento de un estado socialista con la condición de que el *socialismo* lo entendamos en un sentido únicamente técnico y positivo, sin ninguna mezcla de elementos ideológicos. Se trata de un socialismo práctico no teórico [44].

Con respecto a la alianza con los comunistas dice:

> Yo podría colaborar verdaderamente con los comunistas en Colombia porque creo que entre ellos hay elementos verdaderamente revolucionarios y porque en cuanto son científicos, tienen puntos que coinciden con la labor que yo me propongo...

42. J. Comblin, *Cristianismo y desarrollo.*
43. Camilo Torres, *La revolución imperativo cristiano,* en *Cristianismo y revolución,* 327.
44. Entrevistas a Camilo Torres, *o.c.,* 428, 429, 450.

nosotros somos amigos de los comunistas e iremos con ellos hasta la toma del poder, sin descargar la posibilidad de que después habrá discusión sobre temas filosóficos. Pero lo que importa por el momento son las cuestiones prácticas [45].

A pesar de la alianza con los marxistas, Camilo mantiene las distinciones claras:

Yo no pienso hacer proselitismo con referencia a mis hermanos los comunistas... y los comunistas deben saber también que yo tampoco ingresaré a sus filas, que no soy ni seré comunista, ni como colombiano, ni como sociólogo, ni como sacerdote [46].

Inicialmente su programa socialista tenía un carácter ecléctico, aunque finalmente adoptó el programa del Frente de Liberación Nacional.

Fuera de sus discursos, entrevistas y algunos artículos y estudios sociopolíticos, Camilo no dejó un pensamiento político y teológico elaborado. A pesar de ser sociólogo, Camilo fue fundamentalmente un místico, pero un místico dedicado a la revolución. Su frase citada por López Oliva en *Los camilistas de la América latina*, resume su pensamiento y su vida: «Hoy hacer la caridad es hacer la revolución para darle dignidad a todo ese pueblo que sufre y se degrada... y así nos reconciliaremos con él y con Cristo que sufre y es humillado con él» [47].

Su contribución mayor fue la realización de su fe en la praxis y a la vez el haberle impreso al pensamiento revolucionario de estos grupos ese carácter distintivo de la *prioridad de la praxis* [48].

Con la muerte de Camilo comienza el *camilismo*. En un movimiento creciente que parecía encender toda la América latina, comenzaron a brotar por todo el continente incidentes, manifiestos, protestas y denuncias en contra de la «violencia institucionalizada», en favor de la violencia revolucionaria como medio para la toma del poder por las mayorías y en favor de la socialización de los medios de producción como un «imperativo evangélico», que se resumía en la lucha por la formación del «hombre nuevo».

Seis meses después de la muerte de Camilo, el padre Juan García Elorrio, secretario general del Movimiento Camilo Torres, comienza a editar la revista *Cristianismo y revolución* que vino a sustituir la publicación *Frente Unido* de Camilo. El primer editorial fue señal del tono claro y militante que caracterizaría la revista:

45. *Ibid.*, 409.
46. C. Torres, *Mensaje a los comunistas, o.c.*, 527.
47. *O.c.*, 26.
48. Cf. S. Silva Gotay, *Teoría de la revolución de Camilo Torres: contexto y consecuencias continentales*, en Latinoamérica, 5, 105-138.

El tercer mundo es el que se está gestando a partir de los procesos revolucionarios que se intentan, que se malogran y que se realizan a través de una acción dura y violenta pero profundamente humana a la cual nos incorporamos los cristianos que vemos en ella como vio Camilo Torres la única manera eficaz y amplia de realizar el amor para todos... Los gobiernos militares se equivocan al creer que el equilibrio de sus gobiernos militares equivale al de la jerarquía eclesiástica y que ciertas presencias, ciertos apoyos y determinadas influencias constituyen la iglesia o simplemente «la iglesia». Ellos no conocen la madurez del clero ni la libertad de los laicos, ni la renovación de la doctrina, ni el compromiso y la lucha del cristianismo encarnados en las exigencias de la lucha revolucionaria que tenemos que vivir... «La situación de Brasil... donde la dictadura persigue obispos y cristianos comprometidos, ahora va a sucederse en nuestro país (Argentina)» [49].

La pastoral del tercer mundo no tardó en aparecer bajo la sombra de *Populorum progressio*. Con el impulso de Hélder Câmara y una redacción colegiada, apareció publicado en París, este documento de Recife, el 31 de agosto de 1967. Los obispos firmantes eran de Brasil, Argelia, Oceanía, La RAU, Yugoslavia, Líbano, China, Laos y Colombia. La mayoría de ellos eran obispos brasileños, lo cual hace resaltar la diferencia entre éstos y sus colegas del resto de América latina.

Indican que todos los poderes establecidos actualmente son el resultado de revoluciones porque los sistemas anteriores ya no respondían al bien común y que en eso, no hay nada de sorprendente. «La historia muestra que ciertas revoluciones eran necesarias y... han producido buenos resultados»... y «hoy el mundo pide enérgica y tenazmente el reconocimiento de la dignidad humana en toda su plenitud, la igualdad social de todas las clases»... e inmediatamente aclara que sólo renunciando a privilegios y riquezas «en beneficio de una socialización más amplia» pueden los hombres participar de ese movimiento. «La iglesia saluda con alegría y orgullo una nueva humanidad en la que el honor no es más para la cantidad de dinero acumulada por algunos cuantos, sino para trabajadores, obreros y campesinos» [50].

Ponen en claro que la motivación de sus palabras no es política sino evangélica y finalmente exhortan a los obreros y campesinos a organizarse para defenderse de la explotación.

49. Cristianismo y Revolución, año 1, n. 1. García Elorrio morirá en 1970 en un accidente sin ver realizado su ideal de unir la izquierda y los peronistas, pero ya para febrero 1971 se formará la Agrupación de base Juan García Elorrio en Punta Alta. Desde Montevideo circula también la hoja periódica *Unión Latinoamericana Camilo Torres*, y se amplía desde el 1967 a los cristianos progresistas de América latina, complementando el trabajo que realiza Cristianismo y Revolución.
50. La pastoral del tercer mundo, *Los cristianos y la revolución*, 45. Cf. fragmentos de este documento en Gheerbrant, *La iglesia rebelde de América latina;* y completo en *Signos de renovación* (antología peruana de documentos de. la iglesia latinoamericana).

Dos meses después, en octubre de 1967, el clero brasileño hace pública su *Carta abierta del clero brasileño* que surgió de la reflexión de 300 sacerdotes. Es un desvastador análisis de la explotación económica del país por la burguesía y la oligarquía nacional en relación con las inversiones extranjeras que dan lugar a las condiciones de miseria del pueblo [51].

Critican las estructuras actuales de la iglesia y proponen una reestructuración «congregacionalista» para la formación de una iglesia nueva en base de comunidades pobres —aldeas, fábricas, etc—. Cada una escogerá un presidente que actuará como sacerdote. Es en esa comunidad de vida concreta donde debe darse la vida de fraternidad, justicia y paz. Así el sacerdote electo sabrá «que el bautismo es una elección definitiva en favor de la justicia, de la liberación de los hombres y una denuncia profética de todo egoísmo... que aun *la elección del camino revolucionario, que escandaliza a tanta gente, puede provenir de una exigencia clara de la conciencia. La comunidad puede alentar estas elecciones haciéndolas más profundas y evangélicas.*

La incorporación a las guerrillas era el desenlace lógico a este creciente tren de actitud revolucionaria en ambientes políticos sin aperturas para la acción o el cambio social, y en un medio en que predominaba la teoría foquista de la toma del poder. Por una carta de la madre María Peter (Marjorie Bradford) a los periódicos de México se supo el 11 de enero de 1968 que ella (la primera religiosa guerrillera de América en el siglo XX —hasta donde se tiene noticias—) y otros dos padres, Thomas y Arthur Melville que trabajaban en Huehuetenango, se habían ido a las guerrillas el 21 de diciembre con otros 25 estudiantes de la universidad (estudiantes de la burguesía católica que hacían estudios sociales en la misión de Huehuetenango).

> Habiendo sido religiosa... debo dar testimonio que un cristiano sincero tiene que buscar lo que nos une a todos los revolucionarios y estar dispuestos a «dar la vida por sus amigos». Vivo mi cristianismo no según normas dadas y constreñidas por costumbres que ya están aparte de lo vivo según lo que dice Cristo en el evangelio, con la alegría y la esperanza del hombre sediento que va hacia la libertad de ser plenamente hombre
> No se puede detener el proceso de la revolución. ¿Y por qué detenerlo. Al contrario, bienvenido sea. Como persona consciente contribuyo a cumplir el mandato de Dios de que el hombre ha de constituir el mundo, dominar la tierra. Acompaño a

---

51. *Manifiesto de los trescientos cincuenta sacerdotes del Brasil,* Documento de la IX conferencia nacional del episcopado brasileño (CNBB): Cidoc informa, julio-diciembre (1968); cf. también en la colección de *Signos de renovación,* 153-158; y en la colección de iglesia latinoamericana: *¿Protesta o profecía?,* 177-192, bajo el título *Estructuras y liberación.*

campesinos, a estudiantes, a sacerdotes, a profesionales, juntos nos añadimos a las filas de los revolucionarios [52].

Este caso tuvo gran relevancia en la prensa, especialmente en vista de que Marjorie contrajo matrimonio con John Melville. Fue entonces que John decidió responder a la opinión pública con tres formidables artículos: *La situación actual de la iglesia en América latina; Revolución en el concepto del celibato, y La teología de la violencia.*

> La verdadera pregunta, no está en ¿revolución, sí o no? sino más bien revolución, ¿pacífica o violenta?... La revolución sólo puede ser pacífica si aquellos que controlan las estructuras —esto es, la oligarquía rica— están dispuestos a permitir que ocurran tales cambios y reconocer los derechos, por tanto tiempo ignorados, de las masas pobres (en 18 meses la derecha había liquidado 2.800 intelectuales, estudiantes, líderes sindicales y campesinos guatemaltecos). Hice lo que hice y seguiré haciéndolo, a causa de las enseñanzas de Jesucristo, y no a causa de Marx o Lenin [53].

Días después de la publicación de la primera carta de la madre María revelando su integración a las guerrillas, Fidel Castro, en su discurso al Congreso cultural de La Habana, admitía y reconocía la importancia de este nuevo fenómeno en la lucha por la liberación en América latina. En el discurso exhortaba a reconsiderar ideas marxistas fosilizadas, sobre la iglesia:

> Es incuestionable que los revolucionarios, los que nos consideramos revolucionarios... y los que nos consideramos marxistas-leninistas estamos en la obligación de analizar estos fenómenos nuevos. Porque no puede haber nada más anti-marxista que la petrificación de las ideas. Y hay ideas que incluso se esgrimen en nombre del marxismo que parecen verdaderos fósiles... Esas son las paradojas de la historia [54].

El 30 de enero del 68 se reunió el primer encuentro nacional del *Movimiento Populorum progressio* con 56 delegados de América latina y redactó un manifiesto fuerte contra la explotación de los Estados Unidos en Panamá, e invitaba a la revolución:

> Hermano panameño: El encuentro Populorum progressio te brinda la oportunidad de optar en tu conciencia por el método de lucha que estimes eficaz en esta hora del reino de Dios que no es otro que el pueblo oprimido, explotado y anarquizado

52. A. Gheerbrant, *o.c.*, 197, 198.
53. *Ibid.*, 203, 205.
54. *Ibid.*

de América latina, que padece una «tiranía evidente y prolongada» que atenta gravemente contra los derechos fundamentales y daña peligrosamente el bien común de nuestros pueblos [55].

Esta fue la primera proclama en la que se aplicó a una situación concreta la justificación que dio el Papa Pablo VI en *Populorum progressio* para la insurrección justa.

En febrero de 1968 se celebró en Montevideo el primer encuentro latino-americano Camilo Torres donde se discutió la incorporación de los cristianos a la lucha revolucionaria. Uno de los párrafos de su documento nos da una idea de su postura:

> Para la revolución latinoamericana hay una sola estrategia revolucionaria que enfrenta a la estrategia contrarrevolucionaria del imperialismo, la OEA, el Pentágono, los gorilas y gobiernos títeres sirvientes de esa estrategia yanki. Los militantes revolucionarios deben sumarse a la estrategia de las OLAS y de los movimientos revolucionarios y de liberación nacional que solamente en la lucha reconocen a las vanguardias de la revolución. Se denuncian las estrategias seudorrevolucionarias de los partidos comunistas que participan de las directivas de Moscú y hacen el juego a la «coexistencia pacífica» y a una estéril lucha por las «libertades públicas» que son sistemáticamente conculcadas por los gobiernos. Se denuncia asimismo, una pretendida línea «revolucionaria cristiana» que tiene en Frei y su fracasada experiencia, su máximo exponente y que se refleja en las actitudes «progresistas» y «desarrollistas» del CELAM [56].

En Uruguay, el padre jesuita Zaffaroni, profesor de filosofía, quien fue cura obrero entre trabajadores de la construcción y cortadores de caña, toma la posición de Camilo en su discurso *La Juventud uruguaya frente a las ideas políticas de Camilo Torres*. El discurso que fue reproducido y extendido por toda la nación, proclama lo siguiente: 1. el poder para el pueblo (la mayoría desposeída) porque sin eso no hay cambio social; 2. la vía electoral no es camino para la toma del poder; 3. lamentable, pero inevitablecente, es necesaria la lucha armada. Zaffaroni redacta un bien argumentado y enardecedor discurso sobre «las exigencias revolucionarias... que debemos aprender a conocer y a poner en práctica si queremos producir hechos y no palabras».

En 1968, a su regreso del Congreso cultural de La Habana, al que fue invitado, contestará a una orden de arresto con su decisión por la clandestinidad.

Entrevistado entonces por un periodista uruguayo con respecto a si compartía la ideología marxista, expondrá la misma posición de Camilo Torres:

55. Gheerbrant, *o.c.*, 225.
56. López Oliva, *Los camilistas*, 68.

El marxismo con filosofía, no lo comparto; es ateo y materialista; da una visión del hombre y del origen del mundo contraria al cristianismo. Pero el marxismo es fundamentalmente una ciencia que estudia las relaciones sociales del hombre y una técnica que da los instrumentos para transformar esa sociedad. En ese sentido del marxismo como ciencia, del marxismo como técnica, lo acepto. Es más, creo que es un adelanto científico y que rechazarlo sería retroceder en la investigación del estudio de la sociedad[57].

Más tarde, los *Cristianos tupamaros,* publicaron un manifiesto en que ponían en claro su acción como continuación y rescate de la tradición revolucionaria de la iglesia de la banda oriental que acompañó a Artigas en su guerra popular:

Rescatamos ese pasado histórico de la iglesia oriental y latinoamericana que es contenido más genuino del cristianismo, la fe que enjuició al imperio en los circos romanos, la misma fe que impulsó a los curas artiguistas a empuñar las lanzas; hoy esa fe pasa por la política, porque la política es el instrumento que cambiará las estructuras y la política de los oprimidos son las armas, empleadas con organización y conciencia de clase[58].

En Bolivia, el arzobispo de la Paz y el Nuncio Apostólico habían desfilado del brazo con el general Barrientos en una manifestación contra el Castro-comunismo (mientras el Che Guevara y sus 22 hombres luchaban en la selva). Pero no habían sucedido en vano los gestos y el dedo acusador de esa guerrilla y la influencia del ambiente revolucionario de toda la iglesia americana, porque en febrero del 68 (cuatro meses después de la muerte del Che) la iglesia se sintió obligada a denunciar las condiciones de miseria y explotación reinantes en Bolivia. El documento *Solidarios en la frustración* de obispos, curas y seglares, producto de su reunión en Cochabamba, denuncia las condiciones existentes y «la mentira en privado y en público, la falta de honradez en los negocios y el trabajo» ... a la luz del concilio acusan:

...el imperialismo internacional del dinero como causante de la injusticia que representa la venta de Estados Unidos de sus reservas de estaño y otros hechos similares... y la timidez de la iglesia boliviana ha contribuido al mantenimiento de esta situación, al no denunciar todos estos hechos con claridad suficiente y abste-

57.   Gheerbrant, *La iglesia rebelde de América latina,* 238.
58.   *Los cristianos y la revolución,* 173. Cf. también entre otros documentos uruguayos los siguientes: *América latina frente a las grandes potencias* (ante la visita de los presidentes en Punta del Este); *Sacramentos y liberación* (carta de sacerdotes del norte uruguayo—; *Compromiso de fe y crisis social* (encuentro socio-pastoral en Montevideo), todos en la colección *Iglesia latinoamericana: ¿protesta o profecía?*

niéndose de dar un testimonio auténtico mediante una toma de conciencia de las responsabilidades cristianas en la existencia temporal [59].

Ese mismo mes la prensa publica *Ochenta sacerdotes piden revolución en la iglesia* [60].

Dentro de la iglesia, se había ido desatando una tras otra, fuerzas revolucionarias como una avalancha arrolladora que crecía sin dar tregua. Esta fuerza colosal provocó la venida del Papa a América. Sólo él podría tratar de contenerla. Frente a esta situación que el Vaticano II y el mismo Papa habían ayudado a crear, el Papa tenía dos alternativas: o apoyaba las fuerzas que habían ayudado a desatar (y se acogía a sus consecuencias) o las destruía con el peso de su autoridad. Los cristianos de la iglesia rebelde lo sabían y se aprestaban al encuentro.

Desde febrero, pero particularmente desde principios del verano, se multiplican las cartas pidiendo al Papa que no venga, si no viene a comprometerse con los pobres. La carta del padre García Elorrio, de la revista *Cristianismo y revolución* lo advierte al santo Padre:

...Que el Papa no viaje ni a Colombia ni a ningún otro país de América, si no viene a comprometerse concretamente con la lucha de los desposeídos, de los oprimidos, de los marginados, de los hambrientos de justicia; si no viene a solidarizarse con los que luchamos asumiendo la Revolución como la única forma eficaz de realizar el amor para todo el hombre y para todos los hombres.

Su carta profetizaba los resultados:

...resultará, en los hechos, aunque se niegue en las palabras una desautorización a los obispos, sacerdotes y laicos que siendo fieles al evangelio y al concilio Vaticano denuncian las injusticias sociales y la explotación económica... se pretende una desautorización a todos los cristianos que se comprometen con la lucha revolucionaria de las masas trabajadoras y campesinas. Se busca que el Papa estreche su mano a los asesinos de Camilo Torres, del Che Guevara y de tantos patriotas que ya dieron su sangre por la liberación [61].

Las organizaciones sindicales católicas más poderosas le decían en una larga y hermosa carta:

---

59. *Solidarios en la frustración. Documento final del encuentro de Cochabamba:* Cidoc informa, julio (1968).
60. *Iglesia latinoamericana, ¿protesta o profecía?*, 161, 162. El próximo año un grupo de sacerdotes y pastores confrontaría la visita del presidente Nixon con un análisis sobre el intercambio desigual y una seria acusación del imperialismo norteamericano sobre el estado boliviano: *Los cristianos y el imperialismo*, 165-168.
61. *Cristianismo y Revolución* (editorial, febrero 1978).

Cuidado hermano Pablo. La religión y la iglesia en América latina han sido utilizadas constantemente en América latina para justificar y consolidar las injusticias, las opresiones, las represiones, la explotación, la persecución y el asesinato de los pobres... En América latina el desarrollo global de nuestros pueblos y la promoción integral del hombre latinoamericano dependen de una revolución social previa... No es justo asociar en América latina este proceso revolucionario indispensable con la violencia como sistema o con el odio como contenido. Esta revolución nace de un hondo deseo de justicia, de dignidad, de libertad de amor al hombre y a todos los hombres que conviven en nuestro continente [62].

Había llegado el 22 de agosto del año 1968, día en que el Papa, en su primer viaje a América en 476 años, desde su descubrimiento, vendría a realizar la histórica misión de salvar a América de la «revolución» que podría cambiar la historia y que ponía ya en peligro inminente la preservación del orden establecido en América latina.

El encuentro era entre el papa Pablo VI y el fantasma de Camilo Torres, que había prendido el fuego de la rebelión en el clero más consciente y más ilustrado. Los tres discursos del papa Pablo VI fueron dirigidos con precisión en contra de la «revolución» y fueron aplastantes. En el primero, dirigido a los campesinos en una concentración «organizada por el gobierno», les dice, después de saludarlos y de anunciarles que continuará denunciando las injusticias, que les permita recordarles que «no sólo de pan vive el hombre, y que de otro pan, el del alma, es decir, el de la religión, el de la fe, en el de la palabra, y de la gracia divina». Sin hacer ninguna distinción entre la «violencia justa» y la «violencia injusta», los exhorta finalmente a «no poner vuestra confianza en la violencia ni en la revolución. Tal actitud es contraria al espíritu cristiano y puede también retardar y no favorecer la

---

62. *Carta de la confederación latinoamericana de trabajadores cristianos y de la federación campesina de Latinoamérica* (folleto de 32 páginas) Caracas: Clatc y Fecl, 18 de julio de 1968, Cuernavaca, *Archivos del Cidoc.* Más importante todavía sería *La violencia en América latina,* una carta que le enviarán 350 sacerdotes argentinos a sus obispos que habrían de reunirse con el Papa antes de comenzar la segunda conferencia episcopal de Medellín, y la cual llegaría finalmente con la firma de casi 1.000 sacerdotes latinoamericanos (212 de Brasil, 130 de Perú y las otras del resto de América latina) en la que dicen a sus obispos y al Papa que «la violencia» de A. l. es la que ejerce la minoría de privilegiados sobre el pueblo explotado, con la persecución, el hambre, la ignorancia, la prostitución, la discriminación social, la explotación económica del imperialismo internacional del dinero, etc. Que por lo tanto, «no se puede condenar a un pueblo oprimido cuando éste se ve obligado a utilizar la fuerza para liberarse, sin cometer con él una nueva injusticia». Entre las socilitudes que hacen está la siguiente: «Que en la consideración del problema de la violencia en América latina se evite, por todos los medios, equiparar o confundir la violencia injusta de los opresores que sostienen este ''nefasto'' sistema con la justa violencia de los oprimidos, que se ven obligados a recurrir a ella para lograr su liberación». (*La violencia en América latina,* carta de 1.000 sacerdotes latinoamericanos a la Asamblea del CELAM, en *Iglesia latinoamericana, ¿protesta o profecía?,* 74).

elevación social a la cual aspiráis legítimamente. Procurad más bien secundar las iniciativas en favor de vuestra instrucción» [63].

En una frase digna de *Cien años de soledad,* el antropólogo francés sintetiza el acontecimiento histórico:

> Por la voz de su pastor supremo, el rebaño de ovejas habían aprendido que su miseria es riqueza, su agonía beatitud, su cólera es culpable y que no hay que usar la violencia, y que la otra violencia sin duda, no existió nunca puesto que sobre ella se guarda silencio. Entonces el pueblo aplaudió y sus aplausos estallaron sobre su propia carne como latigazos [64].

Las conclusiones finales de esa segunda conferencia general del episcopado latinoamericano, conocido como la Conferencia de Medellín, constituye la respuesta de los obispos latinoamericanos al papa Pablo VI. Mientras éste abdicaba en Colombia a los postulados del Vaticano II y a su propia encíclica *Populorum progressio,* los obispos latinoamericanos las leían desde la perspectiva de su propia situación, con la ayuda de ese clero rebelde que les realizó el servicio técnico para la conferencia.

El Documento de Medellín comienza por «los hechos», no por la doctrina. Confiesa, «que no siempre a lo largo de su historia fueron todos sus miembros, clérigos y laicos, fieles al Espíritu de Dios» [65].

Interpreta la inquietud revolucionaria latinoamericana como «anhelo de emancipación total, de liberación de toda servidumbre» y dice que «no puede dejar de interpretar este gigantesco esfuerzo por una rápida transformación y desarrollo como un evidente signo del Espíritu que conduce la historia de los hombres y de los pueblos hacia su vocación» [66]. Interpreta esa «voluntad cada día más tenaz y apresurada de transformación», como «huellas de la imagen de Dios en el hombre» [67]. Identifica el proceso de liberación en A.l. con la situación del «éxodo» en que los esclavos hebreos se liberan de Egipto y define la «salvación» como el verdadero desarrollo —que va desde las condiciones de vida económica, social, política, cultural y existencial hasta el reconocimiento de los valores supremos y de Dios [68].

Cuando los obispos hablan del «mensaje de la iglesia» para los hombres del continente con hambre y sed de justicia, no hablan como el Papa, de amar

---

63. CELAM, *La iglesia en la actual transformación de América latina a la luz del concilio* II, 249-552.

64. Gheerbrant, *o.c.,* 56.

65. *La iglesia en la actual transformación de A. l. a la luz del concilio* II, conclusiones, 41.

66. *Ibid.,* 42.

67. *Ibid.*

68. *Ibid.*

la pobreza, sino de una tierra que es de *todos* y del poder que ha dado a los hombres para transformar y perfeccionar el mundo [69].

Sobre la *propiedad*, va más allá que el Vaticano II e historiza totalmente la naturaleza de la propiedad. Señala la propiedad de los «medios de producción», como sujeta a transformación por el estado y la empresa como actividad social no definible por el capital.

> El sistema empresarial latinoamericano y, por él, la economía actual, responden a una concepción errónea sobre el derecho de propiedad de los medios de producción y sobre la finalidad misma de la economía. La empresa, en una economía verdaderamente humana, no se identifica con los dueños del capital, porque es fundamentalmente comunidad de personas y unidad de trabajo, que necesita de capitales para la producción de bienes. Una persona o un grupo de personas no pueden ser propiedad de un individuo, de una sociedad, o de un estado [70].

Definen a América latina como encerrada entre las opciones comunistas y capitalista, detallan las tensiones, «tensiones internacionales y colonialismo externo» y «tensiones entre los países latinoamericanos» [71]. Para combatirlo sugieren cambios «globales audaces y profundamente renovadores», como la participación de los obreros en las empresas, la reforma de las estructuras agrarias y la unidad en la lucha contra el neocolonialismo.

Desde esa perspectiva de hombres que conocen sus pueblos responden al Papa que la *violencia* existente en América latina es la violencia de los poderosos, la de las instituciones, y no la de los pobres:

> Si el cristiano cree en la fecundidad de la paz para llegar a la justicia, cree también que la justicia es una condición ineludible para la paz. No deja de ver que América latina se encuentra, en muchas partes, en una situación de injusticia que puede llamarse de violencia institucionalizada cuando, por defecto de las estructuras de la empresa industrial y agrícola, de la economía nacional e internacional, de la vida cultural y política, «poblaciones enteras faltas de lo necesario, viven en una tal dependencia que les impide toda iniciativa y responsabilidad, lo mismo que toda posibilidad de promoción cultural y de participación en la vida social y

---

69. «La iglesia latinoamericana tiene un mensaje para todos los hombres que, en este continente tienen "hambre y sed de justicia". El mismo Dios que crea al hombre a su imagen y semejanza, crea la "tierra y todo lo que en ella se contiene para uso de todos los hombres y de todos los pueblos, de modo que los bienes creados puedan llegar a todos, en forma más justa", y le da poder para que solidariamente transforme y perfeccione el mundo. Es el mismo Dios quien, en la plenitud de los tiempos, envía a su Hijo para que hecho carne, venga a liberar a todos los hombres de todas las esclavitudes a que los tienen sujetos el pecado, la ignorancia, el hambre, la miseria y la opresión, en una palabra, de la injusticia y del odio que tienen su origen en el egoísmo humano», 52.

70. *Ibid.*, 55.

71. *Ibid.*, 65-69.

política», violándose así derechos fundamentales. Tal situación exige transformaciones globales, audaces, urgentes y profundamente renovadoras. No debe, pues, extrañarnos que nazca en América latina «la tentación de la violencia». No hay que abusar de la paciencia de un pueblo que soporta durante años una condición que difícilmente aceptarían quienes tienen una mayor conciencia de los derechos humanos[72].

Medellín recoge a nivel jerárquico el ambiente desafiante de toda la iglesia latinoamericana, pero a la vez va a generar una avalancha de procesos irreversibles que esa misma jerarquía va a tratar de detener. Pero ya será tarde para detener la historia. De aquí en adelante presenciamos la radicalización de la participación política de los cristianos y la radicalización de sus preguntas a la fe.

Cuatro meses después del Papa y de Medellín, los curas del Golconda circulaban sus conclusiones del segundo encuentro, las cuales desataron una agria polémica en los periódicos de ese católico país de enero a mayo de 1969 en la cual mediaron políticos, curas y prelados, el presidente del país y el congreso. En el mes de julio antes de la llegada del Papa, este grupo de sacerdotes colombianos se había reunido en la finca del Golconda, municipio de Viota, para conocer lo que cada uno estaba haciendo en el campo social. Se volvieron a reunir después de la visita del Papa al finalizar el año y de ahí salió el *documento de Buenaventura* del 13 de diciembre de 1968 que ha sido bautizado con el nombre de *Documento del segundo encuentro de los curas del Golconda*. Este agresivo y revolucionario documento insta a los curas a «comprometerse cada vez más en las diversas formas de acción revolucionaria contra el imperialismo y la burguesía neocolonial» ... «con miras a la instauración de una organización de la sociedad de tipo socialista» —socialismo en el sentido camilista—. Concluyen lo opuesto al Papa: Se «necesitan cambios estructurales» , y como «las estructuras no cambiarán sin una presión de la mayoría» ... «que será pacífica o violenta de acuerdo a la actitud que asuma la clase dirigente minoritaria» , pero el «cambio debe ser revolucionario» y «la revolución debe ser popular o no ser»[73].

En Argentina, aquellos doscientos setenta sacerdotes habían firmado una adhesión pública a la *Pastoral de los obispos del tercer mundo* en enero de 1968, que llegó a Medellín con casi mil firmas, transformándose en los

72. *Ibid.*, 72.
73. *Golconda: el libro rojo de los curas rebeldes* (colección de sus documentos), 66. En julio de 1969, el Movimiento Universitario y Profesional de la Organización de la Comunidad (MUNIPROC), organizado por Camilo años antes de morir, publicó: *Golconda, el libro rojo de los curas rebeldes* en el que se recogen los documentos básicos del movimiento hasta entonces, pero en una forma integrada bajo temas que van dando la totalidad de su posición.

tercermundistas. Los periodistas los denominaron «los sacerdotes del tercer mundo», lo que éstos modificaron luego por «sacerdotes *para* el tercer mundo». Durante los primeros tres días de mayo de 1969 se celebró el *Segundo encuentro nacional* con representantes de 27 diócesis. El movimiento ya sumaba más de 400 sacerdotes. Un análisis sobre el tema política y pastoral que seguía un cuestionario sobre el asunto les verificó «la estrecha relación entre fe y política» y que «hacer política», en el pleno sentido de la palabra significa optar y luchar por un sistema que realmente haga surgir un «hombre nuevo» y una «sociedad nueva». El plenario produjo un documento final que se conoce como «*Coincidencias básicas del movimiento*», del cual vamos a citar algunos párrafos.

> Ello implica ineludiblemente nuestra adhesión al proceso revolucionario, de cambio radical y urgente de sus estructuras y nuestro formal rechazo del sistema capitalista vigente y todo tipo de imperialismo económico, político y cultural; para marchar en búsqueda de un socialismo latinoamericano que promueva el advenimiento del hombre nuevo; socialismo que no implica forzosamente programas de realización impuestos por partidos socialistas de aquí y otras partes del mundo pero que sí incluye necesariamente la socialización de los medios de producción, del poder económico y político y de la cultura [74].

Uno de los documentos más importantes (para efectos del registro histórico y de este trabajo) lo constituye *El manifiesto de los camilos* dado a la publicidad con ocasión del primero de mayo de 1969, porque en él, los sacerdotes para el tercer mundo integran la racionalidad científica a las motivaciones cristianas para la acción revolucionaria. El amor cristiano se manifiesta mediante el amor revolucionario. Dicen así:

> No necesitamos justificar con citas bíblicas ni con apelaciones evangélicas esta exigencia de participar con toda nuestra vida en la transformación del mundo de los explotados, de los hambrientos y despojados... junto a todos los hombres que luchan por la liberación...
> Si el análisis de las condiciones económicas, sociales, políticas, culturales y morales en que sobreviven millones de hermanos, si la muerte permanente de otros hermanos —los más pequeños e indefensos— que ni siquiera llegan a nacer, si los datos de la violencia institucionalizada, volcados en estadísticas de analfabetismo, enfermedades, desocupación, prostitución, falta de techo y falta de posibilidades, si la

---

74. Sacerdotes para el tercer mundo (colección de crónicas documentos y reflexiones del movimiento hasta 1970), 69, 70. En la mayoría de sus documentos encontraremos la tensión entre el grupo de Buenos Aires, por un lado, apegado a una interpretación peronista y corporativista del «pueblo» y a una teoría de la dependencia que hacía del conflicto imperio-nación la contradicción fundamental, en contraposición a los sacerdotes del interior cordobés, tucumano y norteño, por el otro lado, que hacían una interpretación «clasista» del problema argentino y de la dependencia.

vivencia con nuestros hermanos marginados y postergados... si ninguna de estas realidades nos comprometen a la acción, a la lucha y a la vida revolucionaria, no habrá papas, ni evangelios, ni teologías, ni profetas que puedan convertir nuestra conciencia y nuestro corazón [75].

En este documento ponen en claro que la tarea de realizar la nueva humanidad a través del hombre concreto es tarea común a todos los que luchan por la liberación y no es particular de los cristianos ni de los no-cristianos, que no se hace desde la teología, sino desde la teoría revolucionaria. De aquí en adelante, se convierte en problemática teórica la relación teología-ciencia-acción revolucionaria. Hasta ahora, la problemática es la teología-acción revolucionaria. Se confrontan con la autonomía de la teoría revolucionaria y con una estrategia que no se define desde la teología de la liberación, sino desde la teoría científica de la revolución.

Esa relación teología-ciencia-estrategia revolucionaria, quedará más clara aún en Chile. En mayo de 1969, *Cristianismo y revolución* publicó un documento de principios de año en el cual el movimiento de la iglesia joven de Chile asumía posiciones ante los problemas de latinoamérica y el tercer mundo desde la perspectiva del cambio hacia el socialismo. Este movimiento había irrumpido a la luz pública un año antes con la toma de posesión de la catedral para celebrar una misa por la liberación de los pobres. En este documento rechazan los esfuerzos por reconstruir «nuevas cristiandades» en un mundo pluralista y exhortan a los cristianos a entrar «en actitud de diálogo para reencontrarnos con los demás hombres, con los no creyentes, para forjar juntos la nueva humanidad sin explotación».

Es en este documento donde se define, finalmente, lo que ya para muchos sacerdotes y movimientos clericales estaba claro: que el socialismo al cual aspiran no es un socialismo aguado con el mote de «cristiano» o «democrático», como se suele hacer para disimular los intentos «reformistas pequeño-burgueses», que protegen la propiedad privada de los medios de producción, sino que el socialismo al cual aspiran, dicen, es el «socialismo científico que la teoría y la práctica del marxismo han contribuido de una manera sin igual a elaborar» [76].

En este documento el movimiento postula un pluralismo ideológico con unidad estratégica para realizar la revolución.

Camilo Torres en Colombia plantea el diálogo en su auténtico sentido, crea el «Frente Unido» como instrumento político para unificar a la clase popular, para

75. Cf. el documento en Cristianismo y Revolución 15, mayo 1969 y en Sacerdotes p..ra el tercer mundo.
76. *Los camilos de Chile:* Cristianismo y Revolución 16 (1969) 29.

la toma del poder. En él convergen marxistas, cristianos, nacionalistas revolucionarios y no alineados, todos unidos en una plataforma programática. La plataforma logra unificar a los grupos a nivel de las clases populares superando los esquemas políticos y evitando las largas disquisiciones filosóficas, que a veces entorpecen la unidad y el proceso revolucionario [77].

Pero en cuanto a teoría revolucionaria van más lejos que Camilo porque aclaran definitivamente su opción socialista para realizar la revolución. De aquí en adelante se solidarizan con los sacerdotes asistentes al Congreso de la cultura y los citan:

Pese a las divergencias existentes entre el cristianismo y el marxismo sobre la interpretación del hombre y el mundo, es el marxismo el que proporciona el análisis científico más exacto de la realidad imperialista y los estímulos más eficaces para la acción revolucionaria de las masas [78].

Sobre estas bases, concluyen lo siguiente:

El imperativo de los cristianos revolucionarios en Chile y América latina es integrarse a las vanguardias revolucionarias existentes y luchar al mismo nivel de praxis con los marxistas como compañeros en la revolución. Es la única forma de forjar el auténtico diálogo [79].

Sobre el papel de la iglesia (se refiere a la iglesia, no a los cristianos) dice el documento:

No es competencia de la iglesia determinar el *momento* y los *métodos* para liberarnos. Su rol debe ser la denuncia profética de las situaciones de injusticia y posibilitar la libre opción de los laicos en la búsqueda de las formas de lucha y en la elección de un régimen económico-social que haga estructuralmente imposible la explotación del hombre por el hombre [80].

Este es fundamentalmente el grupo que luego se transformaría en el movimiento de los ochenta y que habría de convocar al inicio de la próxima década el primer encuentro latinoamericano de Cristianos por el socialismo.

Pero, cronológicamente, queremos señalar que la década, se cierra con la guerrilla boliviana, de la cual sale el místico de la guerrilla, Néstor Paz, y la defensa del triunfo electoral de Savador Allende.

En octubre de 1970 a guerrilla de Teoponte formada por lo mejor del liderazgo estudiantil de Bolivia, llega a su fin. Queda el Diario de Néstor Paz,

77. *Ibid.*, 30.
78. *Ibid.*
79. *Ibid.*
80. *Ibid.*, 31.

Francisco, que da testimonio de la generosidad heroica de esa juventud y del proceso interior de la formación de los cristianos revolucionarios de ese período en que sembraron el germen de un nuevo pensamiento cristiano y una nueva «espiritualidad». En las últimas páginas de su diario, antes de morir, escribe lo siguiente:

> Sábado, 12 de septiembre
> Mi querido Señor: Te voy a escribir después de mucho tiempo, hoy me siento en verdad necesitado de ti y de tu presencia, quizás sea la cercanía de la muerte o el fracaso relativo de la lucha. Tú sabes que he buscado siempre por todos los medios serte fiel. Consecuente con mi ser en plenitud. Por eso estoy aquí. El amor lo entiendo como una urgencia de solucionar el problema del otro donde estás tú. Dejé lo que tuve y me vine. Hoy quizás es mi Jueves y esta noche mi Viernes. Entrego enteramente en tus manos lo que soy con una confianza sin límites porque te amo. Lo que me duele es quizás dejar lo que más quiero aquí, a Geey y mi familia, y quizás no poder palpar el triunfo del pueblo, su liberación. Somos un grupo lleno de plenitud humana, «cristiana», y eso, yo creo, es bastante para empujar la historia. Esto me reconforta. Te amo y te entrego lo que soy y lo que somos, sin medida porque eres mi Padre. Ninguna muerte es inútil si su vida ha estado cargada de significado y eso, creo, es válido aquí con nosotros. Chao, Señor, quizás hasta tu cielo, esta tierra nueva que tanto ansiamos [81].

Finalizando la década llega a su madurez revolucionaria el movimiento *Isal* Bolivia, movimiento de reflexión y acción desde la perspectiva ecuménica del movimiento internacional de iglesia y sociedad en América latina (de origen protestante y luego ecuménico).

Aunque no comparte la teoría del foquismo guerrillero como estrategia revolucionaria —al igual que todos los grupos de cristianos revolucionarios, que a partir del fracaso de ésa, toman otra dirección— sin embargo, no es menos agresivo y claro en su praxis revolucionaria a juzgar por la documentación que deja testimonio de su participación en el acelerado proceso boliviano previo a la caída del General Torres. En el *Mensaje de Isal* en el *Congreso de la central obrera boliviana* exponen su posición:

> Los de Isal somos socialistas. No creemos en un gobierno de alianza de clases. Porque la lucha de clases, querámoslo o no, es una lucha que se ha iniciado hace años, quizás siglos, desde que algunos aventajados han tratado de mantener la opresión y la injusticia... Nosotros no creemos en la conversión de las clases opresoras. Vemos que es posible la concientización de algunos grupos, pero no la reforma de las actuales estructuras. Estas estructuras están basadas en el principio capitalista de la propiedad de los medios de producción... Nosotros no estamos

---

81. *El Diario de «Francisco» en Bolivia,* en la colección de Los cristianos y la revolución, 318, 319.

en contra de la violencia si ésta fuera la única salida. Pero no la magnificamos. No creemos que el revolucionario se pruebe por el fusil sino por el amor que le mueve a luchar. No nos gusta la violencia aunque quizás tengamos que usarla. Pero esto no nos toca decidirlo a nosotros, como tampoco el tiempo, el lugar ni el modo... Esto no lo podemos decidir nosotros, sino vosotros[82].

El rechazo de la Democracia Cristiana chilena por parte de los sectores más avanzados de la iglesia y del país, dramatizaba el fracaso del reformismo de la «doctrina social». Al terminar la década el pueblo chileno elegía un gobierno socialista con una alianza popular de socialistas, comunistas y otros sectores de izquierda. Esta fue la ocasión de probar cuán amplio había sido el efecto de los «sacerdotes rebeldes» en los círculos de la iglesia.

En medio del primer momento de asombro y de posibilidades de una contienda civil para impedir la toma de posesión de Allende, el cardenal Silva Enríquez emitió un mensaje público a los chilenos diciéndoles: «Lo que nos une es mucho más que lo que nos separa»[83]. Aunque no era un modelo de radicalidad, contribuía a propiciar el ambiente para la entrega del poder a Allende y no se oponía al nuevo gobierno socialista.

El 13 de septiembre *Puro Chile* publicaba la noticia: *Movimiento Iglesia Joven saluda victoria de Allende*. Esto, como era de esperarse es una fuerte proclama de respaldo al tan esperado triunfo del pueblo para la construcción del socialismo que llevaría al hombre nuevo[84].

Cuando comienza a sentirse la inquietud de los sectores conservadores, apareció en *Noticias de la tarde* el siguiente reportaje: *Curas llaman a respetar veredicto de las urnas*, con lo cual, los curas de Talcahuano se sumaban al respaldo[85].

Días después el movimiento obrero de Acción Católica a través de su ejecutivo nacional emitía una *Proclama de apoyo al gobierno de Allende*[86].

A esa proclama de los obreros le siguió la de los campesinos cuando *El Clarín* publicaba: «*Acción Católica rural llama a defender el triunfo*»[87].

---

82. *Mensaje de ISAL en el congreso de la Central Obrera Boliviana*, en la colección documental de INDAL, La iglesia latinoamericana y el socialismo, 77-78. Cf. todos los documentos bolivianos en la misma colección. Para conocer el desarrollo del pensamiento teológico y político de ISAL, véase la revista *Iglesia y sociedad* de circulación continental, sobre todo en las iglesias protestantes latinoamericanas. La lucha de los sacerdotes obreros bolivianos en favor de los mineros ha quedado consignada en el libro *Galerías de la muerte* y en los discursos de Fidel Castro en Chile citados en *Fidel Castro habla sobre los cristianos revolucionarios*.
83. Silva Enríquez, *Lo que nos une es mucho más fuerte que lo que nos separa. Mensaje a los chilenos:* Cidoc informa, 55, 252.
84. *Movimiento Iglesia Joven saluda victoria de Allende, o.c.,* 253.
85. *Curas llaman a respetar veredicto de las urnas, o.c.,* 254.
86. *Proclama del Movimiento obrero de acción católica, o.c.,* 254.
87. *Acción Católica rural llama a defender el triunfo, o.c.,* 255.

A lo que parecía un tren interminable de adhesiones del movimiento católico de vanguardia, *El Siglo,* publicaba que más sacerdotes se unían al respaldo del nuevo gobierno [88].

Como final de esa larga cadena, los obispos volvieron a publicar otra declaración el 26 de septiembre con mucha más claridad y en forma que cerraba con broche de oro la larga cadena de adhesiones [89].

Terminaba la década y comenzaba otro gran experimento socialista en el cual los «cristianos revolucionarios» iban a ser un factor de importancia.

Esta es la experiencia de la cual surgen las preguntas por la fe y las respuestas que transforman la reflexión teológica, que América latina había heredado de Europa, en un quehacer latinoamericano. Al comenzar la década de 1970 surge la *Teología de la liberación* como teología de los cristianos revolucionarios. Por esta razón detenemos el recuento aquí y no entramos en detalles sobre la heroica participación de las docenas de sacerdotes, pastores y cristianos que ya han dado su vida por sus hermanos en estos últimos siete años —entre ellos vienen a nuestra mente los asesinatos de los padres Gallego en Panamá, Juan Betancourt en Honduras, Carlos Mújica en Argentina, Juan Alcina en Chile, los 140 sacerdotes vejados, torturados y expulsados de Chile por la Junta Militar de Pinochet, el asesinato de los cinco sacerdotes y el monseñor Angelleli, obispo de Rioja y el secuestro de Mauricio López, teólogo protestante de Mendoza en los dos últimos años en Argentina, los últimos tres sacerdotes brasileños, asesinados el año pasado, el arresto de los 17 obispos en Ecuador, los recientes asesinatos de Rodolfo Aguilera en Chiguagua y Rodolfo Escamilla en México y Rutilio Grande en el Salvador, sin contar docenas de otros torturados y exilados. Tampoco entramos en detalles en este capítulo con respecto a la formación de los nuevos grupos sacerdotales nacionales —como sacerdotes por el pueblo de México, ONIS del Perú, Acción ecuménica de Argentina, y numerosos otros como Cristianos por el socialismo— los cuales pertenecen a otra época y articulan su acción, su pensamiento teológico y revolucionario desde la perspectiva del pensamiento que vamos a analizar de aquí en adelante: La teología de la liberación [90].

88. *Sacerdotes defenderán el triunfo, o.c., 256.*
89. *Declaración de obispos chilenos, o.c., 257.*
90. Hay numerosos casos que no hemos expuesto, entre otros: el cambio en la iglesia paraguaya que termina en la valiente excomunión del ministro del interior, el jefe de la policía y otros; los frecuentes y costosos brotes de rebeldía en Haití que terminan en el exilio o la muerte, ante la indiferencia de una jerarquía en complicidad; las resoluciones finales de la reunión de los «Cristianos comprometidos» de la iglesia de la República Dominicana, el encuentro de cristianos de Costa Rica de 1971; la carta del clero al arzobispo de Ecuador; el caso del padre Lain, miembro del Frente de Liberación

El propósito de citar esta cadena ininterrumpida de acontecimientos no es otro que demostrar el hecho de que el desarrollo del pensamiento teológico que vamos a analizar, está íntimamente vinculado a la experiencia política de los cristianos revolucionarios en una praxis continua y radicalizante, de la cual van a surgir las preguntas a la fe y las respuestas, templadas como por el fuego, de la teología de la liberación.

En este capítulo, hemos examinado la crisis económica de la década del 60 en América latina, que no es otra cosa que la crisis del populismo y el desarrollismo, el desarrollo teórico de la teología cristiana que incide en la formación de los sacerdotes, pastores y laicos jóvenes, y finalmente el desarrollo de la participación de éstos en el intenso proceso político de liberación que se da en la segunda parte de la década del 60. Estos son los procesos y las condiciones que hicieron posible el surgimiento de la teología de la liberación como reflexión teórica sobre la práctica política de los cristianos.

De aquí pasaremos a examinar la crisis teórica que estas condiciones y procesos históricos crearon a la teología cristiana en América latina, que no es otra cosa que la crisis de las teologías europeas y norteamericanas en América latina, de tal manera que podamos entender la respuesta de los teólogos latinoamericanos.

Nacional en Colombia; la carta de los sacerdotes venezolanos a sus obispos; el apoyo de los sacerdotes peruanos a las medidas revolucionarias del gobierno de Perú y su insistencia en la reforma de tierras y en su lucha contra el cardenal Landazuri por el derecho de continuar «sus denuncias proféticas» primero «en la línea de Camilo Torres» y luego en la línea de la teología de la liberación y Cristianos por el Socialismo; los esfuerzos del poeta nicaragüense Ernesto Cardenal, el historiador Federico Argüelles y el teólogo Mejía Vilchez y sus seguidores, que desde 1969 presionan severamente a la jerarquía para que denuncien las injusticias sociales y para que la iglesia rectifique su adhesión a la larga dictadura somocista, la lucha de un sector del clero católico, el pastorado protestante puertorriqueño y del Movimiento Estudiantil Cristiano por la liberación de Puerto Rico, por sacar la marina de Estados Unidos de la isla de Culebra, por abolir el servicio militar obligatorio, y por evitar la explotación de las minas de cobre por compañías norteamericanas —lucha por la cual el joven teólogo protestante, Dr. Luis Rivera, cumplió cárcel— por las cuales causas 56 pastores de cinco denominaciones protestantes tuvieron que renunciar al pastorado durante la década del 60-70, numerosos sacerdotes puertorriqueños abandonaron la iglesia o fueron marginados y el seminario mayor fue cerrado definitivamente.

2

La crisis teórica de las teologías europeas en América latina

En este capítulo me propongo esclarecer la naturaleza de la crisis teórica de la cual surge el pensamiento de los cristianos revolucionarios que se recoge en la teología de la liberación. Para esclarecer esa crisis teórica nos proponemos examinar el análisis que estos cristianos revolucionarios hacen de las respuestas que los teólogos europeos del neotomismo y del existencialismo cristiano dan a la crisis teórica que les crea el proceso de secularización y las crisis socioeconómicas y políticas del mundo desarrollado.

1. Origen de la crisis teórica

La teología de la liberación surge como resultado de la crisis teórica e ideológica de los cristianos revolucionarios que, participando en la práctica de la liberación política de América latina, se preguntan por la relación de su fe con su práctica política, la relación entre el proceso histórico de liberación y la salvación.

Mi posición es que la solución a este problema se da en el contexto teórico de un cambio global de perspectiva, un cambio radical en la forma de percibir la historia. Por esto, para entender el proceso de formación, la radicalidad del cambio y las implicaciones políticas de la teología latinoamericana tenemos que examinar la historización del concepto de la salvación. Luego examinaremos las consecuencias teóricas y prácticas resultantes de esa historización y su impacto sobre la metodología de la tarea de la reflexión teológica: la interpretación bíblica, la relación entre fe y política, teología y ciencias sociales, fe e ideología y la problemática ética.

Los militantes cristianos que se enfrentan con seriedad al sufrimiento de campesinos enfermos, perseguidos, echados de sus tierras, de obreros explotados y abusados, de marginados hambrientos, hacinados en cayampas, en ciudades perdidas y arrabales, en pueblos donde el capitalismo imperialista saquea las riquezas nacionales con el apoyo de las oligarquías y burguesías locales que se encargan de encarcelar, asesinar, acallar y reprimir la crítica y la acción política de estudiantes y explotados; estos militantes optan por un análisis y una solución de carácter real, temporal, material, histórico y político de estos problemas. Rechazan la opción de la resignación, predicada por la religión tradicional y rechazan las políticas desarrollistas auspiciadas por los grupos de acción católica y los partidos de la Democracia Cristiana y fórmulas post-conciliares reformistas que discutiremos más adelante.

A partir del entendimiento del «capitalismo dependiente» y del capitalismo mismo como causa del subdesarrollo latinoamericano, los cristianos revolucionarios optan por el proyecto histórico socialista, por su estrategia política y su instrumental científico de análisis social. Ello presupone una concepción científica del mundo, la cual no sólo postula que la solución a los problemas humanos tiene que darse en la historia sino que también afirma que toda la verdad sobre el mundo se desprende de él mismo y que no existen verdades preestablecidas, porque aquello que *es,* lo es en proceso y resulta de la dialéctica de la historia misma, la verdad siempre está por hacerse. En el caso de la historia de la sociedad, la «verdadera» sociedad habría que construirla; no se puede alegar la preexistencia de un modelo de sociedad independiente de la historia misma donde se forja. La eterna esperanza y la certidumbre radical del hombre con respecto a un mundo de hermandad, de paz y de justicia, tiene que encontrar su camino concreto en la dinámica de las contradicciones objetivas de la historia y no fuera de ella.

Esa perspectiva secularizante se encuentra en antagonismo con la teología tradicional y aun con las teologías post-conciliares reformistas que postulan una salvación fuera de la historia y después de la muerte o que insisten en imponer a la dialéctica de la historia unos diseños preexistentes de origen metafísico. He aquí la raíz de la crisis teórica e ideológica de la cual surge la teología de la liberación.

El núcleo central de esa crisis ideológica, a mi entender, se encuentra en la contradicción entre dos cosmovisiones: una *idealista,* la otra *materialista.* Se trata del encuentro final entre dos concepciones de la historia. Este es el nivel problemático del cual sale la solución fundamental a la crisis ideológica de los militantes cristianos revolucionarios de América latina.

Como resultado de esa crisis teórica e ideológica, unos militantes deciden abandonar su fe. Otros, la guardan para los efectos de sus necesidades «espirituales» personales, con lo que establecen una especie de dualismo entre su vida íntima y su vida política, lo cual resulta en un compromiso político que no permite la franca y total entrega a una lucha integral. Pero un tercer sector decide hacer las preguntas radicales a la fe bíblica en medio del proceso político y a medida que el proceso va desbordando los esquemas de la «doctrina social cristiana» en el caso de los católicos, y de la «ética social cristiana» en el caso de los protestantes. Estos son los que habrán de descubrir que no existe contradicción alguna entre el materialismo histórico y la concepción bíblica de la historia que pueda impedir a los cristianos el asumir la tarea política de la lucha por la construcción del socialismo en su dimensión completa. Estos son los militantes que al hacerse las preguntas redescubren la presencia de perspectivas, enfoques y concepciones políticas no idealistas, afines con los del socialismo, en sus propias tradiciones bíblicas. Esto ocurre en medio de la situación histórica de la década del 60, cuando se dan las condiciones materiales y teóricas necesarias para que los esquemas teológicos y los ordenamientos sociopolíticos tradicionales —calificados anteriormente de expresiones de principios eternos y universales— fueran señalados como históricos, provisionales, regionales y representativos de la ideología y los intereses de clases sociales opresoras de épocas y sociedades dadas.

Esas preguntas van dirigidas a las teologías dominantes en el mundo teológico. Lo fundamental de ellas es la que pregunta por la *relación entre la salvación y el proceso histórico de liberación*. Esta cuestión abre la temática sobre fe y realidad social, fe y acción política, reino de Dios y construcción del mundo, o como se dice en los círculos protestantes, la cuestión de iglesia y sociedad o Cristo y cultura. La contestación a esta pregunta constituye el núcleo de la teología de la liberación.

2. El idealismo greco-romano como fundamento de la teología tradicional

Mi sospecha es que la piedra de tropiezo en la teología tradicional que impide el comprender la relación entre salvación y el proceso histórico de la liberación está constituida por la concepción dualista de la historia. Residuos de ese dualismo se encuentran todavía en la teología conciliar. Este dualismo de raigambre idealista postula siempre dos historias, una *sagrada* y otra *secular*, donde la primera es superior y prevalece. De aquí resultan las *antinomías* entre espíritu y materia, el alma y el cuerpo, lo secular y lo religioso, lo natural y lo sobrenatural, el reino de los hombres y el reino de Dios, la historia natural y la historia de la salvación, etc. Esta manera de entender la historia, que no es propia de la tradición hebrea ni del cristianismo judío, fue el resultado de la transferencia del cristiano judío al terreno «gentil» y del uso del lenguaje y conceptos helenistas para explicar la fe a los gentiles durante el imperio romano. Cuando Constantino convierte la fe cristiana en una ideología de legitimación del poder imperial y de las clases dominantes, para que ésta los sacralice como naturales, universales y representativos del bienestar general, ya había sido minada ideológicamente por el «espiritualismo» greco-romano —helenista— de raigambre platónica.

Siguiendo a historiadores cristianos como Harnack y Lietzmann, el erudito de estudios greco-romanos, Warner Jaeger, dice: «el proceso de cristianización del mundo de habla griega dentro del Imperio Romano no fue de ningún modo unilateral, significó a la vez la *helenización* del cristianismo... Con el uso del griego penetra en el pensamiento cristiano todo un mundo de conceptos, categorías intelectuales, metáforas heredadas y sutiles connotaciones» [1].

El historiador alemán Albert Milgelert señala que, «contrario al Islam, que logró desarrollar un estilo de vida en torno a su ley sagrada, el cristianismo, en el corto período de media generación entre la muerte de Cristo y el concilio de Jerusalén, no tuvo tiempo para desarrollar un sistema de vida y pensamiento suyo propio... El cristianismo tuvo que abrirse camino desde el principio en forma de *traducción*» [2]. Desde luego, era difícil hacer tal cosa mientras la concepción escatológica de los primeros cristianos estuviese atada a la «segunda venida de Cristo».

Otros eruditos bíblicos advierten este proceso ya desde la literatura apocalíptica de los últimos textos del antiguo testamento escritos en el período helenístico. Este proceso se acentúa con los teólogos alejandrinos y los padres de la iglesia y llegará a tener momentos profundos con san Agustín y santo Tomás.

La cosmovisión histórica y materialista con la cual Jesús y la iglesia primitiva interpretan la realidad y entienden su fe, es transformada por la influencia de la cosmovisión esencialista de la metafísica greco-romana mediante ese proceso de «traducción» al lenguaje y la filosofía de los «gentiles». De aquí

1. W. Jaeger, *Cristianismo primitivo y paideia griega.* 13, 14. Jaeger confirma en sus estudios que este proceso de penetración ideológica de las ideas de la clase dominante del imperio comienza a darse en las colonias de Roma aun antes de que se ejercieran presiones directas sobre la iglesia para que ésta se acomodara a las demandas del estado constantiniano. Dice Jaeger: «La explicación obvia de la rápida asimilación de su ambiente que efectuaran las primeras generaciones cristianas es, desde luego: (1) El que el cristianismo era un movimiento judío y los judíos estaban ya helenizados en tiempos de san Pablo, no sólo los de la diáspora, sino también, en gran medida, los de Palestina misma; (2) El que fuera precisamente esta porción helenizada del pueblo judío hacia la que se dirigieran los misioneros cristianos». *Ibid.*
2. A. Milgelert, *Mutations of western christianity,* 9.

las serias consecuencias sobre la ética y la política de la iglesia que hemos estado sufriendo hasta el día de hoy.

Hoy día se acepta universalmente el dato de que el pensamiento hebreo-cristiano de los textos bíblicos fundamentales no es un pensamiento de carácter metafísico sino, histórico [3]. Su preocupación fundamental no es la búsqueda y contemplación del ser de las cosas, sino la construcción de un reino de justicia. Dios no es una idea ni un principio, sino una fuerza histórica que liberó al pueblo de su esclavitud y y explotación en Egipto para enviar al pueblo a construir un reino de paz y justicia para los pobres y oprimidos. Este Dios se revela en la historia, en la única historia que existe, la única esfera de la realidad. Ese Dios «se hace carne» —lo cual era un escándalo a los griegos—. No existe distinción idealista entre espíritu y materia; lo espiritual es una cualidad de la materia, por ello, sin resurrección del cuerpo, no hay resurrección del espíritu. No se habla de la «inmortalidad del alma», sino de la calidad «eterna» de la vida. Es en la historia donde Dios actúa desafiando al hombre para la transformación de la creación toda. El reino de Dios está concebido en los profetas y el nuevo testamento como un reino de estructura económica y política (la frase que se traduce «mi reino no es de este mundo», sabemos hoy que debe ser traducida, «mi reino no es de este orden de relaciones sociales», o de «este tiempo»). Contrario al pensamiento idealista de occidente —para el cual la ontología está fundamentada en una manera de conocer aquello que es, como ser anterior e independiente del que conoce e independiente de la historia de la relación entre ese ser conocido y el conocedor— el pensamiento hebreo supone una ontología en la cual el ser de las cosas es resultado de la historia real de la cosa misma y su conocimien-

---

3. Cf. entre otros, algunos de los eruditos e investigadores de la cultura judeo-cristiana, helenista y de los textos bíblicos: G. E. Wright, *The God who acts;* J. J. Snaith, *The distinctive ideas of the old testament;* H. H. Rowley, *The old testament and modern studies;* W. Georg Kummel, *The new testament: the history of the investigation of its problems;* J. B. Skemp, *The Greeks and the gospel;* F. Grant, *Roman helenism and the new testament;* E. R. Dodds, *Pagan and Christian in an age of anxiety, from Marcus Aurelius to Constantine;* A. Harnack, *The mission and expansion of christianity;* Dewart, *The future of belief.*
Véase en las siguientes publicaciones, la conciencia radical que de este problema tienen los latinoamericanos: R. Alves, *Religión: opio o instrumento de liberación;* G. Gutiérrez, *Teología de la liberación;* J. L. Segundo, *De la sociedad a la teología;* H. Assmann, *Hacia un cristianismo dialéctico;* N. Zevallos, *Contemplación y política;* M. Bonino, *Nuevas perspectivas teológicas;* G. Gutiérrez, *Salvación y construcción del mundo;* J. Comblin, *La redención de la historia, incertidumbre y esperanza;* J. C. Scannone, *Trascendencia, praxis liberadora y lenguaje: hacia una filosofía de la religión post-moderna y latinoamericanamente situada,* en *Panorama de la teología latinoamericana;* Puntel, *Dios en la teología hoy,* en Perspectivas de Diálogo; E. Dussel, *Teología, historia de la liberación y pastoral,* en Caminos de liberación latinoamericana; id., *Historia de la iglesia latinoamericana,* 24, 25.

to resultado de la relación entre la cosa y el que la conoce. Lo que *es* se conoce por la experiencia que con ella tiene el conocedor. La ontología es resultado de la praxis. La conciencia es conciencia de lo que ocurre en la historia real. Mientras la *palabra* para los griegos viene a ser el *logos* que ellos definen como razón-idea, relacionada con el mundo de las ideas no históricas en el caso de Platón y con la estructura racional del universo en el caso de los estoicos, la *palabra* para los hebreos viene a ser el *dabar* que éstos otros definen como palabra-acontecimiento. Es palabra-idea producida por el acontecimiento histórico, no es idea que existe antes del acontecimiento y que lo engendra, como en el caso del pensamiento platónico. De aquí que, mientras para los griegos la palabra encierra la verdad, para los hebreos la verdad está contenida en el acontecimiento. Los biblicistas contemporáneos señalan que las excepciones bíblicas a esa cosmovisión materialista o histórica de la biblia son resultado de interpolaciones y textos tardíos de influencia helenista.

Contrario a esta cosmovisión hebreo-cristiana representada en la biblia, la visión platónica del mundo y de la historia, que tanto influyó en la explicación teológica de la fe en esa época helenista de deterioro intelectual y sincretismo ideológico, es una de carácter metafísico e idealista. Esa cosmovisión se caracteriza por la *espiritualización* de la realidad material. El platonismo plantea la *materia* como la causa de la caída del alma. Esta pertenece al mundo de las ideas puras. De aquí que la materia y la historia sean vistas en un plano inferior y negativamente. En ese *topos uranos* o mundo supercelestial de las ideas, se encuentra el ser ideal de todas las cosas, las esencias, génesis de la realidad objetiva e histórica. Allí se encuentra la verdad sobre todo lo que existe ya predeterminado absolutamente en su universalidad y eternidad con todas sus posibilidades. La historia es una copia corrupta de la realidad celestial, es una sombra borrosa.

Consecuentemente, lo espiritual, que para los hebreos es lo mejor de la vida material e histórica, es remontada por el cristianismo helenista hasta esa región ahistórica e inmutable. Se define al hombre por un *alma* perteneciente a ese mundo de las ideas descarnadas. De aquí surgen esas antinomías mencionadas. La teología de la Iglesia escrita bajo la influencia de ese lenguaje, transforma la tradición hebreo-cristiana en un idealismo antihistórico. La contemplación suplanta la aspiración hebreo-cristiana de *transformar* la tierra en un reino de justicia y paz. Los estoicos refuerzan la fijación de ese mundo como un mundo permanente de estructura racional al que hay que adaptarse según los dictados de una «ley natural».

Los intentos tomistas de incorporar el materialismo esencialista de Aristóteles, no cambian fundamentalmente el dualismo histórico de la cosmovisión teológica. A pesar de que en Aristóteles y santo Tomás el conocimiento humano parte de la realidad material, las ideas ya están presentes en la mente de Dios donde se encuentra la esencia de todas las cosas ya predeterminadas. La historia no es libre, ella no produce el futuro como resultado de los procesos dialécticos que acontecen en ella misma. El alma del hombre sigue perteneciendo a esa región ahistórica. El fin del hombre está previsto y predestinado por el Dios que lo conoce todo de antemano y lo gobierna todo providencialmente. La historia está cerrada por unas esencias predeterminadas en la mente de Dios quien sustituye al *topos uranos* platónico. La «ley natural» producto de la razón y la revelación sirven al hombre en bandeja de plata la verdad única, eterna, universal e inmutable sobre la sociedad y sobre la causa de los problemas humanos y su solución. Se desconocen los determinantes socioeconómicos de la vida social y de la historia. La vida se orienta hacia el cielo y se menosprecia la tierra. El poder teocrático es declarado superior al poder secular. Este debe estar sometido a aquél que estará representado por el sumo pontífice.

Resultado del proceso de incorporación de esa cosmovisión greco-romana en la teología occidental ha sido el que se haya generalizado esa concepción dualista representada en esas antinomías entre alma y cuerpo, espíritu y materia, historia y cielo, natural y sobrenatural, etc. De aquí que existan en esa teología dos historias, una sagrada y otra secular, y que el método teológico tradicional tenga un carácter idealista. La historia se desvaloriza; el significado de la humanidad de Dios se eclipsa; las historicidad de la revelación se desvirtúa; la salvación se desvincula de la creación; y la historia se remonta al cielo; la «vida eterna» se convierte en la «inmortalidad del alma»; y se comienza el uso de la hermenéutica espiritualista griega para descarnar la materialidad de los textos bíblicos.

Desaparece la dialéctica de la historia real y el papel de Dios y del hombre en la transformación del mundo. La religión se refugia en la interioridad personal. Ahora se puede ser cristiano sin referencia alguna al imperativo de transformación histórica ni al compromiso con el nuevo orden de justicia y libertad que representaba el anuncio del reino.

En ese vacío que crea la espiritualización de la teología, se introducen las estructucras económicas, políticas y sociales de la clase dominante como si fueran estructuras naturales, producto del orden racional del cosmos, ordenadas por Dios y diseñadas por la «ley natural», por lo tanto, «universales» y representativas del bienestar general. Así la teología *sacraliza* las estructuras socioeconómicas del imperio y la hegemonía de clase en el sistema político. En unos casos despolitiza la conciencia religiosa relegándola a la región de lo privado y lo espiritual, y en otros, legitima abiertamente el orden existente, haciendo de la teología una fuente directa de justificación ideológica de las estructuras de poder.

En la religiosidad popular latinoamericana esa concepción de la historia real toma caracteres gnósticos y se ve la materia y la historia como la cárcel pecaminosa y enferma del espíritu.

El reino de Dios se concibe como una especie de paraíso donde se irá a morar cuando «el mundo se acabe» y cesen los males que afligen al pobre, al hambriento y al enfermo. Los problemas de la historia humana no pueden ser resueltos sino después de la muerte. La salvación no es una realidad que pertenezca a la historia, sino al mundo del más allá, donde luego de la muerte y del fin de la historia el hombre habrá de gozarla. Los esfuerzos humanos por mejorar el mundo no pasan de ser ejercicios espirituales con los que el hombre mejora su ser espiritual y demuestra su piedad para con el prójimo pero resultan «superfluos» con respecto a la creación del reino del amor, de la paz y la justicia, cuyo advenimiento, la iglesia ha estado predicando para «resignación» de los que sufren la situación histórica que se vive en el continente. Alejo Carpentier lo resume magistralmente en su novela *El reino de este mundo*:

> En el reino de los cielos no hay grandeza que conquistar, puesto que allá todo es jerarquía establecida, incógnita, despejada, existir sin términos, imposibilidad de sacrificio, reposo y deleite. Por ello, agobiado de penas y tareas, hermoso dentro de su miseria y capaz de amar en medio de las plagas, el hombre sólo puede hallar su grandeza, su máxima medida en el reino de este mundo.

Se habla de la «historia de la salvación» como proceso que ocurre paralelamente a la historia universal. Una historia es del orden espiritual y la otra del orden material. Es el aspecto de la teología donde con más claridad se nota el dualismo de la cosmovisión greco-romana que ha venido afectando la teología cristiana desde su inicio en tiempos helenísticos y reafirmados en la iglesia constantiniana.

Como bien dice el teólogo peruano Gustavo Gutiérrez, refiriéndose a este agustinismo político de la teología tradicional: «en la mentalidad de cristiandad y en la perspectiva que la prolonga, las realidades terrenas carecen de autonomía propia. Lo temporal no tiene una auténtica consistencia frente a la iglesia. Esta en consecuencia lo utiliza para su propios fines... El proyecto de Dios no deja lugar a un proyecto histórico profano».

Esta es la cuestión que está en el fondo del rechazo de la teología europea y el nacimiento de la teología de liberación, como vamos a demostrar más adelante.

3. Ruptura de la teología latinoamericana
con la teología reformista conciliar
y con la doctrina social cristiana europea

Aun los esfuerzos más modernos de la teología católica idealista por actualizar «la doctrina social de la iglesia» —que sirve de marco normativo a la historia y la sociedad y que tiene su expresión política en los grupos de Acción Católica y en los proyectos del «social-cristiano»— fracasan en su intento de vincular las categorías de salvación e historia en forma apropiada para una acción política más eficaz del militante cristiano por el resago del dualismo. Este fracaso explica el éxodo de los cristianos revolucionarios de los partidos Demócratas Cristianos latinoamericanos y su incorporación a las izquierdas revolucionarias de corte marxista [4].

Estos esfuerzos teológicos modernos se articulan en base a la idea de la «nueva cristiandad» a partir de la Rerum novarum y el neo-tomismo de Jacques Maritain [5]. En base a estas ideas que distinguen entre lo «político» y lo «social» y establecen dos planos de acción, el sacerdote en «lo espiritual» y el laico en la «secular», se establecen multitud de instituciones «católicas» para «cristianizar» lo secular «respetando su autonomía».

Todos los movimiento de Acción Católica que desde principios del siglo se habían establecido en América latina para combatir el laicismo fueron transformándose, y a partir de la década del 50, bajo la nueva filosofía, toman un gran auge que se evidencia en el crecimiento del sindicalismo católico de la Confederación latinoamericana de sindicatos cristianos; Juventud Obrera Católica (JOC); el trabajo con universitarios de la Juventud Universitaria Católica (JUC); el establecimiento de los partidos de la Democracia Cristiana [6], y finalmente, el establecimiento del CELAM con todos sus secreta-

---

4. Para una relación de los incidentes concretos implicados en ese proceso en América latina, especialmente en Colombia, Chile, Brasil y Argentina, cf. los siguientes: E. Dussel, *Historia de la iglesia en América latina*, 149-291; D. Mutchler, *The church as a political factor in latin America*; J. Rosales, *Los cristianos, los marxistas y la revolución*; E. Kadt, *Catholic radicals in Brasil*.
5. J. Maritain, *Humanismo integral*.
6. En 1956 nacen los partidos demócrata cristianos del Perú y Guatemala. Entre 1954 y 1956 el padre Louis Lebret realiza estudios sobre el desarrollo de Colombia. En el 1958 el PDC de Chile va a sus primeras elecciones. Rafael Calderas, candidato de COPEI en Venezuela, compite contra Betancourt y queda en tercer lugar; gana las elecciones de 1968. En 1959 se organiza la Juventud Demócrata Cristiana en Lima y se reúne el CELAM en Fomeque donde se estudia la «infiltración comunista» y se proclama la «obligatoriedad» de la doctrina social cristiana para todo católico latinoamericano; en 1960 nacen las democracias cristianas de El Salvador, Paraguay y Panamá. Un año más tarde se organiza el Partido Revolucionario Social Cristiano de la República Dominicana. Desde el 1962 se activa Vekemans desde el Centro Bellarmino en Chile y en el

riados para coordinar el trabajo con obreros, estudiantes, universidades, publicaciones, catequesis, radiofonía, trabajo indígena, etc., etc.

La Democracia Cristiana propone un «ideal histórico» para humanizar el sistema capitalista y derrotar al comunismo en la carrera por crear un mundo de justicia. Desde su inicio está concebida como la alternativa «cristiana» al comunismo. A juicio de Maritain, «el problema no consiste en suprimir el interés privado, sino purificarlo, ennoblecerlo, aprehenderlo en sus estructuras ordenadas al bien común, y transformarlo interiormente por el sentido de la comunión y la amistad fraterna» [7].

En el esquema político inspirado en esta doctrina social cristiana, el concepto mediador es el de la «persona humana». El hombre en cuanto persona, posee una proyección a la trascendencia que le confiere «derechos y deberes», y en cuanto tal, lo convierte en una realidad «anterior» a la sociedad y al estado. Esta concepción esencialista del hombre, residuos del platonismo en la iglesia, mantiene el pensamiento sobre la historia en lugar secundario.

De aquí se deducen las nociones de sociedad y estado. El «ser social» es atributo de la persona. El hombre entra en relación y se organiza para la consecución de sus fines, pero la solidaridad que debe existir entre ellos coordina el «bien común» y evita los excesos del egoísmo individual. La persona se expresa y desarrolla por medio de sus organizaciones primarias o «cuerpos intermedios» anteriores al estado. La persona, sus intereses, necesidades y organizaciones constituyen «el universo de lo verdadero», que tiene existencia propia y anterior a la historia. Por lo tanto, mantiene una relación externa a la historia; y su metodología para acercarse a lo real, o a la práctica social, es la de formular un modelo normativo en base a lo preexistente para ser aplicado a la realidad [8].

Se pretende todavía que la base del orden social sea la existencia de una realidad ahistórica, preexistente e independiente de la realidad material y los

1964 triunfa la «revolución en libertad» de Frei. En ese mismo año los militares toman el poder en Brasil y la izquierda cristiana completa el proceso brasileño de radicalización dando lugar a un proceso igual en toda la América latina, que se dramatiza con la incorporación del MAPU y de la Izquierda Cristiana a la Unidad Popular de Allende en Chile.

7. J. Maritain, *Humanismo integral*, 202. Cf. de R. Calderas, *Ideario de la Democracia Cristiana en América latina* y de A. Pla, *Los principios de la Democracia Cristiana*.

8. No escapa de esta crítica Emmanuel Mounier, el personalista francés, aun cuando rechaza la mediación concreta de la nueva cristiandad por vía de los partidos políticos de la Democracia Cristiana —los califica de «tumor en ese cuerpo enfermo de la cristiandad»— llama a los cristianos a una colaboración con el socialismo francés y elabora el socialismo personalista —cosa que tuvo mucha influencia en la etapa de radicalización de algunos movimientos católicos latinoamericanos— Cf. E. Mounier, *El Personalismo;* y E. Kadt, *Catholic radicals in Brasil.*

condicionamientos estructurales que forman y constituyen al hombre social real que se da en lo concreto. Esa anterioridad del individuo a las estructuras sociales, sirve de soporte a la afirmación del derecho a la *propiedad privada*. Por consiguiente, en base a esa realidad metafísica, supuestamente anterior a la historia, se presenta un esquema económico y socio-político «tercerista» que no tenga los «inconvenientes» de los extremos —que en la práctica no pasa de ser un tipo de corporativismo capitalista que no parece distinguirse del capitalismo populista. De hecho, estos grupos incorporan el *desarrollismo*, vía economistas y sociólogos de la iglesia, como lo son Lebret, Houtart, Pin, Vekemans y otros [9]. De ese entendimiento desarrollista del problema latino-americano surgen las *teologías del desarrollo*. Estas son las que proclaman que el desarrollo socioeconómico es el nuevo nombre de la salvación, pero que piensan el desarrollo en términos de la humanización del sistema capita-lista y el dominio de la tecnología moderna para el bienestar del hombre. No advierten la contradicción estructural del capitalismo con respecto al reino de Dios. Aunque hay que admitir que a medida que el proceso de radicalización se va dando, esa teología del desarrollo se nacionaliza y sirve para las ideas anti-imperialistas de Hélder Câmara, y de todos aquellos que en su primera etapa de evolución teológica pasaron por ese escalón.

De todas maneras, para la generalidad de estos sacerdotes y laicos, mili-tantes de la «doctrina social cristiana», el problema económico de América latina y su solución es uno de carácter «moral». Se trata de moralizar la eco-nomía mediante legislación. Los centros de estudio de la realidad social aus-piciados por estos grupos (con financiamiento alemán), describen el problema como uno de mala distribución de la riqueza. Los principios morales que rigen las guías del ordenamiento social desde el mundo de las esencias divinas del tomismo, vía las leyes naturales, impiden entender la relatividad de la propie-dad privada. El principio de la «unidad cristiana» que debe abarcar todas las clases, los lleva a un corporativismo populista que resulta ciego ante los irreconciliables intereses de clase que animan la explotación de los obreros y oprimidos y ante la naturaleza imperialista del saqueo internacional. De aquí que su solución sea una de legislación reformista bien intencionada y de más ayuda internacional para una mejor distribución de la riqueza. En Chile, en la hora de las definiciones, la animación de lo social llega a pasar por alto la distinción de planos y comienza a teorizarse sobre la «revolución cristiana» y a presionar a los cristianos que no apoyan la fórmula de Frei de «revolución

9. Este último es el conocido director del FERES en Chile (Federación Internacio-nal de los Institutos de Investigaciones Socio-religiosas y Sociales), quien dirige desde allí la campaña para la elección de Frei en un intento por derrotar a Allende.

en libertad» [10]. El carácter capitalista de su expresión teórica se habría de revelar definitivamente en el momento de su contribución al golpe militar que destruyera el experimento socialista de la Unidad popular chilena.

Esa división en dos planos no permitía la verdadera autonomía de la realidad social para explicarse a sí misma teóricamente y para producir la solución revolucionaria necesaria a los problemas del subdesarrollo. Por otro lado, la jerarquía tradicional aprovechó la teoría de los dos planos para lavarse las manos de los problemas económicos y políticos y desalentar a los cristianos de la participación revolucionaria. Dice Gustavo Gutiérrez, el teólogo católico:

> Concretamente, en América latina, la distinción de planos sirve para disimular la real opción política de la iglesia: por el orden establecido. Es interesante observar, en efecto, que mientras no se tenía una clara conciencia del papel político de la iglesia, la distinción de planos era mal vista tanto por la autoridad civil como eclesiástica; pero desde que el sistema, del cual la institución eclesiástica es una pieza central, empezó a ser rechazado, ese esquema fue adoptado para dispensarse de tomar partido efectivo por los oprimidos y despojados, y poder predicar una lírica unidad espiritual de todos los cristianos. Los grupos dominantes que siempre se sirvieron de la iglesia para defender sus intereses y mantener su situación de privilegio apelan hoy, al ver las tendencias «subversivas» que se abren paso en el seno de la comunidad cristiana, a la función puramente religiosa y espiritual de la Iglesia.
> La bandera de la distinción de planos ha cambiado de manos. Hasta hace unos años defendida por los elementos de vanguardia es actualmente sostenida por los grupos de poder, muchos de ellos ajenos a todo compromiso con la fe cristiana [11].

Para el militante cristiano, este lenguaje metafísico mejorado, que no permite al hombre forjar libremente en la historia real un modelo de socie-

10. La división de los dos planos no impide la sujeción de los fines propios de la realidad temporal a los esquemas preconcebidos de la metafísica teológica. Frente al empuje del proceso revolucionario latinoamericano, los obispos ya en su cuarta reunión del CELAM (once meses después de la toma del poder por la Revolución cubana), intentan asegurar la fidelidad de la democracia cristiana por la lucha contra el comunismo, advirtiéndoles de la siguiente manera: «Quienes tienen responsabilidades de carácter social, han de conocer profundamente la doctrina social de la iglesia, para ponerla en práctica con valentía y urgencia. Esta doctrina es, en palabras de Pío XI, "necesaria" y "obligatoria" y forma parte integrante del evangelio y de la moral cristiana» (declaraciones del CELAM, multicopiadas en San Juan).

11. Gustavo Gutiérrez, *Teología de la liberación: Perspectivas*, 84. Véanse también los siguientes: Hugo Assmann, *Opresión-Liberación: desafío a los cristianos*, 127; L. Gera y Rodríguez Melgarejo, *Apuntes para una interpretación de la iglesia argentina*: Víspera, 4 (1970) 15, 59-88; H. Villela, *Los cristianos y la revolución: ¿posibilidad de una praxis revolucionaria?*: Cuadernos de la Realidad Nacional, 29-44, reproducido en México por Centro Crítico Universitario; C. Aguiar, *Los cristianos y el proceso de liberación de América latina: problemas y preguntas*, en *América latina, movilización popular y fe cristiana*, 52-62; J. Rosales, *Los cristianos, los marxistas y la revolución*.

dad que responda a las necesidades del hombre oprimido y explotado de América latina, le resulta tan inútil como el tradicional, y tan cómplice de las fuerzas que ostentan la propiedad de los medios de producción, como el tradicional. La salvación, en última instancia queda localizada fuera de la historia.

Para salir de su crisis teórica e ideológica, el militante cristiano necesita una expresión teológica de la fe que tome en serio la historia y el análisis científico de la sociedad desde la que está operando su praxis política. Necesita una teología que relacione más íntimamente historia y salvación. El nivel de racionalidad a que opera esa teología tradicional modernizada por el concilio, no da cabida para una integración con el nivel de racionalidad analítico-política, debido al apriorismo metafísico que postula unas verdades en formas no históricas que no permiten que la misma historia defina la verdad sobre las causas de los problemas sociales e históricos y las soluciones reales a éstos.

La iglesia tiene que tomar la historia secular en serio, porque esa es *la única esfera de la realidad*. Es la conclusión a que llega el teólogo brasileño y militante socialista Hugo Assmann, cuando anuncia la postura de los teólogos de la liberación sobre la historia. Cito de su libro que acabo de mencionar en la nota anterior:

> La enunciación de esta tesis conciliar se hacía necesaria contra los residuos de mando y dominación eclesiástica tendientes a la reproducción de esquemas de cristiandad. En relación al progreso de las ciencias profanas —¡cuya profanación nunca es total!— esta tesis significó el acabar con la pretensión de tutelas religiosas y teológicas. Pero esta tesis no debía haber significado jamás que aquello que la realidad es en su temporalidad (autonomía de lo temporal), aquello que el mundo es en su mundanidad (secularización) y aquello que las ciencias profanas se proponen analizar (la realidad humana de la historia) puedan ser abandonados a sí mismos por la teología y por la iglesia. *No hay otra esfera de lo real* [12].

El proceso de ruptura con las fórmulas «revolucionarias» de la doctrina social cristiana, que aún preservan esos lastres metafísicos, se acelerará durante los últimos cinco años de la década del 60. Los grupos de Acción Católica de América latina, Brasil y Chile especialmente, se radicalizarán hasta tal punto que muchos harán alianza con los marxistas y adoptarán el instrumental de análisis social y el proyecto histórico del socialismo marxista. Mientras tanto, sus colegas de los partidos demócrata cristianos habrán de moverse hacia la derecha según aumente el peligro de los intereses de las clases representadas en el liderazgo de éstos.

12. H. Assmann, *Opresión-liberación: desafío a los cristianos*, 129.

La gran crisis de 1968 en el Instituto latinoamericano de doctrina y estudios sociales del centro Belarmino en Chile —desde donde se distribuían a todo el continente 30 millones de dólares del *Misereor* alemán en teología legitimadora de la «revolución en libertad» de Frei— constituye el clímax de ese proceso de ruptura [13]. La brega con la realidad latinoamericana terminará por radicalizar a los que habían salido a combatir el comunismo. Esta crisis local tiene su importancia por haber nacido allí la semilla del grupo Cristianos por el Socialismo chileno que habría de convocar a todos los sacerdotes, pastores y religiosos del continente que se encontraban en la misma crisis teórica y decididos ya a optar por el socialismo marxista.

Allí se enfrentan dos corrientes: la del Padre Bigo, europeo, y la del Padre Arroyo, latinoamericano. Para Bigó el enfrentamiento es entre cristianos y marxistas; para Arroyo el enfrentamiento es entre cristianos «reformistas» y cristianos «revolucionarios» [14]. Para Bigo se habría producido «una suerte de deslizamiento de la pastoral a la política... marcada por la ideología marxista» [15] que amenazaba dos aspectos: la «objetividad» y el «aporte cristiano». Arroyo «responde con vigor que está contra cierta concepción del aporte cristiano y de la objetividad que, conscientemente o no, tiende a servir de cobertura para ocultar opciones ideológicas y políticas de tipo "desarrollista", lo cual, en el contexto político chileno, significa opciones demócrata-cristianas» [16]. Denuncia las ambigüedades de la «doctrina social» y propone buscar una «teología de la liberación» al servicio de la lucha latinoamericana.

Los militantes cristianos del continente necesitan determinar y articular teóricamente la medida en que su fe es compatible con un nivel de racionalidad que tome la historia en serio, tal y como las ciencias sociales lo hacen y determinar además, lo que su fe tiene que decir o aportar a la creación secular de una nueva sociedad de paz y fraternidad humana fundamentada en un modo de producción concreto, científicamente determinado y políticamente forjado mediante la lucha consciente de los latinoamericanos comprometidos con el proceso de liberación.

De aquí en adelante, y una vez celebrado el congreso de Medellín, se multiplican por todo el continente las reuniones, simposios, conferencias, fo-

---

13. Cf. la historia de esta institución, sus finanzas, conflictos ideológicos y personajes en Mutchler, *The Church as a political factor in latin America*, 247-330.
14. Víspera 22 (1968) 18-19.
15. *Ibid.*
16. *Ibid.*

lletos, artículos mimeografiados, boletines periódicos y libros sobre la teología de la liberación [17].

Para 1973, el autor de esta investigación publica una *Bibliografía mínima de la teología de la liberación en América latina* [18]. Un año después, el teólogo brasileño Hugo Assmann escribe, la «bibliografía de la teología de la liberación en el continente ya escapa al dominio de una sola persona».

4. Crítica de la teología de la liberación a los teólogos europeos

Teóricamente, esa búsqueda por una teología de la liberación pasa por el examen crítico y el rechazo de la teología clásica moderna católica y protestante y aún por la teología europea radical [19].

17. Para el año 1970 se multiplicaron en América latina los encuentros, simposios y escritos sobre la «teología de la liberación»: (A) Bogotá en marzo de 1970; de aquí salieron el volumen *Liberación: opción de la iglesia en la década del 70* y el volumen *Aportes para la liberación* que incluye las conferencias del simposio, ambos volúmenes publicados por Ed. Presencia, Bogotá 1970. (B) Buenos Aires en agosto de 1970 bajo los auspicios de ISAL (Junta latinoamericana de iglesia y sociedad, de filiación protestante y relacionada con el Consejo mundial de iglesias); esas ponencias se encuentran en Fichas de ISAL 26/3 (1970) y los artículos de J. de Santa Ana, *Notas para una ética de la liberación* y los de N. Olaya, *Unidad cristiana y lucha de clases* se encuentran en la revista Cristiano y Sociedad 23-24/8 (1970). Montevideo. (C) Bogotá nuevamente en julio del 70, algunas de cuyas conferencias fueron publicadas en el boletín Teología de la liberación, Bogotá 1970. (D) México en octubre del 70 con la presencia de Harvey Cox y otros teólogos internacionales del cual salieron dos volúmenes con las conferencias: I. *Seminario de teología de la liberación*, con las ponencias de Douglas, Cox y Seifer; y II. *Teología de la liberación*, con los artículos de Lozano, Jiménez y Ferreira. (E) Buenos Aires nuevamente en julio del 70 para reunir biblicistas en torno al tema Exodo y liberación; los trabajos fueron publicados en Revista Bíblica, B. A. (1970) y en Víspera 4 (1970) 19-20. (F) Oruro, Bolivia en diciembre de 1970. (G) Medellín, Colombia a nivel del CELAM, donde el secretario general, monseñor Eduardo Pironio, expresa el valor de esta teología y deja ver los temores de la jerarquía en su conferencia, Teología de la liberación (mimeografiado por el CELAM). (H) Segundo encuentro internacional de teólogos realizado en Bogotá entre el 26 y el 31 de julio de 1971, sobre la teología de la liberación, donde presentaron conferencias Camilo Mocada, Luis del Valle, Juan Luis Segundo, Noel Olaya, Hugo Assmann, Luis Ugalde, Rafael Avila, Arnaldo Zenteno y Alex Morelli, las cuales fueron publicadas en el volumen *Liberación en América latina*, Editorial América Latina, Bogotá 1971. De aquí en adelante se multiplican los simposios y los artículos ya definitivamente ubicados dentro del nombre *teología de la liberación*. Cf. las *Crónicas* mimeografiadas publicadas por el Servicio colombiano de comunicación social de 1971 y 72 sobre casi dos docenas de simposios locales en pueblos y campos de Colombia y la bibliografía que acompaña este trabajo.

18. S. Silva Gotay, *Bibliografía mínima de la teología de la liberación en América latina:* El Apóstol, 61-75.

19. Véanse como ejemplo los siguientes: Methol Ferré, *Iglesia y sociedad opulenta: una crítica a Suenens desde América latina:* Víspera; J. L. Segundo, *La teología, problema*

La crítica a la teología europea nos irá perfilando la nueva concepción de la historia en los teólogos latinoamericanos como una *única historia* a partir de la cual, según mi entender, se reconstruye toda la teología latinoamericana. Esto inicia un proceso de *deshelenización* de la teología mediante el cual se busca entender la fe desde una perspectiva que tome la historia real en serio.

Aun cuando los artículos de Gustavo Gutiérrez y Juan Luis Segundo, citados abajo, constituyen los primeros clarinazos en esta dirección, son los brasileños Rubem Alves y Hugo Assmann los primeros en rechazar en forma articulada y sistemática el lenguaje de la teología anglosajona («noratlántica», la llaman) para expresar la fe del latinoamericano, en vista de que esa teología no provee un lenguaje apropiado para hablar de una fe que tome la historia real en serio. Alves escribe a partir de la *nueva conciencia* de la necesidad de ir construyendo el reino entre los hombres mediante el proceso histórico de liberación.

En el conocido libro *Religión: opio o instrumento de liberación*, Alves rechaza el lenguaje de la teología europea progresista para intentar la búsqueda de un lenguaje teológico que rechace las concepciones grecorromanas de una historia sin futuro, encerradas en predeterminaciones «espiritualistas», para luego intentar un lenguaje que recoja la concepción bíblica de la historia

latinoamericano: IDOC 68; id., *Problemática de la idea de Dios y de la liberación del hombre*, ISAL mimeografiado; G. Gutiérrez, *The meaning of development: notes on a theology of liberation*, en *In Search of a theology of development*; id., *Teología de la liberación. Perspectivas* 43, 223-24, 37 s, 102 s; J. Comblin, *El tema de la liberación en el pensamiento latinoamericano:* PASOS 7 (1972) 3-5, 8; H. Assmann, *Opresión-liberación: desafío a los cristianos*, 19-20, 18, 39-44, 46, 50-54; y casi todos los trabajos de él indicados en la bibliografía; P. Negre, *El significado de los cambios metodológicos de las ciencias sociales para la interpretación teológica;* N. Olaya, *Unidad cristiana y lucha de clases*, 769; R. Alves, *Religión: opio o instrumento de liberación*, 29-39 y 97; id., *Apuntes para un programa de reconstrucción en la teología*, 25-26; J. de Santa Ana, *Notas para una ética de la liberación*, 43-60; J. L. Segundo, *Instrumental de la teología latinoamericana*, 38-42; id., *Problemática de la idea de Dios y la liberación;* A. Morelli, *Características de la teología latinoamericana actual*, 178; id., *Hacia una teología de la violencia*, 161; G. Pérez, *Palabras introductorias* (al II simposio internacional en Colombia), 4; M. Bonino, *Nuevas perspectivas teológicas* (copia mimeografiada), 2-5; H. Villela, *Los cristianos en la revolución: posibilidades de una praxis revolucionaria*, 8-10; J. Aguiar, *Los cristianos y el proceso de liberación de América latina: problemas y preguntas*, 14; A. Sapsezian, *Theology of liberation-liberation of theology, Educational perspectives;* L. Gera, *Teología de la liberación*, 14; P. Freire, *Tercer mundo y teología*, 305; J. Alonso, *Esbozo para una teología de la liberación*, en *Aportes para una teología de la liberación*, 41 y 58; E. Dussel, sus conferencias en *Caminos de liberación latinoamericana*, y *Teología de liberación y ética*, en especial su crítica a Moltmann y Metz en *La teología de la liberación*, 173 s.

en la cual Dios actúa, se revela, y acompaña al hombre en la construcción del reino[20].

Alves examina primeramente la teología existencialista de Soren Kierkegaard y Rudolf Bultmann. Encuentra afinidad entre la teología existencialista y el humanismo político (socialismo) en sus aspiraciones a que el hombre trascienda el mundo enajenante hacia una existencia auténtica. Pero se dividen en la política a seguir. A partir de su antropología de un hombre dividido entre la necesidad y la libertad, el existencialismo insiste que el hombre tiene que decidir entre la trascendencia subjetiva y la prisión objetiva del mundo. Lo verdadero para el existencialismo es lo subjetivo, no lo objetivo. Esto no lleva a la «transformación» del mundo objetivo sino a su rechazo para poder lograr la liberación. La liberación se da en el mundo privado de la interioridad sin tomar en serio la estructura sociopolítica que forma al hombre[21].

Bultmann, siguiendo a Kierkegaard, lleva este acto de «deshistorización» a su máxima expresión cuando propone que la liberación del hombre ocurre en el mundo *subjetivo* del aquí y ahora en el momento que se desprende de su mundo *objetivo*, para que allí, en el mundo subjetivo, se realice escatológicamente la vida auténtica. El futuro se hace presente de una vez por todas en el mundo subjetivo: en la decisión por Cristo. Bultmann resuelve de esta manera los problemas que el ropaje mitológico del evangelio le plantea al hombre moderno, pero echa por la borda el tiempo histórico objetivo y el futuro. En ese sentido, dice Alves, «no ofrece los recursos necesarios para un proyecto de naturaleza política» [22].

Luego examina a Karl Barth, el teólogo alemán de la crisis de la postguerra. Barth encuentra que tanto la biblia como el récord de la historia humana en los periódicos, señalan que: «la historia no es portadora de humanización; no ofrece ninguna promesa mesiánica; sus dádivas son más bien la frustración, la desesperación y la destrucción del hombre» [23].

Barth, como Kierkegaard, siguiendo la tradición luterana, postulan una diferencia «infinita y cualitativa» entre Dios y el hombre, y como consecuencia, afirman que la salvación tiene que venir de fuera de la historia. La nueva vida está en Cristo, en quien todos los hombres de fe se salvan por el amor

---

20. Cf. también sus otros trabajos, *Apuntes para un programa de reconstrucción de la teología:* Cristianismo y sociedad y en IDOC n. 12; *El pueblo de Dios y la liberación del hombre,* en Fichas de ISAL; *La muerte de la iglesia y el futuro del hombre:* Cristianismo y sociedad; *El pueblo de Dios y la búsqueda de un nuevo orden social, o.c.*
21. *Religión: opio o instrumento de liberación,* 51-59.
22. *Ibid.*
23. *Ibid.*

de Dios. Pero Barth, desde su primera etapa como teólogo, niega la posibilidad de un mundo renovado. «La creatividad humana no puede forjar un futuro renovado debido a la negación que Dios hace del mundo... esa negación no se dirige a un futuro en la historia». Alves cita a Barth cuando dice: «el juicio de Dios es el fin de la historia; no el comienzo de una nueva y segunda época» [24].

La «ilusión» de una revolución y de la transformación política del mundo en la historia misma, según Barth, parte de una concepción idolátrica del hombre. El viejo Barth no trasciende la tradicional teología anti-mundo.

El nuevo Barth no va más lejos que esto. A pesar de que transforma esa distancia entre Dios y el hombre cuando comienza a entender la trascendencia a partir del hombre Jesús y de la «humanidad de Dios», insiste en que el futuro de la historia se agota en Cristo. «El tiempo de pascua, es un presente sin futuro... una presencia eterna de Dios en el tiempo. Como tal no puede volverse al pasado, ni necesita futuro alguno, un tiempo presente» [25].

No hay lugar para la lucha contra el presente, según Barth; los poderes que lo mantienen en sujeción ya han sido derrotados en Cristo. El hombre sólo puede incorporarse a ese futuro presente en Cristo «dentro de los límites de su conciencia». El Espíritu santo mediante la palabra, «nos retira de nuestro tiempo, de nuestro presente... y nos traslada al tiempo donde encontramos verdadera liberación» [26].

En Barth, entonces, la acción del hombre se vuelve secundaria. «Se reduce al movimiento dentro de las estructuras dadas». El hombre está libre de pecado, salvo, y como tal, libre para la acción. Pero esa acción es superflua con respecto a la transformación del mundo y la forja del futuro. Por lo tanto, Alves descarta este lenguaje para elaborar una teología que articule el humanismo mesiánico. El lo encuentra en la biblia, donde la historia sí se toma en serio y la fe se concibe como un compromiso para la construcción de un reino de justicia en la tierra.

La teología de la liberación no sólo rechaza la teología clásica moderna, sino que, inclusive rechaza la teología radical anglo-sajona por causa de la inconsistencia de ésta para aceptar todas las implicaciones del hecho de la existencia de *una sola historia*.

Con respecto a los escritos menos acertados de la «teología de la revolución» europea, los teólogos latinoamericanos dicen que estos escritos pretenden definir lo que debe ser la revolución a partir de categorías teológicas,

24. *Ibid.*
25. *Ibid.*
26. *O.c.*, 79-80.

que buscan un permiso teológico para la participación del hombre en la revolución, y que pretenden sacar de la teología misma un instrumento de análisis para una ideología de la revolución, una estrategia y hasta una táctica Los teólogos latinoamericanos afirman que ellos no elaboran una teoría de la revolución a partir de la teología [27]. La teología de la liberación tiende a respetar la autonomía de la propia teoría de la revolución que surge del análisis socioeconómico científico para lo cual la teología admite no tener el instrumental científico. Hugo Assmann, señala que esa teología de la revolución no es el resultado de la reflexión del tercer mundo, como Karl Rahner y otros han querido hacer ver. Fue Europa quien leyó con sus propios lentes teológicos lo que se estaba haciendo en América. Aun los esfuerzos de la teología de la «presencia» de Dios en la historia fueron vistos desde allá desde la perspectiva estática «conectada con sustantivos institucionales» y no desde la perspectiva del proceso de «cambio revolucionario» [28].

La teología política, crítica producida en Europa, identificada sobre todo con Metz y Moltmann, subraya la dimensión política de la fe, tanto en su origen e intención histórica como en sus implicaciones ideológicas al nivel institucional. Pero opera en un nivel de abstracción, separando la teología de la ética. Separa las opciones concretas por un instrumental de análisis socioeconómico y un proyecto histórico de acción política que esa teología misma implicaría, éticamente, si fuera a incluir la realidad histórica misma en la abstracción teológica en forma global [29].

El teólogo católico brasileño Hugo Assmann, es quien arremete con más precisión en contra de estos teólogos a pesar de haber sido discípulo y auxiliar de uno de éstos en Alemania. Comentando sobre el nivel de abstracción de la teología política europea en general, dice Assmann:

> No se puede hacer «teología política» realmente detectora de los aspectos críticos de la fe en cuanto a praxis histórica sin hablar un lenguaje analítico. Eso significa siempre también la opción por un tipo de instrumento analítico y tal opción es un paso ético y no simplemente una selección neutra de un instrumental para el análisis... El hecho de que los teólogos europeos tienen una enorme dificultad de asumir positivamente una ideología, como arma indispensable para la lucha de liberación y aun para optar por uno, y no por otro instrumental analítico, los aleja constantemente de la capacidad de entroncar datos de análisis con referencias ligadas a la fe. Se pierden, por eso, en un *eterno resituar las condiciones de posibilidad* de una reflexión comprometida en vez de *ensayarla concretamente* [30].

27. H. Assmann, *Opresión-liberación, desafío a los cristianos*, 111-112.
28. *Ibid.*, 108-109, 131.
29. *Ibid.*, 115-118, 124-128. Cf. también su crítica en *¿Reflexión teológica al nivel estratégico táctico?*, en *Pueblo oprimido, señor de la historia*, 244.
30. *O.c.*, 117. Este teólogo brasileño, doctorado en Alemania donde fue discípulo

Si se va a mantener la conexión entre la teología y la ética, ésta tiene que optar por un proyecto ético-político de carácter histórico.

Para Assmann, esta incapacidad europea para globalizar la reflexión teológica hasta incluir el lenguaje de las ciencias sociales, su instrumental analítico y una opción por un proyecto histórico de acción política, revela la incapacidad de la teología europea para salir de la esfera «metafísica» de la verdad. Todavía intentan hacer «teología pura». Finalmente, les critica el no entender la primacía de lo político. «En los escritos de la teología política europea —dice Assmann— se tiene a veces la impresión, a pesar de las insistencias generalizadoras, que lo político accede al resto como una dimensión de añadidura, como una dimensión "también" y no como algo que sólo se puede expresar con un "siempre", siendo insuficiente un simple "también"» [31].

En contra de la teología de la secularización representada por los herederos de Bonhoeffer, quien se adelanta en esa dirección de hacer de la fe cristiana una religión para la vida en la tierra, los teólogos latinoamericanos reaccionaron señalando que la identificación del reino de Dios con la plenitud de la sociedad tecnológica, capitalista y secular no es posible en vista de la contradicción entre ese sistema de explotación y la esperanza de Israel de «una tierra nueva». Esta crítica, que vamos a examinar más detalladamente en el próximo capítulo, señala que esa teología de la secularización de los países ricos está fundamentada en una sociología funcionalista que no es otra cosa que una sociología ideológica. Esto da por sentado la existencia permanente del sistema capitalista, que no cuestiona su existencia, ni advierte las contradicciones inherentes a este sistema que lo transformaran en otro eventualmente.

Assmann no sitúa en este contexto a Jürgen Moltmann, autor de la *teología de la esperanza*, «ya que se trata de una de las mejores cosas de la teología actual». Reconoce, como lo hacen todos estos teólogos latinoamericanos la reconstrucción teológica emprendida por Moltmann a partir del rechazo de la ontología estática del dualismo de la concepción grecorromana del mundo y a partir de la recuperación de la concepción historizada de la

---

de Metz, es quizás el más creador y agresivo de todo este grupo de teólogos. Su reflexión es resultado de una práctica política valiente tanto en Brasil, donde comenzó la sindicalización de empleadas domésticas, como en Bolivia, donde trabajó con ISAL-Bolivia hasta la caída del régimen de Torres, y en Chile, donde tuvo una destacada participación, tanto al nivel político como teórico, especialmente, en el Centro de Estudios de la realidad nacional, como en la Editorial Quimantú de la Unidad Popular. Durante su estancia en Bolivia fue secretario de estudios de Iglesia y sociedad de América latina (asociado al Consejo mundial de iglesias). Hoy dirige el Departamento ecuménico de investigaciones (DEI).

31. *O.c.*, 118-119.

biblia. Moltmann seculariza el cristianismo y lo convierte en una religión para la vida en la tierra, y no en el más allá, y establece la revolución como el medio de a acción de Dios en la historia. A pesar de esto, Assmann, al igual que Alves y Gustavo Gutiérrez, le critican que no reconoce la autonomía de la dialéctica histórica propiamente como generadora de la esperanza última del triunfo de la justicia y de las posibilidades de plenitud humana y se las adscribe a las «promesas» del Dios libertador. «Moltmann —dice Assmann— confiere a las promesas de Dios la función de polo articulador de la lucha por la liberación... no son promesas descubiertas en la lucha» [32]. Cuando se opta por este esquema de Moltmann, se destruye «la dialéctica real de la difícil senda liberadora, porque el acento exagerado a las promesas vacía la conflictividad del presente» [33].

Alves, le añade la crítica de que en Moltmann, el futuro ya está «determinado» [34]. El futuro es más bien un «objeto» que un «horizonte». Moltmann dice que a partir de las promesas «la historia se torna abierta», pero Alves señala que éste la presenta como movida por un tipo de *primum novens* a la cabeza del proceso. La historia pierde su dinámica propia en el conflicto, no es libre. El problema de Moltmann, dice Alves, es «¿cómo hacer lugar al conflicto en la lucha, si nuestra acción debe corresponder a ese futuro que nos trae la revelación?». Moltmann se diferencia de Barth en que hace posible la acción del hombre en la lucha por el futuro en la historia, pero esa historia no es libre, no tiene su propia dinámica conflictiva que la lleva dialécticamente a su final.

La crítica general de un gran número de teólogos es que esas teologías parten de un mundo europeo. De la misma manera en que los griegos dan por sentado que el hombre universal es el europeo, se llega a identificar el

32. *O.c.*, 120.
33. *Ibid.* Assmann, explica: «No tiene mucho sentido hacer preguntas teóricas de carácter disyuntivo: *son las promesas que confieren la esperanza, o es la praxis la mediadora de las promesas, descubiertas en la lucha.* Se trata de polos dialécticos de un mismo proceso de concientización del sentido de la lucha por la liberación: el polo concretizador (acción) es el polo concientizador (reflexión crítica). Una cosa no existe sin la otra. Existe sin embargo el peligro, tanto de la acción inconsciente como de la concientización inactiva» (*Ibid*).
34. R. Alves, *Religión: opio o instrumento de liberación*, 90-93. Es importante señalar aquí la original crítica de Enrique Dussel, el prolífico filósofo católico argentino, quien da un paso más allá de Assmann y señala el hecho que Moltmann paraliza la historia real al reducir su teología a dos reinos, el vigente y el escatológico. No toma en cuenta la necesidad de postular un tercer momento entre esos dos que sea de carácter histórico, donde se testimonia de lo escatológico construyendo un nuevo mundo en lo socioeconómico, político y cultural, teniendo como guía el reino escatológico, pero tomando en cuenta los condicionantes estructurales materiales. Cf. E. Dussel, *Teología de la liberación y ética*, 173-78.

hombre europeo con la «esencia» ideal del hombre, se sacraliza, así se justi-fican sus acciones internacionales y se usa esa «esencia» como paradigma para juzgar al hombre de las colonias.

Aun cuando los teólogos críticos parten de la realidad, parten de una realidad regional para reclamar universalidad. Enrique Dussel, joven filósofo y teólogo argentino, apunta bien el asunto cuando señala que parten de un universo «ecuménico» definido a partir de los países dominantes del «centro» del sistema capitalista sin tener en cuenta las sociedades «dependientes» ni la relación existente entre «centro» y «periferia» que constituye la globalidad de la cual hay que partir para una reflexión crítica.

Armado de la teoría de la dependencia y en la relación «centro» y «peri-feria», heredada del desarrollismo, Dussel intenta fundamentar su reflexión teológica sobre la realidad de la relación de «dominación-subordinación» exis-tente entre los países dominantes y los dependientes. En los países desarrolla-dos se hace la teología sin tomar en cuenta esa parte del mundo subordinado ni la consecuente relación imperialista que crea las condiciones de desarrollo para uno y subdesarrollo para el otro. Sin la inclusión de los países depen-dientes y su relación con los dominados, dice Dussel, no hay historia dialéc-tica, no hay realidad total, no hay reflexión teológica sobre la revelación que penetra y altera la parcialidad humana para llamar a la construcción de un reino de hermandad y paz fundamentado en la justicia.

Dussel se enfrenta a Metz, el teólogo alemán autor de la *Teología política*, y pasa la siguiente sentencia sobre su teología:

> Nos demuestra... que la función de la fe cristiana y de la teología es una función crítico-liberadora del mundo en que se encuentra... Pero esa crítica se efectúa desde el horizonte de una *nación*, y mucho más en concreto: de una nación *europea*. El nos habla de un *todo* en el cual la teología debe cumplir su función crítica... Ese todo es el de una nación. En cambio, si nosotros le preguntamos: ¿Por qué no plantea esa crítica, pero a nivel internacional, donde hay pueblos de la «perife-ria» y pueblos del «centro»? De tal manera que su crítica profética pueda llegar a ser crítica de la dominación de los países del centro, del imperialismo, de la ex-plotación de los pueblos pobres. ¿Por qué no realiza también una crítica del im-perialismo en el sentido de la explotación mundial del hombre por el hombre? ¡Ah! Ahí Metz ya no nos propone crítica alguna, porque él está muy incluido en una realidad nacional alemana y no logra problematizar él el horizonte inter-nacional. De ahí entonces que el punto de apoyo de su crítica es el «centro» que es muy distinto que si uno se encuentra en la «periferia» [35].

35. E. Dussel, *Teología de la liberación y ética. Caminos de liberación* II, 178-79. Cf. desde la 173.

En la misma línea, pero radicalizando la crítica al lenguaje teológico europeo, encontramos la de Porfirio Miranda, el jesuita mexicano. Su crítica no se dirige a teología alguna en particular, sino a la base misma del lenguaje teológico y la cultura que la sostiene como explicación o discurso ideológico desde la perspectiva de las clases dominantes de occidente. Como tal, la ontología misma de ese lenguaje hace imposible la incorporación de la problemática de la justicia social y la reconstrucción radical del mundo a esa estructura de pensamiento.

> El problema es más de fondo. En el sistema teológico-filosófico de occidente (y sin desapercibir las diversísimas variedades) el problema social es nuevo... Derivada de Platón y de Aristóteles, la cultura occidental —cuyo epicentro generador fue y sigue siendo la teología-filosofía «cristiana»— resultó inevitablemente aristocrática, privilegiada, incapaz de percibir la realidad más masiva e hiriente y urgente de nuestra historia. Su humanismo fue y es humanismo de pensamiento, mental, estetista. Y su «hombre» un abstracto, una esencia platónica valedera «semper et pro semper»; no la humanidad real de carne y hueso, de sangre y lágrimas y esclavitud y humillación y cárcel y hambres y sufrimientos indecibles [36].

Terminan los teólogos latinoamericanos sentenciando el lenguaje teológico extranjero luego de pesarlo en la balanza, porque en el momento de la crisis latinoamericana, cuando hubo de responder ante el clamor de los oprimidos, ha sido encontrado falso. En sus *Apuntes para un programa de reconstrucción en la teología,* Alves resume esa sentencia:

> Los lenguajes teológicos tradicionales están en crisis, porque esta nueva situación (latinoamericana) ha creado una preocupación radicalmente nueva que está en oposición fundamental a la de los lenguajes mencionados... los lenguajes eclesiásticos tradicionales tienen su *ultimate concern* en la eternidad, Dios, y la salvación del alma. Su relación al mundo, a la vida, a la historia, aun cuando no sea negativa, es puramente tangencial... por consiguiente dentro de este arreglo la preocupación por la vida, la tierra, la justicia y el futuro nunca es la preocupación última (*ultimate*), sino una preocupación penúltima derivada de lo último (Dios, el alma, la salvación, la eternidad, etc.). Dentro de esta lógica, amamos la vida porque amamos a Dios, hacemos que nuestra vida dependa de un «a priori» metafísico. Estos son los lenguajes que están en crisis. ¿Por qué? Porque algunos cristianos han llegado a sentir que el hombre, su futuro, la transformación de la tierra es su preocupa-

---

36. A esto añade Miranda: «Cuando por fin, después de resistencias y endurecimientos milenarios, esa cultura accedió condescendientemente a percatarse de que el problema social existe, tenía fatalmente que asignarle lugar de escolio, de excurso, de cuestión colateral complementaria, pasablemente marginal en el sistema; el sistema cultural se había estructurado de todo a todo prescindiendo del problema social; éste no le había hecho la menor falta para redondearse monolítico y sin grietas; le es imposible ahora encararlo en su verdadera dimensión sin desestructurarse a sí mismo por completo. Quien crea que es posible un cambio total de actitud sin un cambio total de sistema mental, no sabe lo que es un sistema mental»: *Marx y la biblia,* 55-56.

ción última. Por consiguiente los antiguos lenguajes tampoco pueden interpretar su situación o programa de acción [37].

El problema teológico de fondo, como lo definen estos teólogos latino-americanos, es el siguiente: la relación existente entre la liberación real, por la que clama y lucha el continente, y el concepto bíblico, teológico de salvación. O como lo expresa el padre Javier Alonso Hernández, del grupo sacerdotal Onis en Perú:

> ¿Tiene la iglesia algo que decir en un proceso de liberación? El núcleo de la cuestión está aquí. Si la salvación, la salvación del alma, es algo para la otra vida, es evidente y lógico que no tiene nada que ver con un proceso de liberación del oprimido, del alienado; a lo mejor simplemente decirles que estén contentos porque Jesús ama a los pobres [38].

De aquí que tengamos que concluir que lo que habrá de lanzar a la América latina en pos de una teología radicalmente nueva —y ésta es mi principal contención— será su concepción de la historia. De aquí se desprenden todas las diferencias entre los teólogos euronorteamericanos y latino-americanos. La afirmación de la historial real como «única historia» y la historia como única esfera de la realidad reconocida por la biblia lanzará la teología por caminos no previstos por nadie y creará la posibilidad de un movimiento ideológico capaz de acompañar y de justificar ideológicamente el modo de producción socialista de la misma manera que la teología medieval acompañó al feudalismo y de la misma manera que la teología protestante acompañó al capitalismo liberal.

---

37. R. Alves, *Apuntes para un programa de reconstrucción en la teología:* Cristianismo y sociedad, 1970.
J. L. Segundo expresa su crítica a esa teología, en el simposio de Buenos Aires mediante la siguiente indicación: «su fundamental inclinación al idealismo en la forma que criticó Marx y por ende la consecuente incapacidad para un realismo histórico. Sus preguntas no arrancan de lo real en su densidad conflictiva, idealizan la realidad, ciertas teologías, como la de ”la muerte de Dios” son una acomodación apolítica al pragmatismo del hombre de las sociedades de consumo».
C. Aguiar, cuando hace el análisis histórico de la teología europea dice: «Se comienza a tomar conciencia de que la teología social de Roma y Europa eran una reconciliación con el capitalismo y, no una apertura al socialismo —que nos aprestamos a vivir—; que el modo de plantear las relaciones de desigualdad social latente en esa teología implicaba determinada posición respecto al problema de la dependencia que, en definitiva, ratificaba, al nivel cultural-teológico, las relaciones de dependencia existentes a nivel económico y político; que los europeos y norteamericanos al hacer la teología de la secularización confundían la secularización con la modalidad específica que ésta asume en los contextos capitalistas altamente desarrollados, etc.».
Cf. respectivamente: Segundo, *Problemática de la idea de Dios y liberación*, ISAL, mimeografiado 1970; C. Aguiar, *Los cristianos y el proceso de liberación de América latina: Problemas y preguntas*, en *América latina: movilización popular y fe cristiana*, 67.
38. J. Alonso, *Esbozo para una teología de la liberación*, 42.

3

Respuesta latinoamericana a la crisis teórica de la teología: recuperación de la historia real como lugar de la salvación

1. Una sola historia

La respuesta de los teólogos latinoamericanos es que la salvación en la religión bíblica trata de una salvación que se da en la única historia que existe y no en el «más allá» de la teología de influencia platónica; que la salvación es un proceso histórico que se da en la historia real, material y objetiva en que el hombre reproduce su vida material y espiritual mediante su organización económica, social, política e ideológica [1].

1. Algunos ejemplos son los siguientes: H. Assmann, *Hacia un cristianismo dialéctico;* id., *Opresión-liberación, desafío a los cristianos,* y en especial 22, 75, 150; igual que en el resto de sus obras incluidas en la bibliografía; S. Arce, *Hacia una teología de la liberación;* R. Avila, *Elementos para una evangelización liberadora;* R. Alves, *Religión: opio o instrumento de liberación; El pueblo de Dios y la búsqueda de un nuevo orden social:* Cristianismo y sociedad; *Tesis para una reconstrucción de la teología:* Cristianismo y sociedad; C. Aguiar, *Los cristianos y el proceso de liberación de América latina: problemas y preguntas,* en *América latina: movilización popular y fe cristiana;* varios, *Aportes para la liberación;* H. Borrat, *Hacia una teología de la liberación:* Marcha; J. Comblin, *La redención de la historia; incertidumbre y esperanza;* E. Dussel, *Caminos de liberación latinoamericana* I; *Teología de la liberación y ética. Caminos de liberación* II; G. Gutiérrez, *Teología de la liberación, perspectivas; salvación y construcción del mundo;* J. Alonso Hernández, *Esbozo para una teología de la liberación;* A. Morelli, *Libera mi pueblo;* id., *Nuevos elementos para una teología de la liberación:* Contacto; J. Míguez Bonino, *Nuevas perspectivas teológicas:* El Apóstol; id., *Teología y liberación,* en Fichas de ISAL; F. Montes. *Teología de la liberación: un aporte de la teología latinoamericana;* E. López Oliva, *Revolución en la teología:* Cuadernos de la FUMEC; Varios, *Liberación en América latina;* L. B. Puntel, *Dios en la teología hoy:* Perspectivas de Diálogo; J. Pixley, *La sistematización en la teología latinoamericana:* Boletín del Seminario Evangélico de Puerto Rico; id., *Toward a latin American theology. Some suggestions:* Luther Quarterly; E. Pironio, *Teología de la liberación:* Teología; J. L. Segundo, *De la sociedad a la teología;* id., *Evangelización y humanización:* Perspectivas de Diálogo; L. E. Sendoya, *Teología y proceso de liberación del hombre latinoamericano:* Estudios Ecuménicos; L. del Valle, *El papel de la teología en América latina:* Documentación teológica de la liberación.

Como veremos más detalladamente en el capítulo sobre hermenéutica, los teólogos de la liberación fundamentan su respuesta en el redescubrimiento del carácter histórico y materialista de la fe bíblica, cuyo pensamiento se encuentra en contradicción con el pensamiento ontológico griego de carácter esencialista que había servido para articular la teología cristiana desde el tiempo de los teólogos griegos.

Encontramos que los teólogos latinoamericanos de la liberación, fundamentan su reflexión teológica sobre una fe bíblica que se puede expresar hermenéuticamente en las siguientes afirmaciones sobre el problema de fe y mundo:

1. La concepción bíblica de la historia no responde a la concepción cíclica de los griegos, donde todo estaba determinado por la esencia original de las cosas que preexistían en el mundo de las ideas y para quienes lo que era, el *ser,* lo era en virtud de ser inmutable y correlativo a lo existente, sino que responde a la concepción hebrea de una historia con un futuro abierto. En ésta, el ser está en proceso de hacerse y como tal es responsabilidad del hombre que vive esa historia. Por lo tanto, la vida religiosa en esa historia no es vida de contemplación o *interpretación* de las esencias originales, sino vida de *transformación* del presente para la creación futura de esa esencia que va en camino.

2. El Dios de la religión bíblica no es el Dios de la ontología grecorromana sino el que se manifiesta en la historia en los actos de liberación, esto es, la fuerza que reclama justicia y que sólo puede ser conocida por el que hace justicia al hombre.

3. La fe de Israel, como actitud de esperanza y compromiso permanente ante la historia de liberación, fue estructurada en torno al acontecimiento de liberación sociopolítica de los hebreos cuando lograron vencer a sus explotadores en Egipto.

4. La salvación en el pensamiento bíblico, está articulada en el sentido histórico de liberación de todo aquello que impida la realización de la justicia, como condición necesaria para el desarrollo del hombre nuevo del reino de Dios. Este reino tiene bíblicamente un carácter revolucionario por origen y definición: es un reino para los hombres, los oprimidos, rechazados y explotados, y no tolera ningún orden social que genere la relación de ricos y pobres.

5. Este reino, que será establecido en la tierra, no es una realidad preexistente que se revela desde el cielo, sino una realidad que tanto los

profetas, como Jesús, lo venían destilando de los acontecimientos históricos de Israel y proyectándolo al futuro como utopía, guía-final para la existencia hebreo-cristiana en la historia.

6. El pecado, bíblicamente, no es un mal metafísico, fruto de una fuerza de fuera de la historia, sino la corporificación de la injusticia de las decisiones egoístas del hombre, en las estructuras económicas y socio-políticas que conforman la vida humana.

7. La fe, como tal, no es «creencia» en un sistema de ideas reveladas del más allá —como si fuese una epistemología idealista defectuosa— sino la actitud de *esperanza* y *compromiso* con el reino de Dios en la historia. La fe, vista así, implica una praxis de liberación histórica y política.

8. La fe no es una epistemología ni es ideología. No contiene en sí el instrumental de análisis de la situación socioeconómica concreta, ni la estrategia política, ni el proyecto socio-económico para la construcción de un reino histórico de justicia, por lo que tiene que adoptar el instrumental científico que pueda desenmascarar la realidad, producir una estrategia y un proyecto histórico concreto que esté en armonía con los intereses de los pobres del reino de Dios.

9. La verdad de la fe, no es aquello que se acopla con lo que *es* metafísicamente, según definido por lo preexistente e inmutable, revelado desde el mundo de las ideas o del espíritu metafísico, sino, todo aquello que *se hace* con eficacia y amor para la liberación del hombre y para la construcción del reino y el hombre nuevo.

10. La moral hebreo-cristiana de la biblia no corresponde a normas reveladas desde el mundo metafísico de los principios eternos y universales, sino que se desprende de las necesidades concretas de acción política eficaz para lograr la liberación y establecer la justicia a los pobres, los oprimidos y los explotados.

Como consecuencia de estas afirmaciones puedo postular que la teología de la liberación se caracteriza por los siguientes rasgos que demostraré más adelante en este trabajo:

a) Reestructura la reflexión teológica de tal manera que abandona la cosmovisión idealista de raigambre platónica y opta por la cosmovisión materialista e histórica de la tradición bíblica de los hebreos, lo cual hace posible la incorporación del entendimiento científico de la historia y la sociedad a su reflexión teológica. En otras palabras, que somete a crítica final el dualismo cielo-tierra de la teología tradicional y afirma esta historia terrena como la única historia que existe.

b) Define la salvación como un proceso de liberación que se da en la única historia que existe, al cual le es esencial la liberación económica, social y política, como infraestructura para la erradicación del pecado del hombre y la creación del hombre nuevo.

c) Rompe con la interpretación esencialista del pecado que inhibe la capacidad y la posibilidad de la construcción de un reino de justicia y paz en la tierra. Postula una concepción histórica de ese reino de Dios, en el cual se mantiene la relación de continuidad entre el proceso de su construcción y su plenitud escatológica. En consecuencia, afirma que la acción política del hombre es esencial a la construcción de ese reino.

d) Contiene una concepción sobre el reino de Dios que toma en serio la existencia de la lucha de clases y su causa real: la propiedad privada de los medios de producción; toma en serio la inevitabilidad de la decisión en favor de la clase de los pobres, oprimidos y los explotados allí donde se dé el conflicto en la concreción de la historia; y opta por la solución que la ciencia de la historia humana muestra como única estrategia visible para la eliminación de la lucha de clases.

e) Muestra la relación efectiva entre el mensaje bíblico de salvación y la liberación histórico-política que América latina necesita hoy. De esta manera incorpora la historia latinoamericana como continuidad de la historia bíblica, desespiritualiza la historia real contenida en la biblia y la muestra como historia de liberación económica, sociopolítica y espiritual.

f) Acepta el hecho de la secularización (desacralización) del orden sociopolítico y lo entiende como producto de la acción política del hombre, y ésta, a su vez, como resultado de la lucha de clases que ha existido en la historia entre justos e injustos. Por lo cual, entiende que el orden de la vida social no está predeterminado en ninguna esencia y debe ser construido e imaginado racionalmente por el mismo hombre teniendo en cuenta las condiciones materiales que determinan lo posible en un momento dado.

g) Restaura la comprensión de la fe a su origen bíblico donde tiene el sentido de *esperanza* radical en la transformación de la tierra mediante la justicia y de *compromiso* práctico con esa esperanza, y recupera de esta manera la dimensión política de la fe.

h) Distingue entre fe e ideología (o fe y religión) y desata un proceso de desenmascaramiento de los elementos ideológicos que pertenecen a la visión del mundo, los valores e intereses de las clases dominantes y explotadoras, que han sido «sacralizados» para legitimar el orden de explotación y opresión y que se encuentran contenidos en aquello que se hace pasar por «lo específicamente cristiano». Finalmente, toma una decisión en favor de incorporar como suya la ideología de la clase de los trabajadores revolucionarios y sus aliados que representan hoy los pobres y los oprimidos.

Considero que el puntal de esa nueva concepción teológica de la historia en América latina, lo es la afirmación de *esta* historia real como la única esfera de la realidad, donde el reino de Dios habrá de establecerse, como resultado de un proceso histórico liberador. Liberación es un amplio proceso histórico que incluye liberación socioeconómica, liberación cultural y liberación del pecado.

Examinemos la evidencia que prueba la existencia de esa posición tan central al desarrollo de la nueva teología latinoamericana y su metodología.

El libro *Teología de la liberación. Perspectivas*, del teólogo peruano Gustavo Gutiérrez, miembro del movimiento sacerdotal ONIS, constituye el aldabonazo resonante que anunció la presencia de un nuevo lenguaje teológico en América latina que se fundamenta en la afirmación de que esta historia que vivimos en la tierra es la «única historia» [2]. En Gutiérrez tenemos un ejemplo claro de los intentos de contestar esa pregunta fundamental sobre la relación entre el proceso secular de liberación y la fe cristiana. Gutiérrez redescubre que «salvación» y «creación» son términos intercambiables en la tradición bíblica en la cual espíritu y materia constituyen una unidad indisoluble que se da en la única historia que existe.

Gutiérrez fundamenta su posición de la identidad entre los conceptos de «creación» y «salvación» (liberación) en la exégesis bíblica. Hace un análisis del antiguo testamento donde se encuentra que la fe bíblica es una fe en un Dios que actúa en la historia en actos salvíficos que nunca se dan fuera de la creación, y que como tales, son actos sociopolíticos. Usa especialmente el Exodo, como el ejemplo paradigmático. Este acontecimiento político de liberación de Israel de la explotación y esclavitud egipcia, constituye el acontecer en torno al cual se estructura la fe de Israel. Demuestra que en el antiguo testamento no hay tal cosa como una separación entre creación (en la historia) y la salvación (fuera de ella). Para el hebreo sólo existe una vida, la que se da en la historia [3]. Creación y salvación se dan siempre como un mismo concepto y son acontecimientos políticos y sociales liberadores en los cuales el trabajo del hombre es esencial para la realización del acontecimiento. Dice Gutiérrez:

2. G. Gutiérrez, *Teología de la liberación. Perspectivas*, cf. especialmente los capítulos 9-11 sobre su posición en cuanto a la reconstrucción teológica.
3. Todos los eruditos bíblicos concuerdan que los elementos helenísticos de la «inmortalidad» del alma, la contención entre dos fuerzas cósmicas y todo el desarrollo del «más allá» constituye una contribución tardía del helenismo a la religión bíblica.

Si la fe en la creación «desacraliza» haciéndola el campo propio del trabajo del hombre, la salida de Egipto, país de la monarquía sagrada, refuerza esta idea: es la «desacralización» de la praxis social. *Ella será en adelante la obra del hombre.* Trabajando, transformando el mundo, rompiendo con una situación de servidumbre, construyendo una sociedad justa, asumiendo su destino en la historia, el hombre se forja él mismo... En consecuencia, cuando se afirma que el hombre se realiza prolongando la obra de la creación por medio del trabajo, estamos diciendo que se sitúa, por ese mismo hecho, en el interior de un proceso salvífico englobante. Trabajar, transformar este mundo es hacerse hombre y forjar la comunidad humana, es también ya salvar. De igual modo, luchar contra una situación de miseria y despojo, y construir una sociedad justa es insertarse ya en el movimiento salvador, en marcha hacia su pleno cumplimiento. *Muy concretamente todo esto quiere decir que construir la ciudad temporal no es una simple etapa de «humanización», de pre-evangelización, como se decía en teología hasta hace unos años. Es situarse de lleno en un proceso salvífico que abarca todo el hombre y toda la historia humana. Una reflexión teológica sobre el trabajo humano y sobre la praxis social debería partir de esta afirmación fundamental* [4].

Gutiérrez señala que la evidencia importante para esa interpretación teológica se encuentra en los profetas que se llaman constantemente al regreso a la religión de la justicia y anuncian la transformación de las condiciones socio-políticas como el fin de la venida del Mesías. Pero las interpretaciones «espiritualistas» e «individualistas» sobre la biblia han oscurecido esto. Gutiérrez analiza el desarrollo de la escatología y los estudios del antiguo testamento para despejar la oscuridad en que el uso del principio hermenéutico de la «espiritualización» ha dejado a los profetas con respecto a esta primera cuestión de «la nueva creación».

Termina concluyendo de esos estudios que la lucha por la justicia social es la lucha por el reino de Dios y los resultados de esa lucha son señal de la venida del reino. Me permito citarlo con amplitud:

Los profetas anuncian un reino de paz, pero la paz supone el establecimiento de la justicia: «el producto de la justicia será la paz, el fruto de la equidad, una seguridad perpetua» (Is 32, 17; también, salmo 85), la defensa de los derechos de los pobres, el castigo de los opresores, una vida sin temor de ser esclavizados por otros, la liberación de los oprimidos. Paz, justicia, amor libertad, no son realidades intimistas no son sólo actitudes interiores, son realidades sociales, portadoras de una liberación histórica. Una espiritualización mal entendida nos ha hecho, a menudo, olvidar la carga humana y el poder transformador sobre las estructuras sociales injustas que entrañan las promesas escatológicas. La supresión de la miseria y de la explotación es un signo de la venida del reino. Este se hará presente, según el libro de Isaías, cuando haya gozo y regocijo en el pueblo porque «edificarán casas y las habitarán, plantarán viñas y comerán su fruto. No edificarán

4. *O.c.*, 199-200.

para que otro habite, no plantarán para que otro coma... mis elegidos disfrutarán del trabajo de sus manos» (65, 21-22), porque no se les arrebatará el fruto de su trabajo. Luchar por un mundo justo, en el que no haya opresión ni servidumbre, ni trabajo alienado, será significar la venida del reino. Reino e injusticia social son incompatibles (cf. Is 29, 18-19 y Mat 2, 5; Lev 25, 10 s, y Lc 4, 16-21). «La lucha por la justicia —escribe con razón Antonio Fragoso— es también la lucha por el reino de Dios»[5].

2. La concepción del pecado

En esta teología se ha destruido esa distinción de planos. Luchar por la justicia es luchar por el reino de Dios. La salvación aquí es un amplio proceso que se da en la historia y al cual es esencial la destrucción de la situación social que hace del hombre un ser pecaminoso. Con la historización de la salvación tiene sentido entonces hablar de una «situación social de pecado» con un significado histórico. Gutiérrez lo examina como un hecho, social, histórico: ausencia de fraternidad, de amor en las relaciones entre los hombres. El pecado se da entonces, «en estructuras opresoras, en la explotación del hombre por el hombre, en la dominación y esclavitud de pueblos, razas y clases sociales»[6]. El pecado surge, entonces, como la alienación fundamental, como la raíz de una situación de injusticia y explotación... el pecado exige una liberación radical, pero ésta incluye necesariamente una liberación política[7].

Esta concepción social del pecado lleva a Gutiérrez a concluir que toda lucha por la eliminación de estas manifestaciones históricas y sociales del pecado, constituye el «crecimiento del reino»[8]. Debido al carácter opresivo de las estructuras sociales de pecado, el proceso de salvación es siempre de carácter liberador.

Según la concepción metafísica de pecado, los males de la sociedad son resultado de la «naturaleza» pecaminosa del hombre. Por lo tanto, sus esfuerzos para resolver los problemas de la injusticia son superfluos o están limitados a mantener el pecado bajo control hasta el día de la muerte y del

---

5. *O.c.*, 214.
6. *O.c.*, 226.
7. *Ibíd.*
8. Analiza los documentos *Gaudium et spes* del Vaticano II y *Populorum progressio*, sobre la relación entre «progreso temporal» y «crecimiento del reino». A pesar de que el primero insiste en la diferencia entre éstos, mantiene como *leitmotiv* del esquema «su profunda unidad». Pero el segundo documento insiste en la unidad más claramente y ve el «desarrollo integral» en términos de «condiciones de vida más humanas» (y no sobrehumanas); inclusive, «la fe, don de Dios... y la unidad en la caridad de Cristo», son referidas como «condiciones humanas» (*O.c.*, 184).

«juicio final». De aquí que la lucha contra el pecado se limite a la interioridad de la vida privada, a la «salvación personal» y que las «obras de piedad» se reduzcan a oraciones, ritos y ejercicios religiosos, contrario a la insistencia bíblica anti-cúltica.

En el caso de la teología de la liberación se rompe con esa concepción esencialista de pecado original y de «naturaleza pecaminosa» y comienza a hablarse del pecado como un «hecho», como una «situación social» e histórica. Y por otro lado, se arranca el pecado de su encierro privado en la vida interior de los individuos para señalar la naturaleza social y política de éste como problema del mal en la vida del hombre en sociedad. El erudito biblicista mexicano, Porfirio Miranda, luego de estudiar la biblia con este nuevo entendimiento, llega a la siguiente conclusión:

> La tesis histórica más revolucionaria, donde en contraste con todas las ideologías occidentales, coinciden la biblia y Marx es esta: el pecado y el mal que después se estructuraron en sistema civilizatorio esclavizante, no le son inherentes a la humanidad y a la historia comenzaron un día por obra humana y son por tanto, suprimibles [9].

Estos exegetas han redescubierto que el verdadero sentido del «pecado» para la biblia es *injusticia*. El Dios de la religión bíblica es un Dios que se revela en los actos de justicia donde se libera al oprimido y al explotado, sólo se le «conoce» haciendo justicia y por eso rechaza los cultos religiosos, el sacrificio que exige es justicia para el hombre, amor al hombre. Por lo tanto, el hecho de la desvirtuación actual de la palabra pecado crea un serio problema de comunicación a estos teólogos. Dice Miranda:

> *Pecadores es traducción equívoca, excepto si ya se supone que el único pecado es la injusticia;* cosa que los Setenta sí suponen, como buenos conocedores que son de la biblia, pero nuestras lenguas modernas no. Es notable que en un tiempo «obras de piedad» significara sin equívocos una conducta para con el prójimo, y hoy equivalga prácticamente a oraciones y ejercicios religiosos; el mismo proceso evasivo ha sufrido la palabra «piadoso». Toda la historia del cristianismo está ahí de por medio [10].

9. P. Miranda, *Marx y la biblia*, 288. Cf. todo el capítulo 4: *Ley y civilización*, 135-226 en Ediciones Sígueme. Igualmente Dussel es claro en el rechazo de la concepción metafísica del pecado: «El pecado originario se transmite por la constitución ontológica del ser en el proceso educativo. Cuando el chico nace en su primer día de vida extra-uterina no está en el reino pero tampoco está condenado. El hombre está en potencia, pero en su adolescencia ya está dentro del *reino del pecado* por la transmisión de la cultura en las instituciones de injusticia» (Dussel, *o.c.*).
10. *Ibid*, 125-26. Cf. todo el capítulo 4. Dice P. Miranda: «Ateos» tampoco sirve, aunque efectivamente lo son; la biblia no los describe por su relación vertical para con

Los teólogos en su búsqueda de la esencia de esa injusticia fundamental siempre se tornan a la estructura que la genera. Antes respondían con una ontología metafísica. Ahora con una ontología histórica de relaciones sociales. Los teólogos de la liberación, una vez se desprenden de la cosmovisión idealista y regresan a la historia, realizan una abstracción teórica de la injusticia concreta para hablar sobre el pecado.

Tres teólogos entre los examinados nos ofrecen tres maneras de expresarlo: el cubano Sergio Arce y los argentinos Enrique Dussel y Lucio Gera.

El teólogo cubano protestante Sergio Arce, quien hace una de las más radicales interpretaciones de la revolución como el método de Dios para crear, reconciliar y redimir, desarrolla el concepto de pecado como el intento de detener el proceso dialéctico del desarrollo del hombre y de la historia en una etapa a la cual los hombres le otorgan carácter de absoluto y final, de tal manera que de ahí en adelante impiden el cambio —ese proceso se asienta en las relaciones sociales de producción—. Dice Arce, que con el hombre bíblico se inaugura una historia con futuro abierto que destruye el fatalismo cíclico de la naturaleza deificada según es sostenido por los hombres del mediano oriente. La naturaleza es sólo cosa creada para el dominio del hombre. Esta historia abierta se ve amenazada constantemente por los intentos de estancamiento de las etapas de ese proceso histórico cuando algunos quieren proclamar las virtudes y valores relativos a intereses de clases, épocas y naciones como absolutos y finales, convirtiéndolos de esta manera en *ídolos*. Esto, dice Arce, es lo que la biblia llama *pecado* [11].

Para Arce, la revolución en la historia es la destrucción del *pecado,* de aquello que impide colocar a los hombres en su propia perspectiva histórica orientada hacia el proceso continuo de la historia, aquello que intente convertirse en sistema final para dividir los hombres y explotarlos, y es un reconstruir la libertad del proceso del desarrollo humano que camina hacia la perfección en Dios.

El sacrificio de la actividad revolucionaria de aquel que empeña o da su vida por destruir las estructuras socioeconómicas y políticas, que paralizan el proceso de desarrollo del hombre cuando se autoafirman como absolutas y eternas, ese sacrificio, «no es más que una actualización de la actividad re-

Dios sino por la horizontal para con el prójimo. También «impíos» es poco fiel, visto que en nuestras lenguas modernas desvía la atención hacia la dimensión religiosa; pero la historia de esa traducción por parte de la Vulgata merecería una monografía sobre el proceso degenerativo, que la palabra «piedad» ha atravesado, pues originalmente «impius» significaba despiadado, falto de compasión lo cual acierta sorprendentemente con la raíz de toda la conducta de los *resaim* tal como los describe la biblia.

11. S. Arce, *Hacia una teología de la liberación,* toda la primera parte.

conciliadora de Dios». Pero, ese proceso de liberación o «salvación del pecado» entendido como *liberación de,* conlleva una dimensión de *liberación para,* que Arce resume en la construcción del «hombre nuevo»: el hombre que resulta de la verdad y la justicia, pero ambos términos entendidos en sentido histórico y social, esto es, una verdad y una justicia que se construyen. En otras palabras, la destrucción de la «situación social de pecado» no destruye totalmente al pecado hasta que esa primera etapa sea acompañada con la segunda etapa: la construcción del «nuevo hombre». «Los individuos no se humanizan cambiando tan sólo las estructuras socioeconómicas. El cambio nos pone en el camino de una renovación humana» [12].

Enrique Dussel, el teólogo y filósofo argentino mencionado antes, usa el concepto «pecado» en sentido histórico y forma análoga a Arce cuando dice:

> ...pecado es un todo cuando se totaliza y se cree único y por lo tanto se cree divino y niega al otro y cree que ese orden es el reino de los cielos. El que diga: «Estoy en el reino de los cielos», en verdad está en pecado. El que sabe y cree que el reino *está* pero *viene,* es el único que tiene *disponibilidad, apertura* y puede recibir a Jesús en la parusía [13].

Dussel arranca de la relación fundamental entre países dominantes y países dependientes para expresar el hecho que esa situación internacional que afirma la existencia humana a partir de esa injusta relación de dominación, que determina la concepción de una *totalidad* (en realidad parcial) vista desde la perspectiva de los países imperialistas, constituye el *pecado* hoy [14]. La revelación de la *alteridad* de Dios en la presencia histórica del otro, del pobre, el dominado, el explotado que reclama su liberación del dominio de ese mundo parcial, convertido en totalidad, desata un proceso de liberación del pecado.

El otro teólogo argentino, Lucio Gera, conceptúa el pecado como la actitud que socaba las relaciones reales entre los hombres que hace que unos

12. *O.c.,* 12.
13. E. Dussel, *La antropología teologal,* en *Teología de liberación y ética,* 25.
14. Dussel fundamenta su elaboración teológica de los binomios totalidad-alteridad, dominación-subordinación, viejo orden-nuevo, etc. sobre el concepto de «centro y periferia» heredado por la teoría de la dependencia de las ciencias sociales desarrollistas. En esta etapa del pensamiento de Dussel, ese planteamiento de la esencia de la realidad injusta o pecaminosa, visto como relación antagónica entre *naciones,* cuando se plantea como la contradicción fundamental en la historia humana de la lucha por la construcción de un reino de paz y justicia, obscurece el conflicto de intereses de *clase* que subyace al conflicto de naciones y da pie a divergencias teóricas, rechazadas por otros grupos de la teología de la liberación.

impidan a otros la libertad para llegar a ser. Liberarse del pecado equivale a dar la libertad al prójimo oprimido y explotado. Pecado viene a ser la actitud fundamental de injusticia según se encarna en la persona como resultado de la condición real de vida injusta estructurada en la sociedad.

En sus tres densas conferencias publicadas bajo el título *Teología de la liberación,* el padre Gera explica cómo es posible que del concepto religioso cristiano de «liberación del pecado», derive una pastoral de compromiso en la «liberación socio-política». Pero esa liberación, al igual que esa injusticia esencial que llama pecado, la define en sentido histórico. Define liberarse del pecado en los siguientes términos:

> Por consiguiente lo contrario: «liberarse del pecado» consiste en dejar de impedir al otro, dejarlo libre. *Liberarse del pecado es liberar al otro,* es dejarlo ser. De modo que no es una cosa distinta que yo me libere de mi pecado y que yo deje libre al otro (contra la privatización del pecado y la salvación). Es lo mismo, yo me libero de mí, de mi acto destructivo, cuando dejo de destruir a otro, precisamente cuando lo dejo ser, cuando no lo impido. Y esto ocurre de múltiples maneras [15].

El señalamiento de las formas en que se impide al prójimo es lo que le da el contenido concreto al concepto de pecado. Gera señala dos: la relación económica y la relación política. Dice:

> En primer término yo impido al otro, en la forma en que un hombre instaura la relación económica, la relación de «tener»... Puedo en esa relación destruirme a mí mismo, o bien destruyo al hombre y al hombre que está en mí, destruyo al hombre que está en los otros, cuando les impido tener casa, alimento, vestido, esto es, lo humanamente necesario... Una sociedad justa no es aquella en la que hay sólo una equitativa distribución de los bienes, sino que una sociedad justa es sobre todo aquella en la que existe participación en el poder de decisión sobre la convivencia política, sobre el modo de organizar la comunidad política, sobre el destino a darse a esa comunidad política [16].

Según Gera, el origen de esta actitud no se encuentra en la existencia extrahistórica de un error originario o una fuerza del mal, sino en la historia misma, en las diferencias creadas por las condiciones objetivas de la reproducción social de la vida. Dice:

> No obstante hay bien y hay mal. Pero no sustantivos, originarios, sino derivados consecuentes a las realidades creadas por Dios, todas ellas buenas. Hay bien y

15. L. Gera, *Teología de la liberación,* manuscrito mimeografiado de sus tres conferencias, Pasos, n. 42, 43, 11. A pesar de ser éste uno de tantos teólogos latinoamericanos en proceso de transición, cuya ubicación teológica es discutida, insisto en incluirlo porque forma parte de este proceso de formación de todo ese ambiente teórico al que contribuyen inclusive, teólogos que no son de «la liberación».

16. *Ibid.*

hay mal porque hay historias humanas. Y hay historias humanas porque hay libertad. Pero ni la libertad es un mal ni la historia. Cuando Dios crea, crea las cosas, el tiempo y el hombre, *sujeto de la historia,* inserto en medio de esas cosas y el tiempo... La raíz de la historia está en el hombre, en sus grupos... La historia es el tiempo en que el hombre, los pueblos y naciones se deciden, «toman decisiones» sobre sí mismos... tomando decisiones ejercen su libertad... Aparecen el bien y el mal como acciones, como comportamientos de la libertad. Bien y mal brotan del hombre [17].

Estas decisiones históricas en base a intereses, en condiciones que permiten el dominio de los demás es el origen del mal que ahora se institucionaliza en la ley y la civilización.

Es lo que Porfirio Miranda llama «el pecado condensado en la historia y en la civilización, cuyo eje es la ley». La ley y el estado no son nada más que expresión de esas decisiones injustas, pecaminosas. Son corporificaciones ideológicas, expresiones de intereses de clase. Por eso dice Miranda que «si no se identifica el pecado con la civilización específica por la ley, la realidad supraindividual que Pablo llama pecado resulta un mito en toda forma». De aquí la insistencia paulina en que la salvación conlleva el «liberarse de la ley». Concluye Miranda:

Ahora nos hemos liberado de la ley muriendo para aquello que nos tenía aprisionados (Rom 7, 6), y eso es lo mismo que «morir para el pecado» (Rom 6, 2), pues «el pecado ya no reinará en vosotros, *porque ya no estáis bajo la ley* sino bajo la gracia» (Rom 6, 14), la razón por la que nos liberamos del reinado del pecado es que nos liberamos del dominio de la ley. Sólo rompiendo con la civilización de la ley y con su fementida justicia, podemos hacer que empiece en el mundo el *eón* definitivo de la justicia. Eso es sumarnos al hecho histórico llamado Jesucristo [18].

Esto, desde luego, no se refiere a un vacío extraterreno, sino precisamente a una condición de igualdad donde no sea posible la continua corporificación del mal, sino su extinción eventual y la realización de la justicia.

17. *O.c.,* 5-6. Gutiérrez, que concuerda con la idea del origen histórico y social del pecado, recuerda las palabras de Marx cuando escribe en *El capital:* «esta acumulación primitiva juega en la economía política, más o menos el mismo papel que el pecado original en la teología» (Gutiérrez, *Teología de la liberación,* 226). Dussel establece también la relación entre «acumulación» y pecado: «...el texto del autor citado, que es un economista, se transforma de pronto en un texto teológico y lo que dice es exactamente ortodoxo: "La acumulación originaria viene a desempeñar en economía política el mismo papel que desempeña en teología el pecado originario". Esto significa que si acumula un capital, es que simplemente un capitalista le robó a los indios o africanos; pero la cuestión es más grave aún. Es que el *centro* al robar a los indios y matar a los negros produce dicha acumulación. La muerte de alguien, injusticia originaria, es el origen de la acumulación» (Dussel, *o.c.,* 24).
18. Miranda, *o.c.,* 225-26.

Luis del Valle, el teólogo mexicano del seminario conciliar reinterpreta el significado del concepto «pecado» y lo concretiza aún más al incorporar el nuevo lenguaje al lenguaje teológico tradicional. Permítome citar ampliamente:

> La lucha no es contra el hombre sino contra las fuerzas del mal que están sobre él y dominan el mundo causando las tinieblas en contra de Jesucristo, luz del mundo. Son las potestades... que se han apoderado del mundo en general y en particular, de los hombres, de los elementos, de las instituciones sociales y políticas, de las relaciones y situaciones históricas. Frutos de tales poderes y al mismo tiempo, sus armas son la muerte el pecado y la mentira... Hoy, en nuestros días encontramos que son instituciones, ideologías sistemas económicos y político-sociales los que se han apoderado de los hombres, de las instituciones, de las situaciones históricas y de las corrientes del espíritu y religiosas. Y en nuestro mundo concreto de América latina, todo eso tiene un nombre concreto: la explotación del hombre a través de los modos de producción y distribución de los bienes; el capitalismo internacional de los monopolios y de las empresas multinacionales que, de hecho, dominan sobre los gobiernos e imponen sus condiciones a todas las relaciones humanas, contando con que el hombre es egoísta y poniendo los medios para que así permanezca: premios y castigos; la competencia, forma disfrazada del desprecio a los demás para que suba yo; el miedo; la amenaza; y, si es necesario hasta la fuerza bruta, hasta el tormento y la muerte [19].

3. La concepción histórica de la salvación: liberación

En vista de esa concepción historizada del pecado podemos advertir cómo se comienza a generalizar en los círculos teológicos la concepción de la salvación en términos de un proceso histórico de *liberación*. Liberación de la dependencia generada por el capitalismo imperialista y por la explotación de clases; liberación como proceso de toda la humanidad hacia la creación del hombre nuevo; y liberación final del pecado [20].

Hugo Assmann, el teólogo brasileño, refiriéndose al nuevo concepto de salvación, dice en uno de los primeros libros de la teología de la liberación:

> El concepto de salvación se historiza al punto de imponerse, como acento de una dimensión histórica actual de salvación —no la exclusiva, es claro— la pregunta: «¿salvados aquí o en el más allá?». Horizontalismo *versus* verticalismo, y todas las variantes de este binomio resultan inexpresivas en el contexto de ese nuevo

---

19. L. del Valle, *Identidad del cristiano revolucionario:* Contacto 48-49.
20. Cf. el origen político del término liberación en el capítulo 4 y el origen bíblico en el capítulo 5.

enfoque. Los antiguos dualismos natural-sobrenatural, naturaleza-gracia, dejan de expresar oposiciones. Lo mismo vale de la clásica doctrina protestante de los «dos reinos» y las «dos órdenes», de anclaje tan estrechamente resistente [21].

La historización del proceso de salvación se clarifica y toma fuerza cuando se plantea como «liberación». El pecado, como actitud fundamental de injusticia, que resulta de las relaciones humanas concretas que se dan en la historia, se convierte en raíz de la injusticia a nivel de la conciencia (o inconciencia) humana; esto se llama pecado, que da lugar a toda clase de explotación. La salvación, entonces, tiene que darse como proceso de liberación de la condición histórica que crea el pecado y lo convierte en raíz de toda injusticia. Por esto dice Gutiérrez: «El pecado exige una liberación radical, pero ésta incluye necesariamente una liberación política. Sólo participando en el proceso histórico de liberación, será posible mostrar la alienación fundamental presente en toda alienación parcial» [22].

21. H. Assmann, *Opresión-liberación, desafío a los cristianos*, 74. Es interesante que latinoamericanos en la jerarquía romana, como Jesús García, responsable para América latina de la comisión vaticana de Justicia y Paz, se inscriben en la misma línea. En su artículo *Del desarrollo a la liberación*, pone en claro que a la visión dualista de dos historias se contrapone la evidencia de una realidad única, de una sociedad global única y la convicción de una sola y única historia. Esa historia, dice, es la historia de la salvación que se inicia en «el compromiso con el actual proceso histórico que vive el creyente, cuya característica principal es la de dominación y opresión del pueblo, que exige una clara y definitiva liberación y la participación activa del creyente en los procesos revolucionarios que conducen a ella» (*Del desarrollo a la liberación*, 1).

22. Gutiérrez, *Teología de la liberación. Perspectivas*, 226. Véase aquí la relación que se establece entre estas tres dimensiones de la liberación.
1. «Liberación expresa, en primer lugar, las aspiraciones de los pueblos, clases y sectores sociales oprimidos, y subraya el aspecto conflictual del proceso económico, social y político que los opone a los pueblos opulentos y grupos poderosos. Frente a esto, el término desarrollo y, sobre todo, la política llamada desarrollista, parecen algo asépticos y, por consiguiente, falseando una realidad trágica y conflictual. La cuestión del desarrollo encuentra, en efecto, su verdadero lugar en la perspectiva, más global, más honda y más radical, de la liberación; sólo en ese marco, el desarrollo adquiere su verdadero sentido y halla posibilidades de plasmación».
2. «Más en profundidad, concebir la historia como un proceso de liberación del hombre, en el que éste va asumiendo conscientemente su propio destino, coloca en un contexto dinámico y ensancha el horizonte de los cambios sociales que se desean. La conquista paulatina de una libertad real y creadora, lleva a una revolución cultural permanente, a la construcción de un hombre nuevo, hacia una sociedad cualitativamente diferente. Esta visión permite, pues, una mejor comprensión de lo que está, en verdad, en juego en nuestra época».
3. «Finalmente, el término desarrollo obnubila un poco la problemática teológica que se halla presente en el proceso así designado. Por el contrario, hablar de liberación nos conduce más fácilmente a las fuentes bíblicas que inspiran la presencia y el actuar del hombre en la historia. Cristo salvador libera al hombre del pecado, raíz última de toda ruptura de amistad, de toda injusticia y opresión, y lo hace auténticamente libre, es decir, vivir en comunión con El, fundamento de toda fraternidad humana» (Gutiérrez, *Teología de la liberación. Perspectivas*, 58, 59).

De aquí que la proclamación de Jesús sea una proclamación política también y que la lucha por la liberación socioeconómica y política sea a su vez la lucha por la «liberación del pecado» aunque no sean liberaciones idénticas.

Gutiérrez define la liberación-salvación como un triple proceso: liberación política, liberación del hombre a lo largo de la historia y liberación del pecado. Los tres «forman parte de un proceso único y global, pero se sitúan en profundidades diferentes».

Sin erradicar las condiciones objetivas que dan lugar a esa actitud fundamental, no hay liberación del pecado. Pero con el mero cambio de la infraestructura económica y política no ocurre la liberación del pecado. Esta liberación del pecado se concibe más bien como un proceso que está en función de la creación del «hombre nuevo». El hombre nuevo, que es el hombre del futuro, tema que discutiremos en la ética, es el hombre «redimido del pecado», «que vive una nueva vida en Cristo». Todo ese esfuerzo de liberación constituye un esfuerzo único en el que esas tres dimensiones diferentes se unen inseparablemente cuando se entiende la salvación como un proceso que se da en la historia.

El misionero italiano en México, Alex Morelli, expresándose en esta manera latinoamericana de hacer teología, lo proclama de esta manera en *Libera mi pueblo*: «*el desarrollo integral abierto sobre la liberación del hombre es la salvación... la lucha por la liberación es santa*».

Desde 1970 se generaliza ese uso en la teología de la liberación en América latina[23]. En cuanto al contenido concreto del concepto de liberación, ya lo veremos más adelante en el próximo capítulo.

---

23. En adición a los textos señalados anteriormente, véase la manera de expresar la salvación en términos de liberación en R. Avila, *Elementos para una evangelización liberadora*; Calderón Alvarez, *Pastoral y liberación humana*; R. Avila, *La liberación*; R. Alves, *El pueblo de Dios y la liberación del hombre*, en Fichas de ISAL; Lozano Barragán, *Hacia una teología mexicana*: Servir; J. Bulnes, *El pensamiento cristiano, ¿sirve para la liberación social?*: Pastoral Popular; Maroel Castel, *Liberación del hombre y misterio pascual*: Perspectivas de diálogo; J. Comblin, *El tema de la liberación en el pensamiento cristiano latinoamericano*: Perspectivas de Diálogo; R. Dri, *Alienación y liberación*: Cristianismo y Revolución; G. Gutiérrez, *Liberación, opción de la iglesia en la década del 70*; J. García, *La liberación como respuesta del tercer mundo*: Servir; E. Laje, *La iglesia y el proceso latinoamericano de liberación*: Stromata; K. Lenkerdorf, *Iglesia y liberación del pueblo*: Cristianismo y sociedad; A. Morelli, *Por una iglesia liberada y liberadora*: Christus; J. Ochagavia, *Liberación de Cristo y cambio de estructuras*: Mensaje; A. Paoli, *Diálogo de la liberación*; varios, *Liberation: A Recurring Prophetic Cry in the Americas*; A. Zenteno, *Liberación social y Cristo*. Cf. los textos citados anteriormente y los diferentes simposios sobre el tema. A los simposios añádase el de Montevideo, manifestado en su documento *Contribución de las iglesias al proceso de liberación: documento de una consulta en Montevideo*: Cristianismo y sociedad.

4. La idea cristiana de la historia
   en la teología de la liberación

En torno a esa afirmación central de la historización de la salvación, como proceso de liberación que ocurre en la única histórica que existe, se va articulando una nueva concepción teológica de la historia —que en cierto sentido es más bien una recuperación de la concepción bíblica de la historia— que podemos resumir en tres tesis.

La primera tesis, que se desprende ya de esa afirmación central, es aquella que afirma que el hombre hace su historia. El hombre es el sujeto de la historia. El hombre en comunidad, como fuerza social. Esta concepción de la historia pone en manos del hombre la responsabilidad del dominio de su destino en condiciones dadas. La historia es el proceso mediante el cual el hombre va reapropiándose de su destino. Lucio Gera, teólogo argentino, experto en el uso del viejo lenguaje teológico para hablar de lo nuevo, dice:

> Cuando Dios crea, crea las cosas, el tiempo y el hombre, sujeto de la historia, inserto en medio de esas cosas y en el tiempo. Así crea la historia. La historia es buena. El sujeto de esa historia no es el hombre en «general», no son tampoco simplemente los individuos, ni la suma de individuos. El típico sujeto de la historia son comunidades de hombres... más todavía que el matrimonio, el típico sujeto de la historia son los pueblos, las comunidades políticas. Es bueno que haya pueblos y comunidades políticas; por eso el poder político es un bien y no un mal [24].

El dominico Alex Morelli, del secretariado social mexicano, muy centrado en la tradición mexicana de la teología de la liberación, dice en su libro *Libera a mi pueblo*, luego de su análisis de las cartas de san Pablo a los gálatas:

> La historia se libera de ese determinismo sagrado y queda el hombre libre para realizar su historia... todo es profano en nuestro mundo pues habiendo todo sido creado por Dios... no se reserva ningún dominio sobre el mundo. Es el hombre quien debe dominarlo y conquistarlo por su inteligencia creadora [25].

De aquí que, según Morelli, si la vocación del hombre es ser «señor de la creación», está llamado al «compromiso de la liberación», está llamado a liberarse de todo lo que le impida a él y a su prójimo la «autoposesión» de sí mismo. Este camino de liberación progresiva, Morelli lo llama el camino

24. L. Gera, *Teología de la liberación*: Pasos, doc. 43, 5.
25. Morelli, *o.c.*, 54. Cf. sus otros trabajos, *Características de la teología latinoamericana actual; El hombre liberado del pecado y de la opresión; Por una iglesia liberada y liberadora.*

hacia «la gloria», y lo identifica con «el futuro» en lugar de identificarlo con «el cielo» o con un «paraíso» perdido.

La segunda tesis de estos teólogos sobre la historia afirma que ésta es libre en el sentido de que no está determinada por ciclos de la naturaleza o por designios divinos preexistentes a lo que va ocurriendo en ella misma. Es la historia de una creación incompleta, lanzada a un futuro abierto, que tiene que ser forjada por el hombre mediante la trabajosa transformación del presente en dirección a fines que éste destila de su propia dialéctica real. Benjamín Ferreira, el sacerdote mexicano, dice:

> La forma de la historia y del mundo futuro no ha sido predeterminada de antemano, ni por un destino ciego, ni por la naturaleza de las cosas, ni por la «predestinación divina». No existe una manipulación desde arriba y desde fuera del escenario. Los humanos no somos marionetas, títeres o «robots programados» que soportamos una creación impuesta y vivimos un drama archivado en el misterio de Dios. Las Parcas de Júpiter no están presentes en la historia santa. No existe (plan divino» prefijado fuera del plan de la libertad, del amor, de la mutua *Solidaridad y responsabilidad* del Padre y de los Hijos, en la visión de la *Alianza* revelada. Ella supone y exige la total libertad, cooperación y responsabilidad del hombre. Porque la «Omnipotencia» divina significa que toda historia es posible. Que la historia ha sido puesta en la libre decisión del hombre[26].

Alves, dando razón a Nietzsche, en cuanto a que el obsoleto lenguaje teológico implica que hablar de Dios es eclipsar la historia humana, describe esta concepción cristiana de la historia de la siguiente manera:

> El mundo se desacraliza, sus valores congelados se derriten. Nada es definitivo. Los horizontes se vuelven permiso e invitación. El hombre es libre para experimentar. La verdad del mundo se ratifica; el hombre es libre para convertirlo en su casa. Se libera del peso pasado y se hace libre para el futuro. Es libre para volver a crear el mundo con su esperanza, su amor y su libertad. El mundo, el cuerpo, los sentidos son dones maravillosos, constituyen ocasión para la alegría y la celebración[27].

Este elemento de libertad es esencial a una historia que se entiende como lucha por la salvación. Constituye el otro lado de la medalla. Para salvar hay que liberar. En otras palabras, la historia es la lucha por la liberación del hombre de todo aquello que le impide la creación de ese reino de justicia, paz y amor. A esta lucha por la salvación es esencial la certidumbre radical de

---

26. B. Ferreira, *La eucaristía, signo de liberación*, 18. Cf. su libro *Esperanza, historia y porvenir*.

27. R. Alves, *Religión, opio o instrumento de liberación*, p. 49; cf. también 114 y 118; cf. afirmaciones similares en G. Gutiérrez, *Teología de la liberación. Perspectivas*, 261; y en L. Gera, *Teología de la liberación*, 7 del doc. 43 de Pasos.

la posibilidad de liberación que a partir del acontecimiento sociopolítico de la liberación del pueblo hebreo en Egipto, este pueblo entiende como futuro totalizador para todos los hombres. Pero ese sentido, extraído dialécticamente de la propia historia del hombre, hay que ir impartiéndoselo a la historia subsiguiente mediante la lucha por su realización en un proceso liberador. Ese sentido no le viene al hombre de promesas reveladas en forma idealista, como ya vimos en la crítica latinoamericana a los europeos, no es independiente del proceso histórico de éste, sino que procede de la esperanza que se desprende de los acontecimientos liberadores y se le imparte a la historia por el hombre que lucha por la liberación en la dialéctica de su situación concreta. En una de las indicaciones que hace Assmann sobre la diferencia entre la teología latinoamericana y la euronorteamericana, dice:

> En el plano teológico, esta modalidad latinoamericana representa sin duda alguna un abandono de las modalidades más usuales de hacer teología propias del mundo rico. La centralidad de la praxis en la reflexión *exige una concepción de la historia humana como desafío de posibilidades reales para el hombre. Sólo tiene sentido reflexionar sobre la praxis de liberación cuando se cree en la posibilidad efectiva de esa liberación...* Hay que usar de una vez por todas esta afirmación chocante: muchas cosas indican que, en el fondo, ahí está nuestra mayor divergencia de las teologías del mundo rico [28].

El teólogo argentino Lucio Gera fundamenta claramente la posibilidad de la historia en la posibilidad de la libertad:

> *La raíz de la historia está en la libertad de ese hombre y esos grupos.* Esta libertad es buena y por eso, en su raíz es buena la historia que se origina en esa libertad. La historia es el tiempo en que el hombre, los pueblos y naciones, se deciden «tomar decisiones» sobre sí mismos... tomando decisiones ejercen su libertad. La historia es el campo de la libertad donde el hombre puede ejercer sus decisiones; donde los pueblos pueden ejercitarse como hombres, aprender a ser hombres, tornarse creativos, ser hombres desde sí mismos, como conquistas. Dios crea un hombre que puede hacerse hombre para que se haga hombre ejercitándose en su libertad [29].

Dice Alves con respecto al asunto: «El hecho de que las comunidades bíblicas fueran creadas y determinadas por acontecimientos históricos liberadores, las llevó a poseer una única comprensión de la historia como historia de la libertad» [30].

---

28. Assmann, *Pueblo oprimido, señor de la tierra*, 13.
29. Gera, *o.c.*
30. R. Alves, *Religión: opio o instrumento de liberación*, 142.

La tercera tesis de esta concepción de la historia afirma que la historia se desarrolla dialécticamente. La historia humana, dice Gutiérrez, «no es en definitiva, sino el cumplimiento paulatino, azaroso y sorprendente de la promesa» [31]. Se entiende por la promesa el anuncio del reino de Dios como reino de amor y paz basado en la justicia entre los hombres y que tiene posibilidad de ser realizado a través del proceso de liberación. Pero él, como todos los teólogos de esta línea, rechaza la concepción providencialista europea que desviste la historia de su propia dialecticidad. Esto lo vimos en la crítica a la teología europea cuando Assmann menciona que «Moltmann confiere a las promesas de Dios la función de polo articulador de la lucha por la liberación... no son promesas descubiertas en la lucha». Assmann añade que cuando se opta por este esquema de Moltmann, «se destruye la dialéctica real de esta difícil senda liberadora, porque el acento exagerado en las promesas vacía la conflictividad del presente» [32].

Guillermo Irata, el biblicista mexicano, señala, como todos sus colegas de la teología de la liberación, el sentido dialéctico de esta concepción de la historia cuando dice:

> Sin duda el proceso es dialéctico: el reino no puede establecerse sino en oposición a las condiciones vigentes en la sociedad; su fin es precisamente cambiarlas, moderarlas según otros criterios de jerarquización. La discontinuidad es fruto de esta lucha, contenido de la historia, que sólo y exclusivamente puede darse en la generalización de la justicia[33].

Es decir, el establecimiento de un reino de fraternidad humana en la historia sólo se puede lograr mediante la dialéctica de la liberación: la lucha por la liberación de los oprimidos de mano de aquellos que mantienen la estructura opresora, injusta y deshumanizante, tanto al nivel socioeconómico y político como al nivel espiritual. Entonces, la historia es lucha por la liberación, esto es, lucha de intereses de clases entre opresores y oprimidos. Luis Rivera Pagán, el teólogo puertorriqueño, lo sintetiza en una frase: «La historia no es un desarrollo lineal, evolutivo. Su secreto es el conflicto constante

31. Gutiérrez, *Teología de la liberación*, 201.
32. Assmann, *Opresión-liberación: desafío a los cristianos*, 120.
33. Hirata, *Ricos y pobres, estudio exegético sobre el evangelio de Lucas*, 46-47.
Cf. también los siguientes trabajos: R. Alves, *Religión: ¿opio o instrumento de liberación?*, 90-93; H. Villela, *Los cristianos en la revolución: posibilidades de una práctica revolucionaria*, 17; C. Moncada, *La teología como dialéctica*, en *Liberación en América latina*; G. Giménez y otros, *Elementos para una ética de liberación social* y en *Condicionantes estructurales del proceso de liberación social*; P.R. Guzmán, *Negación de lo cristiano como afirmación de la fe*; N. Olaya, *Unidad cristiana y lucha de clases*.

entre las diversas clases sociales que se disputan el control de los medios de producción como medio para el dominio de la historia» [34].

Gustavo Gutiérrez, considerando el problema de la unidad de la iglesia en esa historia por la realización del reino de Dios, que se da en el conflicto dialéctico entre opresores y oprimidos, dice:

> Participar en la lucha de clases no solamente no se opone al amor universal, sino que ese compromiso es hoy la mediación necesaria e insoslayable de su concreción: el tránsito hacia una sociedad sin clases, sin propietarios, sin desposeídos, sin opresores, y oprimidos. Para un pensamiento dialéctico la reconciliación es superación de un conflicto. La comunión de la alegría pascual pasa por el enfrentamiento y la cruz... La iglesia misma se irá haciendo una en este proceso histórico y en este compromiso por la liberación de los marginados y expoliados. Se irá forjando así no la unidad de los que se limitan a decir «Señor, señor», sino de aquellos que hacen la voluntad del Padre. Reconocer el hecho de la lucha de clases y participar activamente en ella, no será entonces para la comunidad eclesial negar el mensaje de la unidad de que es portadora, sino precisamente descubrir la senda que le permitirá liberarse de aquello que le impide al presente ser claro y veraz signo de la fraternidad humana [35].

Como veremos más adelante, la historia para estos autores surge de las contradicciones que se dan en el presente. Es la lucha por establecer un reino de fraternidad en que la explotación del hombre por el hombre deje de existir. Es la lucha por la salvación de los oprimidos. La historia es la lucha de los oprimidos contra la violencia de los opresores y se da en formaciones sociales dadas, donde esa lucha toma la forma concreta de las contradicciones sociales de esa formación. La historia no está dirigida desde el futuro por una realización ideal ya existente en algún nivel de la realidad o por una utopía independiente del presente o independiente de las condiciones estructurales económicas y sociopolíticas a que está sometido el presente, aunque los fines utópicos proyectados racionalmente desde la experiencia histórica hacia el futuro sean indispensables a esa lucha. Sólo creando nuevas condiciones materiales a partir de la materia prima que ofrecen las condiciones existentes se pueden realizar los fines históricos que el hombre se propone, fines con los cuales Dios lo ha confrontado en su historia de explotación. En este caso, se trata de la finalidad de un orden de paz y de amor

34. L. Rivera Pagán, *Aportes del marxismo*, en *Pueblo oprimido, señor de la historia*, 51.
35. G. Gutiérrez, *Teología de la liberación. Perspectivas*, 343, 348. Cf. sobre el mismo asunto a R. Muñoz, *Lucha de clases y evangelio*: Pasos; Míguez Bonino, *Unidad cristiana y reconciliación social: coincidencia y tensión*, en *Panorama de la teología latinoamericana*; G. Arroyo, *Rebeldía cristiana y compromiso cristiano*: Mensaje; F. Urrea, *Amor, violencia, liberación*.

fundamentado en la justicia donde el hombre asume definitivamente el dominio sobre su destino. Se destruyen las condiciones sociales que hacen posibles la explotación y la enajenación y se hace posible la «liberación del pecado» y la creación del «hombre nuevo». Esa finalidad que da sentido a la historia como una historia de lucha por la liberación, debe ser realizada mediante una opción política concreta y efectiva al nivel estratégico-táctico.

Esa acción política —según la teoría adoptada— dependerá de la dialéctica de la contradicción entre los oprimidos y opresores, que sólo puede ser superada por la acumulación de fuerzas en uno de los polos (según el desarrollo mismo de las fuerzas productivas lo haga posible) y según la eficiencia política de ese polo aproveche la coyuntura política para la realización de sus fines. La concepción científica que postula la historia como sucesión de modos de producción, dinamizadas por las contradicciones inherentes al desarrollo de cada modo, demuestra que en este momento particular de la historia latinoamericana, la contradicción histórica se encuentra en el conflicto entre los terratenientes, la burguesía dependiente y la extranjera que ostentan la propiedad de los modos de producción, por un lado, y los campesinos, obreros y marginados, por el otro. Esta es la contradicción fundamental que en este momento mueve la historia de América latina en su camino hacia la liberación del hombre, aunque tome diversas expresiones en cada formación social. Esa contradicción objetiva esclarecida hoy por la ciencia, se refleja en la fe misma, y desde ella responde el militante cristiano.

La historia para estos autores, como decíamos, sólo tiene sentido cuando es la historia de los hombres en condiciones concretas, de otra manera sería una historia desarraigada y etérea. El entendimiento del presente no garantiza mecánicamente la liberación ni la justicia. La historia no tiene sentido en sí misma, es la acción del hombre en condiciones concretas lo que le imparte el sentido.

El triunfo será resultado de la organización y la lucha política de los hombres. Esa responsabilización por la historia la señala el mexicano Benjamín Ferreira cuando dice:

A este respecto es sumamente interesante el primer diálogo de Dios con el hombre. Dios dijo a Adán: «ponle el nombre a las cosas», «domina la tierra, poséela...». Es decir: *Tú decides el sentido del mundo y de la historia, son totalmente tuyos.* Toda historia es libre y es posible. En primer lugar una historia contra Dios mismo, dada la libertad real del hombre. Sus posibilidades de crear y de ejercer su libertad pueden, a su tiempo, construir cualquier mundo posible. Eso significa que el hombre puede de hecho crear una historia sin Dios o contra Dios [36].

36. B. Ferreira, *La eucaristía como signo de liberación*, 8.

La construcción de un reino de libertad, justicia y paz, tiene que ser fundamentado en las condiciones objetivas de la estructura socioeconómica, pero tiene que ser el resultado de un proceso político, lo cual puede decirse: resultado de la acción política del hombre.

Por el hecho de que el hombre hace la historia en situaciones concretas y que la historia se hace políticamente en la dialéctica del poder de las fuerzas sociales, es que la concepción bíblica de la historia, la concientización de los cristianos, su incorporación a la organización política revolucionaria, su conciencia de la posibilidad de la liberación y el compromiso de fe con la lucha por la liberación en ese proceso de salvación que se da en la única historia que existe, cobra una importancia sobresaliente en la lucha ideológica en América latina.

5. Historia y escatología

Antes de analizar las consecuencias teóricas y prácticas que la recuperación de la historia habrá de causar a la tarea de la reflexión teológica, examinemos la reformulación que sufre la *escatología cristiana* ya que, por ser ésta una reflexión sobre «el final de los tiempos», está íntimamente ligada a la concepción cristiana de la historia.

El reino de Dios es el concepto teológico que recoge la concepción bíblica de la historia presente y del futuro de esa historia. En esta nueva teología se ve claro que el reino de Dios tiene una dimensión *histórica* y una dimensión *escatológica* o «utópica», como prefieren llamarla algunos de estos teólogos. La nueva hermenéutica nos muestra, como consecuencia del redescubrimiento de la pluralidad de escatologías en la biblia, que es difícil escoger alguna de las muchas imágenes bíblicas sobre la culminación de la historia para autorizarla a representar objetivamente la dimensión escatológica de ese reino. Todas son representaciones poéticas e ideológicas de las condiciones históricas de Israel: la condenación de los que explotan a los campesinos y distorsionan la justicia; la restauración del imperio de David, la ciudad santa y el templo; abundancia de cosecha para siempre; el retorno de los cautivos, la elevación de Sion a centro político del mundo, de donde fluirá la justicia y la transformación del desierto en jardín; la transformación de las armas en arados y abolición de la guerra; el advenimiento de un príncipe de la paz; eliminación de la corrupción de la justicia y del derecho; reivindicación del remanente fiel; la eliminación de la explotación de los trabajadores y de la mortalidad infantil; la creación de nuevos cielos y nueva tierra; el advenimiento de un mesías; la venida del Hijo del hombre con poder justiciero;

el juicio de las naciones; la restitución del derecho de los pobres sobre la tierra; la resurrección de los muertos, etc. Sólo queda el hecho de que todas señalan a la dimensión histórica del reino de Dios y a la culminación de la historia en una etapa cualitativamente diferente a la anterior etapa de luchas y contradicciones dolorosas y que los teólogos han llamado la dimensión escatológica.

De aquí que, lo que sí se puede hacer con corrección metodológica, afirman estos teólogos, es buscar el significado de éstas para nuestro propio tiempo, ya que éste es a continuación del tiempo bíblico, y traducir su mensaje hermenéuticamente a la situación de América latina. Asimismo, se puede descifrar, en base al estudio de la realidad concreta, la teoría y el instrumental político existente hoy, el significado del mensaje de liberación y justicia del reino de Dios para nosotros.

6. Historia y reino de Dios:
la dimensión histórica del reino

Veamos primero la concepción de esa dimensión histórica del reino según la sostienen estos teólogos de la liberación en base a esa resignificación hermenéutica mencionada.

Para estos teólogos la construcción del reino se desenvuelve en la lucha entre justos e injustos que se da ya en la historia. Hirata, por ejemplo, concluye en sus estudios sobre el reino, que éste promueve una contradicción frente a la situación social que provoca una lucha activa inevitable en cada situación dada:

La contradicción fundamental del reino no se manifiesta en términos de interioridad y exterioridad, individuo y sociedad, conversión interior y transformación de las estructuras sociales en que se desliza la existencia humana, sino en relación con la situación social dada porque el reino se presenta como un deber-ser, como el proyecto histórico de Dios. *La intervención de éste en la historia humana toma así la forma de una lucha, tanto más dura, cuanto la sociedad sus modos estables de relación interhumana, son más refractarios al plan divino del cambio.* Esta contradicción, oposición irreductible que no se puede terminar sino con la derrota de una de las partes, introduce el proceso en la historia. En efecto, toda lucha es temporal, compuesta de momentos diferentes, que van modificando de hecho la situación. El tiempo del reino es justamente el desarrollo de esta lucha, que culminará en el triunfo del reino [37].

37. Hirata, *Ricos y pobres*, 46.

Se actualiza su significado para el día de hoy cuando se entiende «la palabra de Dios» como «mensaje» re-significado hermenéuticamente para los nuevos acontecimientos históricos, en los cuales Dios se «revela» clamando por justicia entre los explotados de América latina, para quienes reclama la realización del reino prometido. El reino es visto como un símbolo que abarca la historia y el horizonte permanente que cada época proyecta. Cada época histórica tiene que actualizarlo para obtener la liberación y justicia de la humanidad según su nivel de desarrollo.

Por esto, Jorge Pixley concluye que el reino de Dios es un «símbolo político», siempre relativo a la situación concreta en que se vive:

> La predicación del reino de Dios es, pues, en América latina hoy, la promesa de Dios de que esta sociedad injusta será juzgada y una invitación a solidaridad con él en la construcción de una sociedad justa. Contrario a los apocalipticistas (y a Jesús), no podemos simplemente esperar la llegada del reino, sino hemos de analizar la realidad presente para descubrir el camino hacia el reino. No es la predicación del reino la promesa de una panacea, sino la invitación a una lucha sacrificada y solidaria. Las injusticias de la sociedad capitalista de hoy pueden removerse y superarse, con la ayuda de Dios, pero no pretendemos ofrecer al pueblo la solución permanente de los trágicos dilemas de la historia. Nuestros hijos también, en circunstancias nuevas, tendrán que sacrificarse en la lucha por la libertad, la justicia, la hermandad y la paz. La realidad del Dios viviente nos garantiza que la lucha no será en vano, y también que nunca cesará [38].

El eje de esa nueva interpretación es el hecho que ahora el reino no se entiende exclusivamente como una estructura o acontecimiento escatológico que habrá de venir independientemente de la acción humana y de fuera de la historia, sino que se entiende como un proceso histórico en cuya construcción la acción humana es esencial, aunque su «plenitud» escatológica se mantenga como utopía-guía; esto es, no identificable con ninguna de las etapas de desarrollo del proceso histórico.

Siendo así, el peso histórico del reino de Dios, que viene a ser la realidad más inclusiva, saca de quicio el papel platonizante que tenía la escatología tradicional que podía darse el lujo de condenar la historia y la materia como realidad inferior. De ahora en adelante la *escatología*, que se entendía antes como doctrina sobre el final de los tiempos, guardará una relación necesaria con la historia.

La recuperación del sentido histórico del reino de Dios rescata el carácter necesario de la acción humana en la construcción de ese reino. Luis Ugalde, el teólogo colombiano, dice:

---

38. Jorge Pixley, *El reino de Dios: ¿buenas nuevas para los pobres de América latina?*, 40 (manuscrito).

Aunque la contraposición de la esperanza judía —más histórica y orientada al futuro— con la esperanza helenista —más presentista y dualista, con un Dios arriba— aclara algo, no creo que resuelva todo el problema porque bajo un enfoque futurista cabe la *esperanza pasiva* de un Dios que vendrá [39].

Ese cambio que afirma la acción ético-política del hombre de fe como esencial a la construcción del reino, se apoya en lo siguiente: En primer lugar, como ya se ha visto, el reino de Dios no es un símbolo de una realidad «celestial» o de ultratumba, sino una realidad histórica y social, por lo tanto, política, y en segundo lugar, el reino de Dios es un reino de justicia. Esto nos lleva a recordar esa cita del argentino Lucio Gera:

> Nuestra fe nos lleva a creer no en un Dios monástico, es decir aislado, sólo; sino en un Dios político, que convive entre los hombres, que anda metido en esto, en la convivencia humana, por lo tanto, en la historia humana. Cuando Cristo busca expresar que es Dios, la fórmula que usa es la de *«reino de Dios»*. Anuncia a Dios hablando del reino de Dios, llega el reino de Dios, viene el reino de Dios, viene Dios. *El concepto de reino es un concepto político;* Cristo manifiesta a Dios a través de una imagen política, que es la del reino, el reino como convivencia humana; no un territorio, sino un pueblo [40].

Dios libera y constituye un pueblo para hacer justicia; no acepta culto sin justicia y «conocerlo» es «hacer justicia». Para los teólogos latinoamericanos los términos «conocer» a Dios, «servir» a Dios, «realizar la misión de la iglesia», «luchar por el pobre, el explotado y el oprimido», y «construir el reino de Dios», son términos intercambiables.

Como consecuencia de esta comprensión histórica del reino de Dios y de entender el «conocimiento de Dios» en términos de «hacer justicia» al hombre, se rescata la importancia esencial de la participación activa del hombre en la construcción del reino. La esperanza cristiana se convierte en una esperanza activamente política y subversiva que debe ser realizada mediante el trabajo del hombre por la justicia a partir de las condiciones presentes. Recordemos a Gutiérrez cuando decía:

> En consecuencia, cuando se afirma que el hombre se realiza prolongando la obra de la creación por medio del trabajo, estamos diciendo que se sitúa por ese mismo hecho, en el interior de un proceso salvífico englobante. Trabajar, transformar este mundo es hacerse hombre y forjar la comunidad humana; es, también, salvar ya [41].

39. L. Ugalde, *La ambigüedad de la esperanza de los cristianos, la utopía y la transformación de la realidad latinoamericana*, en *Liberación en América latina*, 88.
40. L. Gera, *Teología de la liberación* (segunda conferencia).
41. G. Gutiérrez, *Teología de la liberación*, 200. Es lo que Ugalde también afirma en su artículo: «El trabajo humano, como mediador entre el hombre y la naturaleza,

Aquí el esfuerzo humano es esencial a la construcción del reino. No sólo esto, sino que las experiencias históricas de liberación (éxodo-Jesús) son la base para la proyección teológica de la dimensión escatológica del reino. De aquí que hay en esta teología una insistencia en el desarrollo *dialéctico* de la dimensión histórica del reino de Dios, que ocurre en medio de las condiciones conflictivas de la realidad social. La práctica social en el conflicto de la historia es la materia prima de la esperanza escatológica, según este grupo de teólogos. Se rechaza la naturaleza opresiva y pecaminosa de la realidad presente, pero no la realidad histórica misma, porque de aquí surgirá dialécticamente la dimensión histórica del reino de Dios.

Por esto, esa importante advertencia de Assmann, cuando dice:

> La realidad nueva que debe ser conquistada con dura lucha es anticipada en promesas presentadas como reales —y ésta es la tentación constante del verbalismo cristiano— se destruye la dialéctica real de la difícil senda liberadora, porque el acento exagerado en las promesas vacía la conflictividad del presente... La lucha del presente como negación de las resistencias a la mudanza, por la acción opuesta al *status quo*, ya no aparece más como *el lugar originario y originante de la esperanza,* que surge sólo en la medida en que esta lucha de confrontación es tomada en serio [42].

Recordemos aquella conclusión de Hirata, el biblicista mexicano, cuando concluye en su estudio sobre el reino:

> Sin duda el proceso es dialéctico: *el reino no puede establecerse sino en oposición a las condiciones vigentes en la sociedad; su fin es precisamente cambiarlas, moderarlas, según otros criterios de jerarquización.* La discontinuidad es fruto de esta lucha, contenido de la historia, hasta que las contradicciones sean superadas en la armonía que sólo y exclusivamente puede darse en la generalización de la justicia [43].

Si se postula una concepción dialéctica del desarrollo del reino de Dios en la tierra, entonces hay que afirmar la importancia del presente para ese futuro que se habrá de construir. Luis Ugalde lo expresa en forma explosiva cuando dice.

---

y la comunicación interpersonal, como mediadora entre la persona y la sociedad, son los dos elementos de la responsabilidad y de la conciencia. Ellos tienden el puente entre la nada y la plenitud del hombre. Los cristianos vivimos esta realidad como todos los hombres. La revelación no invalida esta situación. Pero sabemos que la búsqueda histórica de la plenitud humana implica una relación dialógica con Dios, una reconciliación libre y consciente del hombre con el fondo del ser».

42. H. Assmann, *Opresión-liberación: desafío a los cristianos,* 120.
43. Hirata, *Pobres y ricos,* 46-47.

Si hoy en América latina necesitamos audacia para afirmar que la utopía de la liberación no es un sueño, sino que es la verdad humana, necesitamos no menos valor para afirmar la realidad concreta, mediocre, sucia, para extraer de ella, con estudio y esfuerzo los materiales de construcción de una sociedad más humana, más abierta a la comunión humana y más abierta a la comunión con Dios. Esto no lo logramos cuando nos quedamos en el terreno angélico de la pura proclamación de principios. La verdad se realiza en lo discutible y equivocable [44].

Esto implica que el reino de Dios comienza por la modificación de las estructuras actuales mediante la acción política efectiva que el análisis científico determine apropiado, si es que quiere dársele un carácter histórico a esa esperanza. Es la historia concreta, con sus leyes y sus procesos sociales, la que indica cómo se realiza la esperanza de liberación total en una situación concreta plena de antagonismos entre fuerzas e intereses.

Para ser efectiva históricamente, la dimensión escatológica del reino tiene que ser procesada por vía de la lucha existente entre los que representan los intereses de los oprimidos y los que representan los intereses de los opresores. Esto lo afirma Villela, el teólogo chileno, cuando dice:

En este sentido, la imagen de un mundo de consenso y armonía centrado en los valores universalistas de «amor universal» y «caridad» cobra actualidad y operatividad, en la medida en que surge de una crítica a una sociedad que hace imposible su realización concreta. La formulación de estos valores universalistas utópicos, como negación de las relaciones sociales enajenantes, deshumanizantes, lleva a la lucha por la realización de estos valores a través de la praxis social concreta, que es una lucha de clases [45].

Ugalde también señala esa relación entre utopía y dialéctica histórica:

La esperanza cristiana es una virtud eminentemente histórica no sólo porque parte del hecho eminentemente histórico de la muerte y resurrección de Jesús, sino, sobre todo, porque es el aguijón del hombre en busca de su plenitud, y por tanto, está sujeta a la temporalidad y a las circunstancias concretas de la negación de la plenitud humana que padece cada comunidad concreta [46].

Desde esta concepción de la dimensión histórica del reino, podemos entender la necesidad y uso que hacen entonces los cristianos revolucionarios del instrumental socio-analítico del socialismo científico y de su estrategia política para la construcción del socialismo conjuntamente con los no-cristia-

44. L. Ugalde, o.c., 95-96.
45. Villela, Los cristianos en la revolución: posibilidades de una praxis revolucionaria, 17.
46. Ugalde, o.c., 88.

nos que también luchan por la construcción de una nueva sociedad y un nuevo hombre, y podemos entender, además, que lo hagan en la misma organización política.

7. Historia y reino de Dios: la dimensión escatológica del reino

Pero, en segundo lugar, y como hemos estado señalando, esa historicidad del reino de Dios como proceso político se da en relación dialéctica con la dimensión *escatológica* del reino, que se refiere a la plenitud o metas últimas de ese proceso y que algunos de estos teólogos llaman la «utopía» del reino. El reino de Dios es un proceso histórico que va dirigido hacia su perfección, culminación o transformación cualitativa y definitiva, sin que esto niegue necesariamente la historia como proceso de salvación.

Gutiérrez es quien lo expresa con más claridad:

> El crecimiento del reino es un proceso que se da históricamente en la liberación, en tanto que ésta significa una mayor realización del hombre, la condición de una sociedad nueva, pero no se agota en ella; realizándose en hechos históricos liberadores, denuncia sus límites y ambigüedades, anuncia su cumplimiento pleno y los impulsa efectivamente a la comunión total. No estamos ante una identificación. Sin acontecimientos históricos liberadores no hay crecimiento del reino, pero el proceso de liberación no habrá vencido las raíces mismas de la opresión, de la explotación del hombre por el hombre, sino con el advenimiento del reino, que es ante todo un don. Es más, puede decirse que el hecho histórico, político, liberador *es* crecimiento del reino, es acontecer salvífico, pero no es *la* llegada del reino, ni *toda* la salvación. Es realización histórica del reino y porque lo es, es también anuncio de plenitud. Eso es lo que establece la diferencia [47].

De aquí que existan unos niveles de convergencia y de diferencia entre el cristianismo y el socialismo científico, no sólo al nivel del proyecto histórico de la construcción de la sociedad socialista, sino también al nivel de sus respectivas utopías futuras: el reino de la libertad en un caso y el reino de Dios en el otro. El teólogo Ronaldo Muñoz, de la Universidad católica de Chile, lo señala así:

> *Convergencia y diferencia de niveles entre la escatología marxista y la cristiana.* Ambas se configuran básicamente en una visión de reconciliación universal que supone la eliminación de toda injusticia y opresión entre los hombres y abre a un mundo nuevo, en que se encontrarán por fin, la relación armónica del hombre con

47. G. Gutiérrez, *Teología de la liberación*, 228.

la naturaleza y la plena solidaridad y fraternidad en la misma sociedad humana. En ambas se prevee la exclusión de los que persistan en la opresión y perseveren en la idolatría del dinero. Pero la esperanza cristiana reconoce en dicha fraternidad una comunión radical que sólo puede fundarse en Dios, cuando él llegue a ser realmente «todo en todos»; de modo que dicha fraternidad plena nos hará transparente el amor del «Dios-con-nosotros» el amor del Dios de la vida, que fundará dicha comunión universal para siempre como el único que puede vencer a la muerte [48].

Aun cuando el esfuerzo humano y la construcción de una sociedad sin clases sea necesaria para tener derecho a esperar la plenitud de esos esfuerzos, según estos teólogos, la certidumbre y garantía de esa dimensión escatológica, que va más allá de la utopía marxista, está garantizada en la revelación de su posibilidad en Jesucristo.

Dice Ronaldo Muñoz:

...perseveramos en el trabajo y en la lucha porque esperamos un reino que vendrá. Y porque ese reino ya se nos ha dado germinalmente en Jesucristo, podemos y debemos, urgidos por el amor, anticipar por nuestras luchas y trabajos esa liberación y esa comunidad que esperamos para el reino por venir. *Pero sólo si lo anticipamos en esta forma, tendremos derecho a esperar que el reino se realice plenamente en el futuro* y a anunciar a nuestros semejantes que ya se ha realizado germinalmente en Jesucristo [49].

En ese sentido se vive en la historia el reino en la tensión del *ya* y el *todavía no*. Ugalde es quien señala el carácter de esa tensión en que viven los cristianos que toman la historia en serio:

La acción del cristiano se abre entre el *ya,* que le da fuerza del Espíritu, y el *todavía no,* que nos mantiene en permanente tarea. Por otro lado el Espíritu presente en la comunidad por nuestra fe en el Resucitado, nos da la garantía y la certeza de que la búsqueda de la plenitud, que mueve la historia, no es absurda, sino que hemos de esperar (mejor sería decir «esperanza») contra toda esperanza,

---

48. R. Muñoz, *Lucha de clases y evangelio,* en la antología *Panorama de la teología latinoamericana,* 296.

49. *Ibid.,* 297. R. Alves lo expresa poéticamente: «El hombre y la creación están fecundados, teniendo dentro de ellos una vida nueva, un futuro nuevo, engendrado por el Espíritu que como dice Pablo, "vive en ti". Es debido a que el Espíritu está presente, que la realidad de la presencia del futuro, el gemido del parto y la realidad de la esperanza, son creadas. Esperamos estar determinados al futuro, debido a que estamos fecundados. Estamos "infectados" con la presencia del futuro... (la comprensión de Moltmann de la relación entre la "preñez" y la esperanza es exactamente la opuesta. Es la esperanza la que crea la preñez, es la visión del futuro la que hace que el hombre se mueva») (R. Alves, *Religión: ¿opio o instrumento de liberación?,* 146). Es la posición de Miranda cuando dice que la historia ya contiene su *eschaton* en sí misma. No está fuera de su propia entraña, no es ajena a su dialectividad. Cf. 271-272.

y luchar contra toda fuerza que triunfa aparentemente. Actuamos esperanzados, con dolor, para dar a luz a la plenitud humana. Y actuamos, en cada momento, atendiendo a los problemas singulares que enajenan al hombre (falta de vivienda, de escuela, dominación política, dependencia económica, aislamiento, manipulación, etc.) «El *todavía no* es un reto a la responsabilidad humana que, a partir del *ya* (lo contrario sería pelagianismo), debe ir construyendo lo que nos lleva al encuentro de Dios [50].

Para los teólogos de la liberación que son consistentes en su postura inicial de «una sola historia», la escatología es la meta final de la historia humana, la plenitud de la relación amor-justicia, la plenitud del reino de Dios, lo cual constituye una historia en ruptura con su pasado por la naturaleza cualitativa de su diferencia. Es una «utopía radical» en el sentido de que a pesar de ser realizable en la historia, se mantiene en proceso continuo de crecimiento. Es un «horizonte en movimiento permanente» que se va realizando en la historia abierta al infinito. Decir ahora que la historia tiene una meta escatológica constituye la manera de hacer una distinción entre las etapas relativas de progreso histórico y las metas absolutas, no identificables con ninguna etapa histórica de desarrollo, ni con ningún sistema social o institución, pero tampoco de carácter esencialista. Significa también la manera cristiana de advertir la naturaleza infinita del proceso histórico y de las posibilidades del hombre, la manera cristiana de mantener la historia abierta, y a la vez la manera de afirmar la posibilidad y garantía de su realización máxima.

¿Cómo se entiende la relación entre escatología e historia de tal manera que no se vuelva a caer en la devaluación de lo histórico como lo hizo la antigua teología idealista? Esta es la cuestión importante aquí.

El exegeta mexicano Porfirio Miranda hace hincapié en la estructura de la historia que, según la tradición bíblica, hace posible que el *eschaton* no sea ajeno a la historia misma. Que no sea un final predeterminado e independiente de la historia. En este caso, la escatología del reino viene a ser su *futuro* histórico, producto de la semilla ya presente en la misma historia. Toma la posición del erudito bíblico inglés C. H. Dodd, cuando afirma una «escatología realizada», aunque Miranda la lleva hasta sus últimas implicaciones políticas, cosa que los europeos no hacen. Dice:

El problema que la exegesis ha estado en buena parte soslayando es que la *gloria* (término técnico asociado con la presencia de la justicia de Dios realizada) por un lado parece futura (Rom 5, 2; 1Cor 15, 43; Rom 8, 17.18.21), y por otro es indu-

50. Luis Ugalde, *o.c.*, 98. Cf. también a Assmann, *Opresión-liberación: desafío a los cristianos*, 77; E. Dussel, *La antropología teologal*, en *Teología de la liberación y ética*, 60-61.

dable que ya llegó (Rom 6, 4; 8, 30)... Como vimos en el apartado precedente, la fe paulina y la de todo el nuevo testamento consiste en creer que ha llegado el reino definitivo de la justicia y de la vida. Por Rom 6, 4 podemos decir que para Pablo es ya tan *eschaton,* tan *ultimum* la resurrección como la nueva vida de justicia que toda la historia humana ha estado esperando; por eso al ver que ha resucitado Jesucristo ve que ha llegado la gloria que consiste en que «caminemos en novedad de vida» [51].

Según Miranda, para los autores del nuevo testamento el *ultimum* ya está presente y se desenvuelve en la historia en la lucha por la construcción del reino. Mantener el *eschaton* siempre futuro es hacer que la historia misma no contenga en sí un *ultimum* y permitir que ocurra el escapismo de la escatología ultramundana o de la escatología existencial de Bultmann y Barth [52]. La fe cristiana como esperanza y compromiso de justicia total y la participación en la lucha por la liberación es posible precisamente, según él, por la presencia del *eschaton* en la historia.

El enfoque de Míguez Bonino, el decano de los teólogos protestantes en América del sur, hace énfasis en la diferencia cualitativa entre las acciones humanas en el proceso histórico y las acciones humanas en la plenitud del reino de Dios, a la vez que afirma su relación de continuidad. Se pregunta, ¿tienen los acontecimientos históricos —a saber, la acción histórica humana, con sus diversas dimensiones: política, cultural, económica— alguna significación en términos del reino que Dios prepara y ha de establecer gloriosamente en la parusía del Señor? ¿O es éste la negación total y absoluta de aquéllos? Si hay tal relación, ¿cómo hemos de entenderla? ¿Y cómo incide en nuestra acción? [53].

Su respuesta al problema está considerada a la luz de la misma manera en que san Pablo entiende la continuidad del cuerpo y de las buenas obras. Veámoslo en sus propias palabras:

...¿Tienen las obras humanas, las obras realizadas en esta vida, significado escatológico? Pasado el furor de la polémica, veo difícil negarlo. Pero sí resulta indispensable profundizar el asunto. Para Pablo las obras realizadas «en el cuerpo», en la vida histórica corriente, tienen un futuro en cuanto pertenezcan al orden nuevo, al orden del mundo resucitado, al orden del amor. Tienen ese futuro, no por algún mérito asignado a ellas, sino por pertenecer de hecho a ese orden nuevo. Pero a la vez son las obras cumplidas en las estructuras de la historia: como amo o esclavo, como marido o mujer, o hijo, o gobernante, o incluso como misionero [54].

51. P. Miranda, *Marx y la biblia,* 271-272.
52. *Ibid.,* 274.
53. J. Míguez Bonino, *Reino de Dios e historia,* 10.
54. *Ibid.*

De aquí, pues, que su conclusión sea que «es posible afirmar una continuidad-discontinuidad entre historia y plenitud del reino de Dios» del mismo orden del cuerpo terrenal-cuerpo resucitado. Que es el reino en su plenitud «no sería la negación de la historia sino la eliminación de su corruptibilidad, de su debilidad, de sus ambigüedades —más profundamente, de su pecado— para realizarse en plenitud el verdadero significado de la vida común de los hombres [55]. De la misma manera, dice, «las obras históricas adquieren permanencia en cuanto participen de esa historia».

«La historia es la misión del reino». Esa misión, dice, es la manifestación de «la nueva realidad, la nueva vida que se comunica en Cristo, en el Espíritu». Porque las primicias del Espíritu (de la nueva conciencia) son «el anticipo del reino, la calidad de existencia que tiene futuro, que tiene realidad escatológica, que concentra la verdadera historia».

En base a ello, es responsabilidad de los comprometidos con el reino luchar por una calidad de vida que tenga significación escatológica, aunque conscientes siempre de que la realización de esa calidad de vida se da mediante el proceso político, que tiene sus propias leyes dialécticas y conscientes de que los cristianos viven en la tensión de esa doble referencia de lo relativo y lo absoluto [56].

Un tercer énfasis es el de la escuela de Hugo Assmann que hace resaltar la naturaleza utópica del reino cuando se entiende como «proceso» y no como fin de un proceso.

Para Assmann, el reino de Dios como esperanza utópica-absoluta de una nueva sociedad y un nuevo hombre, no apunta a un *final* de la historia sino a su *sentido último*. Esa «plenitud» utópica plantea, sin embargo, el proble-

55. *Ibid.*, 11.
56. Míguez insiste en la posibilidad de extraer unas líneas éticas de liberación de la esperanza del reino sin necesariamente caer en deducciones ni aplicaciones idealistas: «La primera línea consiste en confrontar esa práctica con el contenido bíblico de la calidad de vida que denominamos liberación. Sin ingenuidad exegética o hermenéutica, pero también sin cinismo pretendidamente crítico, podríamos delimitar esa calidad de vida mediante términos heurísticos tales como justicia, solidaridad, posibilidad real de asumir responsabilidad por sí mismo y por otros, acceso a la creación que Dios ha dado la hombre, libertad para constituir la propia comunidad a partir del propio trabajo y del amor, espacio para adorar al Señor. Sin duda, estas cosas son aún un poco abstractas, pero en su conjunto describen una cierta textura de vida humana. Y son suficientemente concretas para perfilar una línea de crítica a las condiciones reales de la vida humana en el continente. La segunda línea en el proceso crítico abarca las condiciones reales que estructuran nuestra vida latinoamericana: sus formas de relacionar al hombre con su prójimo, con su mundo circundante, de trasmitir la cultura, de producir bienes y de consumirlos, de determinar y satisfacer necesidades, de resolver conflictos, de ordenar la vida. Para este proceso tenemos instrumentales científicos, relativos y superables, pero indispensables para una evaluación actual» (*Ibid.*, 14-15).

ma de un lenguaje que hasta ahora ha señalado «término» a la historia en lugar de señalar el comienzo de otra era cualitativamente diferente en la misma historia. Ese lenguaje antiguo contradice el carácter abierto del futuro y la concepción de un Dios en proceso que se revela precisamente en la contradicción con el presente. Los teólogos ubicados en los grupos más radicales de la teología de la liberación rechazan el que el nuevo lenguaje apunte a un acontecimiento «terminal» en la historia. Mantienen la distinción entre historia y reino, pero lo problematizan en forma diferente. Veamos cómo lo hace Assmann:

> El reino de Dios no es un nuevo orden histórico, que se pueda planificar detalladamente. Es un *proceso*, que se conecta con el hilo conductor de la constante dinámica del proceso histórico. Como proceso, precisamente no coincide totalmente con ninguna alternativa histórica concreta, se sitúa siempre dentro y siempre más allá. La liberación también es ante todo un proceso. Pero ella, en sus pasos de concretización se vuelve proyecto histórico y alternativa plausible. Todo proceso revolucionario sufre la necesidad de institucionalizaciones y corre el riesgo de buscar institucionalizarse de tal forma que su ulterior movilidad procesal queda frenada. Se vuelve entonces, una especie de «religión» ... La utopía cristiana del reino de Dios es estructuralmente transprocesal y no se deja reducir ni siquiera al proceso de liberación, cuando éste en sus pasos de concretización tiene que identificarse necesariamente con alternativas y proyectos históricos determinados. Como categoría utópica, el reino de Dios es la simultaneidad presencia-ausencia de la liberación[57].

En el caso de la escuela de Assmann, el reino realiza la función de un «horizonte permanente» que pasa juicio sobre el progreso relativo de las etapas históricas de desarrollo. De esta manera mantiene siempre la distinción entre historia y reino y la relación dialéctica entre uno y otro. Es un horizonte «utópico» en continuo movimiento que responde a la permanente condición humana de imperfección en una vida lanzada al infinito. Más bien se refiere a la dialéctica que se da en la formación de la ideología revolucionaria de la tradición cristiana.

Esa categoría *utópica* del reino de Dios no debe confundirse con el uso corriente del término consagrado por Engels en su distinción entre «socialismo utópico» y «socialismo científico» cuando hablaba de las utopías del idealismo. Aquí se usa el término *utopía* en sentido histórico. La concepción del término es aclarada por todos estos teólogos en la línea que la define Alves:

> Yo llamo a ese lenguaje provisionalmente, el utopianismo radical (cf. Mannheim, *o.c.*, para el significado de la palabra utopía). Lo llamo radical para diferenciarlo del tecnologismo utópico. El tecnologismo como una utopía intenta vencer todas

---

57. H. Assmann, *Opresión-liberación: desafío a los cristianos*, 163, 164.

las utopías, crear una sociedad en la cual los modos de pensar y actuar funcionales y operacionales acabarán por superar los que involucran la imaginación, la negación, la creatividad y la libertad. *La utopía radical*, por el contrario, no intenta crear ninguna utopía sino un proceso que permanece abierto y no terminado permanentemente. Es una utopía radical porque su futuro no es un día o un lugar sino un horizonte permanente, un punto de referencia que tanto invita como informa que la tarea no ha sido terminada todavía [58].

Creo importante aclarar que todos estos teólogos son conscientes del uso ideológico reaccionario de utopías metafísicas reñidas con la práctica, que invalidan la referencia a las contradicciones de las condiciones sociales de donde surge el futuro dialécticamente. No se trata de ese tipo de utopías, porque como hemos visto, estos teólogos mantienen la naturaleza dialéctica de ese futuro y el respeto a las condiciones sociales objetivas. Vimos cómo Alves define la «utopía radical» en términos de un horizonte permanente que mantiene el proceso abierto al infinito.

En esa misma línea, Luis Ugalde, señala que lo importante de la utopía es «lo que hay en ella de instinto humano vital, su radical afirmación de la plenitud humana»; la utopía es negación de la realidad opresora, de la ideología del *status quo*. Es negación de aquello que niega las posibilidades humanas: «afirma que la plenitud es verdad, experimentada en el presente como negación de la negación... por lo tanto, es potencia liberadora» [59]. Ugalde aclara, sin embargo, que entre la condición presente del hombre y la realización de su plenitud, «media la historia como esfuerzo planificador del vacío», como camino para que el hombre busque la reconciliación con su utopía. En ese intermedio también se inserta la esperanza cristiana activamente. La clave para distinguir las utopías idealistas y las históricas debe ser la siguiente, según Ugalde:

...la actitud que tenga hacia el esfuerzo histórico, hacia el trabajo humano que midiendo las circunstancias concretas en que vive, trate de lograr su plenitud... Entre la posibilidad (de llegar a convivir según Cristo) y la plenitud humana alcanzada, se abre el campo de la libertad y el trabajo humano que es el campo de la fe, la esperanza y la caridad históricas [60].

Igualmente Gutiérrez, siguiendo la reapertura de la discusión del término utopía, pide la redefinición del término con las palabras de Marcuse: «Yo creo que esta concepción restrictiva debe ser revisada... lo que se denuncia como utópico no es ya aquello que "no tiene lugar" ni puede tenerlo en el

58. R. Alves, *Apuntes para un programa de reconstrucción teológica*, 28.
59. L. Ugalde, *o.c.*, 91.
60. *Ibid.*, 92, 94.

mundo histórico, sino más bien, aquello cuya aparición se encuentra bloqueada por el poder de las sociedades establecidas» [61]. Para Gutiérrez, la utopía, contrario a lo que el uso corriente sugiere, «está marcada por su relación a la realidad histórica presente», significa necesariamente una denuncia del orden existente; pero es también un anuncio «presagio de un orden de cosas distinto, de una nueva sociedad»; como tal, es «movilizadora de la historia y subversiva del orden existente» (la utopía es engañosa cuando no está articulada en forma concreta con las posibilidades ofrecidas en cada época); tiene la función contraria a la de la ideología [62]. La ideología cumple espontáneamente «una función de conservación del orden establecido», la utopía, en cambio, conduce a «una praxis transformadora de lo existente».

Entendida así, dice Gutiérrez, siguiendo a Blanquart, la utopía no es opuesta ni exterior a la ciencia, sino el nervio de su creatividad cuando la teoría se entiende como estrategia.

8. Historia y reino de Dios:
integración de las dimensiones del reino

Debe quedar claro que para estos autores esta distinción entre modelo utópico del reino y operatorio científico-político del proyecto histórico, no implica una exposición de dos cosas distintas, sino dos partes de una misma globalidad relacionada dialécticamente. El utópico y el operatorio son expresión de la dinámica presente-futuro o de la dinámica condiciones materiales-hombre nuevo, o en el lenguaje teológico: escatología y proceso histórico, o utopía y ciencia. En la vida del revolucionario cristiano, ambos modelos están íntimamente relacionados, tanto teológicamente, como existencial y prácticamente. Paul Blanquart, el profesor del Instituto católico de París, que acompañó los sacerdotes latinoamericanos al congreso cultural de La Habana en 1968, expresa esa integración que se da en la conciencia revolucionaria del cristiano revolucionario en América latina, de la siguiente manera:

Para el revolucionario, es decir, para quien la revolución significa la verdadera manera de ejercer el amor, la fe es concretamente inseparable de su acción política: fe y revolución no existen separadas una de la otra. Dado que la revolución es la manera que este hombre tiene de vivir en el amor, es, pues, el lugar de su vida con Dios, en él vive su fe. No es revolucionario porque es cristiano, sino que ser revolucionario es su manera de ser cristiano... «Todo lo que yo vivo de la vida

61. G. Gutiérrez, *Teología de la liberación*, 297.
62. *Ibid.*, 297-298.

humana, dice Pablo, lo vivo en la fe en el hijo de Dios»... Esta modalidad propia según la cual el cristiano vive los mismos actos de amor, el cristiano la llama «caridad», porque para él esos actos no son sólo la práctica de la revolución (sin que por eso lo sean menos), sino también la práctica del reino, pues Dios está en ellos [63].

La relación dialéctica entre el reino de Dios como proyecto histórico político y el reino de Dios como proyecto utópico la expone Jorge Pixley en su artículo sobre el reino de Dios. En primer lugar, afirma el carácter simbólico y futurista del reino, como proyecto utópico, a la vez que nos aclara su poder sobre la realidad objetiva presente:

> Aquí está la médula de la cuestión. Que el reino de Dios sea un símbolo significa que es siempre y por naturaleza futuro. Toda realización histórica del reino será un cumplimiento parcial que a su vez caerá bajo el juicio del Dios de justicia que siempre camina por delante de nosotros.
> Para evitar malentendidos deben hacerse dos observaciones: primero, el hecho de que el reino de Dios sea futuro y que nunca llegará un tiempo en que sea presente no quiere decir que no sea una potencia real en la historia. El futuro se compone de puras potencialidades, aún indeterminadas (es decir, la decisión de cuáles se realizarán no está hecha aún), pero estas potencialidades no son meros sueños, sino que ejercen un poder real en la determinación de la realidad fáctica. Este proceso de determinación de las potencialidades es la naturaleza del presente. El presente es ese proceso de decisión que se realiza dentro de los límites impuestos por la realidad bruta del pasado y bajo la poderosa atracción del poder del futuro. *El reino de Dios es el símbolo de los aspectos políticos de la obra de Dios, y es el poder creador del futuro, aún allí donde no se sepa darle su nombre* [64].

Luego, nos plantea el carácter material del reino como proceso histórico. Proceso éste que alimenta y genera la dimensión escatológica de ese reino:

> En segundo lugar, el reino de Dios es siempre relativo a una realidad presente. Abundancia, justicia, paz, solidaridad, son características generales del reino, pero no le dan suficiente definición para mover a las sociedades a realizaciones políticas. El reino de Dios siempre toma una forma definida de acuerdo con las realidades de la sociedad presente. Paulo Freire ha hablado bien del inédito viable. De esto se trata. En sociedades capitalistas dependientes como las de América latina, la forma particular del reino de Dios será anti-imperialista y socialista. Así se nos presentan las promesas de Dios hoy. Y la demanda del reino de Dios siempre es incondicional. No sabemos lo que Dios exigirá de nosotros mañana, ni lo que exige de nuestros hermanos en otros climas, pero hoy en América latina se nos impone por imperativo de Dios ser socialistas y anti-imperialistas [65].

63. P. Blanquart, *Fe cristiana y revolución*, en Pueblo oprimido, señor de la tierra, 21.
64. J. Pixley, *El reino de Dios: ¿buenas nuevas para los pobres de América latina?*, 39-40.
65. *Ibid.*

Esa relación dialéctica entre el carácter escatológico e histórico del reino que obliga a los cristianos a tomar la historia en serio y simultáneamente a desacralizarla se plasma en una relación indisoluble en ese magistral párrafo de Ugalde cuando dice:

> De esta manera la realidad niega la utopía —descubre su vacío— y la utopía niega la realidad, la despoja de su arrogancia. Al mismo tiempo la realidad ofrece la posibilidad real de la utopía y ésta ofrece la fuerza para buscar una realidad plenamente humana. La tarea humana se inserta en la lucha por *realizar la utopía* o por *utopizar la realidad* y así llevarla a su plenitud. Negado cualquiera de los momentos dialécticos, queda negada la liberación humana [66].

Se entiende entonces cómo la escatología de la liberación, en lugar de servir de opio a las masas, sirve de palanca subversiva. Tiene razón Gutiérrez cuando concluye entonces, en una de sus reflexiones, con estas palabras:

> Finalmente, el redescubrimiento en teología, de la dimensión *escatológica* ha llevado a hacer ver el papel central de la *praxis histórica*. En efecto, si la historia humana es, ante todo, una apertura al futuro, ella aparece como una tarea, como un quehacer político, y construyéndola el hombre se orienta y se abre al don que da sentido último a la historia: el encuentro definitivo y pleno del hombre con Dios y con los demás hombres [67].

A esas variantes en enfoques sobre la relación entre historia y escatología en la teología de la liberación, podríamos añadir una multiplicidad de tratamientos que se dan al tema, en los cuales el énfasis se pone en un aspecto u otro para salvaguardar la diferencia entre Dios y el hombre, lo relativo y lo absoluto, o para salvaguardar la continuidad del proceso historia-escatología, o lo esencial del esfuerzo humano en la construcción del reino de Dios, etc. [68], cosa que, dicho sea de paso, ha sido tratada muy esquemática-

66. Ugalde, *o.c.*, 95.
67. Gutiérrez, *Teología de la liberación*, 26.
68. Cf. entre otros los siguientes: R. Alves, *Religión: ¿opio o instrumento de liberación?*, 191, 209; S. Arce, *El significado teológico de la revolución*, en *Hacia una teología de la revolución*, 2, 7; H. Assmann, *Liberación-opresión: desafío a los cristianos*, 25, 61, 67, 163-164; id., *La dimensión política de la fe como praxis de liberación histórica del hombre*: Perspectivas de Diálogo, 306 12; J. Beck, *Una teología latinoamericana*, 7; J. Comblin, *El tema de la liberación...*, 4-5; M. Concha Maló, *Ideas en torno a una teología mexicana*: Servir 38, México 1972; S. Croato, *Liberación y libertad*, 107; L. del Valle, *Identidad del cristiano revolucionario*, 46, 48, 49; id., *El papel de la teología en América latina*, 25; E. Dussel, *La teología de la liberación: estatuto epistemológico*, en *Teología de la liberación y ética* II, 175-76; G. Gutiérrez, *Teología de la liberación: perspectivas*, 32, 307-96, 58, 59, 228; Lozano, *Hacia una teología mexicana*, 156-59; Míguez Bonino, *Teología y liberación*, en Fichas de ISAL, 26, 2, 4; P. Miranda, *Marx y la biblia*, 258-82; Morelli, *Características de la teología latinoamericana actual*, 178; id.,

mente en todos los casos conocidos. Lo que sí es común a todos los teólogos de la liberación en la línea descrita, es la afirmación de la dimensión histórica del reino de Dios que va construyéndose en la tierra de los hombres, a cuyo proceso sirve de palanca subversiva la plenitud escatológica de ese reino.

Concluimos entonces que el símbolo del reino de Dios, como expresión proyectiva de la tradición bíblica, contiene en sí los elementos necesarios para activar el compromiso histórico de liberación por parte de los cristianos y para hacerles posible el uso del instrumental científico apropiado para el análisis económico y socio-político y el uso de la estrategia política adecuada a una participación efectiva en el proceso revolucionario latinoamericano. Pero además contiene una dimensión escatológica entendida desde una perspectiva histórica que requiere la acción política en la construcción de una nueva sociedad y se mantiene como germen de criticidad y estímulo permanente a la revolución. Aunque no se dice así, para propósitos teóricos, la teología del reino de Dios asimila el proyecto histórico del socialismo y el proyecto utópico del reino de la libertad y coloca a este último en la frontera con la plenitud escatológica de reino.

9. Implicaciones y consecuencias inmediatas
   que tiene esta recuperación
   de la historia sobre la teología

Como hemos visto, el proceso de cuestionar la concepción idealista que había estado animando las teologías comenzó a dar fruto de tal manera que ese sector de los militantes cristianos y los afectados por ellos han ido destilando una nueva cosmovisión que toma en serio la historia y los esfuerzos políticos por la construcción de un mundo de paz fundamentado en la justicia. La salvación es un proceso que se da en la historia, en la única historia que existe; la historia es lucha por la salvación, por el establecimiento del reino de Dios; el hombre hace la historia con su participación real en las

Fe y liberación, 33; id., Por una iglesia liberadora y liberada, 11; id., Hacia una teología de la violencia, 161 s; R. Muñoz, Lucha de clases y evangelio, en Panorama de la teología latinoamericana, 256-259; P. Negre, El significado de los cambios metodológicos en las ciencias sociales para la interpretación teológica; N. Olaya, Unidad cristiana y lucha de clases, CIDOC 1970; M. Ossa, Intervención de la iglesia y del cristiano en lo político, en La vertiente política de la pastoral, 31; J. Pixley, El reino de Dios: ¿buenas nuevas para los pobres de América latina?; J. de Santa Ana, Notas para una ética de la liberación; J. L. Segundo, Instrumentos de la teología latinoamericana, 41; L. Ugalde, La ambigüedad de la esperanza de los cristianos, la utopía y la transformación de la realidad latinoamericana, en Liberación en América latina.

fuerzas sociales; la historia no está predeterminada, su futuro está abierto y el hombre puede moldear en ella la utopía que ha ido acumulando en su memoria histórica. En otras palabras, sus esfuerzos no son vanos. Esa historia se desarrolla dialécticamente por el proceso autónomo de desenvolvimiento de las fuerzas sociales en las que participa el hombre para moldear su destino, proceso en el que Dios interviene como fuerza que hala hacia el futuro que está presente en la «memoria histórica» de los cristianos comprometidos con la promesa de un reino de justicia.

Conjuntamente con la recuperación de la cosmovisión hebreo-cristiana en toda su materialidad y su dialecticidad, van articulándose en la reflexión teológica latinoamericana las consecuencias de ese modo de pensar la historia.

En primer lugar, al aceptar la responsabilidad de la construcción real de un mundo que por naturaleza es político, la praxis de la fe se redescubre a sí misma como praxis política. La fe no tiene una implicación política sino que la praxis política le es inherente. La misión del cristiano se hace misión política y la reflexión teológica viene a descender al nivel estratégico-táctico del proceso de liberación.

En segundo lugar, se cambia de punto de partida en la reflexión teológica. Ya no se parte de doctrinas preexistentes sobre la realidad sino que se parte de la realidad concreta e histórica que se vive. En consecuencia, la teología abandona la metafísica occidental e incorpora las ciencias sociales como instrumental analítico para conocer la realidad e incorpora además su lenguaje económico y sociopolítico. En concreto, incorpora el instrumental analítico del materialismo histórico. La teología deja de ser contemplación para convertirse en reflexión para la transformación del mundo y la construcción de lo inexistente, por lo cual se convierte en una praxeología especializada. Se convierte en reflexión crítica —desde la perspectiva de la fe y de la ciencia— de la práctica socio-política de los cristianos, de sus instituciones y de su reflexión teórica. Deja de ser erudita y enciclopédica para ser reflexión mimeografiada, profética y política, útil al proceso de liberación y construcción del nuevo mundo.

En tercer lugar, la fe opta por una ideología concreta en forma consciente. Opta por una concepción concreta de la historia y la sociedad, en base a los intereses y prioridades valorativas de una clase expresadas en el proyecto histórico y la estrategia política de esa clase, en este caso la clase obrera y sus aliados.

En cuarto lugar, con la ausencia de principios esencialistas, la ética se relativiza para responder eficientemente al bien del hombre que camina hacia ese fin que tiene que ir construyendo en la historia golpe a golpe. El esencialismo idealista que había dominado la escatología cristiana, cede finalmente ante el peso del carácter histórico del reino de Dios según la biblia y ésta cobra un significado cualitativamente diferente.

En quinto lugar, la teología se convierte en una reflexión científica sobre la participación de los cristianos en el proceso histórico de liberación, que juzga la práctica política de éstos a la luz de las exigencias de la fe —fe pensada en términos de esperanza y compromiso de justicia real.

Estas son las consecuencias que discutiremos en detalle en los próximos capítulos. Pero antes de examinar estas consecuencias, es necesario considerar primero los fundamentos bíblicos de la tradición hebreo-cristiana con el propósito de examinar si éstos contienen en sí los recursos para afirmar esa historización de la salvación en la medida que lo hacen los teólogos de la liberación.

Este próximo capítulo debe responder a la cuestión de si el cristianismo contiene en sí mismo los recursos para pensar de esa manera sobre la historia —si le son inherentes—, o si ese cambio responde a un mero impulso oportunista en un momento de la historia en que el socialismo parece definirse como el modo de producción estructurante de la sociedad del futuro y en que el marxismo comienza su ascenso como metodología filosófica y científica de más permanencia en el pensamiento moderno, tanto en Europa como en América latina. Necesitamos preguntarnos, si esa dialecticidad y esa materialidad le vienen al cristianismo desde sus adentros, o desde afuera. Esto podemos verlo examinando la exégesis moderna que realiza la crítica bíblica católica y protestante haciendo uso de una nueva hermenéutica más afín con la cosmovisión original de los autores bíblicos.

Concluyamos por ahora que comienza a hacerse más claro el sentido de la participación política del cristiano en el proceso político por la creación de un mundo nuevo. La crisis ideológica de los militantes cristianos se tornará ahora en una crisis creadora que facilitará en gran medida el desbloqueo de la conciencia de los cristianos y los movilizará a la militancia política en favor del cambio social. La teología de la liberación como metodología de reflexión teológica, más bien que como doctrina, resulta del proceso de participación política de los cristianos en el proceso político concreto; pero a la misma vez se convierte en causa de un refinamiento y ampliación de ese proceso. Es causa y efecto. Es praxis. Praxeología.

Concluimos entonces que la nueva concepción de la historia de la teología latinoamericana abre un nuevo camino al cristianismo del continente para la superación de la crisis teórica e ideológica de los militantes cristianos a partir de la afirmación de la historia de la tierra como la *única historia,* como la única esfera de la realidad, en la cual la fe cristiana tendrá que probar su valor, cosa a la cual este sector de cristianos está dispuesto.

4

La revolución hermenéutica: recuperación del sentido histórico y liberador del reino de Dios en la literatura bíblica

Para los cristianos, es la biblia quien tiene la última palabra sobre el significado de la fe cristiana.

Desde luego, la biblia siempre e inevitablemente, interpretada por las autoridades y los maestros de las iglesias, e interpretada desde el marco histórico —socioeconómico y cultural— del que lee la biblia. La historia de la iglesia confirma esto universalmente. De aquí que sea posible hacer no sólo una historia de la teoría de interpretación bíblica, sino también una sociología de ella. En nuestro caso es necesario hacerla para demostrar cómo la cultura intelectual, o ideología de los diversos modos de producción, han ajustado la interpretación bíblica al orden social existente y a su correspondiente visión del mundo, y a la vez para demostrar cómo la teología de la liberación lleva a sus últimas consecuencias el proceso de redescubrimiento de la intención histórica, sociopolítica y liberadora con que fueron redactados estos textos en los medios de la tradición judía y en la tradición cristiana.

La hermenéutica tradicional, como teoría de interpretación bíblica, ha fomentado un punto de vista «espiritualista» que refiere el significado de los acontecimientos históricos y la salvación del hombre a una región «espiritual», entendida desde el punto de vista de la existencia del «otro mundo» de la cosmovisión dualista de los griegos, y re-elaborada por el idealismo moderno. La justicia, el pan, la vista a los ciegos, la libertad a los oprimidos, la paz y las promesas del reino de Dios, han sido espiritualizados a tal punto, que dan la impresión que la biblia no habla sobre «este mundo» sino sobre «el otro». El pan, la justicia, y la liberación han perdido su materialidad y su realidad, a tal punto que la prédica sobre su promesa sólo sirve para domesticar las masas y resignarlas a la espera de estas promesas en «otro mundo», después de la muerte, para que soporten y mantengan las condiciones existentes en la tierra tal y como están.

En consecuencia, se deshistoriza la historia real registrada en la biblia y se desvincula la misma de la historia real del creyente contemporáneo. La historia bíblica, se dice, pertenece a la región de lo «espiritual». La historia contemporánea pertenece a lo «corruptible», de lo cual hay que sacar el «alma» del hombre. La única relación que ésta falsa distinción puede tolerar entre las dos historias es una de «aplicación» impositiva a esta historia de lo que se dice en la biblia sobre estos momentos históricos, pero, generalmente, al nivel de la «interioridad espiritual».

De esta manera, se ha caído en la interpretación cíclica del tiempo sostenida por los griegos donde todo está sujeto a retornar a su lugar de origen en una creación ya terminada, inmutable y sin futuro. Los términos bíblicos se interpretan como apuntando a un «regreso», de lo dañado por el pecado, a su estado previo de perfección. Esta teoría esencialista de interpretación bíblica elimina la historia, el futuro y la libertad del hombre para crear su mundo. Asimismo, la resta valor e importancia al presente en el proceso de formación de la historia real ya que lo real es siempre lo que pasó en el *origen* de las cosas.

Otra consecuencia de esa espiritualización pagana de la interpretación bíblica ha sido la *interiorización* y *privatización* del significado de los términos bíblicos. La paz ha dejado de tener el significado político que tenía para los hebreos y se ha constituido en una «paz interior»: la justicia ha venido a ser un asunto personal de la relación con Dios; la redención o liberación ha venido a convertirse en una salvación de pecados personales, y la «nueva criatura» ha sido interpretada en términos individualistas, de tal manera que las escrituras ya no tienen relación con una cosa tan pública y social como es el sistema socioeconómico y político en que se da la vida. Se puede participar entonces de un sistema socioeconómico injusto y ser religioso «interiormente» o «espiritualmente» y se pueden usar los términos bíblicos para hablar del «crecimiento espiritual» sin cargo de conciencia alguno. Y, precisamente por el reclamo «apolítico» de lo «espiritual» se puede alegar que esa hermenéutica está libre de toda ideología.

Sin embargo, no puede estar más claro que esa teoría de interpretación bíblica corresponde a la cosmovisión idealista grecorromana, estimulada hoy por el liberalismo burgués. Esta sirve a los intereses de la clase dominante para aislar los reclamos bíblicos de liberación, justicia, pan y paz de la situación humana concreta de explotación, despojo, injusticia y opresión. Igualmente se hace con la escatología bíblica: se considera la promesa del advenimiento del reino de Dios como un reino de ultratumba, un regreso al paraíso fuera de la historia o una elevación al cielo y descontinuación de la historia real. Con ello se consuela a los pobres y explotados, se adormece su ánimo para combatir el mundo y se les inutiliza como fuerza política generadora de justicia.

Pero el redescubrimiento de la concepción historizada del pensamiento bíblico ha llevado a los exegetas a rechazar los platónicos supuestos «espiritualistas», «individualistas» y «capitalistas» de interpretación bíblica y por lo tanto, a una relectura de la biblia a la luz de la visión hebrea de mundo. Los exegetas modernos europeos han ido aplicando la concepción hebrea del mundo para una nueva interpretación bíblica desde el siglo XIX. Pero todavía, su aplicación a la vida contemporánea, es una que viene contaminada con la perspectiva liberal de la sociedad capitalista europea y últimamente norteamericana. Se desmistifica la biblia desde hace unos años pero sin llevar sus implicaciones políticas hasta las últimas consecuencias. Se detiene el proceso en la interpretación subjetiva de la teología existencialista, no se hace una hermenéutica política.

Es la teología de la liberación la que redescubre en su radicalidad toda la implicación socio-política de los textos bíblicos. Esta nueva hermenéutica respeta los términos históricos de los acontecimientos. En ella el nuevo entendimiento científico del hombre como hombre social permite la recuperación del significado hebreo-cristiano originario a los textos. La historia bíblica demuestra en esa relectura que los actos que el pueblo hebreo-cristiano celebra son actos de liberación histórica; y como tales, son actos socio-políticos. Demuestra también que la salvación «personal» está en función de la «nueva creación»: el reino de Dios un acontecimiento histórico y colectivo. Esto niega las interpretaciones espiritualizadas que deshistorizan la realidad bíblica y que reducen la fe cristiana a una religión interior para la vida privada o que inhiben la la participación política del cristiano en el proceso de cambio social.

En América latina, las nuevas ciencias sociales estimulan ese descubrimiento. Estas señalan que el proceso de liberación es necesario para alcanzar una vida más humana, que este proceso agudiza el conflicto de intereses existente entre opresores y oprimidos, y que sin una «nueva sociedad» no habrá un «nuevo hombre». La realidad histórica de América latina ha estimulado a estos cristianos a redescubrir esa naturaleza conflictiva y dialéctica del proceso de la liberación humana en la Biblia misma. Lo redescubren en el acontecimiento determinante de la fe de Israel y de la iglesia: la liberación de la esclavitud en Egipto y la re-significación de este acontecimiento en la religión profética y en Jesús.

Las palabras de Severino Croato, el biblicista argentino, nos atestiguan el carácter central del acontecimiento histórico de la liberación como la clave de la interpretación bíblica:

El éxodo fue «la» experiencia salvífica de Israel. Quiere decir que este pueblo fue entendiendo la salvación (componente fundamental de toda cosmovisión religiosa) en términos de «liberación». Los vocablos hebreos *nasal* y *yasa,* connotan los dos aspectos a la vez. Sucedió también que la propia historia de ese pueblo (sin escatología *post-mortem* y sin dualismo alma-cuerpo) enfatizó una experiencia de Dios como salvador en el plano de lo terrestre con una fuerte relación a lo político y social en que la «independencia» era una expresión concreta y existencial de la protección de su Dios. En una teología de la historia, este hecho tiene su trascendencia: al Dios se lo comprende como *salvador* porque actúa *en la historia* de los hombres, no en primer lugar para una meta-historia. En la fe de Israel, confesada en los «credos» centrales (v. gr. Dt 6, 20 s; 26, 5 s; Jos 24, 2-13, etc.), «salvación» equivale a «liberación», y a Dios se lo define *por el éxodo,* o sea, como «liberador». Estamos diciendo que la «liberación» no es un concepto advenedizo sino el centro del querigma bíblico [1].

Igualmente se redescubre y reafirma el hecho de que la promesa del reino de Dios hacia el cual se encamina la humanidad se refiere a un reino de justicia interhumana en la historia misma, y en cuya construcción, el papel del hombre como co-creador con Dios, es de carácter necesario.

Con ello se rechazan las escatologías del «más allá» ultraterreno y para después de la muerte que la religiosidad tradicional adjudica a la fe bíblica. También se rechaza la interpretación cíclica del tiempo, la que postula el regreso a la condición primigenia del hombre y de la creación.

Hemos dicho que a partir de la afirmación de esta historia real y humana como la única historia, se reafirma la realidad presente de nuestra historia como el punto de partida para la reflexión teológica en vista a una praxis de transformación del mundo. Esto quiere decir que ahora la interpretación bíblica no puede ser asunto de imponer la realidad de una historia sagrada y de otro tiempo sobre la historia secular actual, sino que hay que encontrar otra manera de incorporar la realidad presente como continuidad de esa sola historia sobre la cual la biblia reflexiona.

La hermenéutica latinoamericana se plantea el problema de cómo relacionar el proceso de liberación histórico latinoamericano con la palabra bíblica de *liberación.* El término *liberación* en América latina encierra una visión del mundo actual como mundo que ha sido conquistado a sangre y fuego por las fuerzas de las economías capitalistas europeas y norteamericanas, que ha sido colonizado, saqueado y engañado ideológicamente. Pero que ahora reacciona en proceso de liberación para recrearse como mundo sin explotación de clases, sin saqueo, sin dominación represiva, para recrearse como mundo libre de todo lo anterior. Liberación en este momento latinoamericano es correla-

1. S. Croato, *Liberación y libertad,* 55.

tivo de dependencia, pero su irradiación como proyecto se abre en abanico de significados. Pero, bíblicamente, ¿qué significa *liberación*? ¿Cómo relacionamos significados de épocas pasadas y presentes? ¿Cómo se relacionan en la biblia fe y política? ¿Cómo se relacionan fe y revolución social? ¿Cómo se entiende el reino de Dios en relación con la historia ¿Cómo se entiende lo que llamamos escatología bíblica en relación a la historia y al proceso político de la creación de condiciones socioeconómicas para el desarrollo del hombre? ¿Qué relación hay en la biblia entre esto y la salvación? ¿Tiene el nuevo testamento el mismo carácter histórico político que el antiguo? ¿Cómo resuelve la Biblia el problema que representa la universalidad de la reconciliación cristiana con la naturaleza conflictiva de proceso político que se resume en la «lucha de clases»? Estas son algunas de las cuestiones que debemos esclarecer mediante el examen del carácter liberador que deben contener las tradiciones bíblicas para servir de recurso propio a las afirmaciones sobre la historia que hacen los teólogos de la liberación.

1. La liberación del éxodo como centro estructurante
de la fe del antiguo testamento

La nueva hermenéutica que desmitifica y separa los acontecimientos bíblicos de las formas míticas, de leyendas y de interpretaciones teológicas posteriores mediante el estudio científico de los textos [2], ha logrado señalar cómo

2. Desde la Ilustración hacia acá los especialistas bíblicos han estado estudiando la iglesia, su historia y sus textos desde la perspectiva histórico-cultural mediante la aplicación de los métodos científicos que han ido emergiendo en la arqueología, paleontografía, sociología, economía, lingüística. Las ideas religiosas, cultos, instituciones, normas morales de los antiguos hebreos han sido estudiadas a la luz de la mitología, cultos e instituciones religiosas de Babilonia, Egipto, Asiria y las tribus y naciones del Mediano Oriente. Estos mismos métodos han sido aplicados a la religión de la iglesia primitiva y las actividades paulinas que produjeron el nuevo testamento. Los métodos desarrollados han ido clarificando los elementos originales de la tradición bíblica, de los elementos helenísticos y de otras culturas antiguas que han sido incorporadas directa o indirectamente y han ido descubriendo los diversos estratos en los textos que acusan la intervención de diversas manos y tiempos históricos en su redacción final.
La *crítica literaria, crítica formal* y la *crítica redaccional* son los tres métodos científicos más importantes para el examen de los textos y la clarificación de su significado. *La crítica literaria* trata de dilucidar el autor y las fuentes, según la diversidad de ideas y los diversos lenguajes o épocas reflejadas en el lenguaje usado, los diversos estratos de composición de textos que originalmente fueron tradiciones orales y luego compuestas por un redactor o varios. Actualmente hace uso de las disciplinas de la estética y la filosofía del lenguaje.
La *crítica formal* va más allá de las fuentes documentales para analizar los acontecimientos y la cultura de la sociedad que trasmite esas tradiciones oralmente o que

la fe de Israel, heredada por Jesús, es una fe que se articula en torno al acontecimiento histórico y socio-político de la liberación de Israel en Egipto que se relata en el libro de *éxodo*. Y en consecuencia, ha logrado señalar que «la liberación que produce la justicia» describe el propósito de Dios en la historia. El término «salvación» viene a ser redescubierto como intercambiable con «liberación» y «justicia» a partir del redescubrimiento del éxodo como «paradigma» para la interpretación de todo el espacio y de todo el tiempo en la biblia. Estos autores latinoamericanos notan, al igual que los eruditos europeos, que la palabra «salvación» en la biblia va ligada a acontecimientos históricos concretos, tales como hambre, guerra, enfermedad, injusticia, rechazo social, etc. Pero además, notan que la salvación de cada individuo va ligada a un acontecimiento general, al establecimiento de una situación social salvadora, de una nueva condición socio-política y económica, en otras palabras, al establecimiento de un nuevo reino.

Esto tiene como fundamento el hecho de que el Dios hebreo-cristiano fue conocido en un acontecimiento de liberación socio-política. El pueblo hebreo era esclavo en Egipto y fue liberado por el «Dios de los oprimidos». El libro del *éxodo* relata la más vil explotación de los productores de ladrillos de construcción, la intensificación del trabajo, la reducción de los medios de mantenimiento y reproducción de su fuerza de trabajo, la represión de todos sus derechos, de su personalidad y su cultura y el genocidio del excedente poblacional. El resultado de esto fue la constitución de un movimiento de liberación nacional en torno a la idea de un Dios liberador que odia la injusticia y ama los pobres y oprimidos. Luego de inútiles negociaciones políticas y obrero-patronales, se desató un proceso de confrontaciones constantes relacionadas con el sistema de riego de Israel y el control de

las redactó. Especialmente se ocupa de las modificaciones que los diversos momentos históricos y diversos grupos en la iglesia (yavistas, sacerdotales, deuteronomistas, judíos, gentiles, etc.) han introducido en los textos. La crítica formal ha elaborado criterios bien precisos para hacer estas distinciones.

La *crítica redaccional* nació de la crítica formal; es una extensión de la anterior. Estudia cómo unidades textuales más pequeñas —simples y compuestas— de la tradición oral o de fuentes escritas fueron armadas para formar complejos mayores y especialmente cómo llegaron a ser el producto terminado de libros completos. Hace énfasis en la interacción entre tradiciones heredadas e interpretaciones posteriores. Trata de entender por qué fueron modificados puntos de vista anteriores y por qué fueron estructuradas esas unidades en un todo para entender la teología del redactor final.

Estos métodos, desde luego, se usan simultáneamente y no separadamente. Incluyo esta amplia nota aclaratoria porque entiendo que el estudio crítico de la biblia ha sido fundamental al desarrollo del cristianismo radical en América latina y porque entiendo que uno de los elementos de choque entre la jerarquía y las nuevas generaciones es el desconocimiento que los obispos tienen del desarrollo de los estudios bíblicos modernos, producidos por los especialistas de la propia iglesia.

las plagas que resultó en un sangriento asesinato de los primogénitos de las casas de los israelitas y finalmente, en la fuga del pueblo que cargó con sus pertenencias y con el botín de la lucha para enfrentarse en su peregrinación a la construcción de una nueva sociedad, un nuevo reino[3].

El especialista en estudios del antiguo testamento, Jorge Pixley, como todos estos biblicistas latinoamericanos, entiende el éxodo como una ‹ revolución promovida por Dios›› y comenta esos textos de la siguiente manera:

> Según el libro de ese nombre, Yahvé, el Dios de los padres de los esclavos hebreos, oyó sus gemidos por la dura opresión que sufrían, y los dirigió en un largo proceso, primero de confrontación con el Faraón, luego de establecer las normas que regirían su vida social como pueblo libre, y finalmente, de conquistar una tierra donde podrían vivir su historia propia. Es útil examinar este proceso, especialmente su fase de confrontación con la sociedad opresora porque así podremos poner en su puesto la preocupación genuina que sentimos frente a la violencia que acompaña todo proceso revolucionario. Los hebreos vivían una situación de violencia institucionalizada, pues las leyes sostenían a sus opresores y aseguraban que ellos, los hebreos, seguirían trabajando para beneficio de otros. Cuando comenzó la liberación, Dios apeló primero a la buena voluntad del rey, pidiéndole que dejara ir a su pueblo. El rey no respondió a esta oportunidad de librar pacíficamente a los hebreos (Ex 5). Siguieron entonces las tácticas de presión. Yahvé mandó plaga de ranas, moscas, piojos y langostas, poniendo en grave incomodidad a la población, y haciendo peligrar su salud y su fuente de alimentos. Hubo también un acto de sabotaje contra el sistema de suministros de agua. Aunque el rey titubeó en los momentos más difíciles, no cedió de manera definitiva a estas tácticas. El éxito se logró solamente cuando Yahvé recurrió a la violencia contra las vidas egipcias. Al matar a un hijo de cada familia, Dios logró destruir el sistema de opresión y se pasó a la siguiente fase de la revolución, la construcción de una nueva sociedad [4].

Las consecuencias estructurales de este acontecimiento histórico sobre la formación de la religión hebrea, los resume Rubem Alves cuando dice:

> El éxodo fue la experiencia generadora de conciencia del pueblo de Israel. El se constituyó en el centro estructurante que determina su manera de organizar su tiempo y su espacio. Observación: nótese que no estoy diciendo simplemente que el éxodo es parte del contenido de la conciencia del pueblo de Israel. Si así fuese, el éxodo sería una información entre otras. Más que información, es su centro estructurante, pues determina la lógica integradora, el principio de organización e interpretación de los hechos de la experiencia histórica. Por eso el éxodo no permanece como una experiencia pasada, ocurrida en un espacio y tiempo bien definidos. Pasa a ser el paradigma para la interpretación de todo el espacio y de todo el tiempo [5].

3. Cf. el libro del *Exodo* en la Biblia.
4. J. Pixley, *El nuevo testamento y el socialismo*, 8, 9. Cf. también a A. Lanson, *Liberar a los oprimidos*, y S. Croato en *Liberación y libertad*, especialmente 27-62.
5. R. Alves, *El pueblo de Dios y la liberación*, 9.

144

De aquí la importancia que todos los biblicistas de este grupo dan al acontecimiento del éxodo para entender la religión de Israel heredada por Jesús[6]. Alves, concluye que la hermenéutica debe tomar el lenguaje bíblico como lo que es, «la expresión de las experiencias históricas de liberación». Dice:

> La teología o el lenguaje de Dios era la misma cosa que el relato de los hechos que, gracias a su poder liberador en el pasado, ofrecían una base de esperanza en el presente. Así, el volver a contar permanece como la forma teológica discursiva del antiguo testamento. G. E. Wright apoya con decisión este punto de vista del carácter histórico del lenguaje de las comunidades bíblicas de la fe. «La teología bíblica», comenta, «es la teología primera y más avanzada de la narración, donde el hombre bíblico confiesa su fe al narrar los acontecimientos formativos de la historia, como la artesanía de Dios»[7].

La *conciencia* de Israel como pueblo, según observan los exégetas y los historiadores, se afirma en torno a la experiencia del éxodo, una experiencia de liberación socio-económica y política necesaria para la construcción de un nuevo pueblo y de una nueva manera de vivir[8]. Como veremos en las citas bíblicas al pie de página, Israel estructura su concepción de Dios, sus leyes y la religión en torno a esa experiencia socio-política. La memoria de esa experiencia de liberación preside la existencia histórica del pueblo y se constituye en la garantía de su preservación[9]. Dios es llamado de ahí en adelante por el título de «redentor», que quiere decir «libertador»[10]. Como tal se cons-

---

6. Cf. entre otros: P. Negre, *Biblia y liberación;* H. Bojorge, *Exodo y liberación;* G. Gutiérrez, *Teología de la liberación,* 193-200; A. Lanson, *Liberar a los oprimidos;* J. Pixley, *El nuevo testamento y el socialismo;* Míguez Bonino, *Teología y liberación;* Fichas de ISAL, n. 26, 2; Ferreira, *La eucaristía, signo de liberación;* R. Alves, *Religión: ¿opio o instrumento de liberación? Apuntes para un programa de reconstrucción en la teología;* H. Assmann, *Opresión-liberación: desafío a los cristianos,* 71, 72; S. Croato, *Liberación y libertad. Reflexiones hermenéuticas en torno al antiguo testamento;* id., *Liberación y libertad;* Morelli, *Fe y liberación,* 36-39; L.F. Rivera, *La liberación en el éxodo;* R. Sartor, *Exodo-liberación. Liberación en América latina;* Varios, *Aportes para la liberación.*

7. R. Alves, *Religión: ¿opio o instrumento de liberación?,* 138.

8. Cf. el ritual nacional de la fiesta de la cosecha en Dt 26, 1-9.

9. «Yo me volveré hacia vosotros. Yo os haré fecundos, os multiplicaré y mantendré *mi alianza* con vosotros... Estableceré mi morada en medio de vosotros y no os rechazaré. Me pasearé en medio de vosotros, y seré para vosotros Dios, y vosotros seréis para mí un pueblo. Yo soy Yahvé, vuestro Dios, que os saqué de Egipto, para que no fueseis sus esclavos; rompí las coyundas de vuestro yugo y os hice andar con la cabeza erguida» (Lev 26, 9-13).

10. La palabra «redimir» está definida en el diccionario de la siguiente manera: «Rescatar o sacar de esclavitud (al cautivo) mediante precio. Comprar de nuevo una cosa que se había poseído o vendido. Dejar libre (una cosa empeñada, hipotecada o sujeta a otro gravamen). Liberar en general (de una obligación) o extinguirla. Poner término (a un vejamen, dolor u otra adversidad)». (*Vox. Diccionario general ilustrado de la len-*

tituye en un Dios «libertador» o «redentor» de los débiles, los pobres y oprimidos, representados en el lenguaje legal y poético de la biblia por el extranjero, la viuda y el huérfano [11].

Las leyes de Israel incorporaron ese mismo carácter liberador. Como bien señala Míguez Bonino, «la tierra es de Dios y no puede ser permanentemente enajenada; por eso se prevé su periódica "liberación", la anulación de la acumulación y de la enajenación o despojo que la función económica pueda haber creado» [12]. Análogo es el efecto de la experiencia de «redención» de estos esclavos hebreos sobre la institución de la esclavitud que prevalecía en el Medio Oriente [13]. La liberación de los oprimidos, los huérfanos, las viudas y los forasteros es incorporada por la religión de Israel com(el principio rector de la vida religiosa y del cumplimiento del pacto o alianza con Yahvé [14]. Su incumplimiento es el fundamento del juicio de Yahvé.

gua española). El nombre de Dios para este pueblo está ligado a la experiencia de liberación. El texto de Neh 9, 9-10 es una representación típica de esa identidad: «Tú viste la aflicción de nuestros padres en Egipto, y escuchaste su clamor junto al mar de las Cañas. Contra el Faraón obraste señales y prodigios, contra sus siervos y todo el pueblo de su país; pues supiste que eran altivos con ellos. *Te hiciste un nombre hasta el día de hoy».*

11. «No maltratarás al forastero, ni le oprimirás, *pues forasteros fuisteis vosotros en el país de Egipto.* No vejarás a la viuda ni al huérfano. Si los vejas y claman a mí, no dejaré de oír su clamor, se encenderá mi ira y yo os mataré a espada...» (Ex 22, 20-23).

12. Míguez Bonino, *Teología y liberación,* 2. Cf. los libros de Exodo y Levítico: «Cuando hayáis entrado en la tierra que yo voy a daros, la tierra tendrá también su descanso en honor a Yahvé. Seis años sembrarás la tierra, seis años podarás tu viña y cosecharás sus productos, pero el séptimo año será de completo descanso para la tierra» (Lev 25, 2-4). «Contarás siete semanas de años; de modo que el tiempo de siete semanas de años vendrá a sumar cuarenta y nueve años. Entonces en el mes séptimo, el diez del mes harás resonar las trompetas... por toda vuestra tierra. Declararéis santo el año cincuenta y *proclamaréis en la tierra liberación para todos sus habitantes;* será para vosotros un jubileo; cada uno recobrará su propiedad, y cada cual regresará a su familia» (Lev 25, 8-10). «La tierra no puede venderse para siempre, porque la tierra es mía, ya que vosotros sois para mí como forasteros y huéspedes. En todo terreno de vuestra propiedad concederéis derecho a rescatar la tierra... Pero si no hay lo suficiente para recuperarla, lo vendido quedará en poder del comprador hasta el año del jubileo, y en el jubileo quedará libre; y el vendedor volverá a su posesión» (Lev 25, 23-28).

13. «Estas son las normas que has de dar. Cuando compres un esclavo hebreo, servirá seis años, y el séptimo quedará libre sin pagar rescate» (Ex 21, 1-2). «Si tu hermano se empobrece y vacila su mano en asuntos contigo, lo mantendrás como forastero o huésped para que pueda vivir junto a ti... No le darás por interés tu dinero ni le darás tus víveres a usura. Yo soy Yahvé, vuestro Dios que os saqué de Egipto, para daros la tierra de Canaán y ser vuestro Dios. Si se empobrece tu hermano en asuntos contigo y tú le compras, no le impondrás trabajo de esclavo; estará contigo como jornalero, y trabajará contigo hasta el año del jubileo... *porque ellos son siervos míos a quienes yo saqué de la tierra de Egipto; no han de ser vendidos como se vende un esclavo»* (Lev 25, 35-43).

14. «Dirás: "Oye la palabra de Yahvé, tú rey de Judá, que ocupas el trono de David, y tus servidores y pueblo" —los que entran por estas puertas—. Así dice Yahvé: *Practicad el derecho y la justicia,* librad al oprimido de manos del opresor, y al foras-

Siguiendo la crítica bíblica moderna, que reconoce los textos del Génesis como una redacción muy posterior a la redacción de los antiguos textos de la liberación en el Exodo, los exegetas latinoamericanos redescubren para sí el hecho de que la concepción del génesis del hombre está articulada en base a la exeriencia constitutiva de la liberación (el libro del Génesis es posterior a las tradiciones del Exodo). El Génesis, contrario a las cosmogonías orientales, concibe un Dios independiente de la naturaleza, *creador* de ella, por lo tanto, *libre* de ella y de sus poderes reguladores. Igualmente afirma que el hombre ha sido creado a «imagen y semejanza» de Dios. El hombre es entonces concebido como creador y le es dado el «dominio» sobre la creación. Diferente a las cosmogonías orientales, donde *sólo* el rey es hecho a semejanza de los dioses, en Israel, *todos* los hombres de la tierra han sido creados a semejanza de Dios. Todos los hombres han sido creados para crear en libertad y todos los hombres han sido llamados a dominar la tierra. La antítesis a ser hombre es ser esclavo, es estar bajo dominio de otro. Esta es la injusticia de la cual Yahvé los ha liberado. De aquí que, como nos decía Gutiérrez, *creación, liberación* y *salvación* sean términos intercambiables en la biblia. La antropología bíblica como señalan estos autores, no es metafísica, está concebida a partir de la experiencia socio-política de la liberación. Es en este sentido que afirman el hecho que bíblicamente el hombre sólo puede ser concebido como un ser llamado a ser libre. Dice Croato:

> Por eso entendemos que el hombre creado a «imagen» de Dios es libre, en su radicalidad ontológica y en su proyección al mundo, en su esencia y en su vocación. Sin la libertad —cuyo correlato jurídico es la autonomía— el hombre no puede realizarse ni, por lo mismo, puede actuar el designio de Dios. Aquí entroncamos perfectamente con P. Freire, quien destaca la vocación del hombre a «ser más», vocación negada en la injusticia, en la explotación, en la violencia de los opresores, en el orden injusto. De ahí la deshumanización (contraria al designio de Génesis 1, 26 s) y su resultado, el «ser menos» de los oprimidos. «Liberarse» significa, por lo mismo, «humanizarse», «ser más» en el ser y no en el dinero («tener más», la ilusión des-ontológica del opresor). Significa llegar a ser «creador», poder dominar la tierra. Significa poder expresar alguna vez la «imagen de Dios» grabada como «proyecto»» desde la creación misma del hombre [15].

tero, al huérfano y a la viuda no atropelléis; no hagáis violencia ni derraméis sangre de gente inocente en este lugar... Mas si no oís estas palabras, por mí mismo os juro... que en ruinas parará esta casa Y les dirán: *Es porque dejaron la alianza de su Dios Yahvé, y adoraron otros dioses y les sirvieron*» (Jer 22, 1-8). Como bien señala el exegeta mexicano Porfirio Miranda, *mispat* es en hebreo la defensa de los débiles, la liberación de los oprimidos, el hacerles justicia a los pobres. El hecho de que originalmente las leyes sean llamadas *mispatim* (ej.: Ex 21, 1; 15, 25; 18, 13-27), constituye un dato de importancia incalculable, pues indica cuál era la intención y sentido original de la legislación.

15. S. Croato, *o.c.*, 70.

Hasta aquí podemos concluir que queda claramente evidenciada la postura de los exegetas latinoamericanos que señalan la *liberación* como clave central de la estructura religiosa de Israel y que además, señalan que la liberación en la biblia tiene un significado histórico que abarca la estructura socioeconómica y política.

A partir del entendimiento del éxodo como movimiento de carácter socioeconómico y político, los latinoamericanos afirman la *liberación* como el principio rector de la nueva hermenéutica bíblica. No se puede entender la biblia sino desde esta perspectiva fundamental. Este principio hermenéutico sirve de instrumento deshelenizante y desideologizador en la interpretación bíblica. Al entender la liberación como un acontecimiento histórico y social se libera la interpretación bíblica del cautiverio en que la deshistorización platónica, privatizante, pseudo-espiritual y existencialista la habían mantenido.

Queremos examinar ahora cómo la religión profética revitaliza la liberación como clave de interpretación bíblica ante los nuevos acontecimientos históricos que fueron formando el pueblo de Israel y cómo esa resignificación de la liberación va señalando hacia la justicia como el fin de la liberación. Con ello queremos demostrar y reconfirmar la autenticidad de las interpretaciones de carácter histórico que los latinoamericanos de la teología de la liberación hacen del reino de Dios, de su concepción de la salvación personal como salvación que está en función de una salvación colectiva de carácter político, y que resume en el nuevo orden de relaciones sociales del reino de Dios, en cuya construcción el hombre habrá de desempeñar un papel necesario. Cuando hablamos de autenticidad nos referimos a su correspondencia con los fundamentos bíblicos de la tradición hebreo-cristiana.

2. La justicia histórica como objetivo final de la liberación en la religión profética del antiguo testamento

Para estos teólogos latinoamericanos, la religión profética constituye la expresión de los intentos de renovación del pueblo de Israel con el Dios que los ha liberado de la esclavitud y la opresión y los ha llamado a realizar al misión de construir un reino de justicia. Es en virtud de este pacto que Dios pasa juicio sobre Israel. Ese es el compromiso constitutivo de Israel. Por lo tanto, faltar a la justicia es equivalente a desviar el camino de la nación, es abrirse a toda clase de calamidades resultantes de la injusticia. Según estos exegetas, el propósito final de la liberación en la religión profética —que ocupa a mayor parte de los textos del antiguo testamento— es el establecimiento de la justicia. El reino de Dios es un reino de justicia, justicia real, no aquélla que da algo a cada cual según criterios del orden existente, sino la que procede de la liberación de los oprimidos del orden de relaciones sociales existentes.

Porfirio Miranda, el erudito biblicista mexicano, comprueba exegéticamente que el propósito de Dios en la historia, según la liberatura bíblica, es hacer «justicia interhumana». La creación, la liberación y la escatología bíblica deben entenderse en ese contexto. El reino de Dios es un reino de justicia, se ha de establecer en una creación que tiene por objeto la justicia y se llama a un pueblo que ha sido liberado para realizar ese objetivo [16].

El estudio de todas las tradiciones bíblicas desde las más antiguas en el antiguo testamento hasta el nuevo testamento confirman abundantemente la conclusión de Miranda. De aquí que él advierta que la *justicia* sea la finalidad única de la intervención divina:

> La intervención de Yahvé en nuestra historia humana tiene una sola finalidad; aquí está explícita: «por causa de la justicia». El recordar que el Dios que así interviene es el creador de todas las cosas y de todos los pueblos, le da una fuerza enorme a la intervención justiciera, y le da también amplitud universalista. Pero el designio de salvar de la injusticia y de opresión es el determinante de toda la descripción que Yahvé hace de sí mismo [17].

Esto queda especialmente evidenciado en el estudio del «nombre» de Yahvé y en el estudio de lo que Israel entiende por el plan de Yahvé. Toda la investigación de Miranda señala que las intervenciones de este Dios en la historia no pueden ser entendidas a la luz de la teología de la providencia, que occidente ha heredado de los greco-romanos.

> Para la biblia, es intervención de Yahvé, no cualquier suceso bueno y laudable, sino la realización de la justicia. El Dios de la biblia tiene un plan, se ha propuesto

---

16. Señalamos como ejemplo cuatro textos diferentes entre los mencionados por Miranda como evidencia: «Así dice el Dios Yahvé que crea los cielos y los extiende, que consolida la tierra y su vegetación, que da el hálito al pueblo que hay en ella y el espíritu a los que por ella andan: Yo Yahvé *te he llamado por causa de la justicia,* te he asido de la mano, te he formado y te he puesto como alianza del pueblo y luz de las naciones para abrir los ojos ciegos, para sacar del calabozo al cautivo, de la cárcel a los que habitan las tinieblas» (Is 42, 5-7). «Diles a los israelitas: *Yo soy Yahvé y por tanto, os liberaré de la opresión* de los egiptos, os rescataré con brazo tenso y grandes justicias, y os tomaré por pueblo y seré vuestro Dios, y conoceréis que yo soy Yahvé vuestro Dios que os libera de la opresión de los egipcios» (Ex 6, 6-7). «Conoceréis que yo» se convierte en una fórmula: *conocerán que yo, Yahvé, cuando despedace las coyundas de su yugo y os libre de la mano de quienes los tienen esclavizados»* (Ex 34, 27). Cuando el imperio babilónico es despedazado y se garantiza la liberación de los cautivos el profeta dice: «*Yo lo he suscitado por causa de la justicia...* él construirá mi ciudad y libertará mis deportados» (Is 45, 13).
17. Miranda, *Marx y la biblia,* 102.

convertir este mundo en un mundo de justicia: en la historia, dentro de la historia hay un *eschaton*, un *ultimum*, hacia el cual van encaminadas todas las realizaciones parciales de justicia[18].

La religión profética intensifica el uso del término *justicia* y reifica hermenéuticamente el acontecimiento de la liberación que sirve de base a las instituciones de Israel y a su interpretación de la historia. Del extraordinario estudio exegético de Porfirio Miranda, que a mi entender sirve de pilar al establecimiento de la nueva hermenéutica bíblica latinoamericana, se desprende que los profetas elevan a su máxima expresión la concepción de justicia heredada de las tradiciones antiguas del Pentateuco. Al interpretar la historia de Israel insiste con esas tradiciones en que «conocer a Dios» es «hacer justicia» (Dt 10, 16-19; Jer 22, 13-16; Os 6, 4-16)[19], concepción ésta que hereda el nuevo testamento y expresa intensamente la literatura juanina (1 Jn 4, 1-8, 12, 16, 20)[20]. Esta equivalencia entre «conocer a Dios» y «hacer justicia» es lo que lleva a Miranda al rechazo de la concepción idealista de Dios cuando dice:

Yahvé no está ni entre los entes ni los existires, ni el unívoco, ni en el ser análogo, sino en el implacable imperativo moral de justicia... Yahvé se deja conocer sólo en el acto humano de realizar justicia y compasión para con el prójimo[21].

Por esta misma razón, la religión profética es anti-cúltica cuando el culto no tiene relación con la justicia al hombre o está en contradicción con ella (Am 5, 2-25; Is. 1, 10-20; Os 6, 5-6; Am 4, 1-5; Miq 6, 6-8; Is 1, 11-17)[22].

18. *Ibid.*, 113.
19. «¿Eres acaso rey por tu pasión, por el cedro? Tu padre, ¿no comía y bebía? También hizo justicia y equidad, y le fue bien. Juzgó la causa del humillado y del pobre, e iba bien. ¿No es esto conocerme? —oráculo de Yahvé—» (Jer 22, 15-16).
20. «Queridos, amémonos unos a otros, ya que el amor es de Dios, y todo el que ama ha nacido de Dios y conoce a Dios. Quien no ama no ha conocido a Dios, porque Dios es amor... A Dios nadie le ha visto nunca. Si nos amamos unos a otros, Dios permanece en nosotros y su amor ha llegado en nosotros a su plenitud. En esto conocemos que permanecemos en él y él en nosotros: en que nos ha dado de su Espíritu... Si alguno dice: "Amo a Dios", y aborrece a su hermano, es un mentiroso; pues quien no ama a su hermano, a quien ve, no puede amar a Dios a quien no ve. Y hemos recibido de él este mandamiento: quien ama a Dios, ama también a su hermano» (1 Jn 4, 7-8; 12-13; 20-21).
21. P. Miranda, *Marx y la biblia*, 73.
22. Ejemplos: «A mí me buscan día a día y les agrada conocer mis caminos, como si fueran gente que practica la virtud y el rito de su Dios no hubiese abandonado. Me preguntan por las leyes justas, la vecindad de su Dios les agrada. —¿Por qué ayunamos, si tú no lo ves? ¿Para qué nos humillamos, si tú no lo sabes? —*Es que el día en que ayunábais, buscábais vuestro negocio y explotábais a todos vuestros trabajadores.*

Para la biblia, nos señala Miranda, Dios interviene en la historia para hacer justicia (Is 45, 6.8.13; Ez 34, 27)[23]. El pecado contra el que Dios interviene es específico: «es la injusticia y la opresión de los débiles por los prepotentes» (Is 10, 22; 45, 6-8; Am 2, 9. Véase cómo se plasma en el culto en los salmos 36, 11-13; 37, 1; 43, 1; 64, 7; 89, 23; 107, 42; 125, 3). Es lógico pues que el reino de Dios para los profetas de Israel, al igual que para toda la biblia (Sal 146, 7-10), sea concebido en términos de un reino de justicia (Sal 146, 7-10; Is 60, 1-4; 65, 17-25; Sof 3, 11-13)[24]. Dios viene a

Es que ayunáis para litigio y pleito y para dar de puñetazos al desvalido. No ayunéis como hoy, para hacer oír en las alturas vuestra voz. ¿Acaso es éste el ayuno que yo quiero el día en que se humilla el hombre? ¿Había que doblegar como junco la cabeza, en saco y ceniza estarse echado? ¿A eso llamáis ayuno y día grato a Yahvé? ¿No será más bien este otro el ayuno que yo quiero? —oráculo del Señor Yahvé—: desatar los lazos de maldad, deshacer las coyundas del yugo, dar la libertad a los quebrantados y arrancar todo yugo. ¿No será partir al hambriento tu pan, y a los pobres sin hogar recibir en casa? ¿Que cuando veas a un desnudo le cubras, y de tu semejante no te apartes? Entonces brotará tu luz como la aurora, y tu herida se curará rápidamente. Te precederá tu justicia, la gloria de Yahvé te seguirá» (Is 58, 2-8).
23. Ejemplos: «...para que se sepa, desde el sol levante hasta el poniente, que todo es nada fuera de mí. "Yo soy Yahvé, no hay ningún otro; ...Destilad, cielos, como rocío de lo alto, derramad, nubes la victoria. Abrase la tierra y produzca salvación, y germine justamente la justicia. Yo, Yahvé, lo he creado... Yo le he suscitado para la victoria y he allanado todos sus caminos. El reconstruirá mi ciudad y enviará a mis deportados sin rescate y sin recompensa", dice Yahvé Sebaot» (Is 45, 6.8.13). «El árbol del campo dará su fruto y la tierra dará sus productos, y ellos vivirán en seguridad en su pueblo. Y sabrán que yo soy Yahvé, cuando despedace las coyundas de su yugo y los libre de la mano de los que los tienen esclavizados» (Ez 34, 27).
24. Ejemplos: «Pues he aquí que yo creo cielos nuevos y tierra nueva, y no serán mentados los primeros ni vendrán a la memoria; antes habrá gozo y regocijo por siempre jamás por lo que voy a crear. Pues he aquí que yo voy a crear a Jerusalén "Regocijo", y a su pueblo "Alegría"; me regocijaré por Jerusalén y me alegraré por mi pueblo, sin que se oiga allí jamás lloro ni quejido. No habrá allí jamás niño que viva pocos días, o viejo que no llene sus días, pues morir joven será morir a los cien años, y el que no alcance los cien años será porque está maldito. *Edificarán casas y las habitarán, plantarán viñas y comerán su fruto. No edificarán para que otro habite, no plantarán para que otro coma, pues cuanto vive un árbol vivirá mi pueblo, y mis elegidos disfrutarán del trabajo de sus manos.* No se fatigarán en vano ni tendrán hijos para sobresalto, pues serán raza bendita de Yahvé ellos y sus retoños con ellos. Antes que me llamen, yo responderé; aún estarán hablando, y yo les escucharé. Lobo y cordero pacerán a una, el león comerá paja como el buey, y la serpiente se alimentará de polvo, no harán más daño ni perjuicio en todo mi santo monte —dice Yahvé—» (Is 65, 17-25). «Aquel día no tendrás ya que avergonzarte de todas tus rebeldías con que te rebelaste contra mí, porque entonces quitaré yo de tu seno a tus alegres orgullosos, y no volverás a engreírte en mi santo monte. Yo dejaré en medio de ti un pueblo humilde y pobre, y en el nombre de Yahvé se cobijará el resto de Israel. No cometerán más injusticias, no dirán mentiras y no se encontrará más en su boca lengua engañosa. Se apacentarán y reposarán sin que nadie los turbe» (Sof 3, 11-13). El rey de ese reinado es caracterizado también por la justicia: «...hace justicia a los oprimidos, da el pan a los hambrientos, Yahvé suelta a los encadenados. Yahvé abre los ojos a los ciegos, Yahvé a los encorvados endereza, Yahvé protege al forastero, a la viuda y al huérfano sostiene.

«hacer justicia» a los pobres y oprimidos, pero no a «hacerles juicio». «En efecto —dice Miranda— no se trata mínimamente de que Yahvé venga a juzgar al huérfano y al indigente, sino que venga a salvarlos de la injusticia, a liberarlos de la opresión» [25]. No se trata de un Dios imparcial que viene a decidir entre partidos en conflictos según las leyes «religiosas» sino que se trata de un Dios ya comprometido y parcializado en favor de los pobres y oprimidos para quien éstos siempre tienen la razón porque son las víctimas de la injusticia (Is 10, 1-4; véase cómo se plasma en el culto en los salmos 9, 10, 35, 74, 82 y 94) [26]. Esta posición habrá de continuarse con fuerza en el nuevo testamento, especialmente en el contexto de la idea del juicio final —«¡juicio por fin!»— (Mat 25, 31-46; Rom 2, 5-12; véase que en el libro de Lucas el establecimiento del reino implica la destitución de los ricos y la restitución de los pobres).

Queremos destacar que, como bien señalan estos exegetas, la justicia de la cual se habla en la biblia es justicia real y humana, es justicia que se realiza o se impide políticamente. Justicia es la manera concreta de amar al hombre. Aunque desgraciadamente, dice Miranda, se ha diferenciado *justicia* de *amor* siguiendo la influencia griega y hemos terminado por hacer del amor una abstracción separada de su base de justicia [27]. La justicia de la que se habla es aquélla que tiene que ver con los pobres que han sido burlados por jueces vendidos, los que han sido burlados por pesas y medidas falsas, los que han sido expropiados de su tierra, los que han sido dejados huérfanos y viudas, los que han sufrido violencia, engaño, hambre, sed, persecución, enfermedad, etc. Los injustos, de los cuales el reino librará a los oprimidos, son señalados por Miranda, en el estudio de los salmos, de la siguiente manera:

> Son los que practican la *violencia* en perjuicio del débil... los que despojan al *huér-fano*... y a la *viuda*... son *sanguinarios*... *opresores*... *despojadores*... son los que practican la *astucia*... dicen *falsedades* al prójimo... y lo *engañan*... mediante *frau-*

Ama Yahvé a los justos, más tuerce el camino de los impíos; Yahvé reina para siempre, tu Dios, oh Sión, de edad en edad» (Sal 146, 7-10).
25. P. Miranda, *o.c.*, 140.
26. Ejemplo: «¡Ay! los que decretan decretos inicuos, y los escribientes que escriben vejaciones, excluyendo del juicio a los débiles, atropellando el derecho de los pobres de mi pueblo, haciendo de las viudas su botín, y despojando a los huérfanos. Pues ¿qué haréis para el día de la cuenta y la devastación que de lontananza viene? ¿a quién acudiréis para pedir socorro? ¿dónde dejaréis vuestros honores? Sólo queda inclinarse entre los prisioneros y caer entre los muertos. Con todo eso no se ha calmado su ira, y aún sigue su mano extendida» (Is 10, 1-4).
27. Miranda, *o.c.*, 87. Véase el consenso actual de los eruditos bíblicos europeos sobre el carácter histórico y material del término «justicia» en la biblia, en las páginas 67-99 y 137-165.

de y *dolor*... son los que aceptan soborno... los que *no restituyen* lo prestado... con todas sus letras son los *inmisericordes*... los que practican a *injusticia* [28].

De aquí que los profetas conciban la *fe* igual que en las tradiciones bíblicas antiguas, como la esperanza de la intervención de Dios en la historia con el propósito de hacer justicia. Isaías 28, 16-17 la cataloga como «el más puro concepto de fe bíblica». «Por eso, así dice el Señor Yahvé: "He aquí que yo pongo por fundamento en Sión una piedra elegida, angular, preciosa y fundamental: quien tuviere fe en ella no vacilará. Pondré la equidad como medida y la justicia como nivel"» (Is 28, 16-17). Dios es el *justo* y su espíritu es justicia (Miq 3, 8-10; Is 32, 15-17; 61, 1). Fe en Yahvé es fe en su promesa de justicia. No es de extrañarse pues, que la figura del mesías para los profetas corresponda la de un libertador que viene a hacer justicia (Is 61, 1-8) [29].

De este entendimiento profético de la fe de Israel, como fundada en la esperanza de justicia —por causa de la liberación que Dios ha obrado en favor de los explotados— los profetas, al decir de los exegetas latinoamericanos, «re-significan» el acontecimiento liberador a todo lo largo de la historia de Israel. Así enriquecen su contenido y abren las reservas de significado contenidas en el acontecimiento del éxodo para la interpretación de nuevas áreas de la vida y nuevos acontecimientos históricos del pueblo. Convierten la «memoria histórica» en «mensaje» a sus contemporáneos y en «promesa» para futuras generaciones.

Por esto encontramos que Israel siempre concibe «el reino que viene» como la eliminación de las contradicciones históricas y terrenas que impiden la realización de una sociedad de justicia exenta de opresión. Esto es, conciben el reino en íntima relación con las condiciones históricas y terrenas en

---

28. *O.c.*, 131.
29. «El espíritu del Señor Yahvé está sobre mí, por cuanto que me ha ungido Yahvé. A anunciar la buena nueva a los pobres me ha enviado a vendar los corazones rotos; a pregonar a los cautivos la liberación, y a los reclusos la libertad; a pregonar el año de gracia de Yahvé, día de venganza de nuestro Dios; para consolar a todos los que lloran, para darles diadema en vez de ceniza, aceite de gozo en vez de vestido de luto, alabanza en vez de espíritu abatido» (Is 61, 1.2). «Porque tú pesaste su pesado yugo y la vara de su hombro, y el cetro de su opresor como en el día de Madián. Porque todo el calzado que lleva el guerrero en el tumulto de la batalla, y todo el manto revolcado en sangre, serán quemados, pasto del fuego. Porque un niño nos ha nacido, hijo nos es dado y el principado sobre su hombro: y será llamado su nombre Admirable, Consejero, Dios fuerte, Padre eterno, Príncipe de paz. Lo dilatado de su imperio y la paz no tendrán límite sobre el trono de David y su reino, disponiéndolo y confirmándolo en el juicio y en justicia desde ahora y para siempre» (Is 9, 2-7). Cf. también los siguientes: Miq 5, 2-9; 3, 9-12; Sof 3, 11-13; Is 42, 1-4).

que viven. De aquí que cada profeta exprese en forma distinta su concepción del reino, a pesar de que hablan de la misma promesa que originalmente se articuló en términos de «una tierra de la que fluya leche y miel».

El trabajo de M. Vasil, *La pluralidad de las escatologías de Israel*, nos sirve de guía. Nos muestra, siguiendo a los especialistas sobre el tema cuál es la vena central de la tradición bíblica en el antiguo testamento y cuáles los elementos periféricos añadidos tardíamente por influencias helenísticas de origen persa y griego. Con esto, queda demostrada la naturaleza histórica —económica, social y política— de la escatología de Israel en la biblia misma.

En primer lugar, nos expone los resultados de los estudios sobre los profetas de pre-exilio. En Amós, el profeta campesino, prevalece el juicio y la *condena sobre los que explotan a los campesinos, distorsionan la justicia y compran al pobre* (Am 2, 6-8). *Expresa su esperanza escatológica en términos de una profecía de abundancia de cosecha y de la restauración de la ciudad del rey David al regreso de los deportados* (Am 9, 11-15). Asimismo, señala el estado de dominación de la ciudad sobre el campo, el poder de la clase dominante sobre el estado y la inseguridad política de lo que antes fue el imperio de David.

Oseas, proclama un *castigo pedagógico sobre Israel y la meta final de la restauración del primer Amós* (Am 2, 14.16) *en una relación nueva, maravillosa y eterna que incluye el retorno del Israel cautivo* (12, 19s; 2, 21s; 3, 5; 14, 1.2).

En el *primer Isaías*, que sigue a los clamores de justicia social de Amós y Oseas, encontramos por primera vez una escatología de rasgos universales (2, 2-4) *en que Israel (por lo que representa) será cabeza de la administración de justicia entre las naciones y el centro religioso, se llevará a cabo* el desarme de los pueblos, habrá paz universal y los esfuerzos bélicos serán destinados a la producción de alimentos [30].

Isaías ve ese acontecimiento de purificación y establecimiento de un nuevo orden en términos de un proceso y un plan que comienza por la casa y se extiende a los demás pueblos (5, 19; 14, 24.26.27; 28, 29; 30, 1). El jui-

---

30. Acontecerá en lo postrero de los tiempos, que será confirmado el monte de la casa de Yahvé como cabeza de los montes, y será exaltado sobre los collados y correrán a él todas las naciones. Y vendrán muchos pueblos y dirán: venid, subamos al monte de Yahvé, a la casa de Dios de Jacob y nos enseñará sus caminos, y caminaremos por sus sendas. *Porque de Sión saldrá la ley y de Jerusalén la palabra de Yahvé. Y juzgará entre las naciones, y representará a muchos pueblos; y volverán sus espadas en rejas de arado. y sus lanzas en hoces; no alzará espada nación contra nación, ni se adiestrarán más para la guerra»* (Is 2, 2-4).

154

cio sobre los adversarios y la impureza en Israel se traduce en la restauración de una justicia real limpia. En Isaías encontramos *la idea de un «remanente»* de justos (Dios con nosotros), una especie de príncipe Dios [31].

Jeremías, añade nuevos elementos a la escatología de Israel. Su escatología tiene relación más directa con su lucha política por la restauración de los valores de la justicia y los valores del Israel liberado de Egipto que en ningún otro profeta. La salvación aquí se refiere en primer lugar, al retorno de los exilados del reino del norte (3, 18; 30 y 31) para la restauración de una ciudad-estado con carácter permanente («y habitará allí Judá y también en todas sus ciudades, labradores y los que van con su rebaño»; Jer 31, 22 31-34.35-37) y finalmente, salvación para el resto de los exilados que regresen a construir a Jerusalen y a vivir en paz (Jer 23, 4; 33, 4), los cuales, ostentarán el carácter de un nuevo hombre que no actúe bajo la coacción de la ley sino voluntariamente porque la ley estará escrita en su conciencia (31, 31-34) [32].

En segundo lugar, Vasil nos muestra la escatología de los profetas del exilio y del post-exilio que traen consigo ya las influencias externas a la

31. «El pueblo que andaba en tinieblas, vio gran luz; los que moraban en tierra de sombra de muerte, luz resplandeció sobre ellos. Multiplicastes la gente y aumentastes la alegría. Se alegrarán delante de ti como se alegran en la siega, como se gozan cuando reparten despojos. *Porque tú quebrastes su pesado yugo y la vara de su hombro, y el cetro de su opresor, como en el día de Madián. Porque todo el calzado que lleva el guerrero en el tumulto de la batalla, y todo manto revolcado en sangre, serán quemados, pasto del fuego. Porque un niño nos es nacido, hijo nos es dado y el principado sobre su hombro: y se llamará su nombre Admirable, Consejero, Dios fuerte, Padre eterno, Príncipe de paz. Lo dilatado de su imperio y la paz no tendrán límite sobre el trono de David y sobre su reino, disponiéndolo y confirmándolo en juicio y en justicia desde ahora y para siempre. El celo de Yahvé de los ejércitos hará eso»* (Is 9, 2-7; 7, 10 s). Similar al de su predecesor Isaías, Miqueas espera el advenimiento de un gobernante guerrero que saldrá de la pequeña Belem (5, 2-9) para vengar la ruina de Israel a causa de la corrupción del derecho y de la injusticia contra los pobres (3, 9-12). Sofonías es el predicador de la inminencia de la catástrofe del «día del Señor» (1, 14), de la cual se salvará el «remanente» de «los pobres de la tierra» (como llamaban en Israel a los marginados): «En aquel día no serás avergonzado por ninguna de tus obras con que te rebelastes contra mí; porque entonces quitaré de en medio de ti a los que se alegran en tu soberbia, y nunca más te ensorbecerás en mi santo monte. Y dejaré en medio de ti un pueblo humilde y pobre, el cual confiará en el nombre de Yahvé. El remanente de Israel no hará injusticia ni dirá mentira, ni en boca de ellos se hallará lengua engañosa; porque ellos serán apacentados y dormirán, y no habrá quien los atemorice» (Sof 3, 11-13).

32. «He aquí... yo pactaré con la casa de Israel... No como el pacto que hice con sus padres el día que tomé sus manos para sacarlos de la tierra de Egipto; porque ellos invalidaron mi pacto... Este es el nuevo... *daré su ley en su mente y la escribiré en su corazón;* y yo seré a ellos por Dios, y ellos me serán por pueblo. Y no enseñará más ninguno a su prójimo, ni ninguno a su hermano diciendo: conoce a Yahvé, porque todos me conocerán, desde el más pequeño de ellos hasta el más grande; porque perdonaré la maldad de ellos y no me acordaré más de su pecado» (Jer 31, 32-34).

tradición de Israel, sobre todo de Babilonia y Persia, después que Ciro de Persia los libera y los retorna a Israel.

El llamado *Deutero-Isaías* o segundo Isaías, que sigue a Ezequiel [33], cuyo material fue incluido en el material del libro del primer Isaías (caps. 40-55), escribió pura escatología de salvación porque a su entender el juicio ya había ocurrido (40, 1-2). La salvación para él será como un segundo éxodo (43, 15-21; 48, 20-21), el templo será reconstruido, Yahvé reinará en su reino de seguridad y salvación (49, 7-26; 55, 3-5; 52, 7-8; 47, 21-23), abarcando todos los pueblos (51, 3; 45; 54, 13-14). *El siervo del Señor* (el pueblo escogido, no un individuo), tendrá el encargo de traer justicia, luz y libertad y extender el pacto con Dios a todo el mundo (42, 1-4, 6-7) [34]. Para el segundo Isaías, diferente a los demás profetas, este acontecimiento ya está en proceso, no es un mero futuro, Ciro de Persia acelera el proceso (41, 2-3; 44, 28). Finalmente, presenta su escatología en términos de una nueva creación que incluye la transformación de la naturaleza desértica en una fructífera y abundante (41, 17-20; 45, 8; 48, 7) [35].

La influencia de este segundo Isaías se encuentra en todos los post-exílicos, especialmente en el *Trito Isaías* o tercer Isaías. Su concepto de la nueva

33. Ezequiel hace énfasis en la restauración interior, espiritual, de la nación (2, 19-20). Expresa la salvación del «remanente» como la recreación de la abundancia del huerto de Edén, la reconstrucción de ciudades asoladas y desiertas, y la reconstrucción del templo, de donde saldrá un hermoso río en cuya ribera «crecerá toda clase de árboles frutales, sus hojas nunca caerán ni faltará su fruto... su fruto será para comer y sus hojas para medicina» (47, 1-12); aquí ya notamos nuevos elementos históricos.

34. «He aquí mi siervo a quien yo sostengo, mi elegido en quien se complace mi alma. He puesto mi espíritu sobre él: dictará ley a las naciones. No vociferará ni alzará el tono y no hará oír en la calle su voz. Caña quebrada no partirá, y mecha mortecina no apagará. Lealmente hará justicia; no desmayará ni se quebrará hasta implantar en la tierra el derecho, y su instrucción atenderán las islas» (Is 42, 1-4). «Yo, Yahvé, te he llamado en justicia, te así de la mano, te formé, y te he destinado a ser alianza del pueblo y luz de las gentes, para abrir los ojos ciegos, para sacar del calabozo al preso, de la cárcel a los que viven en tinieblas. Yo, Yahvé, ese es mi nombre, mi gloria a otro no cedo, ni mi prez a los ídolos. Lo de antes ya ha llegado, y anuncio cosas nuevas; antes que se produzcan os las hago saber» (Is 42, 6-9).

35. «Los humildes y los pobres buscan agua, pero no hay nada. La lengua se les secó de sed. Yo, Yahvé, les responderé: Yo, Dios de Israel, no les desampararé. Abriré sobre los calveros arroyos y en medio de las barrancas manantiales Convertiré el desierto en lagunas y la tierra árida en hontanar de aguas. Pondré en el desierto cedros, acacias, arrayanes y olivares. Pondré en la estepa el enebro, el olmo y el ciprés a una, de modo que todos vean y sepan, adviertan y consideren que la mano de Yahvé ha hecho, eso, el santo de Israel lo ha creado» (Is 41, 17-20) «...yo modelo la luz y creo la tiniebla, yo hago la dicha y creo la desgracia, yo soy Yahvé, el que hago todo esto. Destilad cielos, como rocío de lo alto, derramad, nubes, la victoria. Abrase la tierra y produzca salvación, y germine juntamente la justicia. Yo, Yahvé, lo he creado» (Is 45, 7-8).

creación es testimonio de ello. En él la eliminación de la explotación del hombre y la redención del trabajo son fundamentales:

> Porque he aquí que yo crearé nuevos cielos y nueva tierra; y de lo primero no habrá memoria, ni me vendrá más el pensamiento. Mas os gozaréis y os alegraréis para siempre en las cosas que yo he creado... No habrá allí más niño que muera de pocos días, ni viejo que sus días no cumpla; porque el niño morirá de cien años, y el pecador de cien años será maldito. Edificarán casas y morarán en ellas; plantarán viñas y comerán el fruto de ellas. No edificarán para que otro habite, ni plantarán para que otro coma; porque según los días de los árboles serán los días de mi pueblo, y mis escogidos disfrutarán la obra de sus manos. No trabajarán en vano ni darán a luz para maldición... [36].

Vasil nos ha demostrado ya que ese carácter pluralista de la escatología de Israel que concibe el reino en términos históricos de justicia, constituye la vena central de la tradición profética que habrá de dominar hasta Jesús a pesar de las influencias posteriores.

A pesar de esto, en algunos de estos profetas del período post-exílico se nota ya una transición a la escatología «apocalíptica», de tonos transcendentes y ahistóricos por influencia oriental. Esto lo encontramos definitivamente desarrollado en el libro de Daniel, de donde algunos grupos de la iglesia sacan luego muchas de sus imágenes sobre el fin de los tiempos. Sobre este cambio en la tradición escatológica de Israel, cita a uno de los especialistas veterotestamentarios cuando dice:

> Entre ellos encontramos la transición a una marcada trascendentalización de Dios que resultó en parte, de la influencia extranjera. El abismo entre el mundo terreno y el mundo divino hace posible, inclusive, el desarrollo de una doctrina de los ángeles intermediarios [37].

Sin embargo, mantienen todavía la naturaleza integral de la personalidad humana que tan distinta es a la idea griega de la composición dual de cuerpo y alma.

En tercer lugar, nos presenta la escatología de los libros apocalípticos y de la *Pseudoepigrapha* [38]. Estos son aquellos libros extracanónicos, escritos

---

36. Is 65, 17-25.
37. M. Vasil, *o.c.*, 20 (citado del *Interpreter's dictionary of the bible*).
38. Esa literatura está representada en la literatura bíblica por los libros de *Daniel, Revelación, Baruch* y la *Pseudoepigrapha*. La *Pseudoepigrapha* se refiere a esos escritos judíos fuera del canon del antiguo testamento y de la *Apocripha* (éstos últimos, libros judíos extracanónicos no incluidos en la traducción griega de *Los Setenta*), que fueron compuestos originalmente en hebreo, arameo y griego entre los años 200 a.c. y 200 d.c. Incluyen sobre todo proclamas apocalípticas, historias legendarias, salmos y citas de sa-

en su mayor parte entre el comienzo del segundo siglo A.C. y el final del primer siglo D.C., en los cuales se incorpora ya definitivamente el concepto de la vida después de la muerte y se da gran importancia al final del mundo. No hay uniformidad en ellos e inclusive un mismo libro incorpora conceptos apocalípticos contradictorios. Todos los analistas bíblicos concuerdan en que «creencias populares que no se encuentran en el antiguo testamento forman las bases de estos conceptos y que en ellos se puede detectar influencias babilónicas, persas y griegas». Esta escatología intertestamentaria está formada por una concepción de un universo de tres pisos: la tierra (donde viven los hombres), el cielo o una serie de ellos (donde viven Dios y los ángeles), y el mundo inferior (lugar del tormento de los espíritus). Sobre el concepto del hombre de estos pensadores apocalípticos, dice el citado autor, siguiendo a los especialistas en el asunto:

> Conjuntamente con esto viene la creencia de la naturaleza compuesta del hombre como teniendo dos partes interdependientes cuerpo y alma —ambas necesarias y buenas en virtud de ser creadas por Dios—. El alma se separa del cuerpo a la muerte. Las creencias concernientes a lo que ocurre después de la muerte, varían. Los judíos de la diáspora bajo influencia helenística llegaron a creer en la inmortalidad del alma y aún a rechazar el cuerpo como innecesario, e inclusive algunos, a señalarlo como malo [39].

Sin embargo, la mayoría de estos escritos intertestamentarios expresan todavía sus creencias en una sola edad o era, «esta era presente de la historia humana, sin ninguna idea de que habrá de finalizar algún día», y no la consideraban estática [40]. Mantenían su apego a la esperanza nacionalista de los judíos de que en el futuro se estableciera el orden teocrático de Dios en la tierra. Su reino incluía un mesías, en los casos que aquél era concebido en términos de reino mesiánico. La creencia en la resurrección de la muerte y un juicio final al estilo egipcio vino tardíamente a ser parte de la concepción general escatológica intertestamentaria.

En este medio intertestamentario, señala Vasil, se desarrolla una escatología que se separa radicalmente de la vena central del pensamiento de Israel: el *apocalipticismo*. Aun cuando pertenece al mismo período de esta tercera escatología, forma una cuarta tendencia [41]. Este se caracteriza por una «esca-

---

biduría. Vasil cita de los eruditos bíblicos europeos la siguiente definición de «apocalipticismo»: «Un tipo de pensamiento religioso que se originó aparentemente del zoroastrismo, la antigua religión persa, adoptado por el judaísmo en los períodos del exilio y del post-exilio, el que a su vez lo ha trasmitido al cristianismo» (*O.c.*, 24).

39.   M. Vasil, *o.c.*, 25 (citado también del *Interpreter's dictionary of the bible*).
40.   *Ibid*.
41.   Cf. nota 38.

tología cósmica dualista» de influencia helenística que sostiene la creencia en dos eras o tiempos (*aeones*) diferentes: la era del presente, mala, bajo el dominio de Satanás y la era futura, eterna y justa, bajo el control de Dios. Aquí fueron reforzadas las creencias populares de la vida después de la muerte y del juicio final; ideas que nunca fueron parte de la religión profética de Israel. Los condenados en el juicio final (generalmente gentiles o apóstatas del judaísmo) iban a un lugar de tormento eterno en el bajo mundo (para ser comidos por gusanos o por el fuego); mientras los justos eran recompensados en el paraíso, en el cielo o en la tierra (en una Jerusalén celestial o en un jardín del Edén que bajaría a la tierra) y así estarían ante la presencia de Dios o del mesías, o ambos.

Esa escatología apocalíptica fue reforzada intelectualmente por los judíos helenísticos en la diáspora. Adoptaron el dualismo de la cosmovisión platónica de la cultura greco-romana para hacer una distinción definitiva entre espíritu y materia, eternidad e historia, alma y cuerpo, cielo y tierra, ideas y trabajo. Filón es un buen ejemplo. Para él, el alma, que preexistía en el cielo, era buena, pero el cuerpo material, era corrupto, por consiguiente era una prisión para el alma. A la muerte del creyente, el alma iría a Dios y el cuerpo a la corrupción final. Para Filón, la resurrección del cuerpo, contrario a la escatología neotestamentaria, era imposible. Según los exegetas modernos (europeos, norteamericanos y latinoamericanos), estas concepciones de una escatología de naturaleza apocalíptica y neoplatónica, no corresponden a la tradición central que domina el pensamiento profético en el antiguo testamento. En los profetas estamos ante el anuncio de un reino de justicia que ocurre en la tierra y en relación dialéctica con la naturaleza de la injusticia de cada época. Debemos advertir desde ahora que estos exegetas están conscientes de que esa influencia apocalíptica se encuentra en algunos libros del nuevo testamento, pero a pesar de ello, los textos del nuevo testamento contienen en sí mismos los elementos correctivos para interpretar la salvación en términos intramundanos nuevamente, como en el caso de san Pablo, para quien la salvación no era una realidad futura, sino una realidad presente y terrena, que determina el futuro de todo.

Hemos visto en esta sección del capítulo que la escatología del antiguo testamento es diversa y que la tradición fundamental, clásica, del pensamiento bíblico concibe la plenitud escatológica del reino de Dios en términos intramundanos y políticos. De aquí que los biblicistas latinoamericanos, tanto como los europeos, no alegan en ningún momento que esa sea la única interpretación del reino de Dios existente en la biblia, sino que es la fundamental y la dominante. Esto nos comprueba la existencia en la biblia de los recursos necesarios para una teología que tome en serio la historia y la acción política del hombre. Sobre todo, nos demuestra que el establecimiento de la justicia, como infraestructura del reino de Dios, es el objetivo último de la intervención liberadora del Dios hebreo.

Este examen sobre el lugar central que ocupa la justicia en la literatura de la religión profética —según indicación de los exegetas latinoamericanos— nos confirma que la fe cristiana contiene en sus tradiciones más antiguas y fundamentales la afirmación de la justicia económica, social y política como la finalidad del proceso de liberación-salvación. En ellas se entiende la justicia como la reivindicación del débil y del oprimido. Nos confirma además, lo correcto de la afirmación de estos exegetas y teólogos latinoamericanos al interpretar la tradición bíblica sobre el reino de Dios en el antiguo testamento. Encontramos en ellas una continua «re-significación» de los nuevos acontecimientos nacionales desde el paradigma de la liberación.

Con ello demostramos y confirmamos la autenticidad de las interpretaciones de carácter histórico que hacen los teólogos de la liberación sobre el reino de Dios. Igualmente, demostramos la autenticidad bíblica de la concepción de estos teólogos sobre la salvación, cuando dicen que ésta debe entenderse en función de la lucha por el establecimiento de un nuevo orden de relaciones sociales, en el cual el hombre tiene que desempeñar un papel.

Veamos ahora el nuevo testamento, la tradición literaria del cristianismo propiamente, para examinar si las afirmaciones de la teología de la liberación sobre la historia, la salvación, la liberación, el reino de Dios y la justicia son sostenibles en esos textos. Para que ello fuese así, la predicación de Jesús, según entendida por la iglesia del nuevo testamento debería constituir una continuidad con el antiguo testamento. Su concepción del reino debería ser de carácter histórico y no de carácter platónico como interpreta la teología tradicionalista, que espiritualiza y deshistoriza la salvación cuando la reduce a una religión interior y la desvincula de la historia. Además, debería mantener el carácter revolucionario del reino de Dios frente a la realidad sociopolítica de opresión y la preferencia por los oprimidos, como lo hace el antiguo testamento. Esto estaría en contradicción con la interpretación universalista de la teología tradicional que esconde la naturaleza conflictiva y del proceso histórico donde se da la lucha por la liberación entre justos e injustos.

3. Jesucristo: la historización del futuro revolucionario
   en el nuevo testamento

Jesús representa el foco reinterpretativo del nuevo testamento. Este otro
foco, no sustituye al éxodo, según estos exegetas, sino que se ubica dentro
de esa misma estructura de interpretación de la realidad: juicio a la opresión
y proclamación de la liberación que trae la justicia a reinar entre los hombres, de la cual habrá de participar toda la creación. Su predicación se
sintetiza en el concepto del *reino de Dios*. El mexicano Benjamín Ferreyra,
en su estudio de la eucaristía, señala la liberación real del éxodo como el
contexto en que hay que interpretar a Jesús:

> El *Zikkaron* de la liturgia judía se refiere fundamentalmente al *Exodo* y a la his-
> toria de liberación que principia Israel con los acontecimientos del Sinaí. A partir
> del éxodo, el Yahvé de Israel fue experimentado como un libertador. La primera
> experiencia del «Dios de los padres» fue, pues, una experiencia de libertad, de
> independencia, de justicia y de promoción para la comunidad hebrea. El *Memorial*
> de la liturgia y especialmente de la celebración pascual, venía en la oración hebrea
> y en las rúbricas culturales para comprometer al creyente judío a continuar en la
> lucha en pro de la libertad, de la justicia y de la promoción de los individuos
> y de la comunidad. La eucaristía llega a nosotros como *Zikkaron* en memoria de
> Cristo, es decir, como *Su memorial:* llamado exigencia y *prenda* para *comprome-
> ternos y solidarizarnos* con todo el sentido de su pascua. Su pascua como expresión
> cumbre y definitiva del gran movimiento de liberación, de justicia y de promoción,
> esperado por toda la humanidad, empezado por el éxodo, continuado a lo largo
> de la historia bíblica y confirmado por Jesús con su pascua que contempla también
> como un *Zikkaron* [42].

De aquí que la noción de *pan* sea entendida también como símbolo de
la historia real del hombre, que los autores nos invitan, como en el caso
de Ferreyra, a abandonar «toda magia, todo mito, toda hechicería, todo
ídolo y fetiche», para «encontrar al Dios de la eucaristía» en «el esfuerzo
de los grandes movimientos en favor de la liberación del hombre» —porque
el pan, no es pan «espiritual», sino que «es síntesis de la historia humana:
el pan supone y exige agricultura, economía, sistema social, comunicacio-
nes, planeación, política, trabajo, técnica, humanismo, ciencia y desarrollo...
por eso es signo de justicia, de amistad, de bienestar... de solidaridad humana en la suprema y común empresa de vivir... de comunidad y unión
para la abolición del hambre y la miseria como expresión de todas las injusticias, las explotaciones, las opresiones» [43].

42. B. Ferreira, *La eucaristía, signo de liberación*, 1-2.
43. *Ibid.*, 7-10.

Míguez Bonino, el decano de los teólogos protestantes rioplatenses, destaca y argumenta esa «continuidad» entre el programa de liberación real del antiguo y el nuevo testamento:

> Es por lo tanto que, cuando Israel incorpora su esperanza en la figura del ungido, el mesías, éste sea aguardado como el «Libertador», aunque de diversas maneras (1Sam 2, 1-10; Is 61, 1-2, etc.) [44]. El nuevo testamento, lejos de rechazar esta esperanza, la asume en la proclamación de Jesucristo. Así es recibido por Zacarías y María como el libertador anunciado (Lc 1, 46-55; 68-79) [45]. Jesús mismo toma sobre sí el programa de liberación anunciado por Isaías (Lc 4, 18-19; Mt 2, 1-6) [46]. En la muerte y resurrección de Jesucristo, un nuevo mundo ha hecho irrupción, una nueva edad ha sido inaugurada, colocada bajo la señal de la liberación —del mundo, del pecado, de la muerte, de la ley— que ha de consumarse en el *parusía* del Señor. El cristianismo es «llamado a la libertad» (Gál 5, 1.13) [47]. Una libertad que es a la vez anticipo de la definitiva y acicate para una vida nueva (Rom 8, 15-27), una liberación que toda la creación anhela y aguarda (8, 22) [48].

Queda claro que la predicación de Jesús debe ser interpretada como continuidad de la «visión del mundo» y de la literatura hebrea y no de la grecoromana.

Jesús, como foco estructurante del nuevo testamento, concretiza su predicación en el anuncio de «la llegada del reino de Dios». Este concepto recoge el futuro liberador prometido, que Israel ha estado descifrando de su propia historia real. Pero Jesús redefine el tiempo de esa promesa. Esto es lo que según los exegetas latinoamericanos intensifica aún más el carácter

---

44. «Entonces Ana dijo esta oración: Mi corazón exulta en Yahvé... porque me he gozado en tu socorro... Yahvé enriquece y despoja... Levanta del polvo al humilde, alza del mudalar al indigente para hacerle sentar junto a los nobles» (1Sam 2, 1, 7-8).

45. «Y María dijo: Engrandece mi alma al Señor y mi espíritu se alegra en Dios mi salvador porque *ha puesto sus ojos en la humildad de su esclava,* por eso ahora todas las generaciones me llamarán bienaventurada porque ha hecho en mi favor maravillas el poderoso... Desplegó la fuerza de su brazo, dispersó a los que son soberbios en su propio corazón. Derribó a los potentados de sus tronos y exaltó a los humildes. A los hambrientos colmó de bienes y despidió a los ricos sin nada. Acogió a Israel su siervo acordándose de su misericordia —como había prometido a nuestros padres...» (Lc 1, 46-55).

46. «Le entregaron el libro del profeta Isaías y desenrollando el volumen, halló el pasaje donde estaba escrito: "El espíritu del Señor está sobre mí por cuanto me ha ungido. Me ha enviado a anunciar a los pobres la buena nueva, a proclamar la liberación a los cautivos y la vista a los ciegos, para dar libertad a los oprimidos y proclamar un año de gracia del Señor". Enrollando el volumen lo devolvió al ministo y se sentó... Comenzó a decirles: Esta escritura, que acabáis de oír, se ha cumplido hoy» (Lc 4, 16-21).

47. «Para ser libres nos liberó Cristo. Manteneos, pues, firmes y no os dejéis oprimir nuevamente bajo el yugo de la esclavitud... Porque hermanos, habéis sido llamados a la libertad...» (Gál 5, 1.13).

48. El texto está tomado de Míguez Bonino, *Teología y liberación,* en Fichas de ISAL, 8.

histórico del evangelio. El mensaje de Jesús está sintetizado en las bienaventuranzas, pero éstas deben ser entendidas en el contexto del significado del reino de Dios, según la afirmación de los estudios modernos. De aquí que deben ser entendidas en sentido liberador.

Croato, en el estudio bíblico donde destila la nueva hermenéutica, señala las implicaciones revolucionarias de esa interpretación:

> Por empezar, nada nos afirma que en los evangelios el reino de los cielos es el mundo celestial y trascendente, el estado *post-mortem*. Sabemos lo que pensaban los judíos de este «reino» esperado, terrestre y muy definido. Las bienaventuranzas deben ser leídas a la luz de las esperanzas mesiánicas inscriptas en el corazón de los profetas y exploradas por los judíos. Ahora bien, en el antiguo testamento hay una línea profética bien marcada que, retomando la concepción teológica de Yahvé, defensor de los pobres, la vuelca en la descripción del rey futuro como instaurador de la *justicia* y liberador de los *oprimidos* (cf. Is 9, 5-7; 11, 1-9; Jer 23, 3-8; Ez 34, 23-27). Leamos en este momento el oráculo más significativo para nuestra intención; al anunciar Isaías al retoño de David, poseedor del «espíritu» de Yahvé, expresa que «juzgará en justicia *al pobre* y en equidad a los *humildes-de-la-tierra;* y herirá al opresor con la vara de su boca y con el soplo de sus labios matará al impío...» (11, 4) [49].

Para Croato, como para todos los eruditos bíblicos del continente ubicados en esta interpretación liberadora de la biblia, la esperanza del reino de justicia destilada de la re-significación del acontecimiento del éxodo a lo largo de la historia de Israel, constituye la clave interpretativa que usa Jesús para entender su vocación y su momento histórico:

> Pues bien, Jesús «interpreta» no sólo su vocación sino también su momento histórico como realización de estas esperanzas. «Felices los pobres» porque *ahora*, con El, comienza la liberación. Las bienaventuranzas no son una llamada a la *resignación* sino a un proceso de liberación que no comienza como revolución política y social (veremos más adelante por qué) pero que tarde o temprano lo sería. Si el «reino» no es una cosa etérea y espiritual, no llegará sin un cambio profundo en los hombres, sin la instauración de la justicia en todos los niveles [50].

Las influencias platonizantes del helenismo que desvirtúan el carácter histórico de la escatología hebrea están ausentes en Jesús. Es la conclusión de los especialistas después del estudio de la formación de los textos y documentos neotestamentarios compuestos en base a fragmentos cúlticos y tradiciones orales sobre Jesús. El ministerio de Jesús se realiza en medio de la tradición hebrea y judía.

---

49. S. Croato, *Liberación y libertad*, 107.
50. S. Croato, *o.c.*, 107-108.

En la escatología de Jesús se mantiene la concepción hebrea del Dios único que trabaja en la historia humana en interacción con los hombres para lograr la nueva creación que se sintetiza en el reino de Dios. Todos concuerdan en que el tema de la predicación de Jesús es «el evangelio del reino de Dios (Mt 4, 23; Mc 1, 14.15; Lc 8, 1; 9, 11; 4, 43-44) [51]. Pero en la madurez de su ministerio hay un cambio de tono; Jesús comienza a afirmar que el reino ya llegó y que su poder entre los hombres se muestra como evidencia (los cojos andan, los ciegos ven..., el poder del mal es derrotado..., etcétera), según las antiguas señales estipuladas por los profetas (Is 29, 18-19; 35, 5-6; 61; Lc 11, 20; Mt 12, 18; Mc 3, 27; Lc 16, 16). Llega el momento que dice: «En medio de vosotros está» (Lc 17, 20-21). No hay duda que para Jesús el reino ya ha sido desatado en la historia. No es algo que se da fuera de ella.

En Jesús el reino de Dios significa la «soberanía de Dios» pero tiene un sentido escatológico inminente: «El tiempo se ha cumplido, el reino de Dios se ha acercado; arrepentíos y creed en el evangelio» (Mc 1, 15; Lc 7, 22; 4, 18 s; Mt 4, 23). Según Lucas, Jesús actualiza el programa del reino del antiguo testamento cuando se presenta ante la sinagoga y lee: «El espíritu del Señor está sobre mí porque me ha ungido para dar buenas nuevas a los pobres: me ha enviado a proclamar la liberación a los cautivos y vista a los ciegos, para dar libertad a los oprimidos y proclamar el año de gracia del Señor. Enrollando el volumen lo devolvió al ministro, y se sentó. En la sinagoga todos los ojos estaban fijos en él. Comenzó, pues a decirles: Esta escritura, que acabáis de oír, se ha cumplido hoy» [52].

Sin embargo, Jesús mantiene la tensión entre la inauguración del reino, que ya ha ocurrido, y su consumación final cuando vendrá el Hijo del Hombre (Mc 13, 32; Lc 10, 12) y se hará justicia finalmente (Lc 10, 13-15; Mt 24, 37-39; Mc 8, 38). Esa consumación era inminente porque ya se había iniciado ese reino, aunque Jesús rechaza los cálculos típicos del apocalipticismo (Hech 1, 7; Mc 13, 32-37; Lc 12, 39-40; Mt 24, 43-44; Lc 21, 34-36). «Tu fe te ha salvado», dice; la salvación del reino se da en el presente y es salvación de males intramundanos físicos y existenciales que constituyen

51. Recordemos que «evangelio» es un término técnico que significa el *anuncio* del advenimiento de un nuevo gobernante, implica el cambio de la estructura de poderes y relaciones de la sociedad. «Y recorría Jesús toda Galilea, enseñando en sus sinagogas, proclamando la Buena Nueva del reino y curando toda enfermedad y toda dolencia en el pueblo» (Mt 4, 23). «Después que Juan fue apresado, marchó Jesús a Galilea, y proclamaba la buena nueva de Dios: "El tiempo se ha cumplido y el reino de Dios está cerca; convertíos y creed en la buena nueva"» (Mc 1, 14-15). «A continuación iba por ciudades y pueblos, proclamando y anunciando el reino de Dios» (Lc 8, 1-2).
52. Lc 4, 16-21.

señales adelantadas de la calidad del reino que habrá de cambiarlo todo, especialmente las relaciones sociales. De aquí que el mensaje sea especialmente para los pobres.

El reino, tanto como su ministerio, corresponden a un proceso de crecimiento como el de las semillas que se plantan y así lo compara en las parábolas (Mt 13, 24; Mc 4, 26; Lc 13, 18-19). «Un proceso ha sido desatado y puesto en movimiento».

Confirma y enriquece esta posición al excelente estudio de Pixley, cuando señala las similaridades y diferencias entre la escatología de Jesús y la de su tiempo. Pixley describe la escatología de Jesús de la siguiente manera:

> El reino de Dios irrumpiría en la historia como una nueva edad. Invertiría los órdenes de este mundo. Los pobres recibirían bendiciones sin número, y los poderosos se lamentarían de su participación en el mundo que habría pasado. Ante todo, Jesús subrayaba la inminencia de la venida de este reino: «De cierto os digo que hay algunos aquí que no gustarán de la muerte antes de ver venir al reino de Dios con poder» (Mc 9, 1). El reino significaría el juicio de Dios sobre las naciones y las personas.
>
> Aunque Jesús se ubica dentro de la corriente que hemos designado como esperanza escatológica, pues piensa del reino de Dios como algo que llega por su propia dinámica, aparte de los proyectos políticos humanos, *su imagen del reino no tiene los mismos colores paradisíacos y extraterrenos que caracterizaban a los escritos apocalípticos.* Con éstos comparte la convicción de que será un cambio drástico. Para prepararse el rico ha de vender su propiedad, dársela a los pobres y venir en pos de Jesús como uno más de la comunidad que espera el reino, sin privilegios (Mc 10, 21; Lc 12, 33; 14, 33). Exigía también la renuncia de los lazos familiares y la seguridad y posición que éstos podrían ofrecer, para ingresar como uno más en la comunidad del maestro (Lc 14, 25; Mc 3, 34-35). Allí no había privilegios: el más grande era el que más servicio prestaba (Mc 10, 42-45), y quien hacía un favor al más pequeño de los hermanos se lo hacía al mismo maestro (Mt 10, 42; 25, 40). Allí no se reconocía ninguna autoridad humana, ni se llamaba padre a ninguno porque solamente Dios es la autoridad que han de reconocer quienes esperan su reino (Mt 23, 9) [53].

A la muerte de Jesús, las comunidades de seguidores de Jesús pasan a la espera inminente de ese acontecimiento de transformación social de la historia en que los últimos serán los primeros, los pobres recibirán su justicia «por fin» y «los ricos serán enviados vacíos», porque «de la misma manera que un camello no cabe por el ojo de una aguja, tampoco cabe un rico en el reino de Dios». Los cristianos venden lo que tienen, lo dan a los pobres, y se van a vivir en comunidad, a esperar el advenimiento de la plenitud del reino y el regreso de su Señor.

53. J. Pixley, *El reino de Dios: ¿buenas nuevas para los pobres de América latina?*, manuscrito para Revista bíblica, 26-27.

Surgen varias interpretaciones del reino entre sus seguidores. Pixley distingue cuatro de ellas [54].

Una, afirma la existencia de un paraíso celestial donde van a morar los justos a la hora de su muerte, que tiene sus antecedentes en el judaísmo popular (Lc 23, 39; 16, 19-31) [55].

Otra segunda, interpreta la muerte de Jesús como un sacrificio expiatorio en la línea de los sacrificios hebreos (Hebreos), lo cual, será determinante para la salvación de los creyentes cuando venga el reino. Esta llega a dominar el período post-apostólico y logra imponer el término de «reino de los cielos» que Mateo usa por razón de aquel escrúpulo hebreo de no mencionar el nombre de Dios.

Una tercera interpretación es la de Juan el teólogo, que hace algo parecido pero en términos de un «conocimiento para salvación» (Jn 3, 3-12).

Y la cuarta interpretación que continúa la línea de la tradición clásica representada por Jesús: la de san Pablo. La salvación está en presente y es base para la transformación futura. La creación entera ha de ser renovada (Rom 8, 18-25). Para él, la ética de la iglesia y la «nueva criatura» son señales del poder que ha sido desatado en la historia para la transformación del sistema de relaciones humanas (2Cor 5, 17; Col 3, 5-15). Aunque Pablo insiste en el hecho de que la muerte y resurrección de Jesús son esenciales para que se desate entre los hombres ese movimiento de renovación social total (1Cor 1, 18-25), no entiende su muerte a la luz de los sacrificios hebreos. La cruz aquí es símbolo y camino hacia la realización del reino. La predicación de la cruz pasa juicio sobre este reino actual en forma subversiva.

Pixley concluye que es san Pablo quien se ubica con Jesús en la tradición central de la literatura del antiguo testamento, y es el personaje dominante en la formación de la iglesia, por lo cual las demás interpretaciones que

54. Cf. sus detalles en el artículo mencionado.
55. También J. L. Segundo, el exegeta uruguayo, que ha examinado este problema aunque desde el punto de vista de «la salvación» nos indica que si bien es cierto que las influencias persas después del exilio y del período helenístico intertestamentario crean un ambiente espiritualista y metafísico, en el que hacen su aparición las ideas de la vida ultraterrena y de la vida en el mundo como una prueba, que hacen posible la concepción de una salvación ultramundana, sin embargo, la misma memoria histórica de la fe de Israel contiene los elementos correctivos necesarios para resignificar la salvación en su concepción *intramundana* nuevamente. Por un lado se encuentran algunos autores de las primeras comunidades que ceden a esas influencias apocalípticas, como los son las epístolas a los hebreos, Santiago y la primera de Pedro, pero con el otro, encontramos en todos los intentos correctivos de la reinterpretación paulina, que vuelve el concepto de salvación a su significado intramundano y presente, del cual depende todo el futuro. Cf. el estudio de J. L. Segundo en su libro *De la sociedad a la teología*, 77-195.

se apartan del antiguo testamento deben ser calificadas como periféricas. De aquí su afirmación definitiva sobre el significado histórico y político del reino de Dios:

> Unicamente pierde el reino sus raíces políticas cuando se le considera reino celestial. En esta forma debe ser repudiado, pues resulta una invitación al pobre de no tomar con seriedad su condición oprimida en este mundo, excepto como preparación para otro mundo cuya realidad es hipotética. Que el hombre sea capaz de basar su vida entera sobre fundamentos tan débiles es harto conocido, y la dinámica psicológica de este proceso de ilusión fue explorado ampliamente por Freud. Para el pueblo pobre representa una trampa muy peligrosa, porque en su miseria vive con tantos deseos frustrados que le hace susceptible a todo tipo de sueño. La interpretación del reino de Dios como reino celestial debe descartarse, pues, como periférica dentro de la biblia es incapaz de ofrecer buenas nuevas a los pobres. Reino de Dios es un símbolo político [56].

Este proceso de resignificación del concepto del reino y de su salvación nos va dando ya el perfil de la argumentación de los teólogos de la liberación para fundamentar su autoridad, para afirmar su derecho a la reinterpretación del significado de la salvación y del reino de Dios para el día de hoy en América latina.

4. La revolución social en el nuevo testamento

El núcleo del concepto del reino de Dios anunciado por Jesús en el nuevo testamento y su entendimiento histórico, tienen implicaciones revolucionarias homólogas a las del redescubrimiento de la centralidad del éxodo en el antiguo. En su trabajo *El Socialismo y el nuevo testamento*, dice Jorge Pixley:

> No hay en el nuevo testamento una descripción tan magnífica de una revolución (como la del éxodo) pero sí hay la anticipación de un cambio revolucionario en el anuncio del reino de Dios, especialmente como lo presenta el evangelio según san Lucas. El tema aparece en el cántico de María: «Quitó a los poderosos y exaltó a los humildes. A los hambrientos colmó de bienes y a los ricos envió vacíos». María celebra una transposición que Dios efectuará, y de la cual su selección como madre del Cristo es un anuncio [57].

56. J. Pixley, *El reino de Dios: ¿buenas nuevas para los pobres de América latina?*, 37.
57. J. Pixley, *El socialismo y el nuevo testamento*: El Apóstol 3, 9. El texto citado dice: «Y dijo María: "Engrandece mi alma al Señor y mi espíritu *se alegra en Dios mi salvador* porque *ha puesto los ojos en la humildad de su esclava*, por eso desde ahora

Esta inversión de clases y valores producida por el reino en el nuevo testamento ha sido señalada por estos biblicistas como central, no sólo a Lucas, sino a todo el relato bíblico. Cuando el argentino Arturo Paoli examina el cántico que Lucas atribuye a María, concluye:

> El cántico atribuido a María es un resumen de la biblia: en él está todo... Quedamos perplejos pensando que la iglesia que declara que María es su modelo y que quiere reproducirla en su vida y en su estilo, porque la iglesia que más se ve y de la que más se habla, está con los «poderosos» que Dios decide derribar... [58].

Jorge Pixley, Guillermo Hirata y Andrés Lanson observan en sus estudios sobre el reino de Dios que esta transposición social constituye el carácter fundamental del reino [59]. En un examen de la predicación de Jesús sobre ricos y pobres y de todos los encuentros entre ricos y pobres en el libro de Lucas, Hirata encuentra que el reino implica siempre una revolución de valores y posiciones sociales por la cual los ricos siempre son condenados y los pobres salvados[60]. Dice Hirata:

> Yo he querido poner de relieve un esquema que sostiene el conjunto y se encuentra explícitamente en varios textos. Se trata del esquema de cambio. Cambio particular sin duda: invierte simplemente la posición de los detentores de estas posiciones sociales. Es decir, ante la venida del reino, los ricos detentan el poder sobre los recursos materiales; cuando el reino llegue, serán los pobres los que se encontrarán en lo alto de la jerarquía social. Entre estos dos tiempos el anuncio del reino de Dios que encierra el tiempo de la predicación de Jesús y de la actividad de los discípulos es por una parte, el tiempo de la esperanza para los pobres, y por otra, el tiempo de penitencia para los ricos, cuando se les ofrece la oportunidad de dar todos sus bienes para que el reino los sorprenda como pobres [61].

Además de poner en claro la inversión social que produce el reino, señala que esta revolución de justicia ocurre no en virtud de la bondad de los po-

todas las generaciones me llamarán bienaventurada, porque ha hecho en mi favor maravillas el poderoso, *santo es su nombre y su misericordia alcanza de generación en generación a los que temen*. Desplegó la fuerza de su brazo, dispersó a los que son soberbios en su propio corazón. *Derribó a los potentados de sus tronos y exaltó a los humildes. A los hambrientos colmó de bienes y despidió a los ricos sin nada. Acogió a Israel, su siervo*, acordándose de la misericordia —como había prometido a nuestros padres— en favor de Abraham y de su linaje por los siglos».

58. A. Paoli, *La perspectiva política de san Lucas*, 173-74.
59. J. Pixley, *El socialismo y el nuevo testamento*: El Apóstol; *El reino de Dios: ¿buenas nuevas para los pobres de América latina?*, manuscrito enviado a Cuadernos de teología; G. Hirata, *Ricos y pobres. Estudio exegético del evangelio de Lucas*; A. Lanson, *Liberar a los oprimidos*.
60. Lc 4, 16-20; 6, 20-25; 12, 13-21; 14, 12-33; 16, 19-36; 18, 18-23; 19, 1-10.
61. G. Hirata, *Pobres y ricos. Estudio exegético sobre el evangelio de Lucas*, 7-8.

bres y la maldad de los ricos, sino en virtud de la condición objetiva de cada posición. El reino no tolera la división de clases ni el sistema que las genera. De no ser así, hubiéranse presentado algunos ricos justos y algunos pobres injustos. El joven rico cumple la ley a perfección, pero no puede entrar al reino porque se dedica a extraer riquezas del trabajo de los otros.

Lucas, siguiendo la ética escatológica de las primeras comunidades cristianas, no concibe que los ricos puedan entrar en el reino, a menos que no lo vendan todo y lo repartan a los pobres para ponerse a tono con el cambio que viene. De la misma manera que «un camello no cabe por el ojo de una aguja», tampoco puede un rico entrar en el reino que ya ha comenzado a desarrollarse con la venida de Jesús. El *evangelio,* como anuncio, es para todos, pero el *reino* es para restituir justicia a los oprimidos y explotados. Según Hirata, esta exégesis restituye la verdad del texto desvirtuada por las interpretaciones cristianas burguesas, que para ensanchar la entrada, añadieron las cualidades *morales* burguesas y espiritualizaron la noción del *pobre:*

> ...el reino de Dios al llegar a un mundo, afectado por la división entre ricos y pobres, y dirigirse a estos últimos, excluye a los primeros, porque está encargado de llenar las aspiraciones de los pobres. Así pues la exclusión de los ricos consiste justamente en que se verán privados de los bienes que trae el reino. Vemos claramente que el reino de Dios toma partido y que no es una dimensión vacua en la que podemos colocar los objetos que se nos vengan a la imaginación; no es una forma, está materializado por los contenidos precisos [62].

Jorge Pixley, en su estudio sobre el asunto, coincide con Hirata. Señala que la predicación de Jesús «se dirigía de manera especial a los pobres»:

> El espíritu del Señor está sobre mí, por cuanto me ha ungido para dar buenas nuevas a los pobres (Lc 4, 18). Cuando llegaron los mensajeros de Juan para preguntar si Jesús era el que esperaban, el Señor respondió: «Los ciegos ven, los cojos andan, los leprosos son limpiados, los sordos oyen, los muertos son resucitados y a los pobres es anunciado el evangelio» (Mt 11, 5). Jesús se rodeó de un pequeño grupo de personas humildes, pescadores y mujeres de aldea en su mayoría. Veía en sus comidas con esta gente del pueblo un anticipo del gozo del reino (Mc 2, 16 s; 14, 22-25). La presencia de los pobres no era casual, pues en su parábola del gran banquete dice que el gran Señor mandó traer a los mendigos de las calles para gozar de su cena (Lc 14, 15-24). Da que pensar la historia del hombre bueno pero rico que no pudo encontrar la salvación porque, a pesar de su fidelidad a la ley de Dios no estaba dispuesto a hacerse pobre, y «más fácil es pasar un camello por el ojo de una aguja que entrar un rico en el reino de Dios» (Mc 10, 25) [63].

62. *Ibid.,* 17.
63. J. Pixley, *El socialismo y el nuevo testamento:* El Apóstol 7.

Consecuencia fundamental de esta transposición es la inversión de los valores y la concepción del mundo de la sociedad establecida. Ejemplos señalados usualmente son el rechazo de los ritos y días sagrados, como el sábado, el lavado de manos, por medio de lo cual Jesús señala que se convierten en instrumentos de opresión al enfermo y al oprimido cuando esos ritos no están al servicio del hombre, sino del sistema («el hombre no ha sido hecho para el sábado...»).

Igualmente con el rechazo a los «respetables» de la época y su moral, manifestado en la desvalorización de religiosos, fariseos y saduceos y la revalorización de los pobres (que no podían observar la ley porque el conocimiento de las sutilezas de ésta no estaba a su alcance), de los niños, de mujeres pecadoras, enfermos rechazados de la sociedad (como los leprosos a quienes se tenía por castigados de Dios); y el desafío de la ley en ocasiones, como cuando impide apedrear a la mujer adúltera.

Sin embargo, otra vez hay que señalar, dicen estos autores, que el fundamento objetivo de esa subversión de los valores de la sociedad existente en los tiempos de Jesús, se encuentra en la señalada subversión de las relaciones sociales que trae el reino. Pixley lo expresa sin rodeos cuando dice:

> A todo lo largo de los libros del nuevo testamento, se afirma que donde penetre el evangelio se efectúa una inversión de los valores mundanales. En el mundo, los ricos y poderosos ejercen el dominio, pero en la comunidad que espera y anuncia el reino los grandes son los que sirven y dan todo lo que tienen a los necesitados (Mc 10, 42-45; Lc 17, 33). Santiago lo expresa con claridad: Según esta epístola, el gran peligro para la congregación es que se acepte la amistad con el mundo (Sant 5, 4). Esta amistad con el mundo se manifiesta ante todo cuando en la congregación se aceptan las distinciones de clases que son «normales» en el mundo: «Hermanos míos, que vuestra fe en nuestro glorioso reino del Señor Jesucristo sea sin acepción de personas. Porque si en vuestra congregación entra un hombre con anillo de oro y con ropa espléndida, y también entra un pobre vestido andrajoso, y miráis con agrado al que trae la ropa espléndida y le decís: Siéntate tú aquí en buen lugar; y decís al pobre: Estate tú allí en pie, o siéntate aquí bajo mi estrado; ¿no hacéis distinciones entre vosotros mismos, y venís a ser jueces con malos pensamientos? (Sant 2, 1-4). Dios no admite distinciones de clase (Rom 2, 11; Ef 6, 9; Col 3, 25), y tampoco deben admitirlas los que son hijos de Dios. Pero el no hacer distinciones, tal como Dios lo practica, implica una preferencia para el pobre dentro de un mundo injusto, porque en la lucha entre pobres y ricos la neutralidad sería darle libertad al rico para que oprima al pobre, la biblia insiste en esta preferencia divina [64].

Todos estos exegetas señalan como evidencia de esta interpretación, la estructura socio-económica de la primera iglesia primitiva: «la multitud de

64. *Ibid.*, 7.

los que habían creído era de un corazón y un alma y ninguno decía tener como suyo propio lo que poseía, sino que tenía todas las cosas en común» (Hech 4, 32). Pixley lo señala cuando dice:

> Por lo menos en cuanto a bienes inmuebles, estos primeros cristianos practicaron una comunidad de bienes (Hech 2, 42-7). Diríamos que formaron una comunidad socialista utópica, pues no tenían el conocimiento ni los medios económicos y políticos para sostenerse dentro de una sociedad no socialista, pero con su manera de vida daban evidencia del evangelio que predicaban, y anunciaban el reino de Dios como una revolución social [65].

Esta dimensión social, real, del evangelio no hubiera podido surgir si se hubiera continuado con la hermenéutica «espiritualista» que impuso la helenización del cristianismo y su idealización filosófica. Por lo tanto, una condición esencial al desarrollo de la nueva hermenéutica es entender también el nuevo testamento en el mismo sentido «histórico» que comienza a entenderse el antiguo. Lanson, el biblicista argentino, lo señala en forma contundente cuando dice:

> Si la «liberación de Israel» hubiera sido algo meramente *espiritual,* que sólo afecta a las relaciones íntimas y religiosas del hombre con Dios en el secreto del alma, Jesús no hubiera tenido ninguna clase de dificultades. Aún más, lo hubieran invitado a hablar en el templo de Jerusalén durante las grandes fiestas y peregrinaciones. Pero proponer un cambio tan concreto, y predicarlo a todo el mundo, así, sin pedir permiso a nadie (Mt 21, 23); poner al desnudo ciertas costumbres económicas infiltradas hasta en las esferas puritanas (Mt 23, 1-36) —esas cosas no muy claras que ocurrían con las finanzas del templo— todo esto no era para agradar mucho a los grandes del mundo (Mt 15, 12). Y pronto suscitó el rechazo de ese nazareno que pretendía cambiarlo todo por ser Dios mismo encarnado (Jn 10, 31-33) [66].

Así que también en el nuevo testamento el reino tiene una dimensión histórica y por lo tanto, es un reino estructurado políticamente con la problemática de la reproducción material de la vida por base. Por esto es importante aclarar que la excepción lingüística «reino de los cielos», no se refiere a lugar. Dice Miranda:

> El «reino de los cielos» no significa un reino en el cielo, sino «el reino de Dios» como bien han dicho todos los comentaristas modernos al constatar en esa expresión el clásico circunloquio del tardío judaísmo que así evita nombrar el nombre de Dios [67].

65. *Ibid.,* 8.
66. A. Lanson, *Liberar a los oprimidos,* 77.
67. P. Miranda, *o.c.,* 131.

Otros términos lingüísticos del nuevo testamento relacionados con la escatología que pudieran dar la impresión de un reino fuera de la historia, tienen su explicación aceptada universalmente entre los exegetas. Miranda mismo nos aclara otra vez:

> Los pasajes de Pablo y de Lucas que hablan de «un paraíso» (Lc 26, 43; 2Cor 12, 4) extraterreno o de «el seno de Abraham» (Lc 16, 23) o de un próximo «estar con Cristo» (Flp 1, 23), etc., aluden a una situación provisional que durará únicamente mientras no regrese Cristo a la tierra para establecer definitivamente y sin fallas el reino de Dios... «vuestro salario es grande en el cielo» (Mt 5, 12 que sigue al texto del 3-10) no significa que serán premiados en el cielo «como si ahí se dijera *oti mithon (o plére) lepsethe en tois ouranois*, lo que se nos dice es que las acciones de los hombres entran al conocimiento de Dios; «en lenguaje figurado: que ascienden a Dios en el cielo y ahí como tesoro se acumulan», no que ahí las disfrutaremos... la resurrección de los cuerpos nadie puede tomarla en serio si no se trata de establecer el reino de la justicia en la tierra (*o.c.*, 131-32) [68].

Podemos concluir entonces que a la luz de esta historización de los textos del nuevo testamento se desmistifican e historizan los acontecimientos bíblicos del tiempo de Jesús. Los estudiosos del nuevo testamento redescubren el ministerio de Jesús como la aceptación del programa de liberación de las espectativas mesiánicas y redescubren el hombre liberado de la opresión como prototipo de la nueva creación (Lc 4, 18-19; Mt 11, 1-6; Gál 5) [69]; redescubren el servicio al hombre como el criterio de la comunidad cristiana para enjuiciar la vida cristiana y el amor a Dios (Mt 25, 31-44) [70]; redescu-

68. *Ibid.*
69. «El Espíritu del Señor sobre mí, porque me ha ungido. Me ha enviado a anunciar a los pobres la buena nueva, a proclamar la liberación a los cautivos y la vista a los ciegos, para dar la libertad a los oprimidos y proclamar un año de gracia del Señor» (Lc 4, 18-19). «Para ser libres nos liberó Cristo. Manteneos, pues, firmes y no os dejéis oprimir nuevamente bajo el yugo de la esclavitud... Porque, hermanos, habéis sido llamados a la libertad; sólo que no toméis de esa libertad pretexto para la carne; antes al contrario, servíos por amor los unos a los otros. Pues toda la ley alcanza su plenitud en este solo precepto: *amarás a tu prójimo como a ti mismo*» (Gál 5, 1, 13-14).
70. «Cuando el hijo del Hombre venga en su gloria acompañado de todos sus ángeles, se sentará en el trono de su gloria. Serán congregadas delante de él todas las naciones, y él separará a los unos de los otros, como el pastor separa las ovejas de los cabritos. Pondrá las ovejas a su derecha, y los cabritos a su izquierda. Entonces dirá el rey a los de su derecha: "Venid, benditos de mi Padre, recibid la herencia del reino preparado para vosotros, desde la creación del mundo. Porque tuve hambre, y me disteis de comer; tuve sed, y me disteis de beber; era forastero, y me acogisteis; estaba desnudo, y me vestisteis; enfermo, y me visitásteis; en la cárcel, y vinisteis a verme". Entonces los justos le responderán: "Señor, ¿cuándo te vimos hambriento, y te dimos de comer; o sediento, y te dimos de beber? ¿Cuándo te vimos forastero, y te acogimos; o desnudo, y te vestimos? ¿Cuándo te vimos enfermo o en la cárcel, y fuimos a verte?". Y el rey les dirá: "En verdad os digo que cuanto hicisteis a uno de estos hermanos míos más pequeños, a mí me lo hicisteis". Entonces dirá también a los de su izquierda:

bren la insistencia de esa comunidad cristiana en la incompatibilidad de ser rico y entrar a participar de la salvación del reino, que es designado exclusivamente para beneficio de los pobres oprimidos y sus aliados (Lc 4, 18; Mt 11, 15; Lc 14, 15-24; Mc 10, 25; Lc 6, 20-25; 14, 21; 33; 16, 19-31; 18, 18-25; 19, 1-10; Sant 2, 5-6; 5, 1-6)[71]; y redescubren que esa incompatibilidad, entre la manera como los hombres han organizado el mundo y la manera como deben organizarlo los que esperan el reino, es lo que lleva a la comunidad cristiana primitiva a la venta de los bienes privados y al uso de éstos en comunidad (Hech 2, 44-47; 4, 32)[72].

Tenemos que concluir que liberación en el nuevo testamento significa la liberación del oprimido, el explotado, el pobre y el débil de manos del opresor y explotador, para hacer posible un reino de justicia. Queda claro que no es una liberación «espiritual» desvinculada de las condiciones materiales que determinan la vida del espíritu, sino todo lo contrario, es una liberación histórica, real, material, objetiva.

Con ello constatamos la continuidad entre el nuevo y el antiguo testamento en cuanto al carácter histórico del reino de Dios, a pesar de las diferencias indicadas. En el nuevo testamento la expresión de la fe está íntimamente ligada a la condición social del prójimo y a las estructuras socioeconó-

"Apartaos de mí, malditos, al fuego eterno preparado para el diablo y sus ángeles. Porque tuve hambre, y no me disteis de comer; tuve sed, y no me disteis de beber; era forastero, y no me acogisteis; estaba desnudo y no me vestisteis; enfermo y en la cárcel, y no me visitasteis"» (Mt 25, 31-43).

71. «¿No ha elegido Dios a los pobres de este mundo para que sean ricos en fe y herederos del reino que ha prometido a los que le aman? Pero vosotros habéis afrentado al pobre. ¿No os oprimen los ricos, y no son ellos los mismos que os arrastran a los tribunales?» (Sant, 5-6). «Es más fácil que un camello pase por el ojo de la aguja, que el que un rico entre en el reino de Dios» (Mt 10, 25). «Alzando los ojos hacia sus discípulos dijo: Bienaventurados los pobres, porque vuesto es el reino de Dios. Bienaventurados los que tenéis hambre ahora, porque seréis saciados. Bienaventurados los que llaráis ahora, porque reiréis» (Lc 6-6, 20-21). «Pero, ¡ay de vosotros los ricos!, porque habéis recibido vuestro consuelo. ¡Ay de vosotros, los que ahora estáis hartos!, porque tendréis hambre. ¡Ay de los que reís ahora!, porque tendréis aflicción y llanto» (Lc 6, 24-25). «Pues, de igual manera, cualquiera de vosotros que no renuncie a todos sus bienes, no puede ser discípulo mío» (Lc 14, 33). «Zaqueo, puesto en pie, dijo al Señor: "Daré, Señor, la mitad de mis bienes a los pobres; y si algo defraudé a alguien, le devolveré el cuádruplo". Jesús le dijo: "Hoy ha llegado la salvación a esta casa, porque también éste es hijo de Abraham..."» (Lc 19, 8-9).

72. «Todos los creyentes vivían unidos y tenían todo en común; vendían sus posesiones y sus bienes y repartían el precio entre todos; según la necesidad de cada uno. Acudían al templo todos los días con perseverancia y con un mismo espíritu, partían el pan por las casas y tomaban el alimento con alegría y sencillez de corazón. Alababan a Dios y gozaban de la simpatía de todo el pueblo. El Señor agregaba cada día a la comunidad a los que se habían de salvar» (Hech 2, 44-47). «La multitud de los creyentes no tenían sino un solo corazón y una sola alma. Nadie llamaba suyos a sus bienes, sino que todo lo tenían en común» (Hech 4, 32).

micas que determinan su condición. En él se hace resaltar aún más la decisión en favor de los pobres y oprimidos, quienes serán los herederos del reino. Además, se mantiene claramente la naturaleza conflictiva y revolucionaria de la lucha por la liberación. La universalidad de la reconciliación tiene que esperar por la solución del conflicto entre ricos y pobres, que es producto de un orden de relaciones sociales que el reino no tolera.

La hermenéutica de la teología de la liberación afirma que el reino de Dios se desarrollará en la tierra. Esta afirmación tiene serias repercusiones políticas para los cristianos. Cuando se sustituye el cielo helenista por el futuro, en la tierra, entonces, las promesas de felicidad, de participación común de los bienes, de amor pleno, de abundancia, de confraternidad absoluta, de libertad y de paz, entran en seria contradicción política con el presente sistema de sufrimiento y violencia, de explotación, de egoísmo, de escasez artificial, de propiedad privada de los bienes, de guerra, de represión que se vive en este reino actual. Se traslada la contradicción entre el reino de Dios y los sistemas de opresión actuales de la geografía espiritualizada tierra-cielo a la geografía material tierra-tierra. Esa contradicción se transforma en una de naturaleza política. La contradicción irreconciliable entre presente y futuro cobra un carácter inminente porque existe un solo lugar para ambos reinos: esta única historia. Y su realización no está pospuesta para después de la muerte, sino que va en camino ya. Por eso las palabras de Gutiérrez:

> La dimensión política no le viene al evangelio de tal o cual opción precisa, sino del núcleo mismo de su mensaje. Si su mensaje es subversivo es porque asume la esperanza de Israel: El reino como fin de todo dominio del hombre sobre el hombre... es un reino de contradicciones con los poderes establecidos en favor del hombre... se trata de una nueva creación [73].

Es nuestra convicción que la historización del reino de Dios, en estos autores latinoamericanos, no es una decisión arbitraria para modernizar el evangelio. Los fundamentos de esa historización vienen desde el antiguo testamento hasta el nuevo. Las afirmaciones teológicas de los latinoamericanos son resultado del redescubrimiento de la concepción sostenida por Israel y por la iglesia del nuevo testamento sobre la naturaleza histórica de las intervenciones de Dios y del propósito de esas intervenciones.

En el contexto de esta concepción historizada del reino de Dios, el «juicio final», como indica el mismo Miranda, no responde ya a un juicio que supuestamente sucede cuando el mundo llega a su fin, porque el término usado deriva del verbo hebreo *safat,* que no significa juzgar en el sentido de

---

73. G. Gutiérrez, *Teología de la liberación,* 295.

juicio neutral a los acusados, sino que responde a la idea de «hacerle justicia al oprimido». Y en cuanto a *final*, dice Miranda, «tiene el sentido de ¡por fin!, ¡hasta que por fin...!, lo que la humanidad entera lleva milenios esperando» [74]. Recordemos también a Croato, el biblicista argentino, cuando nos dice: «...nada nos afirma que en los evangelios el ''reino de los cielos'' es el mundo celestial y trascendente, el estado *post-mortem*... Sabemos lo que pensaban los judíos de ese ''reino'' esperado, terrestre y muy definido» [75].

Para estos autores, el hecho de que Israel conciba la realización del reino de Dios en la historia de la tierra, tiene que ver con su origen. El reino y su proyección utópica tienen un origen histórico. Esa esperanza es la proyección ampliada de las experiencias históricas de liberación del pueblo de Israel a partir del éxodo. La escatología de Israel no constituye un sistema de proposiciones metafísicas derivadas de la especulación filosófica, sino que derivan, como vimos en la discusión del carácter histórico, del pensamiento de Israel. Su escatología es la proyección de su memoria histórica. Dice Alves:

> Recordar el pasado, es por lo tanto, ver lo que es posible en el presente, desde la perspectiva del movimiento continuo de la libertad... el poder de proyectar para el lenguaje de fe es controlado por las memorias de las dialécticas históricas de liberación. Es el lenguaje de la esperanza, como aquello que es posible a la historia y su futuro. El futuro y la esperanza de la que habla, permanecen, por lo tanto, radicalmente históricos [76].

El pasado y el futuro no emergen, sin embargo, como dimensiones abstractas del tiempo, como ocurre en la especulación metafísica, sino que son recordados por causa del presente histórico concreto.

> Es solamente cuando el hombre siente el dolor, y las contradicciones del presente y está comprometido con su liberación, que su pasado adquiere la determinación por causa-del-presente y le trae, pues, una dimensión nueva de negación y una nueva posibilidad de esperanza [77].

No hay duda que para estos autores, el carácter histórico del concepto de la revelación entre los hebreos, resulta determinante en el carácter histórico de su escatología. La prueba específica del carácter histórico de la esperanza de Israel la constituye el contenido concreto y específico de esas diversas esperanzas que conforman las utopías de Israel en diversos momentos de su historia y que, como tales, son respuestas a las situaciones históricas

74. P. Miranda, *o.c.*, 133, 136.
75. S. Croato, *Libertad y liberación*, 107.
76. R. Alves, *Religión: ¿opio o instrumento de liberación?*, 249.
77. *Ibid.*, 250.

de las formaciones sociales a lo largo del desarrollo de la biblia [78]. Esto es evidente, a pesar de los periféricos intentos helenistas por construir tardíamente un *apocalipticismo* que, por influencias griegas y persas, divide al hombre en alma y cuerpo e intenta desarraigar el reino de Dios de la historia.

Nos resta todavía por aclarar la manera cómo la hermenéutica de la teología de la liberación relaciona el tiempo de la liberación de la biblia con el proceso latinoamericano de liberación hoy. Veamos cómo esta hermenéutica relaciona el pasado, el presente y el futuro en la reflexión teológica sobre el proceso histórico de liberación.

5. La nueva hermenéutica abre la historia hacia el futuro e incorpora la realidad latinoamericana a la biblia

Para entender la manera como los latinoamericanos relacionan la liberación bíblica con el proceso latinoamericano de liberación es preciso entender la revolución que ocurre en la historización del tiempo.

Esa historización, no sólo tiene consecuencias sobre el entendimiento de los acontecimientos, sino sobre la teología bíblica también porque modifica la noción del tiempo. La vieja interpretación privatizante y espiritualista de la cosmovisión helénica y la teología medieval y burguesa, que implicaban una historia de tiempo circular, comienzan a dejar paso a la nueva interpretación comunitaria e historizada de la biblia que implica un futuro abierto. *La hermenéutica de la teología de la liberación tiene que reinterpretar su instrumental exegético a la luz de una fe histórica que toma en serio el tiempo histórico y el futuro.*

El sentido del tiempo de la cosmovisión greco-romana que postula un universo dividido en dos pisos, lo histórico-material abajo y lo inmutable-espiritual arriba, entiende que el tiempo histórico y cambiante es seña de lo corrupto; que todo está regido por el tiempo de un mundo perfecto donde nada cambia y todo ya está predeterminado. La historia camina hacia el regreso del origen perfecto. Es el «eterno retorno» al cual es condenado Sísifo. Para ellos la historia como realidad social que va desarrollándose con un futuro abierto es imposible, no existe la novedad, ya todo ha sido creado y predeterminado. Todo esfuerzo humano por crear un mundo de justicia es

---

78. Alves lo expresa así: «ideas de justicia, paz, reconciliación, de la transformación de espadas en arados, resurrección del cuerpo, la nueva Jerusalén, el nuevo cielo y la nueva tierra, son todas imágenes utópicas: una protesta contra las condiciones dominantes en el presente y la articulación al nivel consciente de la forma y estructura de la sociedad que respondería a las aspiraciones de la que las elaboró» (*Ibid*).

en vano, todo vuelve al lugar de donde vino [79]. Aun en el idealismo hegeliano, el desarrollo de la historia no es otra cosa que la manifestación del Espíritu absoluto que los teólogos identifican con el Dios inmutable.

La aplicación de esa cosmovisión idealista a la interpretación bíblica ha sido desastrosa. Se desconoce la concepción hebrea de un solo mundo donde se da lo espiritual y lo material, un mundo donde Dios está activo, creando en una historia con un futuro abierto en relación con un hombre autónomo. Esa interpretación greco-romana no puede ver que es posible la transformación del mundo y que la práctica cristiana se trata de esto, y no de un escape del mundo «pasajero».

Pero hoy, la singular interpretación hebrea de la historia, que debe ser usada para interpretar el significado de Jesús, ha sido recuperada por los biblicistas y los latinoamericanos la han llevado a sus últimas consecuencias. Dice Alves sobre este concepto hebreo de la historia:

> La comunidad de fe entendió que vivía en un mundo de horizontes en proceso de expansión, siempre abiertos a posibilidades no existentes. La vida humana era vista, así, como un suceder en la historia, dentro de un tiempo siempre abierto en dirección al futuro [80].

Señala Alves el dato generalizado entre los estudiosos del antiguo Medio Oriente sobre lo significativo de esta peculiaridad de Israel entre los pueblos de su tiempo y cita al especialista Wright cuando dice:

> Nunca podemos estar seguros de la verdadera razón de este particular punto de vista israelita de la naturaleza de la historia. Constituye el dato primario e irre-

79. R. Alves describe esa mentalidad de la siguiente manera: «La mente griega está dominada por "la urgencia hacia un entendimiento universal del mundo", buscaba encontrar "un principio uniforme natural" del cosmos, el *arché* donde todas las contradicciones de orden histórico se resuelven en una unidad y con racionalidad. El pensamiento toma como límites la verdad de *lo que es*. Lo que es, es racional, lo que es, es verdad. Aunque dirige sus energías a la tarea de comprender el mundo, esta manera de pensar es ajena totalmente a la mente hebrea porque rechaza a la historia en la búsqueda de un principio meta-histórico donde las contradicciones de la historia son reconciliadas trascendentalmente» (*Religión: ¿opio o instrumento de liberación?*, 138). Sobre esto véanse también los siguientes: G. Gutiérrez, *Teología de la liberación;* J. L. Segundo, *De la sociedad a la teología;* H. Assmann, *Hacia un cristianismo dialéctico;* N. Zevallos, *Contemplación y política;* Míguez Bonino, *Nuevas perspectivas teológicas;* G. Gutiérrez, *Salvación y construcción del mundo;* J. Comblin, *La redención de la historia, incertidumbre y esperanza;* J. C. Scannone, *Trascendencia, praxis libertadora y lenguaje: hacia una filosofía de la religión post-moderna y latinoamericanamente situada,* tivas de Diálogo; E. Dussel, *Teología, historia de la liberación y pastoral* en *Caminos* en *Panorama de la teología latinoamericana;* Puntel, *Dios en la teología hoy: Perspec-de liberación latinoamericana.*

80. *Ibid.,* 114.

ductible de la teología bíblica, sin antecedentes en el medio donde pudiera haber evolucionado [81].

Manuel Jiménez, el autor mexicano de *La liberación del hombre. Ideas del pensamiento bíblico,* confirma esas conclusiones cuando dice que el contexto bíblico en que se da la historia humana es el de una creación inacabada, «su cosmos es la libertad», contrario de la cosmología griega que encerraba al hombre en el ámbito preconcebido de la tragedia [82]. Ese contexto de un futuro abierto en una historia inacabada, incorpora entonces los acontecimientos de la presente historia latinoamericana como materia prima para descubrir lo que ellos llaman «la palabra de Dios para hoy».

El boliviano Pedro Negre, teólogo activo en el acelerado proceso político de la Bolivia de 1971, especifica esa historia inacabada cuando afirma que para que la reflexión teológica y la lectura bíblica sea una praxis, tienen que partir de la participación dentro del proceso de lucha por un mundo de justicia y paz [83]. Su trabajo señala cómo la nueva hermenéutica que lee la biblia con un sentido histórico, para el cual el *futuro* es real, cambia el significado del Cristo, de Dios y de la vida eterna. Cuando cambia el sentido cíclico del tiempo sin futuro de la cosmovisión dualista, Negre dice que se revela el Dios hebreo-cristiano como un Dios de futuro que libera al hombre de su presente para forjar un futuro dialécticamente, un nuevo reino de una verdad que «se hace» (praxis) y que hace libres a los hombres del pecado personal y de las situaciones sociales de pecado que lo engendran. En esa exégesis donde *el futuro* (y no la esencia inmutable) es la categoría dominante, la vida, muerte y resurrección de Jesús no constituye el regreso de Jesús a su condición pasada, sino su incorporación al futuro que se va formando y al cual se integran los creyentes al adoptar su mismo espíritu (su mismo compromiso) [84]. En ese contexto la «resurrección del cuerpo» (y no la «inmortalidad del alma» de los griegos) reencuentra su sentido original de resurrección del hombre total como liberación, y la «vida eterna» viene a ser «calidad» de vida. Dios es visto en esta relectura bíblica como un Dios que se va formando con su pueblo y que es un Dios-promesa, un Dios-futuro que libera al hombre de su ideología defensora del presente cuando pasa juicio sobre ella, desde su esperanza escatológica.

Pero el interés de Negre no está en una hermenéutica para la *interpretación bíblica del mundo en sí,* sino para una interpretación integrada a la

---

81. *Ibid.,* 115.
82. Cf. la edición mimeografiada por *Cecrum.*
83. P. Negre, *Biblia y liberación:* Cristianismo y sociedad, 24-25, 69-80.
84. *Ibid.,* 78-79.

praxis de transformación del mundo de hoy. Por eso dice que la participación de fe en esa memoria bíblica, donde la pregunta fundamental es «la pregunta histórica por la situación de mi hermano», lleva inevitablemente al análisis científico-político, de tal manera que «palabra de Dios» se extiende hasta la realidad actual donde se escucha la continuación de la palabra de Dios. Por esto Assmann, interesado en el mismo asunto afirma:

> El *texto,* repetimos, es nuestra situación. Ella es el *lugar teológico referencial primero.* Las demás referencias («loci theologici», biblia, tradición, magisterio, historia de las doctrinas), aún porque contienen la exigencia de una praxis siempre actualizada, no son el polo de referencia primero de una «esfera de la verdad en sí» sin conexión con el «ahora» de la verdadera praxis [85].

El colombiano Rafael Avila intenta la elaboración de una nueva teoría de interpretación que incorpore los acontecimientos latinoamericanos al texto bíblico. Avila afirma que Dios habla también «desde el acontecer latino-americano y que esta palabra es susceptible de una lectura profética» [86]. Propone entonces, una teoría de interpretación que incluye el tiempo presente de América latina como continuación de la biblia, siguiendo el mecanismo de interpretación histórica de los profetas. Resumiendo su complejo esquema, podríamos decir que la memoria histórica de los cristianos, que ha ido acumulando un sentido de la historia en base a los acontecimientos liberadores, sirve de tipología de interpretación para las nuevas situaciones. Estas, a su vez, propulsan una reinterpretación de la memoria histórica que, finalmente, queda siempre orientada hacia el futuro, hacia el próximo acontecimiento. Es una relación dialéctica entre teoría y práctica cristiana (que ahora se entiende como práctica histórica de liberación).

Esta es la relación existente entre unos acontecimientos y otros y entre el antiguo testamento y el nuevo. ¡Y esa debe ser la relación entre el nuevo testamento y América latina! —dice Avila:

> De esto resulta que la actividad profética no es solamente una *interpretación del acontecimiento a partir de la palabra,* sino también *una reinterpretación de la palabra a partir del acontecimiento.* Esta palabra reinterpretada toma la forma de un proyecto histórico que tiene necesidad de objetivarse en una nueva situación (relación teoría-praxis)... Si el nuevo testamento fue un punto de llegada para la iglesia primitiva, para nosotros es un punto de partida... Este polo profético del nuevo testamento es el que nos permite interpretar nuestra historia y realizar su «acoplamiento» con la palabra novotestamentaria y con los hechos

85. H. Assmann, *Opresión-liberación: desafío a los cristianos,* 141.
86. R. Avila, *Profecía, interpretación y reinterpretación,* en *Liberación en América latina,* 115.

que ella condensa... se trata de una re-interpretación. Sólo así, una palabra dia-crónica, se tornará sincrónica y significativa [87].

En *Liberación y libertad,* el biblicista argentino Severino Croato elabora su teoría hermenéutica en la misma línea. Señala que el método de interpre-tación bíblica no debe ser el de «aplicar» literalmente pasajes bíblicos que son producto de situaciones históricas diferentes a las de hoy. Tampoco debe serlo la mera profundización sociológica y política de los textos antiguos, cosa que sí hay que hacer, pero que es insuficiente. El método debe ser aquel que lee lo que el Dios de la tradición bíblica de la liberación dice hoy, en medio de los acontecimientos presentes, para responderle en acción desde la perspectiva de esa misma fe liberadora. Eso presupone el haber leído y en-tendido el significado histórico del acontecimiento pasado que generó la pala-bra de Dios escrita en la biblia. En otras palabras, significa que primero hay que entender el acontecimiento clave en todo su significado histórico-político para su momento original. Y luego, como segundo paso, leer lo que está aconteciendo hoy e interpretarlo a la luz del significado del acontecimiento de la liberación bíblica. El *hoy* le dará la concreción a esa clave liberadora y a la respuesta humana a la «palabra de Dios». Pero a la misma vez, la rela-ción dialéctica entre el significado anterior y los acontecimientos contemporá-neos repercuten sobre el significado del pasado. Esto es, se entiende el sig-nificado del pasado cuando se lee desde nuestra situación de opresión-liberación.

Dios no dejó de hablar con el último texto bíblico que los hombres es-cribieron, dice Croato. El sigue hablando desde los oprimidos. Y todo aquel comprometido con la fe-esperanza-de-justicia puede leer su *palabra* hoy en los acontecimientos históricos. El cristiano deforma el evangelio cuando no sabe leer la presencia-palabra de Dios en los acontecimientos del mundo, porque oculta la revelación de Dios en la historia. Los «signos de los tiempos» deben ser leídos como la continuidad de la revelación bíblica. No se leen aconteci-mientos bíblicos como mero acontecimiento pasado, sino *hermenéuticamente,* esto es, según se interpreta posteriormente a la luz de su efecto en las diver-sas situaciones en que ha ido revelando su «reserva de significado». Aún en la biblia ese acontecimiento está relatado desde la perspectiva de las consecuen-cias que ha tenido para acontecimientos posteriores. A la luz de acontecimien-tos posteriores se va «re-significando» la clave bíblica de liberación, para am-pliar su significado, con la inclusión de los nuevos acontecimientos.

87. *Ibid.,* 124.

El acontecimiento bíblico se ha ido «re-significando» hermenéuticamente a través de situaciones nuevas que lo han ido completando. Al pueblo de Dios, el éxodo les significó casi siempre el origen ontológico de su realidad presente. Las veces que dejaba de serlo, por la infidelidad de Israel, esa memoria del éxodo se convertía en mensaje subversivo. El acontecimiento, entonces, es «memoria» y es «anuncio». Igualmente, el acontecimiento de la revolución de la independencia americana, es un acontecimiento pasado que tiene un mensaje clave para el futuro. Es memoria y es anuncio. Es un acontecimiento incompleto lanzado hacia el futuro. Por lo tanto, es un pasado que se convierte en «promesa». Dice Croato:

> Todo ello sugiere que el éxodo es un acontecimiento pleno de sentido (como el relato bíblico y la experiencia de Israel lo revelan) y que aún está *inconcluso*. Si nuestra lectura del querigma bíblico es para algo, la «memoria» del éxodo se convierte para nosotros —pueblos oprimidos en el tercer mundo— en palabra provocativa en anuncio de liberación. Nos toca a nosotros prolongar el éxodo, porque no fue un suceso para los hebreos sino la manifestación de un designio liberador de Dios para todos los pueblos. En una línea hermenéutica cabe perfectamente que nos entendamos *desde* el éxodo bíblico y sobre todo que a éste lo comprendamos desde nuestra situación de pueblos «en esclavitud» económica, política, social o cultural [88].

Esto responde a esa otra pregunta hermenéutica: «¿Cuál es el itinerario que hay que tomar: desde el texto bíblico hacia nosotros, o desde la situación hacia el texto?». La respuesta del autor es la siguiente: «Cuando la circularidad hermenéutica es profunda, se esfuma la sucesión de los itinerarios, que se hacen simultáneos».

En esta dialéctica la hermenéutica bíblica latinoamericana hace de la palabra de Dios en la biblia palabra latinoamericana contemporánea, mientras que al mismo tiempo, incorpora los acontecimientos latinoamericanos a la «palabra de Dios».

Así se resuelve el problema de la relación entre la «palabra de Dios» de ayer y los acontecimientos de hoy en forma hermenéutica.

Queda claro igualmente, que una vez se desentierran los textos bíblicos de la costra ideológica idealista y se recupera la cosmovisión hebrea en que fueron concebidos, se redescubre su historicidad y su fuerza social transformadora. Si bien es cierto que es el clamor de la protesta real fuera de la iglesia lo que lleva a los cristianos a redescubrir la liberación en sus propias tradiciones, hay que admitir que la visión de la liberación y el compromiso

---

88. S. Croato, *Liberación y libertad*, 32. Cf. también una hermenéutica similar desarrollada por J. L. Segundo en su último libro, *Liberación de la teología*.

revolucionario no le vienen a la fe cristiana de afuera, sino que ésta contiene en sus tradiciones los recursos para ello, aun cuando no contenga la teoría socio-económica científica para el análisis y la estrategia política concreta para guiar la práctica revolucionaria.

De aquí en adelante, los cristianos quedan libres para hacer uso de las «reservas de significado» existentes en la biblia, para «re-significar» el concepto de *liberación* con respecto a la situación latinoamericana. Quedan libres para renovar su concepción del reino de Dios para hoy, no sólo al nivel histórico, sino al nivel de promesa escatológica, y hacerlo, teniendo en cuenta los conocimientos de su tiempo sobre la naturaleza de la historia y la sociedad. La llamada a la justicia es la misma para hoy. Pero el significado de la injusticia y la justicia en la América latina de hoy, se lo provee el instrumental de análisis científico que puede dar cuenta de las causas de la injusticia en nuestro sistema y de la estrategia para remediarlo.

Podemos concluir, que se produce otro halón en el proceso de liberación de la teología misma. Porque la teoría de interpretación bíblica se libera de ataduras que le impedían hacer uso de los recursos existentes en la biblia para movilizar a los cristianos e incorporarlos al proceso histórico de liberación, sin que su peculiar interpretación de la escatología del reino de Dios impida o contradiga la necesidad de la participación humana y política en la construcción de ese reino.

Veamos ahora, como advertimos en el capítulo anterior, algunas de las consecuencias teóricas y prácticas que ocurren a la reflexión teórica a partir de la historización de la salvación.

5

Fe y política: el redescubrimiento de la dimensión política de la fe

1. La secularización del orden político

La participación política de los cristianos en el proceso latinoamericano motivada por la agudización de la miseria, la opresión política —en unos casos con una ideología y/o una teología más o menos radical, y en otros, sin una o ninguna de las dos— constituye la primera condición para hacer posible que la reflexión teológica incorpore el análisis político concreto como parte inherente de su quehacer.

Definitivamente, esa praxis política que se acrecienta como una sinfonía a partir de la década del 60 y que lleva a muchos a ser las primeras víctimas en el exilio, en las cárceles, en la *morgue* y en los salones de tortura de Brasil, Bolivia, Uruguay, Chile, Argentina, Paraguay —sin contar los casos de aquellos países donde la persecución no llega a esos extremos o donde los casos son menos numerosos y dramáticos— es la que los lleva a reflexionar sobre la dimensión política de la fe. ¿Son prácticas contradictorias las de la fe y las de la política? ¿Exige la fe «cristiana» una política «cristiana» a sus creyentes y su aislamiento de los otros movimientos políticos revolucionarios no-cristianos? Las respuestas teóricas de los militantes cristianos a estas preguntas determinará las posibilidades de la integración de la fe y la política, su abandono de lo uno o lo otro, las posibilidades de una participación conjunta en el proceso revolucionario o la acción separada.

Para que esa práctica política se dé es necesario un entendimiento secular de lo político, y para que esa práctica sea, en segunda instancia, incorporada a la reflexión teológica, es necesario un entendimiento histórico de la salvación. Esto comienza a ocurrir a partir del proceso de secularización.

Una vez el orden social es entendido como producto de la historia secular y no como expresión de las esencias eternas y universales ordenadas por

Dios, éste pierde su legitimidad «divina» y viene a estar sujeto al regateo político según las necesidades y dirección de cambio señaladas por las contradicciones sociales. Se seculariza, se politiza el orden social. Las mismas contradicciones del modo de producción y su impacto sobre la conciencia, especialmente del siglo XIX hacia acá, en que la revolución científica y la tecnología han hecho posible una conciencia más objetiva, han producido una *secularización* del orden social. El orden ha dejado de ser «divino» en los círculos científicos e intelectuales y entre las masas urbanas del mundo entero. Este proceso de secularización ha hecho cada vez más difícil esa función legitimadora del orden establecido como lo realizaba antes la vieja teología política, que aunque todavía la realiza, lo hace ahora en formas más sutiles.

A partir del momento en que desaparecen las definiciones sobrenaturales eternas y universales sobre la vida, su orden y sus instituciones que contestaban el «para qué» de la vida humana, el hombre tiene que hacerse cargo de producir la respuesta en forma histórica. Ahora todo está sujeto al propósito y fin del hombre, a la manera como él quiera organizarse históricamente según sus intereses. El hombre se responsabiliza políticamente de su historia. La política toma el primado. Súbitamente, todo queda sujeto a la discusión y acción política. Las clases dominantes ya no pueden continuar alegando que el orden existente ha sido ordenado por Dios ni manipulando a los teólogos para que lo escriban. El hombre queda libre para ordenar su mundo.

La ética y la teología política del *orden,* que por siglos argumentarán la justificación del orden establecido como ordenado por Dios, como manifestación natural de las esencias sobrenaturales, preexistentes, universales, eternas e inmutables, llega a su fin con el proceso de secularización, según éste va demostrando el origen humano, histórico, económico y político de esos órdenes. Con ello queda descubierta la falsa pretensión de «apoliticidad» de «lo espiritual» y de esa teología política del orden y queda puesto de manifiesto su naturaleza ideológica. En consecuencia, se revela su correspondencia con los intereses de las clases dominantes explotadoras de las masas en los diversos modos de producción donde se da la explotación del hombre por el hombre. Así de esta manera la «teología del orden» viene a ser señalada por sus críticos como justificación teórica y sistematizada de la *religión,* de la clase dominante, esto es, del «opio de las masas». La *religión,* contrario a la *fe,* es ideológica, y como tal, es una concepción concreta del mundo, que corresponde a la visión de la realidad desde la perspectiva de la cultura de las clases dominantes de una sociedad dada. Pero el proceso de secularización facilita la desideologización de la fe, el cristiano queda libre para desafiar el orden social de opresión mediante una nueva práctica política que corresponda más fielmente a su fe.

Una vez que el teólogo advierte, conjuntamente con el resto de los pensadores de la sociedad que lo «político» no es la manifestación de aquellos principios fundamentados en «esencias» ahistóricas, la «ética política del orden» pierde su validez como ética absoluta y la nueva práctica se burla de la vieja teología. De aquí en adelante se hace necesaria una ética política relativa fundamentada históricamente en el *bien* del hombre real, según determinado en un momento dado a partir de su protesta política en contra de las condiciones de vida y a partir de sus proyecciones de un mundo nuevo. La ética del orden se convierte en ética de liberación. La política ha dejado de ser política del orden para convertirse en *política de liberación del orden* y la teología del orden se convierte en *teología de la liberación* [1].

Surge entonces una nueva teología política que encara la acción política no como orden, sino como acción transformadora de la sociedad. La teología política deja de servir de ideología de legitimación del orden para convertirse en legitimación del cambio social y adquiere una función crítica en la lucha ideológica.

Refiriéndose a esa nueva teología política, dice Assmann, que ella misma «corrige críticamente las tendencias privatizantes de la fe» y las pretensiones «apolíticas» de esas teologías; «subraya la dimensión política» de la fe una vez ésta se entiende históricamente; explica el nuevo entendimiento de la relación *teoría-praxis;* presenta la iglesia como una institución de crítica social; y rescata la «peligrosa memoria de contenido subversivo» que se encuentra en las esperanzas escatológicas de la iglesia [2].

En América latina este *primado* de la política, ese reordenar el mundo, toma un carácter «anti-desarrollista» y liberador que presiona con urgencia.

Acá eso quiere decir luchar por salir del subdesarrollo, sacudiéndose el imperialismo y las oligarquías que han mantenido nuestros países atados a esa condición. Esa lucha se convierte en el contexto y la materia prima de esa nueva función teológica, como ya vimos en el tercer capítulo. De aquí

1. En todas las obras de estos teólogos se presupone este proceso. Referencia directa a él encontramos sobre todo en H. Assmann, *Opresión-liberación: desafío a los cristianos;* y encontramos valiosas pistas en R. Alves, *Religión: opio o instrumento de liberación,* especialmente en 41-102; H. Conteris, *Presencia cristiana en la sociedad secular,* en *De la iglesia y la sociedad,* 255-70; J. Comblin y otros, *Fe y secularización en América latina;* E. Lage, *Cristianismo y secularización:* Estudios; Míguez Bonino, *Nuevas perspectivas teológicas;* L. Rivera Pagán, *Libertad y revolución:* Boletín del Seminario Evangélico de Puerto Rico; R. Poblete, *Secularización en América latina.* en *Panorama de la teología latinoameriana,* I; J. de Santa Ana, *Cristianismo sin religión.*

2. H. Assmann, *o.c.,* 13, 14.

que la nueva teología política latinoamericana, incorpore la urgencia y la realidad de América latina a su reflexión, que incorpore la función de deslegitimizar el sistema de opresión y mobilizar a los cristianos a la expresión política de su fe.

Por esto decimos que la primera gran consecuencia teológica de la historización de la salvación lo constituye la recuperación del concepto de *la fe como una práctica histórica y por lo tanto política*. La centración de la teología en lo político viene a ser característica de la teología latinoamericana. Dice Assmann:

> Lo que ha marcado la diferencia del incipiente pensamiento teológico latinoamericano en los últimos años respecto a la teología «progresista» del mundo rico, es, a mi entender, la consecuencia a nivel teórico de la primacía de lo político que acompaña necesariamente la centración de la reflexión sobre la praxis liberadora [3].

2. El primer nivel de la fe: la esperanza del triunfo de la justicia

Estos teólogos latinoamericanos afirman que la fe contiene una dimensión política que le es *inherente*. Cuando hablan de la «dimensión política de la fe», no se refieren, como bien dice Assmann, a «una dimensión de añadidura o de anexo, sino *al acto de la fe como tal en su contexto de praxis histórica*» [4].

De aquí que tengamos que detenernos a clarificar su concepto de fe para entender la fe como una praxis histórica. Para los teólogos de la liberación la fe ha dejado de ser creencia ciega en doctrinas o en un mundo de ideas o esencias universales y eternas regido por un absoluto que contiene toda la historia en su cabeza, o creencia ciega en un cuerpo de dogmas. En ese caso, fe es sumisión a un cuerpo de conocimientos revelados a las autoridades eclesiásticas. Como dice Leonardo Boff, el sacerdote brasileño, presupone un «modo defectuoso de conocer». Es la obligación de «aceptar» lo que no se puede conocer. Esta concepción de fe lleva implícita una teología de la revelación que asume «que Dios se revela en palabras». Como bien dice Noel Olaya, esta posición (característica de la congregación del Santo Oficio) cree que «la revelación es una manifestación de Dios que *habla para enseñar* con

---

3. H. Assmann, en la introducción a la antología de *Pueblo oprimido, señor de la tierra*, 14.
4. H. Assmann, *Opresión-liberación: desafío a los cristianos*, 20.

autoridad». A dicha revelación corresponde la obediencia de la fe. «...El creyente será aquí el que acomoda sus ideas a la doctrina... La fe es sumisión»[5].

En el caso de la teología de la liberación, contrario a la teología tradicional, la fe «cristiana» se define desde la «fe bíblica» como la esperanza de justicia real que se manifiesta en actos de amor-justicia relacionados con la construcción del reino. No es un modo de conocer, sino una actitud ante la vida, que para expresarse hace uso de los instrumentos seculares de análisis. Como veremos más adelante, es una fe que tiene su racionalidad en la esperanza que emana de la memoria histórica del pueblo de Dios y que tiene su operacionalidad en el amor. Como tal, desde luego, presupone otro concepto de revelación diferente al de la teología tradicional.

En un primer nivel, la fe, como actitud de esperanza resulta de la experiencia del hombre con su propia historia. De la historia formativa del pueblo hebreo —que para el hebreo es formación de la vida misma— va destilando una esperanza y promesa fundamental que sirve de base a toda su existencia, porque determina su acción y su futuro. La experiencia fundamental de la liberación del éxodo y la promesa de una nueva tierra de justicia que constituye el hecho estructurante de la ley y teología de Israel, y que más tarde Jesús anuncia como el reino, es lo que da base histórica a esa certidumbre radical que ellos llaman fe[6]. La investigación bíblica, según estos exegetas, demuestra que el término fe en la biblia está usado para indicar la «esperanza de la justicia» que se manifiesta en las obras de amor-justicia y en la predicación del advenimiento del reino[7]. Sergio Arce lo resume así:

> Cuando el autor de Hebreos nos dice que «la fe es la sustancia de la esperanza» nos ofrece una explicación digna de aceptarse. Pablo, escribiendo a los gálatas, hace más claro el contenido intelectual que tendría esta ampliación. «Nosotros» —dice en el v. 4 del cap. 5— «por el Espíritu esperamos la esperanza de la justicia por la fe». *La fe es, pues, la sustancia de la esperanza de la justicia*. La esperanza de la justicia es la estructura racionalmente formal de la fe. Esta justicia no es ficticia ni meramente declaratoria sino real[8].

5. N. Alaya, *La praxis social como lugar teológico*, en *Pueblo oprimido, señor de la tierra*, 267.

6. Cf. R. Alves sobre este proceso: *Religión: ¿opio o instrumento de liberación?*

7. Cf. P. Miranda, *Marx y la biblia*, cap. 5: *La fe y la dialéctica*, especialmente 227-82.

8. S. Arce, *Fe e ideología*, 7. Los textos a que se refiere Arce leen de la siguiente manera: «Habéis roto con Cristo todos cuantos buscáis la justicia en la ley. Os habéis apartado de la gracia. Pues a nosotros nos mueve el Espíritu a guardar por la fe los bienes esperados por la justicia. Porque en Cristo Jesús ni la circuncisión ni la incircuncisión tienen valor, sino solamente la fe que actúa por la caridad (amor-justicia)» (Gál 5).

Comúnmente se admite que es en el Protoisaías donde se encuentra el más puro concepto de fe bíblica, válido tanto para el antiguo como para el nuevo testamento. El pasaje aludido dice así: «Por eso, así dice el Señor Yahvé: he aquí que yo pongo por cimiento en Sión una piedra elegida, angular, preciosa y fundamental; quien tuviere fe en ella no vacilará. *Pondré el derecho (mispat) como medida y la justicia (sedagah) como nivel*» (Is 28, 16-17).

De aquí que la estructura existencial de la fe «cristiana» sea esquematizada por el genial exegeta mexicano Porfirio Miranda, de la siguiente manera:

> En ese sentido podemos esquemáticamente distinguir en la fe neotestamentaria tres elementos existenciales, de los cuales los dos primeros le son comunes con la fe veterotestamentaria, sin que ello signifique que el tercero le es extraño a ésta: (1) la fe es creer que nuestro mundo tiene remedio (2) la fe es creer que nuestro mundo tiene remedio porque Dios interviene en la historia humana (3) la fe es creer que nuestro mundo tiene remedio porque Dios interviene en nuestra historia precisamente en el hecho histórico llamado Jesucristo [9].

De estos elementos, hay uno que es fundamental a la estructura misma de la fe cristiana desde la perspectiva bíblica, que le es común a la fe del nuevo y del viejo testamento, sin la cual no es posible ni creer que Dios interviene en nuestra historia ni creer que su intervención acontece en Jesucristo:

> Ese elemento o momento existencial es una fe que consiste en *creer* que nuestro mundo tiene remedio. En torno a creer o no creer que nuestro mundo tiene remedio se escinde la humanidad en dos bandos con mayor hondura divisoria que en torno a cualquier otra cosa sobre la cual disputamos y guerreamos los hombres. Es necesario calibrar bien ese fundamental «tener fe»; no todos los que dicen creer creen realmente en eso. Quienes han proyectado (a contrapelo del antiguo y especialmente del nuevo testamento) la salvación y la gloria solamente para otro mundo, para un más allá, no creen que nuestro mundo tenga remedio [10].

La evangelización producida por esa fe debe tener como consecuencia la justicia. Existe una relación inseparable entre la esperanza de justicia (fe) y la práctica de la lucha por la justicia, lo cual es el segundo nivel de la fe. Dice Miranda:

> Las expresiones paulinas «antes de que viniera la fe» (Gál 3, 23) y «pero cuando vino la fe» (Gál 3, 25), de fijo entienden la fe como una realidad de dimensión social que entró en la historia humana como el gran don y beneficio divinos;

9. P. Miranda, *Marx y la biblia*, 257.
10. *Ibid.*, 245.

esa fe, propagada por medio del evangelizar, es la que causa justicia en el mundo, y todo este proceso es la salvación que Cristo nos aporta [11].

Según Miranda, esa fe en la «promesa de justicia» (que es idéntica al término «esperanza de la gloria de Dios»), para la biblia, equivale al «advenimiento de una nueva época, como un nuevo reinado de justicia, que otros pasajes bíblicos llaman el reino de Dios» [12].

«Fe en Dios», es fe en lo que se conoce de él. Aquel que hace justicia conoce a Dios. Dios es el que libera a los oprimidos. Así pues, «fe en Dios» es fe en el que libera para justicia. Fe es esperanza de justicia y compromiso con la realización de la justicia de Dios. Así que «fe en Dios» es fe en el reino de justicia.

Ese sentido originario de fe como esperanza del reino —dice el exegeta— está presente aún en la fórmula de la iglesia neotestamentaria cuando entiende la fe como «fe en Jesucristo». Su significado es fe en el anuncio que hace Jesucristo: La llegada del reino.

> Lo que Marcos 1, 14-15 nos muestra es que la fe, como en Juan y Pablo, consiste en creer que con Cristo ha llegado el reino de Dios, la intervención definitiva de Dios en nuestra historia... en lo que se cree en la definitiva intervención divina en nuestra historia, en la que establece el reino de Dios en el mundo, tal como está innumerables veces descrito en el antiguo testamento, por eso es que por lo que Marcos ni Jesús, ni los evangelistas estiman necesario explicarnos qué se entiende por el reino de Dios, a pesar de que toda la predicación de Jesús se resume en proclamar que llega el reino de Dios... Lo nuevo no está en el contenido del mensaje, sino en el acaecer escatológico [13].

El mesías, como tal, no tiene sentido fuera del advenimiento o inicio del reino: «Porque sólo la llegada del reino mesiánico hace que tenga sentido la mesianidad de Jesús, sólo el hecho histórico de que ha llegado el reino hace que tenga sentido hablar de que Jesús es el mesías» [14].

---

11. *Ibid.*, 230.
12. «La hipótesis de trabajo que Rom 3, 23 nos obliga a formular: que la gloria de Dios es la justicia de Dios como realidad masiva que ocupa la tierra entera, se confirma, pues, sobreabundantemente por el antiguo testamento. Es el mismísimo reino de Dios, en el que imperan la bondad, la compasión y la justicia, reino del que todos los injustos son eliminados».
13. *Ibid.*, 238.
14. *Ibid.*, 267. Aquí Miranda redescubre la identificación que hace la biblia entre «espíritu de Dios» y «promesa de justicia» que se recibe por la fe: «La promesa mencionada en Gál 3, 8b reaparece en el v. 14 con estas palabras: "Para que sobre las naciones viniera la bendición de Abraham en Jesucristo, para que por medio de la fe recibiéramos la promesa del espíritu". Se trata del espíritu del cual ha estado hablando desde el principio del capítulo 3; pero, ¿en qué se basa Pablo para suponer que la promesa

El texto de los teólogos chilenos que analizan el problema de identificar
fe con la expresión política y cultural de la religión nos es útil aquí para
distinguir este primer nivel de la fe:

> La fe es un encuentro histórico y vital con Dios en Jesucristo y no nos da la
> respuesta hecha a los interrogantes del mundo. La fe, a través de los hechos, nos
> interpela como sujetos a desentrañar el misterio en que vivimos y a construir
> la historia, pero no nos dice lo que es el hombre ni la historia. Si pensamos que
> ese mismo misterio se revelará completamente cuando se llegue a la plenitud de
> la historia, no podemos concebir la revelación en Jesucristo más que como signo
> anticipatorio de esa plenitud, signo que requiere de un descubrimiento paulatino
> por la praxis. Nuestra fe crece y nuestra cultura también y es en ese crecer
> dialéctico que la historia se hace humana.
> La fe no es pues, una filosofía ni una doctrina social ni una teoría política.
> Para los cristianos los valores son simplemente humanos, se van definiendo histó-
> ricamente en permanente confrontación con su fe en desarrollo. La fe no nos
> entrega una «doctrina», un discurso abstracto, del hombre y la sociedad; pero
> nos señala el sentido más profundo de la historia, como encarnación del amor,
> como construcción de una sociedad más justa y solidaria [15].

En resumen, en este primer nivel, la fe, resultado de la historia del pueblo según testimoniada en la biblia, viene a ser la certidumbre radical de la
posibilidad de transformación del mundo en un reino de justicia para los pobres y oprimidos en el que la vida en el amor y la vida abundante sea posible. Esta fe es fe en Jesucristo, en el reino, en el hombre nuevo, en el futuro,
en la perfección de la vida, en el *shalóm*. Esta fe implica una postura de
compromiso ante la historia en favor de la justicia y la liberación para los
pobres y oprimidos, que son las víctimas de la división entre opresores y
oprimidos «porque la liberación es posible». Es una postura de *esperanza*.
Esto, debe aclararse, no es asunto de optimismo. La esperanza tiene un fundamento histórico. En la dura costra de la historia se ha encontrado una
fisura. Dice Gera:

> La esperanza es aquella actitud por la cual se mira a la historia y se la siente
> y vive como tremendamente dura, difícil, casi imposible de realizarse como historia
> que no sea dominación de unos sobre otros... Pero a la vez por la esperanza,
> el hombre asume la actitud de osar, de hacer la tentativa no obstante la dureza
> y resistencia que ofrece la historia... En la costra enormemente dura de esta

hecha a Abraham era promesa de conferir a los hombres el espíritu? Se basa en dos
cosas: 1) la identidad entre justicia auténtica y espíritu de Yahvé; 2) la justicia prome-
tida (Gén 18, 18-19) era justicia auténtica, léase social, para todos los pueblos» (*Ibid.*, 244).
15. *¿Una izquierda cristiana?, debate*, 45. Sobre esta misma distinción véanse los
informes de las comisiones del encuentro de Cristianos por el Socialismo y su informe
final en *Cristianos por el Socialismo*.

historia de dominación, encuentra una fisura que abre la posibilidad del «nuevo hombre» [16].

De aquí que esta fe, sea fe en la posibilidad de la liberación. Cuando se entiende el concepto de «pecado» como corporificación del mal en las estructuras socio-económicas y políticas, se entiende entonces —dice Gera— por qué la fe es fe en el perdón de los pecados, o *fe en la liberación del pecado*, y por qué resulta una fe que se puede expresar igualmente en los términos políticos de «fe en la liberación del hombre», sin que ello saque la fe de su quicio [17].

Hasta aquí se puede decir que para los teólogos latinoamericanos, fe «es fe en la historia como historia de liberación». Fe es esperanza-certidumbre-radical [18].

3. La fe en un segundo nivel: la fe como interpretación histórico-cultural y como acción política

De estos textos se desprende que la fe no es sólo *esperanza*. Es también *respuesta* a partir de la interpretación del mundo concreto. En este segundo nivel la fe se manifiesta en un compromiso de amor-justicia que debe tomar forma política en la lucha política por la justicia en una sociedad concreta. Aquí la fe, al interpretar la realidad, se arraiga en la historia e incorpora una epistemología, la cultura y una ideología. Por lo tanto, la fe como respuesta comprometida presupone una ideología. Esto lo vemos en el desarrollo del concepto de fe en la misma historia bíblica: según Israel va desarrollándose de sociedad nomádica a sociedad imperial, y luego, con el advenimiento de la iglesia cristiana en los diversos momentos de la teología: helénica, medieval, aristotélica, reformada, conciliar, existencialista, etc.

Estamos usando el término ideología, no en el sentido estrecho y pueblerino de partido político, sino en el sentido científico, en el sentido de visión

---

16. *Ibid.*, 8.
17. *Ibid.*
18. Esa fe en la historia como historia de liberación, es expresada por Gutiérrez así: «La fe anuncia que la fraternidad humana que se busca a través de la abolición de la explotación del hombre por el hombre es algo posible, que los esfuerzos por lograrla no son vanos, que Dios nos llama a ella y nos garantiza su plena realización, que lo definitivo se está construyendo en lo provisorio» (*Teología de la liberación*, 306).
Th. Joseph en Uruguay escribía «La fe tendrá un porvenir si llega a ser a la vez, fe en Dios y fe en el porvenir. Fe en Dios como fe en el porvenir» (*El porvenir de la fe: Perspectivas de Diálogo*, p. 143).

o representación del mundo, de filosofía de vida que obliga y permea racional e inconscientemente toda la vida de una sociedad dada o de un grupo de hombres en un momento dado. Es la idea-fuerza que permea el pensamiento social, desde la filosofía y la economía de un pueblo hasta sus hábitos y su lenguaje y que presupone un orden socio-económico y político que le sirve de base y al cual la ideología justifica, idealiza y explica.

Cuando el hombre de fe articula su respuesta de compromiso con la esperanza de la fe, lo hace inevitablemente dentro de un marco histórico-ideológico, como es evidente que lo hicieron los cristianos de la sociedad judía, romana, feudal, capitalista y probablemente en el futuro los de las sociedades socialistas.

Por esto, como veremos más adelante en el capítulo de «fe e ideología», encontramos teólogos latinoamericanos insistiendo en que la fe sin ideología es fe muerta, o es una fe que no está consciente de la ideología mediante la cual se expresa.

Aquí nos viene precisamente la cuestión de «la fe y las obras» que en el pasado dividió a católicos y protestantes y que en la teología de la liberación encuentra la mejor expresión de la reconciliación de esa brecha. Si bien es cierto que frente a la ley judía, san Pablo insiste en que la salvación no se da por las obras de la ley, sino por la fe («el hombre es justificado por la fe sin las obras de la ley», Rom 3 y 4), tomando la fe como esperanza de justicia, también es cierto que la epístola de Santiago balancea ese énfasis paulino cuando insiste en que la fe sin obras no salva («¿De qué sirve, hermanos, que alguien diga, "tengo fe", si no tiene obras? ¿Acaso podrá salvarle la fe?... Así también la fe, si no tiene obras, está realmente muerta» (Sant 2, 14-24).

En los teólogos de la liberación encontramos esos dos niveles integrados en la diferenciación entre fe como esperanza de justicia y fe como respuesta comprometida en la lucha por la justicia del reino en una sociedad dada. Al primer nivel se separa fe e ideología, pero en el segundo nivel la fe actúa por medio de la ideología. Desde luego, esta es una diferenciación que hacemos para propósitos de análisis ya que en la práctica ambos niveles se integran en un solo acto.

Esta fe, resultante de un proceso histórico, en el cual Dios se revela desde los acontecimientos, conlleva una creencia en un Dios político comprometido con el proceso de liberación. Es importante recordar en este punto la manera histórica como la concepción bíblica de la tradición hebreo-cristiana entiende la *revelación*. La fe en su primer nivel no es una epistemología revelada. Dios no se revela en palabras ni en doctrinas que vienen del mundo de las ideas, sino en acontecimientos históricos vividos por el hombre, de los cuales se extrae la fe como actitud de interpretación-compromiso para la vida en la historia [19].

Noel Olaya, en *Fe y praxis social*, describe la revelación que da lugar a la fe como un proceso *teándrico* en el que la creación del hombre nuevo y la manifestación de Dios son un único proceso. Es un acontecimiento histórico-social que se va «dejando ver» a medida que se va realizando:

> Aquí la revelación es el acontecimiento Cristo-Espíritu, es decir, el proceso de *encarnación-resurrección* del Cristo total, que es igualmente proceso de *creación* del hombre (nuevo), de la tierra (nueva), del cielo (nuevo). Proceso que va tomando cuerpo en acontecimientos y se va tematizando en palabras... Es un proceso *teándrico*, en el que el revelarse de Dios —en Cristo y en el Espíritu— es, concretamente, el irse haciendo del hombre, su proceso de humanización. Y la plenitud de la revelación, el «ser Dios todo en todas las cosas», es, concretamente, la humanidad plenamente construida, la nueva tierra y el nuevo cielo... Aquí fe y praxis social aparecen, concretamente, como una misma realidad: ir creyendo, ir aceptando al Dios que se va revelando, es ir haciéndose hombre, es ir construyendo la humanidad; ir buscando a Dios; es ir buscando al hombre [20].

De esta manera de entender la fe y la revelación, se puede entender un Dios comprometido con la política de la liberación. Gera lo expresa:

> Nuestra fe no nos lleva a creer en un Dios monástico, es decir, aislado, solo, sino en un Dios político, que convive entre los hombres, que anda metido en esto, en la convivencia humana, por lo tanto, en la historia humana. Cuando Cristo

---

19. R. Alves es uno de los que con más claridad insiste en la naturaleza histórica del contenido de la fe. Dice Alves en su libro: «el lenguaje del humanismo mesiánico es la expresión de una cierta experiencia histórica... Israel no poseía una idea de Dios ”a priori”, ni acabada de su acción dentro de la historia a partir de esta idea dogmática... La teología o el lenguaje de Dios era la misma cosa que el relato de los hechos que, gracias a su poder liberador en el pasado, ofrecían una base de esperanza en el presente» (*Religión: ¿opio o instrumento de liberación?*, 135-37).

En su trabajo, *Apuntes para un programa de reconstrucción en la teología*, dice: «Ya que el símbolo ”Dios” deriva de los acontecimientos liberadores, i.e., los acontecimientos que cambiaron las estructuras objetivas de la sociedad, el lenguaje bíblico comprende a Dios solamente a partir de los acontecimientos que crean un nuevo futuro para el hombre. La trascendencia toma, por lo tanto, forma en la historia. Se refiere al poder que hace que lo presente esté preñado con un nuevo mañana... El discurso teológico es, por lo tanto, no el de la ontología sino el de la praxis» (*O.c.*, 30).

Sobre esta cuestión de la naturaleza histórica de la revelación, cf. también a Enrique Dussel cuando dice: «Lo que hace siempre Dios es revelarse como el otro que nos interpela; es el primer otro. De tal manera que si no escucho a mi hermano que está en la esclavitud, tampoco escucho a Dios; y el que no juega por la liberación de su hermano es ya ateo, porque no sólo no ama a Dios. sino que lucha contra Dios porque se afirma ya como divino» (*Caminos de liberación latinoamericana*, 15; cf. también *Teología de la liberación y ética*, 184-85).

20. *Fe y praxis social*, en *Pueblo oprimido, señor de la tierra*, 268-269.

busca expresar qué es Dios la fórmula que usa es la de «reino de Dios». Anuncia a Dios hablando del reino de Dios, llega el reino de Dios, viene el reino de Dios. El concepto de reino es un concepto político: Cristo manifiesta a Dios a través de una imagen política, que es la del reino; el reino como convivencia humana. Y el reino de Dios es Dios que está en ese reino. Creer en Dios es creer en el reino de Dios, y por esto es central, esto resume todo el evangelio [21].

Ese Dios, según estos teólogos, está actuando en la historia pasando juicio sobre la historia de explotación y división humana que contradice la unidad de la creación. La unidad de la creación está pensada en términos de la hermandad humana. Y aquí se hace presente la «concepción de la historia» que va formando parte del contenido de esa fe.

Diríamos entonces, para concluir: la fe monoteísta está ligada a una concepción de la historia, a una interpretación de la historia. Y creer en Dios, en Dios uno, padre de todos, implica una cierta interpretación de esta historia. Y cuando se realiza la historia como dominación, Dios la niega; la fe la niega, la fe se torna crítica de esa historia, busca anularla y hacer otra; busca cómo reinaugurar la historia, como historia de liberación [22].

De aquí que la fe, a este nivel de vivencia concreta, implique un compromiso de naturaleza política con el hombre. Gera lo concluye de su posición anterior: «La fe cristiana, que es fe en la salvación, entendida como liberación del pecado, implica en sí una actitud de compromiso con el hombre, en su liberación histórica-secular, esto es, económica y política» [23].

Si la fe es el compromiso absoluto con los propósitos liberadores de esa memoria histórica, y como tal es postura ante la opresión y predisposición a la acción real en favor de la liberación del hombre, entonces estos teólogos nos enfrentan al hecho del redescubrimiento de la praxis política como el aspecto fundamental de la fe.

Es Hugo Assmann, el brasileño, quien formula ese entendimiento de la fe en un lenguaje más secular y realza la naturaleza *práctica* de esa actitud o postura ante la vida humana. Esa actitud, o esa fe, en virtud de estar

21. L. Gera, o.c., 4.
22. Ibid., 7.
23. Gera, o.c., 8. Esa fe, ese compromiso con la liberación del oprimido es «incondicional», porque tiene su raíz en el «amor» y este amor se define así: «consentir a la vida y querer honda y efectivamente vivir». En el amor a los otros, el hombre llega a extirpar el egoísmo porque vive para el otro, lucha para que el otro viva efectivamente, con derecho, con justicia. Pero esto parece tener un límite: el riesgo de la muerte, la pérdida de su vida. La muerte es el término que decide la medida del compromiso. Aquí el amor lucha con la muerte. En la experiencia cristiana de esta batalla «la fe decide y persuade en pro del amor como victorioso frente a la muerte», para convertir el compromiso con el oprimido en «incondicional», hasta la muerte.

orientada hacia la historia, tiene que probarse como «verdadera» por su eficacia al nivel estratégico-táctico.

Assmann, entiende el desarrollo de la fe como un proceso práctica-teoría-práctica que va formando, enriqueciendo y fortaleciendo este compromiso o actitud fundamental del hombre frente a la vida. Su expresión «*dimensión política de la fe*», *no se refiere a una «dimensión de añadidura o anexo a la fe, sino al acto de ésta como tal en su contexto de praxis histórica»* [24]. Está claro para nosotros que lo que ha ocurrido es que, una vez que se acepta la única y sola historia donde se da la salvación del hombre, la fe se transforma epistemológicamente, de creencia ciega en un mundo revelado desde fuera de la historia a compromiso con una memoria histórica que requiere una práctica política concreta en favor de la liberación del hombre para la creación de un mundo nuevo en la historia. Por esto, es natural que Assmann concluya: «el aspecto fundamental de la fe es la praxis histórica» [25]. Aquí ya la fe pasa a ser acción política en favor de los necesitados de justicia en una situación concreta. Aquí la fe incorpora una epistemología y una ideología.

4. Teología: teoría de la praxis política de la fe

Como consecuencia de la recuperación de este entendimiento de la fe ocurren la desprivatización de la fe, el redescubrimiento de la fe como compromiso político concreto, y en consecuencia, la encarnación cultural de la fe en un proceso socioeconómico y político concreto en una sociedad dada, lo cual quiere decir, que la fe asume un segundo nivel: el nivel de la fe expresada ideológicamente.

La fe en su primer nivel, como esperanza solamente, no es una manera de conocer, ni una definición de la realidad concreta, ni un programa de acción concreta, no es una representación de una realidad concreta, por lo tanto, no es una ideología. La fe en ese nivel no contiene ritos cúlticos, jerarquías, explicaciones teológicas, sociológicas, económicas ni epistemológicas, ni está atada a una organización eclesiástica.

Pero el que vive la fe la tiene que vivir en una situación concreta, que se interpreta en forma específica con el instrumental epistemológico de la época y que se expresa en un lenguaje y una cultura, en medio de una so-

24. Cf. H. Assmann, *Opresión-liberación: desafío a los cristianos*, 20. Cf. también: *La dimensión política de la fe como praxis de liberación histórica del hombre*: Perspectivas de Diálogo; A. Bonasso, *Reflexiones sobre la fe, o.c.*, R. Certulo, *Reflexiones sobre la fe, o.c.*; R. Costa, *La fe, ¿fuerza histórica?, o.c.*
25. Assmann, *Opresión-liberación: desafío a los cristianos*, 21.

ciedad cuyo desarrollo requiere una acción política concreta. De la misma manera, la reflexión sobre esa praxis desde la perspectiva de la fe, eso que llamamos teología, requiere la incorporación del lenguaje, el instrumental analítico y el aparato epistemológico con que se obtiene, verifica y justifica el conocimiento de la realidad concreta, y requiere la incorporación de los supuestos teóricos sobre la realidad y sobre la historia en que aquellos se fundamentan. En otras palabras, la fe, vía la teología y la organización eclesiástica incorpora la ideología de su tiempo. Entonces se convierte en *religión*. El problema se plantea de la siguiente manera:

> El problema de la relación entre la fe y la ideología se nos aparece ahora con un sentido más profundo porque es más concreto. La fe cristiana puede no ser, y de hecho no es en sí, una ideología. Tampoco es una teología o un sistema religioso de doctrina y/o un personaje de turno en la historia, ni siquiera en la historia eclesiástica. Sin embargo, la fe tiene que concretarse dentro del campo de la ideología, de los sistemas de doctrinas y de la historia. De otra manera no es fe, y mucho menos fe cristiana. Tendrá, por la ley de la encarnación, que identificarse con alguna ideología, sistema y/o personaje histórico. No es que «tenga» que identificarse, es que, aunque no lo desee o pretenda, «está» identificada, solidarizada. La opción para el creyente es con cuál, con qué o con quién identifica su fe en el determinado momento histórico en que le ha tocado vivir [26].

Evidentemente, hay ideologías correspondientes a órdenes de explotación contradictorias con la fe. La fe es el criterio para juzgar las prácticas políticas de los cristianos y sus teologías. Pero, le toca a la teología misma reflexionar sobre este problema, enjuiciar la praxis de los cristianos desde la perspectiva de la fe, para hacer posible las opciones políticas e ideológicas apropiadas a la fe. Para estos teólogos, esa es la función de la teología hoy. En otras palabras, la teología tiene como objetivo el examinar la medida en que las prácticas de los cristianos y sus instituciones responden a las exigencias de la fe, esto es, de la esperanza de justicia que habrá de hacer realidad la igualdad entre los hombres como infraestructura necesaria para que la vida fraternal sea posible.

Claro, para realizar ese objetivo, la teología tiene que examinar científicamente la condición en que vive el prójimo, la causa de ello, y reflexionar sobre la estrategia política correcta para su liberación, en la cual deben participar los cristianos que sostienen esa fe. Este último aspecto de la reflexión teológica debe ser hecho, como veremos más adelante, con un instrumental socioanalítico que no se desprende directamente de la fe. Este

---

26. S. Arce, *Fe e ideología*, 16. Cf. las referencias bibliográficas sobre los autores que tocan este asunto en la discusión sobre ideología en el capítulo sobre *Fe e ideología*.

aspecto de la reflexión se hace, como veremos más adelante, con un instrumental secular.

En consecuencia, la teología se transforma ahora en una ciencia *crítica* que enjuicia la praxis socio-política de los cristianos y sus instituciones desde la perspectiva de las exigencias de la fe. La teología deja de ser una reflexión sobre la interioridad del alma personal. Esa concepción de la fe como cosa personal y privada, ha quedado deshecha ante el análisis de la fe como praxis política. Tradicionalmente la cosmovisión greco-romana, remodelada por el idealismo moderno, imponía a la teología ese dualismo que alegaba que la fe es un asunto «privado» de la «interioridad» del alma y que la política era asunto público que competía al estado. De aquí el axioma liberal: la religión pertenece al ámbito de lo privado y la política al ámbito de lo público, por lo tanto, la política no debe intervenir en lo privado, ni la religión en lo público; en consecuencia, debe mantenerse separada la religión de la política.

Pero, una vez deshecho ese dualismo, se inicia un proceso de *desprivatización* de la fe y correlativamente uno de *politización* de la fe, que repercute teóricamente transformando el quehacer teológico. En este nivel en que la fe se expresa teológicamente, la fe viene a ser una actitud permanente con que el hombre se enfrenta en la totalidad de la vida. Viene a ser una manera de interpretar el sentido de todo y de responder a todo. La fe en su primer nivel, no es una idea concreta sobre la historia, la sociedad, el hombre, etc., no es una teoría. Pero en la teología se entronca con las teorías y logra concreción y amplitud en eso de interpretar el sentido de todo.

Cuando es así, la fe se convierte en clave interpretativa y guía crítica de la práctica humana, social, del creyente. Es una forma de vida que se expresa ideológicamente. Es un modo de comprender y de construir la realidad [27].

Podemos entender entonces por qué dice Assmann que la dimensión política de la fe, se refiere «al acto de ésta como tal en su contexto de praxis histórica» [28].

El hecho de concebir la fe como *praxis* tiene profundas repercusiones con respecto al entendimiento tradicional de la «verdad» de la fe, de la cual habla la teología. El acoplamiento de conceptos con unas verdades conceptuales que reveladas desde el más allá histórico y sostenidas como tales por las autoridades religiosas deja de ser el *criterio* para determinar teológicamente la «verdadera fe». Se necesita un nuevo criterio para determinar teológicamente la «verdadera fe». Lo verdadero es ahora aquello que se prueba eficaz en la práctica, en este caso, en la práctica de la liberación. Assmann

27. Cf. el capítulo sobre *Fe e ideología*.
28. *Ibid*.

es consciente de esto y está dispuesto a seguirlo hasta sus últimas consecuencias cuando dice:

> Verdadera, históricamente, la fe sólo puede ser cuando se hace verdad; vale decir: cuando es históricamente eficaz para la liberación del hombre. De este modo la dimensión de «verdad» de la fe, se liga estrechamente a la dimensión ética-política [29].

Por esto es que Gutiérrez puede decir aquello de que lo político es *inherente* al evangelio:

> No se equivocaron los zelotes al sentir a Jesús cerca, y simultáneamente, muy lejos. Tampoco se engañaron los grandes del pueblo judío al pensar que su situación era puesta en peligro por la predicación de Jesús, ni la autoridad política opresora al hacerlo morir como un sedicioso... La dimensión política no le viene pues al evangelio de tal o cual opción precisa, sino del núcleo mismo de su mensaje. Si su mensaje es subversivo es porque asume la espera de Israel: el reino como fin de todo dominio del hombre sobre el hombre... es un reino de contradicciones con los poderes establecidos en favor del hombre; y la asume dándole su sentido más profundo: se trata de una *nueva creación*. La vida y predicación de Jesús postulan la búsqueda incesante de un nuevo tipo de hombre en una sociedad cualitativamente distinta [30].

Para todos estos teólogos, vivir la fe desemboca en una «práctica política». Aunque, como dice el padre Gonzalo Arroyo, «no se trata de instrumentalizar la fe cristiana para otros fines políticos, sino por el contrario, devolverle su dimensión evangélica originaria» [31]. Assmann señala que, contrario a los teólogos europeos progresistas, que focalizan su reflexión crítica sobre «la acción pastoral de la iglesia, y las reformas institucionales —eje de convergencia de todo el reformismo postconciliar— los de América latina, «dislocan ese eje hacia la acción liberadora dentro de la conflictividad del mundo en sentido fuertemente político» [32]. De aquí en adelante será común el leer en muchos de estos teólogos la frase: «lo político es el lugar del encuentro con Dios».

A partir de Medellín, después del 68 se generaliza por toda la iglesia latinoamericana el tema de la opción por una línea de acción política liberadora como consecuencia de la naturaleza de la fe cristiana y como parte del

29. *Ibid.*, 98.
30. G. Gutiérrez, *Teología de la liberación. Perspectivas*, 295.
31. G. Arroyo, *Discurso introductorio al primer encuentro de Cristianos por el Socialismo en Santiago* (Documento final).
32. H. Assmann, *Opresión-liberación: desafío a los cristianos*, 60.

proceso salvífico, aunque evidentemente competían varias líneas de acción política que se adscribían lo de «liberador» [33].

Por esto, aun los textos de organismos oficiales de la iglesia, como lo es la colección del Instituto pastoral latinoamericano de la conferencia episcopal latinoamericana (CELAM), lo incorporaron. El pastoralista chileno, Segundo Galilea, representando al Instituto, escribe en el libro número 9 de la colección, *La vertiente política de la pastoral:*

> En la actual situación histórica latinoamericana la acción pastoral tiene *necesariamente* una vertiente política, so pena de dejar al evangelio fuera de la historia... que la pastoral tiene una vertiente política quiere decir finalmente que ella está llamada a fomentar una sociedad cuyas estructuras y centros de poder sirvan más

33. Cf. S. Arce, *¿Es posible una teología de la revolución?,* en *De la iglesia y la sociedad;* R. Avila Penagos, *El cristiano y la politización,* en Servicio colombiano de comunicación social; H. Assmann, *La dimensión política de la fe como praxis de liberación histórica del hombre:* Perspectivas de Diálogo; Teoponte, Una experiencia guerrillera; id., *Iglesia y política;* E. Orellano, *La liberación y sus condiciones concretas:* Perspectivas de Diálogo; J. Alonso, *La teología de la praxis y la praxis de la teología:* Christus; R. Alves, *El pueblo cristiano y la búsqueda de un nuevo orden social:* Cristianismo y sociedad; H. Borrat, *¿La iglesia para qué?:* Cristianismo y sociedad; id.: *Las vanguardias católicas de América latina,* en SIC; R. Certulo, *Utilización política de la iglesia;* Perspectivas de Diálogo; J. Comblin, *Hacia una teología de la acción;* C. Condamines et al., *Los cristianos y los cambios revolucionarios,* en *Pueblo oprimido, señor de la tierra;* L. G. del Valle, *Identidad del revolucionario cristiano:* Contacto; A. Fragoso, *Profetismo y compromiso concreto con la liberación de la clase trabajadora y campesina:* Pastoral popular; P. Fontaine, *El revolucionario cristiano y la fe,* Doc. MIEC-JECI; S. Furgone, *La acción del cristiano en la política:* Marcha; G. Gutiérrez, *Jesús y el mundo político:* Perspectivas de Diálogo; L. Gera, *La iglesia, ¿debe comprometerse en lo político?,* Doc. MIEC-JECI; S. Galilea, *Un cristianismo para tiempo de revolución:* Nuevo mundo; id., *La vertiente política de la pastoral,* en libro de IPLA con el mismo nombre y en Christus; (en este libro, cf. los artículos de Ossa, Gaete y Fontaine); id., *Notas sobre teología y pastoral políticas:* Servir; id., *Pastoral popular, liberación y política:* Pastoral popular; R. García, *De la crítica de la teología a la crítica de la política,* mimeografiado del simposio de Teología de la liberación en México y en *Pueblo oprimido, señor de la tierra;* G. Castillo, *De la protesta al compromiso revolucionario:* Cristianismo y sociedad; Lozano, *Hacia una teología mexicana:* Servir; G. Martínez, *Politización de la iglesia:* Perspectivas de Diálogo; M. Ossa, *Cristianos que actualmente se comprometen en política:* Pastoral popular; A. Parrilla, *Puerto Rico: supervivencia y liberación;* J. de Santa Ana, *Esperanza cristiana y compromiso político: fundamentos para la búsqueda de un nuevo mundo y un nuevo hombre:* Perspectivas teológicas; id., *Teoría revolucionaria, reflexión a nivel estratégico-táctico y reflexión sobre la fe como praxis de liberación,* mimeografiado luego por CPS; J. L. Segundo, *¿Hacia una iglesia de izquierda?:* Perspectivas de Diálogo; R. Shaull, *Iglesia y teología en la vorágine de la revolución,* en la antología De la iglesia y la sociedad; S. Silva Gotay, *Teoría de la revolución de Camilo Torres:* Latinoamérica; H. Villela, *Los cristianos y la revolución, posibilidades de una praxis revolucionaria:* Cuadernos de la realidad nacional; cf. también la bibliografía señalada en el capítulo sobre ética bajo el problema de la violencia y las colecciones de documentos indicadas en el capítulo donde se discute la participación política de los cristianos en América latina.

y más a la justicia y la fraternidad humana, como una realización de la pascua de Cristo que se consumará en el reino definitivo [34].

Por su compromiso liberador, añade Galilea, «la pastoral auténtica... es *políticamente subversiva, ahí donde la sociedad es injusta*». Añade, «se trata de pasar de una pastoral de "mediación" a una pastoral de "compromiso"» [35].

Con estas posiciones se hace pedazos aquella distinción entre planos que diferenciaban la intervención «social» de la intervención «política». Assmann toma conciencia de este hecho y lo expresa así:

> Hay un lenguaje «social» de la iglesia que, por su vaguedad, entró hoy en profunda crisis: «la cuestión social», la «justicia económico-social», el «compromiso social del cristiano», etc... La toma de conciencia de ese hecho marca hoy la postura de las vanguardias cristianas de América latina [36].

El informe de la reflexión sacerdotal que da pie para el primer encuentro de pastoral de las misiones del Alto Amazonas en Perú, se expresa en los siguientes términos:

> La historia concreta nuestra es una historia de liberación: Liberación implica que esa historia es conflictiva, hasta dramática, por la injusticia y la opresión, las divisiones y los enfrentamientos... Una iglesia, definida a partir del mundo, implica para nosotros los creyentes, redefinirnos como unidad de fe en un mundo marcado por la opresión. Fe y compromiso revolucionario, fe y acción política es, en otras palabras, el problema de los creyentes latinoamericanos [37].

El congreso católico de Barquisemeto para el desarrollo integral del hombre dice desde una teología del desarrollo en transición a la teología de la liberación:

> Si el desarrollo integral de unos hombres está relacionado cada vez más estrechamente con el desarrollo de otros hombres, y si la política, en un sentido más genérico, es hoy el árbitro casi universal de esas relaciones, es ilusorio hablar de un compromiso terrestre cristiano que no sea político [38].

34. S. Galilea, *La vertiente política de la pastoral*, 12, 15.
35. *Ibid.*, 13.
36. Assmann, *Opresión-liberación: desafío a los cristianos*, 23. Cf. también a C. Aguiar, *Los cristianos y el proceso de liberación de América latina*.
37. «Informe del primer encuentro de pastoral de las misiones del Alto Perú», doc. NADOC, n. 208.
38. Informe especial del congreso, *Teología del desarrollo*, II-D, Barquisemeto (Venezuela).

Los responsables de la redacción del documento episcopal «La justicia en México» para ser presentado al sínodo mundial de obispos, tipifican esta línea teológica cuando dicen:

> La acción eclesial (pastoral) que se desarrolle en este sentido, tendrá que ser liberadora y necesariamente política. Pero no irá a buscar privilegios para la institución eclesial, sino la liberación de todo hombre y de todo el hombre. Criticará proféticamente las situaciones y eventos opresores. Tenderá al cambio de la situación comprometiéndose con los oprimidos y dejando a un lado la postura «mediadora» entre opresores y oprimidos. Buscará estructuras y poder que sirvan a la implantación de la justicia y la fraternidad [39].

Eventualmente la expresión política liberadora de la fe irá haciéndose más específica y concreta. Ejemplo de esto son los documentos citados en la primera parte de la tesis. El mexicano Luis del Valle nos señala esa dirección cuando dice:

> Ser cristianos es vivir una forma concreta de la fe que toma formas históricas, a partir del primer y fundamental hecho de Dios que se hace hombre para estar siempre presente en el proceso histórico de los hombres... Nuestra lucha con la justicia y el amor es contra el poder de la explotación... de la mentira y del egoísmo más allá del hombre concreto para llegar hasta los sistemas y las instituciones, peleamos porque el amor presida la producción y distribución de los bienes, el reparto del poder y las relaciones de los grupos humanos en sí [40].

La práctica de la fe es una práctica esencialmente política, como se desprende de la argumentación de estos teólogos y de los fundamentos bíblicos de su fe. Pero, ni la fe ni la biblia contienen en sí mismas un análisis concreto de la situación de injusticia en que vive el prójimo latinoamericano en este momento; tampoco provee un instrumental científico de análisis socioeconómico para entender esa situación y sus causas, ni contienen un proyecto político concreto ni una estrategia política para su realización. Esto es, de los textos bíblicos sobre la injusticia y la conversión personal a la lucha por la erradicación de la opresión y la explotación a su realización efectiva, media un trecho importante en el que se puede tomar el camino equivocado. Para hacer históricamente eficiente esa fe política, se hace necesario la adopción del instrumental socioanalítico apropiado, lo cual determinará el proyecto de nueva sociedad y la estrategia política a seguir.

En esta coyuntura queremos hacer referencia a la autonomía de lo político en esta teología latinoamericana. Si bien el proyecto utópico del reino de Dios

39. La justicia en México, doc. CIDOC, 48.
40. L. del Valle, Identidad del cristiano revolucionario, 45, 49.

se construye en la tierra mediante un proceso histórico-político, el modelo operacional para la construcción de ese proyecto histórico no se desprende de la fe ni del proyecto utópico. Se desprende de la experiencia y de la ciencia económica y política. En este nivel el problema se plantea como uno de «racionalidad científica y política». De aquí la autonomía de lo político que caracteriza a la teología de la liberación.

El teólogo uruguayo, Julio de Santa Ana, en su conferencia sobre la participación de los cristianos al nivel estratégico-táctico de la revolución, clarifica el asunto:

> En primer lugar, hay que señalar que no se llega a una definición revolucionaria a partir de la reflexión bíblico-teológica, sino en virtud de una definición por la que se rechaza el orden y el sistema vigentes. Así como la opción por el socialismo surge desde un repudio del capitalismo, el sentimiento de rebeldía y el comportamiento revolucionario se dan originados por una actitud de negación de las estructuras establecidas. Con esto queremos decir que no hay un «revolucionarismo cristiano», sino revolución a secas (de cristianos como de quienes no lo son), lo que nos lleva desde ahora a definirnos contra todo intento de una teología de la revolución». Esto no significa que, al hacer una opción revolucionaria, se deje de reflexionar teológicamente; sino más bien entendemos que la reflexión teológica debe ser encarada bajo la perspectiva que surge de quien se halla realizando una labor revolucionaria [41].

A este nivel, de la praxis política, diferente al nivel de la utopía, no se plantea ninguna diferencia a los militantes en virtud de ser cristianos o nocristianos; los problemas aquí se plantean a todos los militantes por igual, como problemas de racionalidad científico-política. Por ello, concluyen estos cristianos que en la revolución social un cristiano puede ser perfectamente tan revolucionario como un revolucionario no-cristiano.

Hasta ahora hemos demostrado que teóricamente la fe cristiana de los teólogos de la liberación no constituye un impedimento a la acción política revolucionaria ya que éstos no consideran sagrado el orden social establecido. Y, no sólo eso, sino que sostienen una concepción de la fe que implica una práctica política en favor de los oprimidos y explotados. Además, sostienen una autonomía de lo político que es esencial a la cientificidad del análisis científico y la realización de la estrategia y táctica política.

Examinemos ahora sus presupuestos teóricos con respecto a la adopción del instrumental de análisis socioeconómico y político.

---

41. J. de Santa Ana, *Teoría revolucionaria, reflexión a nivel estratégico-táctico y reflexión sobre la fe como praxis de liberación*, mimeografiado de los documentos de trabajo del encuentro continental de Cristianos por el Socialismo, y en la antología *Pueblo oprimido, señor de la tierra*. Cf. Assmann, *¿Reflexión teológica al nivel estratégico-táctico?*, en *o.c.*; G. Gutiérrez, *Teología de la liberación*, 303, 304.

6

Fe y ciencia: cambio en el punto de partida para la reflexión teológica y la incorporación de las ciencias sociales a la teología

1. Cambio de punto de partida

Hemos dicho que la expresión política de la fe necesita apoyarse en un entendimiento de la realidad. Un entendimiento adecuado, objetivo, correcto, eficiente para hacer posible la lucha en favor de la justicia para los pobres y oprimidos.

Estos teólogos ponen en claro que si la salvación se da en la historia y no fuera de ésta, y si la salvación no estriba en llegar a un paraíso platónico espiritualizado, preexistente a la historia, sino que es un proceso lanzado hacia el futuro que se realiza en la historia y en lucha liberadora contra todo aquello que lo impide, entonces, consecuencia importante de esa historización de la fe cristiana es el hecho de que la reflexión teórica crítica para la transformación de la realidad no puede partir de aseveraciones teológicas o bíblicas, sino de la realidad que se quiere transformar.

Las ideologías esencialistas o filosofías resultantes de experiencias históricas pasadas, no constituyen modelos eternos y universales para ser «aplicados» a la realidad concreta de todo tiempo y lugar. Si la realidad salvífica que se ha de construir no existe todavía, tendrá que ser construida en la historia, entonces, metodológicamente, la reflexión teológica tiene que partir de la realidad presente, de la situación histórica que va a ser transformada, tal y como ésta se entiende científicamente y desde la etapa de desarrollo en que se encuentra y en la cual participa el que reflexiona. Hay que partir del proceso histórico latinoamericano de dominación y liberación. Assmann dice que «el mérito mayor de la teología de la liberación quizás esté en su insistencia en el punto de partida histórico de su reflexión: la situación de América latina dominada» [1].

---

1. H. Assmann, *Opresión-liberación: desafío a los cristianos*, 24.

Esto, sigue diciendo Assmann, «caracteriza una de las diferencias más marcadas del modo de hacer teología en América latina, en relación a las modalidades europeas» [2] que todavía parten de concepciones teológicas *a priori* para acercarse al mundo.

Pero no es sólo que la teología latinoamericana parta de ahí para entonces volver a remontarse a reflexionar sobre temas «religiosos», también hay que decir que ese es *su* tema, es su *locus* teológico. El experimentado teólogo metodista rioplatense, Míguez Bonino, se pregunta: ¿cuál es la realidad de que habla la teología?, ¿cuál es el objeto de la ciencia teológica?, ¿cuál es su referencia?, ¿dónde se encuentra el centro de gravedad y/o el criterio de verificación de su lenguaje?, ¿en qué sentido la teología habla de algo real? (utilizando este término en una acepción bastante amplia, como contrapuesto a una mentira, una ficción, o una pura convención). Y responde de la siguiente manera:

> Esa realidad de la cual habla la teología es la realidad concreta en que nos hallamos, una realidad que en latinoamérica hay que designar con términos muy precisos como concientización, imperialismo, mercado internacional, monopolios, clases sociales, desarrollismo, oligarquías. La teología habla de la lucha del pueblo por su salvación [3].

Esto nos plantea de inmediato, la cuestión sobre la diferencia entre la reflexión teológica y la reflexión no teológica relacionada con la sociedad. ¿Es que se diluye la teología en economía y sociología y ciencias políticas? Luis Rivera Pagán, el joven teólogo protestante, quien hasta hace poco fuera secretario de educación política del Partido Independentista Puertorriqueño y profesor en el Seminario Evangélico de Puerto Rico, nos lo aclara cuando dice:

> La pregunta acerca de la tarea actual de la teología no surge de la curiosidad especulativa y ociosa. Su fuente es el compromiso político que han asumido y asumen muchos ministros, sacerdotes y laicos en la búsqueda de una solución humanizante a las agudas contradicciones que sacuden nuestro continente latinoamericano. *Es una pregunta que tiene en la práctica política su origen y destino...* Este contexto práctico no constituye una distorsión del pensar teológico. Por el contrario... la palabra latina *missio...* significa primeramente «acción de enviar, envío»... la actitud que corresponde al Dios de la promesa es la del viajante que resiste la conformación a lo ya constituido, abandona la seguridad que su mundo le ofrece, supera su miedo a la libertad y se encamina hacia un nuevo mundo que no está preestablecido, sino que se forja en el peregrinar mismo, el mundo

2. H. Assmann, *o.c.*, 61.
3. Míguez Bonino, *Nuevas perspectivas teológicas*, 205.

del futuro de Dios, la tierra de la promesa... En segunda instancia, *missio* significa «liberación de un prisionero, acción de dejar en libertad»... *La liberación de los prisioneros es la meta última de la misión cristiana...* La teología tiene como tarea central, por lo tanto, la reflexión crítica y sistemática sobre la lucha activa por la liberación de los cautivos, de los oprimidos. Esto constituye su cometido central. *Vemos, pues, que el origen práctico y político de nuestra pregunta inicial no distorsiona, sino que corresponde a la función básica del pensar teológico. La teología está en función de la praxis de liberación* [4].

Por esto, este enfoque metodológico, que insiste en partir del conocimiento de la realidad histórica, se generaliza por los círculos teológicos de vanguardia en todo el continente a partir de 1970 [5]. Este enfoque es expresado en diferentes formas:

«Mi punto de partida es la América latina dominada —dice Javier Alonso, el teólogo peruano—, es desde ahí que Dios interroga al hombre». Luis del Valle, profesor del Instituto Superior de Estudios Teológicos de México insiste en escuchar la palabra de Dios en la realidad histórica. Dice:

...el teólogo puede y debe tomar las situaciones concretas, los acontecimientos actuales, como una verdadera voz de Dios al lado de las otras palabras que Dios ha dirigido a través de toda la historia como expresiones y participaciones de la gran palabra que es su Verbo hecho carne. Esta «teología del acontecimiento» que parte del acontecimiento, encuentra su base teórica en que Cristo es el término de nuestra humanización... De aquí que comprender la palabra de Dios y comprenderla es comprometerse en la historia humana por la palabra que Dios nos habla [6].

4. L. Rivera Pagán, *Teología y praxis de liberación*, en *Pueblo oprimido, señor de la tierra*, 174.
5. Aunque este punto de partida es característica de *toda* la teología de la liberación, cf. J. Alonso Hernández, *Esbozo para una teología de la liberación*, en *Aportes para la liberación*; R. Avila, *Teología, evangelización y liberación*, 18; H. Assmann, *Reflexión teológica a nivel estratégico táctico*, en *Liberación en A. L.*, 76-79; id., *Opresión-liberación: desafío a los cristianos*, 57, 66, 124-128; R. Certulo, *Populorum progressio: de la animación de la sociedad al análisis de la situación*: Víspera; J. Díaz Delenz, *Aportes para un modelo de liberación y desarrollo*, en *Liberación, opción de la iglesia en la década del 70*, 93 s; P. Freire, *Carta a un joven teólogo*: Perspectivas de Diálogo; G. Gutiérrez, *Teología de la liberación. Perspectivas*, 28, 29; G. Giménez - A. Duarte, *Condicionantes estructurales de la liberación y elementos para una ética de liberación*; J. Lozano, *El compromiso de la iglesia en la liberación de América latina*, en *Aportes para la liberación*, 89, 90; Morelli, *Carasterísticas de la teología de la liberación*: Servir, 177; id., *Fe y liberación* (manuscrito mimeo de Libera mi pueblo), 24-28; P. Negre, *Biblia y liberación*: Cristianismo y sociedad, 69, 70; L. Rivera Pagán, *Teología y praxis de liberación*, en *Pueblo oprimido señor de la tierra*, 175-176; J. L. Segundo, *De la sociedad a la teología*; id., *La teología como problema latinoamericano*, doc. de IDOC; H. Villela, *Los cristianos en la revolución: posibilidad de una praxis revolucionaria*, Cuadernos del CEREN, 29-44; L. del Valle, *El papel de la teología en América latina*: Aportes, 31-32.
6. L. G. del Valle, *El papel de la teología en América latina*: Documento 018, del Boletín colombiano de teología de la liberación (cf. también en las conferencias del simposio colombiano incluidas en *Aportes para la liberación*).

Tan importante es este cambio metodológico que el teólogo colombiano Rafael Avila, lo señala como el origen de la teología de la liberación. Describe a estos teólogos de la siguiente manera:

> aquellos que toman como dato las realidades sociales... y se centran en los hechos y anhelos de la liberación «social». En otras palabras, la dependencia de América latina constituye entonces el contexto desde y sobre el cual comienza a operarse la interpretación de nuestra situación a partir de la historia tipológica de la salvación contenida en la biblia, o lo que sería su contrarréplica: la interpretación de dicha historia tipológica a partir de nuestra situación. *Esto constituye a nuestro modo de ver el origen de la teología de la liberación a la vez que su meollo y su futuro* [7].

Esto de iniciar la reflexión teológica partiendo de la realidad que se vive, según la entiende la ciencia, equivale a rechazar la metodología «específicamente cristiana» de la teología idealista. Esta asume la existencia de verdades inmutables, preexistentes y universales que no son otra cosa que representaciones ideológicas de las diversas clases dominantes del orden social de occidente. Por lo tanto, cuando se parte de esas verdades, principios, doctrinas y situaciones bíblicas pertenecientes a otras sociedades —a lo cual se llama equivocadamente lo «específicamente cristiano»— para luego hacer reflexión teológica sobre la realidad actual y juzgarla en base a esos puntos de partida, la reflexión no hace otra cosa que juzgar una cultura o una clase social en términos de los intereses de otra, en lugar de hacerlo en términos de la fe cristiana. De aquí que los teólogos latinoamericanos rechacen ese punto de partida. Ese punto de partida, afirman, termina desvirtuando la realidad e imponiéndole interpretaciones ajenas a ella, interpretaciones éstas que, a pesar de reclamar una «neutralidad política» en base a su procedencia «espiritual», no son otra cosa que interpretaciones ideológicas.

2. Condiciones epistemológicas del conocimiento científico para la praxis social

Una vez que los teólogos latinoamericanos deciden partir de la realidad social para su reflexión teológica, se enfrentan a la necesidad de incorporar el aparato epistemológico y socioanalítico de las ciencias sociales que les haga viable el entendimiento de la realidad social para la participación en el proceso de transformación de esa realidad. Esto plantea la problemática de la incorporación de la ciencia a la teología.

7. R. Avila, *Teología, evangelización y liberación*, 18.

Hugo Villela, teólogo y científico social chileno, lo expresa de la siguiente manera:

> Este punto de partida, de la praxis (de la liberación) que se propone asumir la reflexión cristiana, implica también entrar en contacto con las ciencias sociales. En efecto, la crítica a las contradicciones que se dan en las estructuras, tiene que ser realizada no sólo en el nivel de la utopía totalizadora, sino en un nivel analítico-científico a partir de una metodología que le entregue validez... Colocar el proceso de liberación como centro de la reflexión teológica, exige una reformulación metodológica del modo de conocimiento teológico, pues es claro que ya no se trata de elaborar teorizaciones abstractas sobre el «debe ser», de la liberación; por el contrario, se trata de asumir el proceso en su historicidad, es decir, en la práctica social concreta que lo crea y recrea; se trata de hacer teología a partir de la praxis [8].

Juan Luis Segundo, el teólogo uruguayo, en su trabajo *Instrumentos de la teología latinoamericana*, en el segundo simposio colombiano de teología de la liberación, insiste en la imposibilidad de articular una teología sin el aporte de la sociología. La tarea de desenmascarar la realidad humana, de señalar la «verdad» bajo la «apariencia empírica», que fue tarea de la práctica cristiana en su origen y en lo cual Jesús y los profetas fueron maestros por excelencia, no puede ser realizada hoy sin el auxilio de la sociología:

> La interacción entre praxis social y teología es el factor metodológico más decisivo para la actual —futura— teología latinoamericana. Ello equivale a decir que no existirá aquí teología auténtica sin el aporte metodológico de la sociología [9].

Como la fe en sí no posee el instrumental científico para desenmascarar la realidad socioeconómica y política en su concreción técnica y global, ni posee un proyecto teórico-estratégico verificable mediante su construcción en la historia concreta, se ve obligada por lo tanto, a optar por una de las ciencias sociales. Hemos dicho que la fe posee una actitud vital solidaria para con el otro hombre y un proyecto utópico para impartir el sentido moral último y la esperanza al proceso histórico, pero si esto no se manifiesta mediante un proyecto histórico concreto, se queda al nivel utópico.

Aquí nos encontramos con el nivel teórico de la praxis. Sin conocimiento apropiado no hay práctica efectiva. La praxis de la liberación puede resultar sumamente equivocada y costosa si el conocimiento de la realidad no cumple

---

8. H. Villela, *Los cristianos en la revolución: ¿posibilidad de una praxis revolucionaria?*, Cuadernos del CEREN, n. 9, 44.
9. J. L. Segundo, *Instrumentos de la teología latinoamericana*, en *Liberación de América latina*, 41.

con los requisitos epistemológicos para garantizar la cientificidad de la praxis. Las intenciones de la fe y el compromiso con los pobres puede verse frustrado por una ciencia que no provea al conocimiento adecuado sobre la naturaleza de la historia, la sociedad, el subdesarrollo y el cambio social.

¿Qué clase de instrumental socioanalítico para el estudio de la realidad latinoamericana debe usarse entonces para auxiliar a la reflexión teológica? ¿Qué condiciones debe reunir esa ciencia?

De la literatura de estos teólogos se desprende que el conocimiento de la realidad debe ser científico en varios sentidos [10].

En primer lugar, el conocimiento debe ser científico en el sentido de la eficacia en el logro de los objetivos o fines que se le proponen. En este caso se trata de la liberación del hombre de las estructuras de explotación para hacer posible la creación de un reino de justicia y solidaridad humana. Este conocimiento para ser científico debe dar con las causas de la explotación para poder apuntar a su solución con eficacia.

Aprovechamos para señalar que las ciencias sociales no contienen en sí mismas los valores, propósitos y fines que guían la investigación. La investigación siempre está —consciente o inconscientemente— guiada por decisiones humanas de carácter ético-político. Todavía quedan algunos científicos ingenuos que sirven a esa ideología que alega que en las ciencias sociales «objetivas» no hay juicios de valor. Esta es una manera de ocultar los juicios de valor y objetivos del sistema.

Obviamente, esa posición que alega ser «objetiva» y «no-ideológica» no es confiable científicamente.

Una vertiente de esa teoría social y su instrumental socioanalítico alega que sus diseños para el cambio social no responden a los intereses de ninguna clase social, que está por encima de las clases. Para diseñar esos cambios incorporan valores «permanentes» y «universales» —como definiciones de la persona humana— que resultan en la defensa de la propiedad privada del modo de producción capitalista.

Hoy día ya sabemos que no existe tal cosa como una estrategia social que no corresponda a intereses de clase alguna. En una sociedad de clases,

10. Sobre estas condiciones véanse los siguientes: P. Negre, *o.c.*; G. Giménez - A. Duarte, en *Los condicionantes estructurales del proceso de liberación social*, y *Elementos para una ética de liberación social*; N. Olaya, *Ciencias sociales y teología*, en *Liberación en América latina*; J. L. Segundo, *Instrumentos de la teología latinoamericana*, en *Liberación en América latina*; H. Assmann, *Reflexión teológica a nivel estratégico-táctico*, 72-77; id., *Opresión-liberación: desafío a los cristianos*, 62-105 y 167-185. Cf. la bibliografía sobre «punto de partida», sobre «praxis» y sobre «la incorporación del instrumental socioanalítico del materialismo histórico».

todas las estrategias posibles benefician a una o a otra clase y perjudican las demás.

Si la ciencia ha desechado el supuesto de una realidad esencial, preexistente a la que se construye en la historia misma, como consecuencia tiene que hacerse responsable de la «creación» de la realidad, y por lo tanto, de la decisión humana sobre los valores que han de orientar la investigación dirigida a sus objetivos históricos.

La investigación debe ir dirigida al descubrimiento, no de «los problemas sociales», como si éstos se dieran en un vacío social y político, sino de los problemas de los pobres y explotados al servicio de los cuales está. Un instrumental de análisis social que no corresponda eficazmente a ese propósito epistemológico no resulta científico.

En segundo lugar, el conocimiento debe ser eficaz en descubrir lo oculto. Si la verdad fuera reconocida a simple vista la ciencia no fuera necesaria. La realidad social se encuentra enmascarada por la visión del mundo e ideología prevaleciente en la sociedad que idealiza la realidad para justificarla según el punto de vista de la clase beneficiada por las condiciones existentes.

La ciencia de las instituciones educativas, religiosas, de los medios de comunicación y las ideas morales, religiosas, políticas y aun estéticas prevalecientes, están dirigidas a justificar el orden existente como bueno. Presuponen que los problemas son causados por la gente, no por el sistema. La investigación social está dirigida por ese supuesto ideológico.

La teología necesita ver un conocimiento científico de carácter crítico que pueda mirar debajo de la apariencia de la realidad y conocer la estructura causal de la pobreza y explotación, para poder ir más allá del limitado marco dentro del cual la clase dominante permite reformas.

En tercer lugar, el instrumental de análisis social, para ser científico, tiene que ser de carácter teórico. Con esto queremos decir que tiene que ir más allá del nivel de la ciencia *descriptiva* y clarificatoria. Tiene que contener una *explicación* de la realidad. Las descripciones «objetivas» o «empíricas» de la realidad no contienen explicación teórica de las mismas.

Sin la explicación teórica no es posible encontrar la solución a los problemas ni diseñar estrategias para la construcción de lo nuevo. Por ejemplo, además de advertir que todas las manzanas caen hacia el suelo hay que *explicar* el por qué, de tal manera que sea posible la aplicación de la teoría a la solución de problemas que tengan que ver con la caída y el movimiento hacia arriba de los cuerpos. De otra manera esa observación es inútil.

En otras palabras, toda explicación teórica contiene implícitamente la solución al problema que se plantea. La teoría contiene implícitamente la estrategia a seguir. Si la *estrategia* no resulta en la práctica, la teoría se prueba nula y debe ser modificada.

Pero lo teórico en la ciencia contemporánea tiene que contener inevitablemente los objetivos a ser realizados en forma de hipótesis sobre la que es posible construir eficazmente en la situación existente. No puede partir de la existencia de una verdad a priori que preexiste en las esencias ideales o materiales en forma inmutada y universal. Ya la historia y las ciencias naturales y las ciencias sociales han dado al traste con ese supuesto teórico. Tampoco puede partir del otro extremo, del positivismo ingenuo que acepta la realidad existente como la verdad social.

De aquí que tanto la ciencia como la teología en nuestro tiempo tienen que ubicarse en la *filosofía de la praxis,* esto es, aquella forma de razonar en que lo científico resulta ser lo eficaz, en la práctica con respecto a los fines que se proponen, aquello que al realizarse eficazmente *verifica* la teoría y los fines propuestos o los corrige para continuar ese proceso de práctica-teoría que llamamos *praxis*.

Para esta teología ya no se trata de conocer «esencias pre-existentes» y «reveladas» para «acoplarse» a ellas, ahora se trata de conocer la realidad, lo existente como producto de la historia, del trabajo del hombre, de sus decisiones, de sus relaciones sociales, económicas y políticas, y de transformarlo a partir de sus contradicciones. La ciencia es conciencia de la vida material y objetiva. El propósito de conocer no es, por lo tanto, la «contemplación» o «aplicación» de lo «verdadero» —como si existiese independiente de la realidad material— sino, la «creación» de lo verdadero, la «transformación» en una historia que constituye la única esfera de la realidad. Esa praxeología es consecuencia lógica de la secularización de la historia de la salvación. De ahí sus exigencias epistemológicas. El problema de la teología es similar al de las ciencias humanas en el momento en que desaparecen los órdenes pre-existentes. Estas quedan a cargo de algo más que reflexionar sobre la verdad, quedan a cargo de crearlas; y en el ámbito del orden social, el hombre queda a cargo de crearlas políticamente. Es el momento de la secularización de la ciencia en que Marx hace aquella crítica a Feuerbach y a los filósofos materialistas de postura esencialista, diciéndoles:

> ...El problema de si al pensamiento humano se le puede atribuir una verdad objetiva, no es un problema teórico (en el sentido idealista) * sino un *problema práctico. Es en la práctica donde el hombre tiene que demostrar la verdad, es decir, la realidad y el poderío, la terrenalidad de su pensamiento *. El litigio sobre la realidad o irrealidad de un pensamiento que se aisla de la práctica, es un problema puramente escolástico... La teoría materialista de que los hombres son producto de las circunstancias y de la educación, y de que por tanto los hombres

modificados son producto de circunstancias distintas y de una educación modificada, *olvida que son los hombres precisamente, los que hacen que cambien las circunstancias* y que el propio educador necesita ser educado... Los filósofos no han hecho más que *interpretar* de diversos modos el mundo, pero de lo que se trata es de *transformarlo* [11].

Este entendimiento teórico-práctico de la vida y de la teoría, está implícito en toda la teología de la liberación que ha llegado a su proceso de madurez [12]. En algunos autores, como Gutiérrez y Assmann, aparece explícito en todo el discurso. Para Gutiérrez la praxis histórica juega un papel central:

> Finalmente, el redescubrimiento en teología de la dimensión escatológica, ha llevado a hacer ver el papel central de la *praxis histórica*. En efecto, si la historia humana es, ante todo, una abertura al futuro, ella aparece como una tarea, como un quehacer político, y construyéndola el hombre se orienta y se abre el don que da sentido último a la historia; el encuentro definitivo y pleno con el Señor y con los demás hombres. «Hacer la verdad», como dice el evangelio, adquiere así una significación precisa y concreta: la importancia del actuar en la existencia cristiana. De allí el uso reciente del término, que choca todavía algunas sensibilidades, de *ortopraxis* [13].

Hugo Assmann lleva esa centralidad a sus últimas consecuencias:

> Cuando la «teología de la liberación», se propone ser una reflexión participante del «hecho mayor» que es el constituido por la participación comprometida de los cristianos por la lucha de la liberación, y en este sentido se define como «reflexión crítica sobre la acción», en la realidad se está definiendo como «praxeología». «La praxeología» —define T. Kotarbinski— es la teoría general de la acción eficaz... Se inaugura pues un lenguaje, en el cual la tarea de *transformación* del mundo se conjuga tan íntimamente a la de su *interpretación*, que esta última es vista como imposible sin la primera. Se declara el fin de toda *logía* que

11. C. Marx, *Tesis sobre Feuerbach*, en *Obras escogidas*, 26-28.
12. Cf. J. Alonso, *La teología de la praxis y la praxis de la teología:* Christus; J. Alonso Hernández, *Esbozo para una teología de la liberación,* en *Aportes para la liberación,* 39, 40, 42, 55; R. Alves, *Religión: ¿opio o instrumento de liberación?;* id., *Apuntes para un programa de reconstrucción en la teología:* Cristianismo y sociedad, 21, 30; H. Assmann, *Opresión-liberación: desafío a los cristianos,* 20, 57, 58, 86-105; id., *La dimensión política de la fe como praxis de liberación histórica del hombre:* Perspectivas de Diálogo; id., *Hacia un cristianismo dialéctico;* id., *Cautiverio y liberación de nuestra fe. Etapas en la maduración crítica de la conciencia:* Pasos; J. Comblin, *El tema de la liberación en el pensamiento latinoamericano:* Pasos, 3, 4; C. Moncada, *La teología como dialéctica,* en *Liberación en América latina;* M. Bonino, *Nuevas perspectivas teológicas:* El Apóstol, 3, 6, 7; A. Morelli, *Características de la teología latinoamericana:* Servir, 26; P. Negre, *Biblia y liberación:* Cristianismo y sociedad; H. Villela, *Los cristianos y la revolución. Posibilidades de una praxis revolucionaria,* en Cuadernos del CEREN; N. Zevallos, *Contemplación y política.*
13. Gutiérrez, *Teología de la liberación,* 26.

no sea *logía* de la praxis. Se rompe el hechizo verbal de la palabra eficaz. Se denuncia la «gratificación sustitutiva» del «decir de la verdad», en la medida en que no se apoya en el «hacer la verdad»... *La reflexión pasa a ser encarada enteramente como función crítica de la acción* y deja, por lo tanto, de poseer un *mundo propio.* Su mundo y su verdad son la propia praxis [14].

Hemos dicho ya que una vez el conocimiento está en función de la creación y transformación del mundo, la ciencia misma tiene que tener un carácter praxeológico, si es que va a realizar la función de habilitar a la teología a ser una reflexión crítica de la participación de los cristianos en la praxis histórica de liberación. Como tal, debe llenar unos requisitos epistemológicos específicos, para cumplir con las tres condiciones ya mencionadas.

Los jesuitas paraguayos, Acha Duarte y Gilberto Giménez en su tesis *Los condicionantes estructurales del proceso de liberación social,* apuntan a esos requisitos, siguiendo la epistemología moderna según establecida por Bachelard, que se inscriben en esa visión histórica de la acción humana.

Conciben esa ciencia en un primer momento, como un proceso que parte de la apariencia empírica para cuestionarla en busca de la esencia dinámica que constituye el fondo y realidad determinante de la apariencia. Se pasa a un segundo momento en que se estructura la teoría explicativa que da cuenta de la conducta de la realidad y de lo que hay que hacer para modificar su comportamiento en dirección a los fines que el hombre le propone, esto es, se estructura una teoría —estratégica— constructora de esa verdad que se quiere verificar históricamente. Finalmente, se pasa a un tercer momento en que se certifica o se realiza la teoría activamente en la realidad, y de esta manera, se establece su verdad. Estos son los requisitos epistemológicos de la ciencia que podrían ofrecer un conocimiento transformador de la realidad histórica, según los escritores de este movimiento que se han dedicado a esclarecer la problemática epistemológica de la relación teología-ciencia [15].

14. H. Assmann, *Opresión-liberación: desafío a los cristianos,* 87-90. No hay que extrañarse que en el 1974, la editorial Sígueme reedite sus artículos bajo el título *Teología desde la praxis.*
15. Cf. A. Duarte - G. Giménez. Cf. el capítulo *La epistemología científica,* en el voluminoso manuscrito *Condicionantes estructurales del proceso de liberación social,* 8-34.

3. Del desarrollismo a la teoría de la dependencia
en la teología latinoamericana

De aquí que haya que hacer distinciones correspondientes entre los tipos de ciencias sociales, ya que hay ciencias sociales que se han probado como incapaces para hacer un aporte significativo a la praxis de la liberación.

El padre Pedro Negre, teólogo y exegeta boliviano, militante importante en los esfuerzos de ISAL-Bolivia por aglutinar las fuerzas populares en torno al proyecto socialista de la Asamblea Popular, nos especifica ya el problema de las ciencias al diferenciar entre las ciencias sociales «comprometidas» y las presuntamente «neutrales». En su trabajo *La significación de los cambios metodológicos de las ciencias sociales para la interpretación teológica,* nos dice:

> Los dos factores, subversión teológica y sociológica en nuestro continente están sumamente conectados ya que ambos tipos de reflexión parten de una nueva conciencia de desencantamiento y denuncia de muchas falsas esperanzas, creadas por las ciencias sociales y por reflexiones teológicas poco comprometidas [16].

Estos teólogos comparten con los científicos sociales latinoamericanos el rechazo de las ciencias sociales funcionalistas de corte empirista y descriptiva importadas de Estados Unidos o de Europa durante el proceso latinoamericano de modernización populista. Ese rechazo es consecuencia de la incapacidad de esta ciencia para dar una explicación global al fenómeno del subdesarrollo que haga posible, como teoría estratégica, el camino hacia el desarrollo que ésta misma propone [17].

Su concepción «estática» y «segmentada» de la realidad la lleva a ser una ciencia «descriptiva» y a tener que inventarse las «explicaciones» teóricas en ausencia del proceso histórico que le imparta unidad a los componentes de la realidad para mostrar lo ocurrido. La solución «reformista» a los problemas, más bien que generar el cambio social, lo impide con sus intentos destinados a mejorar el sistema en lugar de cambiarlo. Su reclamo

---

16. P. Negre, *La significación de los cambios metodológicos de las ciencias sociales para la interpretación teológica,* en Servicio colombiano de comunicación social, 8.
17. N. Olaya, *Ciencias sociales y teología,* en *Liberación en América latina* y el análisis del problema de las ciencias sociales latinoamericanas en los siguientes trabajos: H. Calello, *Ideología y neocolonialismo;* O. Fals Borda, *Ciencia propia y colonialismo intelectual;* G. Frank et al., *La sociología subdesarrollante;* A. García, *Hacia una teoría latinoamericana de las ciencias sociales del desarrollo,* en *América latina: dependencia y desarrollo;* O. Ianni, *Sociología de la sociología en América latina, o.c.;* M. Kaplán, *La ciencia política latinoamericana en la encrucijada;* R. Stavenhagen, *Sociología y subdesarrollo;* S. Michelena et al.. *Universidad, dependencia y revolución;* Varios, *Ciencia y colonialismo,* antología de NACIA.

de «neutralidad objetiva» queda desprestigiado eventualmente por su insistencia en la permanencia de instituciones y relaciones que instrumentan la explotación de América latina y mantienen el subdesarrollo; mientras que por otro lado, se hace evidente su rechazo al cambio revolucionario libertador.

Esta ciencia genera una teoría de desarrollo gradual fundamentada en la «modernización» del sistema capitalista. En base a ésto, explican el «subdesarrollo» como la «ausencia de modernización», por lo cual recetan como solución, el establecimiento de una relación económica más íntima con los países «desarrollados», que equivale a la importación de financiamiento, tecnología, eliminación de barreras protectivas, etc. Para desencanto de todos, sin embargo, los historiadores y economistas pronto descubren que los países que después del agotamiento del populismo inician esa política de modernización lo único que logran es abrir sus puertas a la desnacionalización de su industria, crear un sector industrial asociado a intereses extranjeros dentro de sus propias entrañas, que no responde a las necesidades nacionales de desarrollo —por su aislamiento del resto de la economía— y crear un endeudamiento nacional que en lugar de reducir la dependencia lo que hace es acrecentarla y mantener el subdesarrollo de áreas que aumentan la plusvalía transferida al extranjero. Queda demostrado, en la historia de los estudios de la década del 60, que esa relación ha existido por siglos, a partir del momento en que América latina fue insertada en el mercado capitalista y que el subdesarrollo actual es consecuencia de esa relación. El fracaso del capitalismo como estrategia de desarrollo en la América latina conlleva el fracaso de las ciencias sociales burguesas.

Los cristianos militantes en el proceso revolucionario latinoamericano, han participado en la experiencia de frustración práctica y teórica con esa manera de entender la realidad socioeconómica juntamente con los científicos sociales latinoamericanos. Tan íntima ha sido esta experiencia que en la mayor parte de sus escritos se encuentra una referencia al rechazo del «desarrollismo» y un rechazo a la «pseudo-ciencia» [18].

---

18. Cf. Castro Villagrana et. al., *La iglesia, el subdesarrollo y la revolución;* R. Certulo, *Teoría y práctica de la política de desarrollo en la iglesia:* Perspectivas de Diálogo; G. Giménez, *Aclaraciones sobre el concepto de subdesarrollo como fenómeno de dependencia:* Pastoral popular; J. García González, *Del desarrollo a la liberación:* Contacto; G. Arroyo, *Pensamiento latinoamericano sobre subdesarrollo y dependencia externa* (mimeo del encuentro CPS, doc. 1, área 1); G. Gutiérrez, *Liberation and development:* Cross Current; id., *The meaning of development: notes on a theology of liberation,* en *In search of a theology of developmen;* H. Jaworski, *Estructuras integradas de dependencia y dominación en las Américas:* Víspera; P. Negre, *Los análisis de clase y la clase media:* Pasos; A. Pérez, *Desarrollo y revolución en América latina:* Perspectivas de Diálogo; S. Rodríguez Martínez, *Liberación, nuevo nombre del desarrollo:* Misiones extranjeras; J. de Santa Ana, *Los cristianos, las iglesias y el desarrollo:* Cristianismo y

Para Gustavo Gutiérrez, como para todos los teólogos de la liberación
—según vamos a ver en detalles más adelante— las teorías del desarrollo
y su instrumental socio analítico en que se fundamentan constituyen un instrumento de «dominación» en manos de los organismos internacionales y
nacionales que sirven a esos fines. Por ello se rechaza definitivamente el aparato teórico y las políticas de modernización que ese tipo de ciencia propone
como solución al subdesarrollo. Gutiérrez nos sirve de ejemplo una vez más:

> Una de las causas más importantes de esta situación habría que buscarla en el
> hecho de que el desarrollo, en una perspectiva más bien economicista y moder-
> nizante, ha sido con frecuencia promovido por organismos internacionales en es-
> trecha relación con los grupos y gobiernos que tienen en sus manos la economía
> mundial. Los cambios que se promovían trataban de hacerlo dentro del cuadro
> formal e institucional existente, sin ponerlo en tela de juicio. Se evitaba cuida-
> dosamente, por consiguiente, atacar a los grandes intereses económicos interna-
> cionales y los de sus aliados naturales; los grupos nacionales dominantes. Peor
> aún, en muchos casos, esos pretendidos cambios no eran sino nuevas y solapadas
> formas de acrecentar el dominio de los grandes grupos económicos. Desarrollismo
> pasó así a ser sinónimo de reformismo y modernización. Es decir, de medidas
> tímidas, ineficaces a largo plazo, cuando no falsas y finalmente contraproducentes
> para lograr una verdadera transformación [19].

El Padre Gonzalo Arroyo, jesuita chileno dedicado al estudio del problema del subdesarrollo en América latina, nos resume las razones del rechazo
de ese modo pseudo-científico de conocer la realidad de la siguiente manera:

> No es necesario insistir aquí en el rechazo que han merecido pseudo-teorías —sin
> duda conteniendo una sobrecarga ideológica— que atribuyen el subdesarrollo
> *a mera falta o atraso de desarrollo* a causa de la escasez de recursos de capital,
> de tecnología y de capacitación técnica, u otras que proponen *esquemas abstractos
> de «etapas de desarrollo»* a recorrer por los países subdesarrollados hacia el «des-
> pegue», iguales a las recorridas por los países capitalistas —es decir, moderni-
> zando la economía mediante la creación de un sector dinámico empresarial— o
> aquéllas que descartando un enfoque economicista ponen énfasis en *factores «so-
> ciales»* y caracterizan vagamente el desarrollo como tránsito entre dos tipos ideales
> de sociedades, la «tradicional» y la «moderna» sin referencias a las situaciones
> de poder existentes en los casos concretos e implícitamente identificando el tipo
> moderno a la sociedad capitalista industrial. En verdad el subdesarrollo —y el
> desarrollo— deben entenderse como *proceso social global e histórico* y su análisis
> científico exige un enfoque *estructural dialéctico* [20].

sociedad; R. da Silva, *Esquema para una aproximación al problema del desarrollo:* Cristianismo y sociedad; J. L. Segundo, *Desarrollo y subdesarrollo. Polos teológicos:* Perspectivas de Diálogo; L. del Valle, *Fe y desarrollo:* Estudios ecuménicos; M. Veláz-
quez, *Conciencia actual de América latina:* Contacto.
    19. G. Gutiérrez, *Teología de la liberación. Perspectivas,* 42, 43.
    20. G. Arroyo, *Consideraciones sobre el subdesarrollo en América latina,* Cuadernos

En conclusión, podemos resumir diciendo que el rechazo de las ciencias sociales de los países capitalistas industrializados vino como consecuencia de la incapacidad de ésta para explicar el capitalismo ante resultados dramáticos que contradecían esa explicación. El dramático empobrecimiento y la creciente «dependencia» de los pueblos latinoamericanos, como consecuencia de la receta capitalista, resultó en un mentís a la explicación y a las promesas de desarrollo ofrecidas por las teorías capitalistas de desarrollo. Evidentemente el capitalismo estaba mal explicado teóricamente y las estrategias de desarrollo estaban concebidas para el beneficio de los intereses nacionales de la nación de donde provenían las teorías y para el beneficio de sus empresas. Las ciencias sociales asociadas a esas teorías resultaron ser un instrumental administrativo para hacer operacional el punto de vista de las empresas y las instituciones financieras internacionales dominadas por ellas, cosa que a la vez se ocultaba ideológicamente con el reclamo de la «objetividad científica» y el manto de la «ayuda para el desarrollo».

Como fruto del mismo proceso de rechazo teórico y político del «desarrollismo», nace la *teoría de la dependencia*. Esta teoría es la respuesta de los científicos sociales e historiadores latinoamericanos a las teorías del «desarrollismo». Ella recoge los elementos más importantes del instrumental analítico del socialismo científico, pero los ubica originalmente en una teoría en que la problemática internacional, representada por la contradicción imperialista «centro-dominante-periferia-dominada», viene a tener el primado teórico sobre la contradicción fundamental de la lucha de clases según se concibe en la teoría marxista europea.

En torno a este modelo teórico del problema del imperialismo en el interior de las sociedades dependientes, se reconstruyen las ciencias sociales en Latinoamérica, y la teología de la liberación lo adopta inicialmente como instrumental científico para obtener el conocimiento necesario de la realidad latinoamericana para proceder a la reflexión teológica [21].

Esta teoría de la dependencia, fruto de la reconsideración de la historia socioeconómica del continente, postula que el subdesarrollo latinoamericano es producto del desarrollo de los países dominantes que constituyen el centro del sistema capitalista [22]. Ellos se han desarrollado con las materias primas

de CEREN, n. 5, 61. Assmann en la misma línea de pensamiento explica la razón central del rechazo de ese modo de ciencias sociales como «la toma de conciencia de que no somos pueblos simplemente subdesarrollados, en el sentido de todavía no suficientemente desarrollados, sino pueblos *mantenidos* en el subdesarrollo, pueblos *dominados*, lo que es muy diferente».

21. Cf. todos los trabajos citados en la nota 18 y los citados en los capítulos 3 y 4.
22. Cf. F. E. Cardoso - E. Falleto, *Dependencia y desarrollo en América latina;*

extraídas de nuestros países y con el uso de la mano de obra barata que ha hecho posible la transferencia de enormes cantidades de plusvalía producida por los indios, campesinos y obreros asalariados de América latina. Lo han acentuado mediante el intercambio desigual mediado por la coerción diplomática, política y militar con la cual los han mantenido como países monoproductores y compradores de productos manufacturados extranjeros.

Esta teoría clarifica que las sociedades subdesarrolladas no pueden ser estudiadas aisladamente del proceso de desarrollo de los países ricos. El desarrollo y el subdesarrollo constituyen un solo proceso. Las economías latinoamericanas no han estado aisladas del desarrollo del sistema capitalista, sino que han estado participando como economías «dependientes». La solución, por lo tanto, postula la teoría, no en un mayor acercamiento, sino la *liberación* de esas ataduras. A pesar de que la teoría de la dependencia es hija de las teorías cepalinas de «centro y periferia», cuyo objetivo es la restauración del capitalismo nacionalista de carácter populista, echa mano de elementos importantes del instrumental analítico marxista. Llega inclusive a declararse como la teoría marxista especial para explicar el subdesarrollo, ya que el marxismo europeo, según estos teóricos alegan inicialmente, no tiene en cuenta la situación interna de los países explotados y que la teoría del imperialismo está articulada desde la perspectiva de los países industriales europeos.

Por esto, la teoría de la dependencia se presenta inicialmente como una contribución a la teoría del imperialismo desde la perspectiva del subdesarrollo. Se le critica, a la teoría de la dependencia, de que reemplaza la contradicción «fundamental» entre clases sociales por la contradicción entre naciones, como el móvil que genera los cambios históricos en la sociedad capitalista, y se le critica el intento de darle carácter de «teoría especial» dentro de la teoría del desarrollo del régimen capitalista de producción. Aún así, hay que admitir que la interpretación radical de la dependencia estructural, representada por los científicos de izquierda, inclinados al uso de las categorías marxistas de análisis socioeconómico, fue lo que hizo posible que muchos

Caputo y Pizarro, *Imperialismo, dependencia y relaciones económicas internacionales;* F. Carmona, *Profundización de la dependencia tecnológica,* en *Problemas del desarrollo;* Th. Dos Santos, *El nuevo carácter de la dependencia,* en *América latina, dependencia y subdesarrollo;* id., *Ideología de la burguesía industrial en sociedades dependientes;* A. Gunder Frank, *El desarrollo del subdesarrollo,* y *Sociología del desarrollo y subdesarrollo de la sociología;* A. García, *La estructura del atraso en América latina;* O. Ianni, *Imperialismo y cultura de la violencia;* E. Laclau, *Feudalismo y capitalismo en América latina,* en *Modos de producción en América latina;* R. Mauro Marini, *Dialéctica de la dependencia;* Sunkel y P. Paz, *El subdesarrollo latinoamericano y la teoría del desarrollo;* P. Paz, *Dependencia financiera y desnacionalización de la industria interna:* El trimestre económico; E. Torres Rivas, *Interpretación del desarrollo social centroamericano.*

militantes cristianos del continente conectaran con el análisis marxista e hicieran una interpretación marxista de la historia y el subdesarrollo latinoamericano.

Es la participación en el proceso de formación de la teoría de la dependencia lo que abre las puertas a gran número de teólogos que ya estaban comprometidos con el proceso político de liberación al uso definitivo del «materialismo histórico» como instrumental de análisis de la situación de subdesarrollo y «punto de partida» para esa reflexión teológica que finalmente terminan llamando *teología de la liberación*.

A la diferencia entre la teología latinoamericana y la europea sobre el «punto de partida», ahora añadimos la diferencia en el instrumental socioanalítico usado para entender la realidad humana. Si bien es cierto que los teólogos europeos radicales de corte existencialista, seguidores de Bultmann, Schillebeeckx y Rahner, insisten con sus maestros que para comprender la palabra de Dios dirigida al hombre, éste debe comenzar por comprender su propia existencia, éstos no incorporan la metodología científica que parte de los condicionantes materiales objetivos, como lo es el sistema económico productivo de la vida social y política, sino que se mantienen al nivel del análisis existencial subjetivo. Por esto, Luis Rivera Pagán, señala críticamente esta diferencia cuando dice:

> La teología europea habla de «liberación», «rescate de las ataduras del presente», «apertura al futuro», «el poder de lo nuevo», sin darle a estos términos un claro contenido socioanalítico. La pregunta, ¿qué es lo que hace opresivo al presente y cuáles son las negaciones de la negación inherentes a ese presente que constituye una promesa de un futuro auténticamente nuevo? Queda sin contestar... *La carencia de una mediación socioanalítica más precisa se traduce en impotencia práctica* [23].

El pensamiento del teólogo peruano, Gustavo Gutiérrez, es un buen ejemplo de la articulación de la reflexión teológica en torno al rechazo del pensamiento teológico europeo fundamentado en un entendimiento desarrollista de la realidad. La teología anglosajona de la secularización, señala Gutiérrez, también postula que la salvación se da en la historia, pero tiende a identificar la salvación con la sociedad capitalista tecnológica en una versión humanizada. Usando la sociología funcionalista examina los problemas sociales sin analizarlos global y dialécticamente, y no logra hacer un juicio radical sobre la sociedad capitalista de explotación; sólo propone la partici-

---

23. L. Rivera Pagán, *Teología y marxismo*, en López Oliva, *Teología de la liberación*, FUMEC, 39. Cf. una crítica similar contra Schillebeeckx y Rahner de parte de E. Dussel en *Teología de la liberación y ética* II, 173-174.

pación del cristiano en las medidas tecnológicas reformistas y humanizantes, por las que se caracteriza la «teología del desarrollo» cuando habla del «progreso temporal»[24].

4. Dependencia y liberación: el binomio de la teología latinoamericana

Aquí estriba, precisamente, la diferencia fundamental de la teología latinoamericana, advierte Gutiérrez. Esa teología europea, dice, no toma en cuenta «las consecuencias de la lucha de clases y la explotación que nos planteamos en el tercer mundo». No se plantea el problema políticamente, se plantea tecnológicamente. Pero en América latina, donde se entiende el subdesarrollo como producto del desarrollo de los países ricos y de los arreglos para mantener la «dependencia» y la «dominación política de clase» que lo hacen posible, el desarrollo se tiene que plantear como cuestión política y no tecnológica.

Por consiguiente, se subvierte el planteamiento en América latina. Se parte de un rechazo de ese «progreso temporal», auspiciado por el desarrollismo capitalista, por ser opresivo a las clases explotadas y por contradictorio con la esperanza escatológica de los cristianos, y se replantea el problema en términos de *liberación*. Liberación política, social, y económica, liberación del hombre según la utopía de una revolución cultural, y liberación, finalmente, de las raíces del egoísmo humano. *Salvación*, entonces, por ser una realidad histórica, es *liberación*, en otras palabras, es un proceso que requiere una quiebra radical de la situación presente. Recordamos otra vez aquellas palabras de Gutiérrez:

> Unicamente una quiebra radical del presente estado de cosas, una transformación profunda del sistema de propiedad, el acceso al poder de la clase explotada, una revolución social que rompa con esa *dependencia* puede permitir el paso a una sociedad distinta. O, por lo menos, hacer que ésta sea posible. En esta perspectiva, hablar de un proceso de liberación comienza a parecer más adecuado y más rico en contenido humano. Liberación expresa, en efecto, el ineludible momento de ruptura que es ajeno al uso corriente del término desarrollo. Sólo entonces, en el contexto de ese proceso, una política de desarrollo puede realizarse eficazmente, cobrar sentido y evitar una formulación engañosa[25].

Esto explica, y es importante señalarlo en este momento, por qué ese modo de reflexionar teológicamente, que parte de la realidad de la depen-

24. G. Gutiérrez, *Teología de la liberación. Perspectivas*, 222.
25. G. Gutiérrez, o.c., 43.

dencia y del proceso revolucionario liberador según es entendido científicamente, adopta el nombre de *teología de la liberación*. Este lenguaje de la *liberación* no es otra cosa que el correlativo político del lenguaje socioanalítico de la *dependencia*. Esto constituye esa unidad que Assmann ha llamado «binomio dependencia-liberación». No queremos decir que la teología de la liberación sea un producto de la teoría de la dependencia, sino que al proveerle el conocimiento concreto de la situación de dependencia del hombre latinoamericano, le provee un lenguaje sobre la realidad y le señala la concreticidad de su objeto de reflexión de tal manera que al regresar a la biblia, como «segundo paso», la teología logra descifrar con eficiencia el carácter liberador de los evangelios [26]. Perspectiva ésta, que había estado obscurecida por el entendimiento erróneo sobre la situación humana.

Resultan, entonces, muy acertadas las palabras de Sergio Méndez Arceo, obispo de Cuernavaca, cuando señala la función principalísima desempeñada por la ciencia en la reestructuración del pensamiento teológico, cuando dice:

> La teoría de la liberación, producto inmediato del fracaso del desarrollismo y de la creciente dependencia, que reformula el imperialismo y muchas otras nociones corrientes no la encontramos los cristianos como hubiéramos podido y debido hacerlo en la historia de la salvación; nos la han proporcionado los científicos de las ciencias sociales y nos la proponen en la acción quienes luchan las luchas revolucionarias [27].

Toda la nueva exégesis, producto de la relectura bíblica con una hermenéutica liberadora, revela el hecho de que la fe bíblica entiende el proceso histórico de la salvación en términos de «liberación». Pero es la ciencia, como instrumental indispensable para conocer la realidad, la que lleva a los cristianos a descifrar este hecho.

---

26. Monseñor Pironio, el obispo rioplatense, aunque no se identifica con la interpretación radical de la teología de la liberación, no puede evitar, como cabeza del CELAM en este período, el señalar el lugar central que ocupa la liberación en la biblia, cuando dice: «El tema de la liberación no es nuevo. Es tan viejo como la historia de Israel. Tampoco es meramente profano o temporal. Es tan bíblico y escatológico como el misterio pascual de Cristo, Señor del universo... Por un lado la liberación importa el sacudimiento de todo tipo de servidumbre. Por otro es la proyección hacia el futuro de una sociedad nueva donde el hombre pueda, libre de presiones que la paralicen, ser sujeto activo de sus propias decisiones. Es decir, por un lado la liberación es concebida como superación de toda esclavitud, por otro como vocación a ser hombres nuevos, creadores de un mundo nuevo» (*Teología de la liberación*, conferencia en el encuentro de capellanes nacionales de Guidismo en América latina, mimeografiado).
27. Discurso de monseñor Méndez Arceo, obispo de Cuernavaca, pronunciado en la sesión inaugural del primer encuentro de CPS, en *Cristianos por el Socialismo* (texto de la edición internacional), 55.

Para estos teólogos y exegetas, el concepto de *liberación* tiene tres niveles de significación que se interpretan recíprocamente formando un sólo proceso' en la única historia: liberación política de los pueblos y sectores socialmente oprimidos; liberación del hombre como proceso a lo largo de la historia; y liberación del pecado, raíz última de toda ruptura de amistad, de toda injusticia y opresión [28].

Este entendimiento de liberación, ha llevado en América latina a incontables expresiones en declaraciones públicas, análisis teológicos y afirmaciones, como esa que preside el documento del episcopado peruano cuando dice:

> Hacer hoy la salvación significa hacer la liberación de la actual situación de dependencia. Es cierto, la salvación de Cristo no se agota en la liberación política, pero ésta encuentra su lugar y verdadera significación en la liberación total [29].

Assmann, defendiendo la importancia de la práctica política, revolucionaria y científica de los cristianos latinoamericanos para el redescubrimiento de la dimensión liberadora del evangelio, niega rotundamente que este lenguaje sea producto del reformismo post-conciliar:

> La simple frecuencia actual del lenguaje liberador en medios cristianos, pero especialmente el esfuerzo de establecer inmediatas conexiones de tipo teológico («liberación-salvación»), etc., pueden dar fácilmente la impresión errónea de que este lenguaje haya surgido espontáneamente en el seno del reformismo post-conciliar. Esto no es verdad, porque, primero, no es el lenguaje de la vanguardia postconciliar europea; segundo, porque la tendencia de este reformismo a la introversión eclesiástica es —como veremos— uno de los puntos más criticados por los que usan el lenguaje de «liberación». Con eso no se niega, evidentemente, que este lenguaje haya encontrado una conexión precisa con elementos esenciales del cristianismo. No basta, con todo, un examen de las virtualidades del lenguaje teológico y pastoral para establecer las mayores influencias en el uso del término «liberación» [30].

28. G. Gutiérrez, *o.c.*, 58, 59. Cf. el capítulo 4.
29. Comisión especial de acción social, *La justicia en el mundo*: Cuadernos de documentación. Sobre la significación de la *liberación* en este modo de reflexionar, cf. además de los mencionados en la bibliografía indicada en el capítulo 3, los siguientes: R. Avila, *La liberación*; E. Arellano, *La liberación y sus condiciones concretas*: Perspectivas de Diálogo; Alvarez Calderón, *Pastoral y liberación humana*; H. Assmann, *El aporte cristiano al proceso de liberación en América latina*, doc. CIDOC; R. Alves, *El pueblo de Dios y la liberación del hombre*, en Fichas ISAL; J. Bulnes, *El pensamiento cristiano ¿sirve para la liberación social?*: Pastoral popular; J. Comblin, *El tema de la liberación en el pensamiento latinoamericano*: Pasos; R. Dri, *Alienación y liberación*: Cristianismo y revolución; J. García, *La liberación como respuesta del tercer mundo*: Servir; E. Lage, *La iglesia y el proceso latinoamericano de liberación*: Stromata; K. Lenkerdorf, *Iglesia y liberación del pueblo*: Cristianismo y sociedad; A. Morelli, *Por una iglesia liberada y liberadora*: Christus; J. Ochagavia, *Liberación de Cristo y cambio de estructura*: Mensaje; A. Paoli, *Diálogo de la liberación*.
30. H. Assmann, *Opresión-liberación: desafío*, 39, 40.

El tema de la liberación, al nivel teológico, queda planteado como marco general en Medellín en 1968, donde los teólogos y sacerdotes de vanguardia que trabajan con los sectores oprimidos participan activamente. Esto sucede en el momento en que el marco teórico de la doctrina social cristiana comienza a quebrarse por la incontenible presión de la realidad histórica latinoamericana y la imposibilidad de ese marco para explicarla y darle solución. Como hemos visto, «liberación», en Medellín, no es una noción periférica como en las encíclicas, sino que se presenta como el marco fundamental del evangelio. El mensaje bíblico y la obra de Cristo son presentados como un mensaje de liberación. Pero todavía en Medellín, este marco estaba vacío de concreción.

Es la práctica política de estos militantes y su representación teórica lograda en la teología de la liberación, lo que le da concreción. Por esto, la insistencia de Assmann en aclarar que por liberación en el plano económico y sociopolítico no se malentienda cualquier referencia generalizada y vacía de contenido, con lo cual se engaña el público o se hacen galas de «estar al día» teológicamente. Assmann aclara que este lenguaje no se puede separar, en el caso de esta teología, del análisis socioeconómico y la opción por el socialismo: «Para la mayoría de los que adoptaron el lenguaje de liberación en forma consecuente, éste implica el uso de un instrumental socioanalítico derivado del marxismo, y una estrategia de lucha que conduzca a un tipo de sociedad socialista» [31].

Este lenguaje de la liberación, fundado en la teoría de la dependencia y en la relectura de la biblia, vino a constituirse en criterio para las opciones políticas dentro de las iglesias. El cómo se conoce y se entiende la realidad latinoamericana vino a constituir la causa primera de las pugnas y divisiones en las iglesias del continente ya que la reacción de la jerarquía y los aliados del capitalismo no se hizo esperar. Confirma esto Assmann cuando dice:

> En todos los medios cristianos es también éste el fundamental divisor de las opciones. Es inútil buscar en la mayor o menor crítica a aspectos secundarios del sistema (aspectos de represión, torturas, etc.) el criterio distintivo, porque no está ahí. De ahí la tremenda complejidad y las características radicales de las actuales divisiones internas en el seno de la iglesia latinoamericana. Sería ingenuo minimizarlas [32].

Finalmente, hay que recalcar, que la opción por un instrumental socioanalítico y el entendimiento de la realidad latinoamericana a partir del hecho

31. H. Assmann, *Implicaciones socioanalíticas e ideológicas del lenguaje de liberación*, 167.
32. *Opresión-liberación: desafío*, 41.

de la *dependencia,* implica de por sí una opción ideológica de *acción política* —que no es independiente de la opción por el instrumental socioanalítico, pero que hemos separado para propósitos de análisis y por razón de que históricamente hay grupos y teólogos que se quedan a mitad de camino. Esta opción política ha tenido graves consecuencias dentro de la iglesia. Es lo que señala Assmann en su libro:

> No vemos cómo es posible evitar de hecho semejante toma de partido en el contexto actual del cristianismo latinoamericano. Eso no excluye de ninguna manera la búsqueda real, y no sólo internacional, de concretización del amor-servicio en toda amplitud de sus exigencias. Pero no hay que olvidar que precisamente la concretización de este servicio implica históricamente una toma de partido bien definida en favor del proceso de liberación y de los que se comprometen con él. Es indudable que eso implica la manifestación de la lucha de clases en el seno de las iglesias; pero no su introducción, sino solamente su revelación, porque de hecho la lucha de clases tiene sustrato real en la configuración sociológica de las iglesias [33].

El binomio dependencia-liberación configura, entonces, el marco estratégico en que se da la acción y la reflexión de los cristianos revolucionarios a partir del modo de conocer la realidad latinoamericana: los cristianos se manifiestan en favor del sistema o en favor del cambio revolucionario, en favor del desarrollismo capitalista o en favor del socialismo, en favor de la dependencia o en favor de la liberación. Los que han incorporado este modo de conocer la realidad incorporan, además, simultáneamente o eventualmente, la ideología socialista con su idea de la historia, su proyecto histórico y su estrategia política.

5. De la teoría de la dependencia al instrumental socioanalítico del materialismo histórico

La llamada teoría de la dependencia —hoy sometida a crítica por sus propios teóricos—, no contiene en sí, según sus propios exponentes, todos los elementos conceptuales necesarios para dar cuenta de la dialéctica que se da en los procesos socioeconómicos y políticos en el interior de las formaciones sociales latinoamericanas [34]. Su virtud viene de la concentración de

---

33. H. Assmann, *Opresión-liberación: desafío,* 169, 170.
34. A. Cuevas, *Problemas y perspectivas de la dependencia;* F. C. Weffort, *Notas sobre la teoría de la dependencia: ¿teoría de clase o ideología nacional?,* en *Problemas del desarrollo latinoamericano; Dependency theory: a reassessment:* Latin American perspectives; G. Ortiz, *La teoría de la dependencia. Los cristianos radicalizados y el peronismo:* Pucara I, 56, 71.

atención teórica en el problema de la «dependencia» del exterior y sus consecuencias internas. Pero es esa virtud, precisamente, lo que le impide dar la debida atención y estatuto teórico a la «contradicción de clases sociales», que es la contradicción principal de los conflictos sociales y la clave, no sólo a su interpretación, sino a la solución liberadora.

Lo que está en juego en la determinación del instrumental socioanalítico es el objetivo de entender la realidad histórica y sacar de ella el conocimiento necesario para la praxis eficiente en la construcción de un proyecto social que trascienda la opresión y la explotación allí en la historia misma donde se da esa situación que se quiere eliminar.

La historia latinoamericana revela que la base del problema no es sólo ni primariamente de dominación y subordinación entre las naciones —aunque sea lo que primero aparece. Hay una relación de dominación y subordinación más fundamental que aquélla, y es la de clases sociales. Es ésta la que le sirve de base a la otra. Son los intereses de la burguesía nacional los que por su relación con los intereses de la burguesía extranjera en un mismo modo de producción, llevan a la nación a una relación de dependencias unas veces y a una relación de independencia otras. Pero aun sus proyectos de independencia no modifican la relación de dominación-subordinación más fudamental que es la de clase social. Un proyecto independentista guiado por la burguesía nacional, como lo fueron la guerra de la independencia y los proyectos del populismo nacionalista, sólo afirma esa relación de clases en lugar de modificarla. En vista pues, de la identificación de estos sectores de la iglesia con los oprimidos y explotados, es natural que opten por los análisis de la dependencia realizados por la sociología marxista cuyos fundamentos conocemos con el nombre de materialismo histórico.

El materialismo histórico se fundamenta en los descubrimientos de Marx que señalan que «la forma económica específica con la cual se extraen de los productores directos el trabajo excedente no pagado» [35], determina la relación entre dirigentes y dirigidos, y en última instancia, determina también «todas las relaciones sociales del conjunto» [36]. Marx descubre que esa estructura social es «la base real sobre la cual se levanta la superestructura jurídica y política a la que corresponden determinadas formas de conciencia social» [37]. En consecuencia, se necesita un instrumental socioanalítico que revele esa «base oculta» del conjunto de la construcción social para lograr entender la

35. K. Marx, *El capital* III, en la traducción de W. Roces; sec. 6, cap. XLVII, ap. 2, 733. S. Bagú, *Marx-Engels: diez conceptos fundamentales*, 20.
36. *Ibid.*, Cf. también el prefacio de la *Contribución a la crítica de la economía política. Trabajo asalariado y capital.*
37. Prefacio de la *Contribución a la crítica de la economía política.*

raíz de la opresión y articular la estrategia apropiada para la transformación social, ya que en vista de este descubrimiento, el cambio social histórico tiene que ser transformación de esa relación de clase, esto es, revolución social. Desde luego, Marx advierte que la forma de esa relación económica que hemos señalado, «corresponde siempre... a un estado definido en el desarrollo de los métodos de trabajo y de su capacidad social»[38]. Esto es, si las fuerzas materiales de producción evolucionan, éstas entrarían en contradicción con las estructuras de relaciones sociales anterior, lo cual, generaría «una época de revolución social»[39]. En el caso del modo de producción capitalista, ya de por sí se plantea esa contradicción en el hecho de que mientras la producción es social, la apropiación del producto y su beneficio está restringido a la minoría de los dueños de los medios de producción.

En síntesis, el materialismo histórico postula que es la lucha de clases lo que mueve la historia, que esta lucha se origina con los cambios que ocurren en las fuerzas materiales de producción, y que, por lo tanto, esta lucha tiene una relación primaria con las condiciones económicas y no con la condición moral de los hombres.

Esto constituye el fundamento teórico que sirve de base al instrumental socionalítico del socialismo marxista. Esto en ningún momento sustituye al estudio concreto de la situación concreta, sino que, al contrario, lo exige. De aquí que esa sociología resulte más apropiada como instrumento de estudio para revelar la realidad social y proveer la estrategia apropiada para lograr el cambio de clases necesario. De aquí en adelante, el «análisis de la dependencia» quedará subordinado al «análisis de clase».

Como resultado, el análisis científico de todas las ciencias sociales latinoamericanas comienza a concentrarse en el análisis de la contradicción de clases sociales y a refinar la aplicación del materialismo histórico en sus estudios científicos sobre la realidad latinoamericana. Esta adopción del materialismo histórico como instrumental científico es realizada también por los teólogos radicales de la liberación.

Hay que tener en cuenta, desde luego, que como en las ciencias sociales latinoamericanas, éste no es un tránsito nítido, es desigual. Inclusive, hubo sectores que se quedaron apegados a la teoría de la dependencia y constituyeron fuente de serio conflicto en la práctica revolucionaria. Uno de estos casos es el de los sacerdotes del tercer mundo de Buenos Aires. Estos, a diferencia de los tercermundistas radicales del interior, fueron muy poco críticos del peronismo como fenómeno de masas por falta de un análisis de clase.

38. *El capital* III, cap. XLVII, 733.
39. El prefacio de la *Contribución a la crítica de la economía política.*

Sustituyeron la contradicción de clases por la de imperio-nación y dieron su apoyo al proyecto de liberación nacional del «pueblo» representado por las masas peronistas bajo la dirección de la burguesía nacionalista, sin considerar seriamente la contradicción de clases en el interior de este movimiento. Sustituyeron el concepto no científico de «pueblo» por el de «clase», atacaron el marxismo como un producto europeo y fundaron una teología de la liberación y una filosofía de la liberación justificadas en la dependencia cultural. De aquí que, contrario a los chilenos y a los argentinos del interior, no se dieron al análisis de la lucha de clases en la iglesia y al proceso de desideologizar la fe. El grupo de Rosario, Córdova y Mendoza representan el polo contrario, son más afines a los chilenos y a cristianos por el socialismo.

Los teólogos, autores y militantes del sector radical de la iglesia latinoamericana concuerdan en que la racionalidad del «materialismo histórico» les provee el instrumental científico necesario para desideologizar la realidad y entenderla objetivamente, para realizar la crítica necesaria a las ideologías y prácticas sociales de los cristianos y para fundamentar la acción ético-política de los cristianos conjuntamente con los no-cristianos, en un proyecto histórico, teórico-estratégico (científico) de transformación de la sociedad para hacer viable la construcción del reino de Dios en la tierra [40].

40. V. Araya, *Fe cristiana y marxismo. Una perspectiva latinoamericana;* G. Arroyo, *Pensamiento latinoamericano sobre subdesarrollo y dependencia externa:* Mensaje; id., *Significado de Cristianos por el Socialismo,* mimeo del comité nacional de CPS; S. Arce, *Los cristianos en la sociedad socialista:* Cristianismo y revolución; H. Assmann, *Implicaciones socioanalíticas e ideológicas del lenguaje de la liberación:* Pasos y en *Pueblo oprimido señor de la tierra;* id., *Iglesia y proyecto histórico:* Perspectivas de Diálogo; id., *Los cristianos revolucionarios, aliados estratégicos en la construcción del socialismo:* Contacto, Pasos y en la introducción del libro *Habla Fidel Castro sobre los cristianos revolucionarios;* id., *El cristianismo, su plusvalía ideológica y el costo social de la revolución socialista,* en Cuadernos del CEREN; J. Barreiro, *A latin America contribution to the christian-marxist dialogue,* en *The religious situation,* 1969; H. Conteris, *Cambio social e ideología:* Cristianismo y sociedad y en Conciencia y revolución; cf. la colección completa de los documentos del primer encuentro de Cristianos por el Socialismo, especialmente, los análisis socioeconómicos de cada uno de los países representados, algunos están incluidos en el libro *Cristianos por el Socialismo,* editado en Santiago, otros en *Los cristianos y el socialismo* de Siglo XXI Editores y otros en *Christians and socialism* de Orbis, y cf. el *Informe final del encuentro de CPS* publicado en varias formas en todos los países latinoamericanos, EE.UU. y Europa; B. A. Dumas, *Los dos rostros alienados de la iglesia una,* especialmente el capítulo 6; R. García, *De la crítica de la teología a la crítica de la política:* Pasos, y en Contacto y en *Pueblo oprimido, señor de la historia;* G. Gutiérrez, *Fraternidad cristiana y lucha de clases,* mimeo por CPS; id., *Marxismo y cristianismo,* mimeo por Pasos y por CECRUM en México; de su libro *Teología de la liberación,* cf. 396-398 y 340-350; Franz Hinkerlammert, *Fetichismo de la mercancía, del dinero y del capital: la crítica marxista de la religión,* Cuadernos del CEREN; *La iglesia latinoamericana y el socialismo. Documentación de la jerarquía y de grupos eclesiales,* de INDAL; *El cristianismo y la lucha de clases,* mimeo por la Izquierda Cristiana de Chile; *Lucha de clases y evangelio de Jesucristo,* mimeo de la jornada sacerdo-

Pablo Richard Guzmán, profesor de teología de la Universidad Católica de Chile, lo justifica de la siguiente manera:

> Este nuevo tipo de búsqueda teológica toma como punto de partida y como instrumental científico de su propia reflexión, la racionalidad histórica de la praxis social que tiene su expresión concreta en la racionalidad socialista. No nos referimos directamente a tal o cual realización determinada de modelos o proyectos socialistas, sino a la racionalidad histórica originaria que está en la base de estos sistemas. La racionalidad de la praxis social, en cuanto revela e interpreta adecuadamente la realidad histórica del proceso de transformación social y nos revela los mecanismos ideológicos legitimadores de una comprensión falseada de esta realidad, se nos presenta como la única racionalidad verdadera y capaz de una verificación histórica del cristianismo [41].

Jorge Pixley, el especialista de estudios veterotestamentarios del Seminario Evangélico de Puerto Rico, comenta la adopción del instrumental del socialismo científico en forma radical cuando señala la crucialidad de la integración ciencia-teología:

> Desde nuestro punto de vista, el defecto principal del socialismo del nuevo testamento es que carece de un análisis científico de la sociedad de su tiempo que hubiera orientado su amor hacia los pobres por sendas eficaces. El socialismo nuestro está en vías de analizar científicamente la sociedad capitalista dependiente de América latina, y ya se van perfilando los rumbos para superarlo en dirección hacia una sociedad sin lucha de clases [42].

Finalmente, en la magna reunión continental de Cristianos por el Socialismo, los sacerdotes, pastores, religiosos y laicos que representaban los diversos grupos que optaban por este instrumental se expresan al unísono:

tal de los doscientos de Chile, publicado por Pasos; C. del Monte, *Comunidad profética y lucha de clases:* Cuadernos teológicos; Morelli, *Características de la teología latinoamericana;* P. Negre, *El significado de los cambios en la metodología de las ciencias sociales para la interpretación teológica;* N. Olaya, *Conciencias sociales y teología,* en *Liberación de América latina;* L. Rivera Pagán, *Aportes del marxismo:* Pasos y en *Pueblo oprimido, señor de la tierra;* id., *Teología y marxismo,* en doc. 35 de FUMEC; P. Guzmán, *Racionalidad socialista y verificación histórica del cristianismo,* Cuadernos del CEREN; J. de Santa Ana, *Teoría revolucionaria, reflexión a nivel estratégico-táctico sobre la fe como praxis de liberación,* mimeo de ISAL y en *Pueblo oprimido, señor de la tierra;* J. L. Segundo, *Instrumentos de la teología latinoamericana:* Mensaje y en *Liberación en América latina.* Cf. las declaraciones de principio de los movimientos sacerdotales y declaraciones de movimientos nacionales de CPS indicados en la bibliografía general de este trabajo y las notas al pie sobre la adopción de elementos de la ideología marxista en el próximo capítulo sobre *Fe e ideología.*

41. P. R. Guzmán, *Racionalidad socialista y verificación histórica del cristianismo,* Cuaderno 12 del CEREN, 150.

42. J. Pixley, *El nuevo testamento y el socialismo:* El Apóstol, 7.

> El compromiso revolucionario implica un proyecto histórico global de transfor-
> mación de la sociedad. No basta la generosidad ni la buena voluntad. La acción
> política exige un análisis científico de la realidad creándose entre la acción y el
> análisis una constante interrelación. Este análisis posee una racionalidad científica
> propia, distinta cualitativamente de la racionalidad de las ciencias sociales bur-
> guesas.
> La estructura social de nuestros países está basada sobre relaciones de producción
> (predominantemente capitalistas y dependientes del capitalismo mundial) funda-
> das en la explotación de los trabajadores. El reconocimiento de la lucha de cla-
> ses como hecho fundamental nos permite llegar a una interpretación global de las
> estructuras de América latina. La práctica revolucionaria descubre que toda inter-
> pretación objetiva y científica debe acudir al análisis de clases como clave de
> interpretación [43].

Con este pronunciamiento claro y definitivo sobre el análisis de clase
como «clave de interpretación» para la «práctica revolucionaria» —que recoge el pensamiento de este sector, ya articulado en miles de pronunciamientos,
artículos y documentos— queda demostrado de una vez y por todas, la afinidad de los cristianos revolucionarios con la interpretación histórico-social
que hace de la eliminación de las clases sociales la clave para el cambio social
revolucionario..

La importancia del análisis correcto para la praxis de militantes cristianos
y no cristianos se señala en esa reunión de la siguiente manera:

> El inadecuado reconocimiento de la racionalidad propia de la lucha de clases ha
> conducido a muchos cristianos a una defectuosa inserción política. Desconociendo
> los mecanismos estructurales de la sociedad y los aportes necesarios de una teoría
> científica quieren deducir lo político de una cierta concepción humanística («dig-
> nidad de la persona humana», libertad, etc.) con la consiguiente ingenuidad polí-
> tica, activismo y voluntarismo [44].

Así viene a ocurrir la integración de la teología con la ciencia. Frente
a la ciencia, la teología se convierte en un «segundo paso» —palabras de Gutiérrez—. Es la ciencia lo que descubre la realidad social existente ante la
teología, que, en un «segundo momento», habrá de reflexionar críticamente
sobre la praxis de los cristianos en el proceso de liberación histórica del
hombre en una sociedad dada, usando el criterio de la fe. Esa prioridad de
la ciencia en el proceso de reflexión teológica es consecuencia directa de lo
que señalamos sobre el nuevo «punto de partida»: la teología parte de la
realidad latinoamericana. Esa realidad se conoce mediante la ciencia, no me-

---

43. Documento final del primer encuentro de Cristianos por el Socialismo.
44. *Ibid.* Cf. también el uso de ese instrumental en Medellín. Segunda conferencia
del episcopado latinoamericano en Medellín: Christus.

diante la especulación metafísica. De aquí que no se pueda hacer reflexión teológica sin ciencia y que la ciencia pase a integrar la teología.

Repetimos nuevamente las palabras de Richard Guzmán cuando dice que no se trata de la adopción de una «doctrina» para ser *aplicada* a la realidad, sino de un instrumental científico de análisis crítico para estudiar la realidad económica, social, política e ideológica de una sociedad en un momento dado y de la adopción del proyecto histórico y estratégico contenido en el mismo instrumental.

Reafirmamos esta declaración porque esa adopción del materialismo histórico como instrumental de análisis socioeconómico, se da en el contexto del deshielo del marxismo dogmático, el desarrollo del neo-marxismo, especialmente el althuseriano, que acentúa el marxismo como ciencia, y el marxismo praxeológico que acentúa la primacía de la praxis sobre la ortodoxia; en el contexto de la diseminación de la nueva izquierda y de los frentes de liberación en América latina, estimulados por el ejemplo triunfante de la revolución cubana y muy influenciados por el empeño guevarista de la creación del «hombre nuevo», y por el redescubrimiento del humanismo marxista a través de la exaltación del joven Marx [45]. Esto quiere decir, que esa adopción se da en medio de la atmósfera revolucionaria antimoscovita representada por la reacción de las izquierdas revolucionarias contra los partidos comunistas latinoamericanos aburguesados o anquilosados por el dogmatismo estaliniano. Esta reacción pone el acento del neo-marxismo sobre la «ciencia» y sobre el humanismo [46].

45. Cf. B. Oelgart, *Ideólogos de la nueva izquierda;* M. Monteforte Toledo - F. Villagrán, *Izquierdas y derechas en latinoamérica;* L. Althusser, *La revolución teórica de Marx;* Che Guevara, *Obras completas;* R. Debray, *Revolución en la revolución;* Camilo Torres, *Obras completas;* cf. la literatura sobre el neo-marxismo citada en el capítulo I y las menciones sobre el asunto en el capítulo sobre *Fe e ideología.* Cf. las menciones que hace el documento del Movimiento Internacional de Estudiantes Católicos (MIEC-JECI) sobre las influencias del foquismo, P. Freire, Althusser y Gramsci, sobre los cristianos revolucionarios (doc. n. 1, febrero 1972); cf. las influencias del grupo de Monthly Review de Baran, Sweezy, Frank; M. Kaplan y las influencias de Fanon, según la evaluación de Comblin en *Movimientos e ideologías en América latina,* en *Fe cristiana y cambio social en América latina,* 117.

46. Es también importante aclarar el hecho de que esta adopción se da en un *proceso,* que toma mucho tiempo a unos y menos a otros, que en sus inicios va acompañada de aclaraciones apologéticas que tratan de diferenciar esa opción de la implementación soviética del socialismo —rechazo éste que se da unas veces por razones marxistas y otras por razón de reminicencias democristianas— e incluso, algunos grupos adoptan el instrumental de análisis como se hiciera en Medellín, pero no la crítica radical al sistema capitalista, ni la estrategia total para la realización del proyecto socialista. Pero eventualmente, se fue consolidando una posición socialista más clara ideológicamente entre los cristianos revolucionarios de todo el continente, dentro de la cual las diferencias corresponden a las que se dan dentro del movimiento socialista internacional con respecto

Con esto queremos señalar el hecho de que este sector de cristianos revolucionarios en su gran mayoría se ubica en la tendencia latinoamericana de la revolución socialista que da una prioridad a lo político, contrario al mecanicismo estaliniano de los partidos comunistas latinoamericanos, que por tanto tiempo insistieron en que primero debía ocurrir la revolución capitalista y la industrialización como etapa previa al socialismo. Para los latinoamericanos revolucionarios, la revolución cubana y la teoría de la dependencia ya ha demostrado que ese paso no es necesario, ya que estas economías han estado insertas en el mercado capitalista por siglos en diversas funciones, aun cuando el modo de producción capitalista conviva con formas de producción anteriores. Además, con la madurez de las condiciones objetivas en las fuerzas productivas, no basta para que ocurra la revolución. Es necesario que medie la transformación de la conciencia, la teoría revolucionaria, el compromiso con la utopía de la nueva sociedad, que implica una decisión ético-política, para hacer posible la revolución cuando se den las condiciones. Con esto nos referimos a la «prioridad de lo político».

De la opción por el instrumental socioanalítico del materialismo histórico —opción impuesta por el compromiso revolucionario con los oprimidos y explotados— se desprende la opción por el proyecto histórico de la construcción de una sociedad socialista [47]. Ese proyecto histórico es extraído de la crítica concreta del desarrollo histórico de las condiciones existentes, tanto en cuanto a estructura como a condiciones necesarias para su realización. Pero también hay que reconocer en él los anhelos utópicos de la humanidad sufriente expresados en utopías anteriores que, aun cuando no hayan tenido en cuenta las condiciones históricas para su realización, sí constituyen proyecciones racionales de las posibilidades humanas extraídas de la experiencia histórica misma. En este sentido debemos reconocer, para reflexiones ulteriores, que en el proyecto histórico coinciden la ciencia y la utopía.

Por ahora bástenos señalar el hecho de que estos cristianos revolucionarios reconocen la dimensión científica del proyecto histórico de la construcción del socialismo. Con ello reconocen la estrategia necesaria para su realización: la culminación de la lucha de clases. Esto es, la organización política de la clase que debe tomar el poder para devolver la propiedad privada de los medios de producción a sus productores y la organización y planificación de la economía en función de las necesidades colectivas [48]. Para estos mili-

a las discusiones sobre el marxismo como instrumental de análisis, como proyecto histórico y como estrategia y táctica revolucionaria.
47. Cf. n. 40 en este cap.
48. Un gran número de declaraciones cristianas en favor del socialismo a partir de Medellín constituyen expresiones en favor de un socialismo genérico, de poca preci-

tantes cristianos la lucha de clases que se experimenta como explotación y represión irreconciliable en el sistema capitalista, es fruto del dominio de una clase sobre otra. La comprensión de este fenómeno es fruto del análisis científico de clases, y su aplicación como estrategia viene tanto de esta comprensión científica como del objetivo de la opción ético-política de la toma del poder para realizar ese proyecto histórico.

El *Informe final del encuentro de Cristianos por el Socialismo* define la postura básica de estos cristianos revolucionarios ante la lucha de clases:

> La posición actual de todos los hombres del continente, y por ende, de los cristianos, consciente o inconscientemente, está determinada por la dinámica histórica de la lucha de clases en el proceso de liberación.
>
> Los cristianos comprometidos con el proceso revolucionario reconocen el fracaso final del tercerismo social cristiano y procuran insertarse en la única historia de la liberación del continente.
>
> La agudización de la lucha de clases significa una nueva etapa de la lucha ideológica política y excluye toda forma de presunta neutralidad o apoliticismo. Esta agudización de la lucha da al proceso revolucionario de América latina, su verdadera dimensión de totalidad [49].

El amor cristiano a todos los hombres, no está en contradicción con la lucha de clases. Es precisamente por amor al prójimo, según estos cristianos revolucionarios, que hay que optar en la histórica e inevitable contienda por apoyar a los oprimidos frente a los opresores. En sus escritos hay un énfasis en el carácter científico de la lucha de clases que señala la necesidad de entender la participación del cristiano en la lucha de clases, aun en toda su violencia, como una expresión de odio de clases [50]. Las implicaciones éticas

<hr/>

sión científica. Pero del 70 en adelante nos encontramos con expresiones claras y precisas en favor de un socialismo que presupone la socialización de los medios de producción y la lucha de clases como estrategia inevitable y definitiva a la toma del poder, aun cuando hagan salvedades con respecto al humanismo, la importancia de la construcción del hombre nuevo, el rechazo del dogmatismo estaliniano y la dictadura de la burocracia sobre el proletariado y adviertan sobre el respeto a las diferencias de las condiciones nacionales: Cf. Sacerdotes Tercermundistas, *Nuestras coincidencias básicas*, en la colección *La iglesia latinoamericana y el socialismo*, 40; id., *Declaración del tercer encuentro, o.c.; Dossier sobre el movimiento de sacerdotes para el tercer mundo, o.c.*, 50; id., *Declaración del quinto encuentro*, 58, 59; ISAL-Bolivia, *Mensaje de ISAL en el Congreso de la Central, o.c.*, 78; id., *Mensaje de ISAL al pueblo, o.c.*, 92; Los ochenta sacerdotes chilenos, *Comunicado de prensa de los participantes en la jornada de cristianos en la construcción del socialismo en Chile, o.c.*, 152; *Documento del primer congreso mexicano de sacerdotes para el pueblo:* Contacto, 76. Cf. los artículos y documentos citados en la not. 40 de este cap.

49. *Documento final del encuentro de CPS*, 35.
50. Cf. G. Gutiérrez, *Fraternidad cristiana y lucha de clases;* id., *Teología de la liberación*, 344; E. Dussel, *Teología y ética de la liberación*, 51; J. Chonchol, *El cristiano*

y teológicas de la lucha de clases serán discutidas en el capítulo sobre ética. Por ahora, queremos dejar claro que su participación en ella se funda en la comprensión de su inevitabilidad histórica y el amor a los oprimidos. La realización de la utopía tiene que atravesar la estructura de la realidad histórica si quiere convertirse en realidad social. En la lucha de clases, no es posible al cristiano ser neutral, o está con los oprimidos, o está con los opresores.

Este capítulo nos ha demostrado que sí es posible que estos militantes cristianos, que parten de una certidumbre y de un compromiso con la erradicación de la explotación y la opresión, puedan incorporar un instrumental científico de análisis socioeconómico, sin contradecir su fe, para hacer posible la definición concreta e histórica de las causas de la explotación y la opresión del hombre latinoamericano. Es posible viabilizar la práctica de la fe con eficacia histórica.

Esta decisión con respecto al uso de la teoría de la dependencia o del instrumental de análisis del socialismo científico, conlleva una opción ideológica. Esto es, una opción por los valores e intereses de una clase concreta históricamente, por su proyecto histórico y su estrategia política. Esto nos plantea la cuestión de fe e ideología. La fe cristiana ha sido instrumentalizada por las ideologías de opresión durante tantos siglos, que casi se han hecho consustanciales. Se hace necesario elaborar teóricamente la manera de distinguir fe e ideología, de tal manera que la fe pueda expresarse revolucionariamente sin la interferencia de las ideologías de opresión, que en el pasado la han instrumentalizado para beneficio de las clases dominantes. Esto es lo que habremos de examinar en el próximo capítulo con la intención de demostrar que la teología de la liberación contiene en sí misma la manera teórica para distinguir fe e ideología, separarlas, rechazar las ideologías religiosas de opresión e incorporar la ideología revolucionaria a la práctica de la fe.

---

y la lucha de clases; Míguez Bonino, *Unidad cristiana y reconciliación social: coincidencia y tensión;* R. Muñoz, *Lucha de clases y evangelio,* en *Panorama de la teología latinoamericana;* N. Olaya, *Unidad cristiana y lucha de clases;* J. de Santa Ana, *Notas para una ética de la liberación a partir de la biblia,* en *Pueblo oprimido, señor de la tierra;* E. Cardenal, *La santidad de la revolución;* S. Croato, *Libertad y liberación,* 61; S. Méndez Arceo, *Homilía en la basílica de Guadalupe el 21 de mayo de 1972:* El excelsior; Entrevista a D. Sergio en Chile, reportada por R. Macín en *Méndez Arceo, ¿cristiano o político?;* La correspondencia sobre este asunto entre el arzobispo de Santiago, monseñor Silva Enríquez y los Cristianos por el Socialismo; el informe de la comisión sobre lucha de clases del encuentro de CPS y el informe final del encuentro de CPS, todos en el libro *Cristianos por el Socialismo,* en las siguientes páginas respectivamente: 117-219, 264-266 y 281-302.

7

Fe e ideología: la opción de la fe por los valores, intereses y el proyecto histórico y utópico del proletariado revolucionario

La consecuencia final de esta cadena de transformaciones teóricas lo constituye la opción por la visión del mundo desde la perspectiva de una clase social que represente los intereses de los pobres, los explotados y oprimidos, que en este caso es la de los obreros revolucionarios y sus aliados: la ideología socialista.

1. Ideología como concepción del mundo de una clase social dada

Reconocemos que la ideología constituye el aspecto menos trabajado en el pensamiento científico de la sociedad, que encontramos definiciones diferentes y hasta contradictorias con respecto a esto. Optamos por la definición que predomina en la teología de la liberación, porque es en ella donde se nota con más claridad la problemática de fe e ideología con la cual se está trabajando en estos círculos teológicos. Esa posición está representada fuertemente en los escritos del teólogo cubano Sergio Arce:

El marxismo-leninismo nos ayudará al esclarecimiento conceptual del término al plantearnos en su justa perspectiva la oposición dialéctica entre la ideología como una totalidad que permea las estructuras de toda sociedad y la ciencia como teoría que convalida objetivamente conformando mejor interesadamente la ideología proletaria. El esfuerzo marxista tiene para mí su mayor valor en el hecho de que al establecer dialécticamente tal relación entre ideología y ciencia lo hace sin ocultar el carácter ideológico de su ciencia en el sentido clasista utilitario y sin menoscabar el carácter científico que adquiere la ideología por su validez objetiva como verdadera. Precisamente esa franqueza y honestidad del marxismo-leninismo es un elemento para mí fundamental a la hora de reconocer su validez como ciencia y como ideología.

La ideología es una representación del mundo en el cual vivimos, de nuestra vida, de nuestras relaciones con la naturaleza, sociedad y con otros hombres y de nuestras actividades en relación con ellos. Pueden ser representaciones, creencias u opciones religiosas, morales, jurídicas, políticas, estéticas, filosóficas, etc.
La ideología es pues la «idea-fuerza» que invade como idea toda la estructura de una sociedad y moviliza como fuerza de lucha el interés clasista de sus sostenedores sean éstos reaccionarios o revolucionarios.
En la medida que una clase desempeñe un papel revolucionario en el proceso histórico-social porque sus intereses como clase coincidan con tal desarrollo, en esa misma medida su ideología será verdadera o falsa [1].

1. S. Arce, *Fe e ideología,* Folleto del Movimiento Estudiantil Cristiano de Cuba II-7, 3. Estoy de acuerdo con la posición de Arce porque no comparto la dicotomía ciencia-ideología. La ciencia responde a los intereses de clase por ser ésta un medio para la ejecución de fines investigativos, valorativos y operacionales. Los fines u objetivos humanos son los valores e intereses realizables en la praxis social en un momento dado y el hombre los determina como miembro de su clase.
Una vez desaparecen las esencias platónicas como criterio de verdad entre los hombres, éstos imponen conscientemente los criterios a ser usados para determinar lo verdadero y lo bueno a partir de sus intereses humanos. Se pasa de la visión idealista del mundo a la visión histórica. Lo bueno es lo que conviene a la clase que rige con eficiencia el aparato reproductor de la vida social y lo verdadero viene a ser lo que ella declara eficiente con respecto a sus objetivos de vida en ese momento dado de la historia. La vida del hombre, su construcción y desarrollo viene a ser el criterio último de lo bueno y lo verdadero —según definido por la clase dominante del período. La realización de los fines de la vida —determinados a la luz de la experiencia histórica del hombre— viene a ser la fuente última de valoración y de verdad. Una vez esto ocurre, el hombre ha llegado a su mayoría de edad. Se ha adueñado de su historia.
En la medida en que el conocimiento representa el punto de vista científico de una clase social, será siempre *ideológico.* En la medida en que esa clase representa la humanidad en ascenso, lo científico predomina en esa ideología. Pero nunca deja de ser ideológico por el mero hecho de ser científico, porque el hombre siempre tendrá objetivos, proyectos globales que realizar en los que se manifiestan fines y valores que él determina, no en base a la ciencia, sino en base a las aspiraciones que él ha extraído de la experiencia historiada como miembro de su clase.
Los fines últimos del hombre socialista, no son determinados por la ciencia. La ciencia es el medio para el análisis de la realidad y para la articulación de la estrategia realizadora de esos fines a diversos niveles. El hombre sigue siendo el determinador de los fines, el hombre sigue siendo supremo sobre la ciencia. La ciencia sólo le puede indicar cuáles de sus fines sociales son «realizables» en un momento dado; la medida en que la sociedad está preparada para realizar esos fines, en otras palabras, la medida en que la sociedad se los «plantea como problema». La ciencia le dice que son realizables en la medida en que esos fines constituyen la solución a las contradicciones que se sufren socialmente en un momento dado. Es en ese sentido que decimos que el socialismo es *científico.* Después de todo, Marx lo que hace es anunciar que el hombre está listo a posesionarse de su destino. Que es el momento de la secularización de la historia. Es de esto de lo que se trata: de la restauración del dominio del hombre sobre sí mismo y no de su sustitución por la ciencia.
Véase entre otros, los siguientes: L. Althusser, *La revolución teórica de Marx;* I. Conteris, *Cambio social e ideología:* Conciencia y Revolución y en Cristianismo y sociedad; F. Engels, *Anti-Dühring;* A. Gramsci, *Introducción a la teoría de la praxis;* Lenin, *Qué hacer;* K. Marx, *La ideología alemana;* id., *Prólogo a la crítica de la economía política;* A. Naess, *Historia del término «ideología»,* desde Desttut de Tracy hasta Karl Marx,

Por ideología, entiendo la concepción del mundo o la concepción del orden social, histórico y natural que se manifiesta implícitamente en todas las representaciones mentales que el hombre se hace en su conciencia con respecto a toda su práctica social. Es el sistema de valores e intereses de una clase social. Estas pueden ser representaciones articuladas teóricamente —filosóficas, éticas, teológicas, estéticas, legales— o pueden ser pre-teóricas —el sentido común, el folklore, la costumbre y la religiosidad popular.

Como tal, la ideología tiene la función psicológica, sociológica y política de mantener el orden establecido o de proponer uno sustitutivo. Funciona como sistema general de orientación, intelectual y emocional. El hombre que vive desde esa ideología acepta voluntariamente su lugar en ese orden de relaciones otorgándole su *consentimiento*. La ideología le sirve para explicar ese orden como «natural» o «racional», o «divino», o como representativo de la voluntad de pueblo, en base a lo cual, acepta su lugar y su función en él, lo defiende y lucha por él, aunque le sea adverso. Ese orden alega ser expresión de un proyecto utópico o ideal de sociedad.

Esa concepción del mundo es la «idea fuerza» que *legitima* el pensamiento y la acción en esa sociedad dada. Impone una unidad teórica a esa formación social. Es una idea sobre el *orden* del universo, el hombre y la sociedad que se extiende a todas las *relaciones* posibles y le impone cohesividad. Es una «idea fuerza» en el sentido que *ordena* la conducta, es una concepción normativa del mundo. A cada ideología corresponde una moral y una legalidad que premia y castiga por mantener o violentar ese orden. Por lo tanto, podemos decir que esa concepción del mundo se convierte en una «filosofía de vida».

Desde el punto de vista del pensamiento sociológico no-idealista, se considera que el contenido de ideas de la conciencia humana es resultado de la experiencia de los hombres con la naturaleza, con ellos mismos, por lo tanto, se considera que la producción teórica y espiritual de los hombres es resultado de la forma en que éstos se organizan para vivir y reproducir la vida en todos los aspectos.

Naturalmente, nos acogemos a la interpretación sociológica de las ideologías que considera la ideología como la concepción del mundo producida por un orden social dado. Marx lo define con mucha claridad, cuando concluye de sus estudios lo siguiente: «Sobre las diversas formas de propiedad,

en *Historia y elementos de la sociología del conocimiento;* Sánchez Vázquez, *La ideología de la neutralidad ideológica en las ciencias sociales:* Historia y sociedad; H. Villela, *La revolución cultural como cultura de la revolución:* Pasos y en Cuadernos del CEREN.

sobre las condiciones sociales de existencia, se levanta toda una superestructura de sentimientos, ilusiones, modos de pensar y concepciones de vida diversos y plasmados de un modo peculiar»[2].

De aquí que no se pueda estudiar la ideología jurídica, filosófica o religiosa de una época sin referencia a las relaciones sociales de producción, que constituyen el orden sobre el cual se tiene conciencia, ni que se pueda esperar cambios en la ideología de esa sociedad, a no ser que ocurran cambios en la estructura de producción o serias contradicciones en ella. No debe entenderse por esto que el proceso económico produce la filosofía, la religión o el derecho. Cada una de estas regiones ideológicas tiene su «autonomía» y su problemática objetiva que impulsa el desarrollo de la teoría. De lo que se habla aquí es del contenido de clase, de la concepción del mundo que presuponen o sobre la cual se montan estas regiones. En otras palabras de la «idealización» del orden existente.

Pero como la sociedad está dividida en clases, la ideología que *predomina* corresponde a la perspectiva del mundo de una clase social dada, la clase que domina el orden existente en ese momento. Es la clase que tiene la necesidad de explicarlo como «natural», «razonable», «eterno», «divino» o «representativo», para legitimarlo y mantenerlo tal y como está. No existe tal cosa como una ideología al margen de las clases sociales.

En el caso de las clases dominadas, éstas son educadas para que den su consentimiento a una concepción del mundo que no corresponde a sus intereses. Los oprimidos interiorizan la ideología de la clase dominante y miran a través de los ojos de sus opresores, porque esa concepción del orden del mundo les ha sido enseñada como «representativa del bienestar general».

Pero las contradicciones de ese orden social general producen a su vez una contra-concepción o concepción revolucionaria del mundo en la conciencia de las clases que sufren esas contradicciones.

Por ideología también se entiende entonces, la contrarrepresentación crítica de ese orden social, que en este caso, es la ideología sustitutiva, o ideal utópico competitivo. Esta tiene como función todo lo contrario: la *deslegitimación, desintegración* y *sustitución* de ese orden de vida por otro. Por eso Lenin puede hablar de «ideología revolucionaria», o de «ideología del proletariado», cuando se refiere a la concepción del mundo y al proyecto histórico socialista. En este sentido podemos hablar de ideologías de *orden* y de ideologías de *cambio*.

2. K. Marx, *Dieciocho Brumario de Luis Bonaparte*. Cf. también su *Prólogo a la contribución de la economía política*.

Las representaciones ideológicas de las relaciones y prácticas sociales que los hombres se forman en su conciencia en un orden social dado, pueden corresponder o no a la realidad objetiva.

Las ideologías de orden son elaboradas y difundidas en forma explícita por la organización escolar, la organización religiosa, las organizaciones de toda clase de publicaciones y los medios de comunicación masiva. En forma no explícita, son difundidas por el hogar y por multitud de medios ocultos que constituyen influencias que presuponen acríticamente el orden establecido y lo asumen en la de vida cotidiana. Son defendidas por el aparato político.

Las ideologías de cambios son elaboradas en este mismo nivel organizativo como resultado de las contradicciones entre la teoría y la realidad que se vive, aunque la difusión de ideologías de cambio, que representen la concepción del mundo de otra clase diferente a la que domina, se encontrará con toda clase de intentos represivos eventualmente y tendrá que buscar otros medios para difundirse.

De aquí, la importancia de la hegemonía de la concepción del mundo de la clase revolucionaria entre sus miembros y la importancia del partido, o del grupo, para poder inmunizarse ideológicamente respecto a esas influencias del orden establecido y poder combatir efectivamente en la lucha ideológica que se da en toda competencia por el poder. En la misma medida que la ideología es importante para sostener un orden, lo es para deslegitimarlo. Como bien se ha señalado en la teoría revolucionaria, históricamente, una vez se inicia la crisis económica definitiva de un orden social, el destino de la revolución depende de la madurez ideológica de la clase revolucionaria, de su conciencia de clase. Una vez inaugurado el nuevo orden la ideología le otorga unidad y legitimidad.

Con respecto al problema del lugar de la ideología en la estructura social, los teólogos de la liberación que trabajan sobre el particular rechazan la identificación «mecánica» de la ideología con la infra o la superestructura, ya que lo cierto es que, cuando la ideología se concibe como el «cemento» de todo el edificio social para realizar su función integradora y cohesiva, se le encuentra en todos los niveles sociales: en lo económico, lo político, lo artístico, lo científico, lo tecnológico, lo lingüístico y lo religioso y en las elaboraciones teóricas de éstos [3].

Creo importante citar ampliamente a Assmann, el teólogo brasileño, cuando nos advierte sobre el asunto, que:

---

3. Es lo que Gramsci llama la «convertibilidad» de los principios fundamentales de los elementos constitutivos de una misma concepción del mundo.

...para ser más o menos exhaustivo, dicho análisis deberá comenzar con la superación de esquemas demasiado mecanicistas de la relación entre la infraestructura y la superestructura buscando determinar más claramente la ubicación diacrónica de la «conciencia social» como una realidad humana impulsora de la historia que está constantemente en ambas, en la infra y la superestructura, que se mueve precisamente en una línea móvil de su mutua intersección —en una especie de «entre» que es siempre también un «en»— y que infraestructuriza la superestructura y viceversa. Un error analítico fatal es hacer coincidir sencillamente la «conciencia social» con elementos de la superestructura, en los cuales «aparece», porque significa eliminar de antemano los aspectos implícitos y el parámetro oculto del cual se alimenta gran parte de las motivaciones de la conciencia colectiva [4].

Hay que recordar que además de la presencia de la ideología en los procesos y en sus expresiones teóricas y lingüísticas, ésta tiene su asiento en la conciencia del hombre que la vive en cada clase social. En otras palabras, la ideología constituye un «tamiz perceptual e interpretativo en la conciencia (y en el inconsciente) y como tal, se manifiesta en todas las prácticas en el seno de la práctica social global. Es lo que podríamos llamar el asiento psicológico de la ideología.

La ideología interviene en todas las prácticas humanas y en la teorización de éstas. Así imparte una unidad espiritual y cultural a todo el período histórico que representa un modo de producción. Está presente tanto en la práctica moral que se fomenta o se reprime, como en la estructura de los principios que sirven de criterios para decidir éticamente el bien y el mal. Lo encontramos en la práctica del poder sobre la conducta social y en lo que el derecho determina como legal o ilegal. Está presente en la justificación racional del aparato epistemológico. Lo podemos descubrir oculto en los con-

---

4. Assmann, *El cristianismo, su plusvalía ideológica y el costo social de la revolución socialista*, 166. Cf. también sobre este mismo asunto a H. Villela, *La revolución cultural como cultura de la revolución*, 5 y a A. Duarte en *Los condicionantes estructurales del proceso de liberación social*, 80.
    Esto es más evidente cuando diferenciamos las formas ideológicas teóricas de las ideologías pre-conceptuales. Los sacerdotes paraguayos Gilberto Giménez y Acha Duarte, siguiendo a Foucault y Althusser las definen así:
    a) «ideologías prácticas, pre-conceptuales o "no discursivas", que se identifican con un sistema de comportamiento, actitudes o tomas de posición regulados por normas prácticas socialmente "evidentes" y que corresponden, por lo general, a la forma de conciencia espontánea de los agentes de la producción; b) ideologías teóricas, reflexivas o "discursivas", que constituyen el fruto de una elaboración doctrinal coherente por parte de los "ideólogos", dentro de los límites estructurales de las ideologías prácticas y asumiendo del ámbito de éstas sus materiales de elaboración» (A. Duarte y G. Giménez, *Condicionantes estructurales de la liberación*, 82). Cf. también a los mismos efectos las cinco regiones de la realidad social consideradas generalmente bajo el dominio de lo ideológico en el trabajo del teólogo y dramaturgo protestante del Uruguay, I. Conteris, *Cambio social e ideología: Cristianismo y sociedad*.

ceptos que presupone el lenguaje. Y lo hallamos ya más explícitamente en la filosofía de una sociedad dada y en su teoría económica y jurídica. En consecuencia, lo encontramos en su teología cuando ésta usa el lenguaje y la filosofía de su tiempo para expresarse.

2. Fe, teología e ideología

De aquí que sea imposible hacer teología sin ideología y que la fe tenga que decidir qué ideología acepta para expresarse en un período histórico concreto. La fe cristiana, como hemos visto, es una actitud fundamental de compromiso con respecto a los pobres y los oprimidos en virtud de la certidumbre radical de que es posible transformar el mundo con la justicia. Pero esta fe —actitud de esperanza y compromiso con la justicia y con los pobres y oprimidos—, no contiene una definición concreta e integral del mundo concreto en que debe vivirse. No presupone una concepción del mundo traducible en un orden socioeconómico y político concreto o en un sistema filosófico. Esas definiciones las provee la representación ideológica del mundo. La provee el mismo orden social del mundo en que se vive la fe, bien sea el mundo hebreo, el helenístico, el medieval, el capitalista europeo, el capitalista latinoamericano, o el socialista. *La fe no es una ideología,* aunque tiene que expresarse en una forma de vida concreta que supone una ideología.

Teóricamente, la fe se expresa en teología y ésta se expresa en las categorías de pensamientos y en el lenguaje de su tiempo. En otras palabras, la teología está escrita con el entendimiento del mundo que provee la cosmovisión y la ideología de ese momento y con las definiciones de verdad y de moralidad que provee el lenguaje de la época. Lo demuestra el hecho de que la teología a través de su historia ha adoptado el lenguaje y filosofía de cada época para expresarse en concepciones judías, concepciones helénicas, la filosofía greco-romana, el aristotelismo, el existencialismo, etc., y con ellas ha apoyado sucesivamente —como teología— el sistema esclavista, el sistema feudal y el liberalismo económico y la democracia burguesa de la sociedad capitalista.

Aun en los textos bíblicos existe una pluralidad de teologías en función de los diversos tipos de órdenes sociales y geográficos por los que atraviesa el pueblo de Israel desde su liberación de Egipto. Esto lo recoge magistralmente el biblicista norteamericano-nicaragüense Jorge Pixley en su libro sobre el pluralismo teológico de los textos bíblicos, en el cual estudia la expresión teológica de las etapas nómadas, agrarias, imperial, elitista, tanto al nivel de la clase sacerdotal como de los grupos intelectuales de la sociedad israelita y la expresión teológica de los grupos y clases oprimidas que encuentran su expresión por vía de los profetas [5].

Históricamente, la teología ha probado estar al mismo nivel de las ideologías de orden como expresión justificatoria del modo de producción existente en las diversas formaciones sociales. Y al nivel de ideologías de cambios como expresión de rebelión.

Juan Luis Segundo, el teólogo uruguayo, en su análisis de la relación fe e ideología, nos dice:

> Debería por lo menos quedar claro que la pretensión muchas veces manifiesta de la jerarquía eclesiásica, de mantener, no sólo la distinción, sino la separación entre fe e ideologías para proteger mejor aquélla, no tiene sentido alguno en teología. La fe no es una ideología, es cierto, pero sólo tiene sentido como fundadora de ideologías [6].

Para Segundo, la revelación nunca se presenta pura sino encarnada en ideologías históricas. Todas las concepciones de Dios y los diferentes enfoques de cada momento bíblico, desde el «ojo por ojo» hasta el «poner la otra mejilla», vienen mediados por situaciones concretas, de tal manera que, si se eliminan no queda ningún absoluto que no sea la fe y ésta por sí no contiene orientación concreta alguna. Cuando la fe es «cristiana» es porque le añadimos la historia concreta del pueblo de Dios desde Israel, hasta la iglesia de nuestros días. De aquí que la ideología, como fruto de la dialéctica fe-realidad concreta, es necesaria a la fe. «La fe sin ideología es fe muerta» [7].

3. Consecuencia de la distinción fe-ideología

Esta distinción entre fe e ideología y la manera de relacionarlas en forma apropiada tienen un doble efecto. Primero, la fe cristiana libera de la esclavitud de los dogmas religiosos a las teologías, porque le provee un criterio

5. J. Pixley, *Pluralismo de tradiciones en la religión bíblica*.

6. J. L. Segundo, *Liberación de la teología*, 124. Las serias implicaciones de esto para el concepto de «cristiandad», las explica el sacerdote colombiano Camilo Moncada, cuando escribe: «Son los hombres quienes desde su inserción mundana responden a la llamada de invitación de Dios; son ellos solamente quienes, por tal respuesta, se hacen cristianos. Pero *la fe no es una ideología*: no puede confundirse con una serie de proposiciones teóricas, ni con principios sociales justificadores de un determinado sistema global. La invitación de Dios no es a suscribir proposiciones, sino a *la adopción honda de una actitud personal* que hace de nuestra vida prolongación de la de Cristo... Por el contrario, hablar de cristianismo, en abstracto, equivale a remitir la fe al plano de las ideologías» (C. Moncada, *Aportes del cristianismo a una imagen del hombre*, 9). Cf. también L. Gera, *o.c.* en p. 6 sobre la misma diferenciación.

7. J. L. Segundo, *o.c.*

para reflexionar críticamente sobre los elementos ideológicos de esas teologías. Segundo, clarifica la función de la ideología en la expresión de la fe, liberándola del bloqueo religioso que le impide la adopción de ideologías contrarias a otras ya incorporadas a las teologías de la iglesia.

Ejemplo de esa nueva libertad para la crítica ideológica del magisterio de la iglesia, es ese artículo del mexicano Luis del Valle, profesor del Instituto de Estudios Superiores de Teología, donde dice:

> La fe como absoluto en el cristianismo relativiza su teología y la hace preguntarse continuamente si sus pensamientos y conclusiones apoyan o no su fundamental obediencia a Dios, expresada en su opción por el oprimido... al correr de la historia se han ido construyendo teologías que, al brotar de una situación de dominación-opresión, no conscientemente asumida, se convierten en ideologías reforzadoras de los sistemas de explotación, echando un velo sobre la situación global para analizar sólo la conciencia individual o enfatizando la necesidad de las cosas como están o lanzando la solución a la otra vida. La fe —compromiso real con el oprimido, porque Dios se ha comprometido con él en Jesucristo— impulsa a desnudarnos de tales ideologías para abrir paso a otras nuevas, más acordes con la verdadera humanización de todos[8].

Esta diferenciación libera a los hombres de la obediencia a teologías y doctrinas institucionales que no respondan a los reclamos de la fe, según se entienden esos reclamos desde la situación concreta en que hay que vivir esa fe. La teología se convierte en crítica ideológica desde la perspectiva de la fe. La «verdad» de las teologías es juzgada ahora desde la situación concreta de la praxis de la fe, la praxis del cristiano. La teología se convierte en proceso de práctica-reflexión. En otras palabras, el criterio de *verdad*, que se usa para juzgar la «verdadera» fe se usa ahora para juzgar la «verdadera» teología.

Esa nueva libertad para la crítica ideológica del magisterio de la iglesia y las teologías clásicas desde la perspectiva de la fe bíblica, lleva a los teólogos latinoamericanos a rechazar lo que los europeos y norteamericanos llaman «lo específicamente cristiano», cuando insisten en diferenciar la participación «cristiana» de la participación de los demás en los asuntos seculares[9].

8. L. del Valle, *Identidad del revolucionario cristiano*, 44-45.
9. Entre los más enérgicos en señalar ese planteamiento, cf. Cf. Guzmán, *La negación de lo cristiano como afirmación de la fe:* Cuadernos de la Realidad Nacional; H. Villela, *Los cristianos en la revolución: ¿posibilidad de una praxis revolucionaria?;* C. Aguiar, *Los cristianos y el proceso de liberación en América latina: problemas y preguntas,* en *América latina, movilización popular y fe cristiana;* J. Comblin, *El tema de la liberación en el pensamiento cristiano latinoamericano:* Perspectivas de Diálogo; H. Assmann, cf. todos sus trabajos; J. L. Segundo, *Masas y minorías en la dialéctica divina de la liberación,* 74-90. Cf. un caso específico en que el asunto fe e ideología se

Esto de lo «específicamente cristiano» para los latinoamericanos, no es otra cosa que la interpretación europea o norteamericana de la fe, filtrada por la élite de las oleogarquías latinoamericanas, lo cual vale por decir, una expresión de la ideología de las clases dominantes de «occidente» y América latina.

Luis del Valle señala el carácter ideológico de toda la teología de la iglesia y aun del magisterio mismo. Este tiene la función de crear «una casta dominadora» sobre el pueblo —dice del Valle— por el hecho de que la teología del magisterio, en lugar de partir de los acontecimientos objetivos que reclaman la liberación, parte, como ciencia deductiva, de principios establecidos *a priori* por la «casta elitista» de los teólogos europeos [10]. Esos principios que éstos quieren hacer pasar por principios teológicos «específicamente cristianos», no es otra cosa que filosofía europea que se desprende de la cosmovisión ideológica de los países dominantes del sistema capitalista y que han heredado de las ideologías de las clases dominantes de los períodos helenísticos y feudales.

Richard Guzmán, el teólogo chileno, indica cuál es el camino:

> ...el que parte no del ámbito ideológico de la fe o de un punto de vista cristiano o teológico, sino el que parte justamente de un punto de vista no-cristiano y no-teológico, la asunción real de este punto de partida implica el abandono consciente y consecuente de toda especificidad cristiana y teológica... todo intento de retener mi propia especificidad cristiana, me impediría reencontrarla a través de la toma de conciencia de mis condicionamientos históricos, cuando más profunda sea la asunción, de la realidad tal cual se da, y no tal cual yo pienso en «cristiano», tanto más expedito tendré el camino para reencontrar el cristianismo en su historicidad [11].

Esto no implica que el hombre cristiano va a la revolución desprovisto de todo elemento cristiano. Va provisto de su fe, de su esperanza y su com-

convierte en un problema político en los documentos donde se discute la formación de la izquierda cristiana en Chile: *¿Una izquierda cristiana? Debate.*

10. L. del Valle, *El papel de la teología en América latina.*

11. P. R. Guzmán, *La negación de lo cristiano como afirmación de la fe,* 41.

Igualmente, Hugo Villela, otro teólogo chileno, dice: «La inversión que es necesario realizar en el momento de hacer teología, cuando esta reflexión sobre la sociedad implicara *reconocer a la praxis* el poder de clarificar la comprensión del contenido y significado de la fe... A través de esta inversión, la conciencia cristiana llega a encontrarse a sí misma en el interior mismo del proceso de liberación, renunciando a todo imperativo de constituirse en una identidad propia».

(*Los cristianos en la revolución: ¿posibilidad de una praxis revolucionaria?,* copia mimeografiada del centro cívico universitario, 14).

Cf. también el capítulo *El problema del aporte específico cristiano al compromiso político,* en Masas y minorías en la dialéctica divina de la liberación de J. L. Segundo y también la evolución y desarrollo de esa posición en su último libro, *La liberación de la teología.*

promiso con la transformación del mundo para que la justicia sea hecha. Tampoco va desprovisto de teoría. Lleva una teología donde explica la vinculación de su fe con la teoría revolucionaria, pero no una teoría «cristiana» de la práctica revolucionaria. Tal cosa no existe.

Para esquivar los elementos ideológicos en que la fe viene mediada habrá que dejar de hablar de una «praxis cristiana», como si ésta tuviera alguna especificidad que la diferenciara de la praxis ético-política de los demás hombres que luchan por la liberación y por la creación del nuevo hombre. Esto implica, como dice el teólogo chileno Hugo Villela, reconocer a la praxis el poder de clarificar la comprensión del contenido y significado de la fe. Si la fe es la actitud de compromiso con la liberación de los oprimidos, si ese compromiso se verifica por su efectividad en la praxis, entonces, lo que va a ocurrir es que el cristiano va a coincidir con otros hombres no cristianos que poseen la misma actitud de compromiso, cuya fe, aunque no cristiana, se verifica por el mismo criterio. Es lo que Villela observa cuando dice:

> ...la conciencia cristiana alcanza una nueva comprensión del movimiento de la liberación: primero, descubre la dimensión universal de la praxis liberadora y por lo tanto, el sin sentido que significa el entrar a diferenciar en ella las praxis de los grupos distintos que convergen en el proceso, ya sea «praxis cristiana», «praxis marxista», etc., segundo, descubre en la lucha política aquellos aspectos e interrogantes trascendentales que generan proyectos y metas totalizadoras del movimiento de la praxis universal [12].

Este principio que distingue entre fe e ideología, es lo que lleva a estos cristianos a la práctica de rechazar partidos políticos «cristianos». Esto se ha venido planteando fuertemente en este sector de la iglesia. Fue la cuestión fundamental en la discusión chilena sobre si se organizaba o no la izquierda cristiana, y fue asunto importantísimo en el encuentro latinoamericano de Cristianos por el Socialismo [13].

---

12. H. Villela, *Los cristianos en la revolución: ¿posibilidad de una praxis revolucionaria?*, 40-41.
Luis del Valle también señala esta dimensión universal con referencia a la praxis de la fe cuando dice: «El impulso de la fe como opción concreta por los oprimidos contra los mecanismos y estructuras de opresión y la incertidumbre en el camino por recorrer, abre el campo al esfuerzo humano por encontrar el camino. Es la autonomía de las cosas temporales y la racionalidad propia de los procesos sociales y políticos. *Es también el lugar de encuentro con todos los que, cristianos o no, han optado por los oprimidos y, sobre todo con los oprimidos mismos que luchan por su liberación*» (*Identidad del revolucionario cristiano*, 44).
El mismo tema es abordado por Lucio Gera en sus conferencias de Teología de la liberación cuando señala que los militantes que aman con el mismo «amor incondicional comparten esa fe inconfesadamente».
13. Cf. los documentos de discusión y análisis en *¿Una izquierda cristiana? Debate*

Tanto el cristiano como el no cristiano que coinciden en el mismo compromiso, viven y conviven en la praxis de la fe, aunque su fe no proceda del mismo origen. La expresión práctica del compromiso de ambos será enjuiciada por su efectividad a nivel estratégico-táctico, en relación con la eficacia en la consecución de los fines liberadores. Me parece que este hecho es quizás la evidencia más definitiva de la naturaleza histórica y humana de la fe: es un compromiso que comparten todos los hombres empeñados en la construcción científica y política de la historia con un sentido liberador, aunque con proyectos y metas totalizadoras que expresan sus esperanzas utópicas en diverso lenguaje.

En vista de esta distinción entre fe e ideología se evita la sacralización de la ideología en que se expresa la teología, cosa que ocurrió con la sacralización del pensamiento helenista, primeramente con el platonismo y luego con el aristotelismo en la teología católica y con la sacralización del idealismo liberal en la teología protestante. En otras palabras, esta distinción evita la sacralización de lo secular que luego nos es presentado «enmascarado» de divino, como ocurrió en el caso de la cristiandad y como parece intentarse de nuevo con el tema de lo «específicamente cristiano» de la Democracia Cristiana. Esta distinción, dicho sea de paso, no puede hacerse en el pensamiento idealista que considera las ideas de la conciencia como reflejo de un «espíritu absoluto» o un «mundo divino de las ideas». Sólo cuando se entienden las ideas de la conciencia como producto de las relaciones de trabajo entre el hombre, la naturaleza y entre los hombres, se puede considerar la ideología como un producto social.

Los teólogos latinoamericanos se han unido a los europeos que a partir de Karl Barth y Bonhoeffer han estado llamando «religión» a esa sacralización de la ideología de una sociedad dada en una época dada. *Para estos teólogos latinoamericanos la fe cristiana no es una religión.* Religión es ideología, es la concepción abarcadora de un orden histórico concreto, es una cosmovisión de una clase social dominante, es una «teoría general del mundo» que se hace a partir de un orden social que legitima una conducta hacia unos fines determinados, una moral, unos pecados, una santidad, una jerarquía y una obediencia «política», aunque pasa por «religiosa».

Hugo Assmann, en un trabajo sobre la explotación que hace la burguesía de los auténticos mitos de los trabajadores confirma esa posición de la teología de la liberación:

y el *Informe de Chile en el encuentro de CPS*, 70-136; *Informe de las comisiones «Ideología y Religión», Lucha de clases, Instituciones e ideología cristiana,* y *Partido y sindicalismo,* 260-275, en los documentos incluidos en Cristianos por el Socialismo.

Por eso tiene tanta importancia descubrir la intención historizadora y rehistorizadora de la vertiente religiosa judeocristiana, en su originalidad originaria fuertemente antirreligiosa en el sentido de «religiones», por eso es tan fundamental para los cristianos que sepan que *el cristianismo no quiso ser, y por eso no debería ser una religión*. Porque las religiones cristianas —y hubo varias vertientes bajo la misma adjetivación— han sido siempre una castración de la dinámica historizadora del cristianismo, que quiso precisamente restituir los símbolos y mitos a sus propósitos prácticos dentro de la historia de humanización colectiva[14].

A partir de esta diferenciación entre fe e ideología, se inicia en América latina la búsqueda de los elementos ideológicos que durante siglos se han hecho pasar por «lo cristiano», aunque estuvieran en contradicción con la fe, y comienzan a rechazarse sistemáticamente las concepciones «cristianas» de la educación, de la familia, de la persona humana, de la sociedad y de la revolución. De aquí la firme postura de los teólogos de la liberación de «negar lo cristiano para afirmar la fe».

De la lectura de los documentos del encuentro continental de C.P.S. se desprende que el esfuerzo principal estuvo encaminado a la reflexión sobre la desideologización de la fe. Este proceso es considerado como tarea principal de los cristianos:

> Un terreno privilegiado de trabajo de los cristianos revolucionarios, debería desenmascarar la ideologización de la esperanza y la caridad; ideologización de los sacramentos y de las instituciones cristianas[15].

Respondiendo al hecho de que en las últimas décadas se ha arraigado «un anticomunismo que tiene un fondo religioso» para desviar la atención de la realidad de la explotación, «los cristianos revolucionarios consideran de primera importancia la batalla ideológica».

---

14. H. Assmann, *El cristianismo, su plusvalía ideológica y el costo social de la revolución socialista*, 170.

Muchos de estos autores han expresado igual que Assmann esta convicción bonhoefferiana de que el cristianismo no es una religión. R. García, el sacerdote colombiano, dice: «El cristianismo no es una religión. Las religiones tienen su origen en los hechos sociales. Así veíamos tres tipos de religión dentro de nuestra sociedad, que son consecuencia del medio ambiente social. El cristianismo por consiguiente, es antirreligioso, pues debe desmitificar en la destrucción de ídolos que el hombre se fabrica para tranquilizarse en su propia limitación. Así vemos la actitud de Cristo que rompe con el mito religioso de Israel atacando la autoridad religiosa: "Ay de vosotros escribas y fariseos hipócritas". Y por esto afirma a la samaritana: "Llega la hora cuando ni en este monte ni en Jerusalén daréis culto al Padre". Se rompe el lugar religioso de culto. Otra cosa diferente es que el cristianismo adquiere formas religiosas para expresar su vivencia, y esas necesariamente tiene que tomarlas del medio ambiente en que se mueve» (*De la crítica de la teología a la crítica de la política*, 88). Cf. J. de Santa Ana, *Cristianismo sin religión*; E. Cardenal, *La santidad de la revolución*, 64.

15. *Documentos* en o.c., 112, 127.

Como resultado de este proceso se confirma esa nueva concepción de la *teología como reflexión crítica de la praxis de la fe* en el proceso histórico de la liberación humana y de la construcción de un reino de justicia. En otras palabras, la teología se ha convertido en una reflexión crítica —desde la perspectiva de la fe y la ciencia— de la práctica sociopolítica de los cristianos y sus instituciones, se ha convertido en una praxeología especializada. Sergio Arce, desde Cuba, la describe de la siguiente manera:

> La teología ha de ser una teoría que tomando en consideración la estructuración formal de la fe cristiana que en la eventuación revelacional de lo incondicional en Jesucristo se llama «esperanza» y en su operacionalidad histórica se llama «amor» analice críticamente la ideología religiosa de la iglesia en este momento para determinar su validez o invalidez ante los hombres y ante Dios. La teología científica enfocará la religión de manera concreta e histórica a fin de determinar a qué intereses de clase sirve; si sirve a la clase proletaria en su interés revolucionario o a la burguesía en su interés conservador y reaccionario.
> Esta tarea no la invalida como ideología verdadera en tanto su carácter científico lo ponga al servicio de la clase revolucionaria y no la invalida como relación a la fe cristiana puesto que mantendrá al situarse históricamente al lado de los revolucionarios, los supuestos básicos que la fe adopta en su estructuración racionalmente formal como esperanza y en su operacionalidad histórica como amor [16].

Hemos dicho que esta situación entre fe e ideología, en segundo lugar, libera al cristiano para hacer uso de la ideología o participar en su construcción para vivirla *conscientemente* e incorporarla críticamente a la reflexión teológica (en la medida en que no se contradiga con su fe, entendida ésta como esperanza de justicia y compromiso con los pobres de la tierra). De nuestra definición de ideología no queda alternativa al vivir ideológicamente; si no vivimos una ideología, vivimos la otra. No hay posibilidad de vivir sin ideología. El hombre es un animal ideológico porque es un animal social. La teología como reflexión sobre la praxis humana tiene que incorporar un entendimiento concreto de la realidad, una idea concreta sobre la historia y la sociedad y unos fines ético-políticos que correspondan a los intereses y valores de una clase social —ya que no existe tal cosa como un estado de vida neutral en la sociedad de clases—, una epistemología, una estrategia política y unos criterios de valoración de la conducta que habrán de formar la conciencia, las actitudes y la personalidad, y habrán de constituir la perspectiva de la clase desde la cual se piensa y teoriza sobre el destino humano, la libertad, el arte, la moral, etc.

---

16. S. Arce, *Fe e ideología*, 7.

En vista de que los cristianos revolucionarios que sostienen una teología de liberación incorporan el instrumental y proyecto histórico del socialismo marxista y en vista de la participación conjunta de cristianos y marxistas en el proceso revolucionario hay que analizar la relación ideológica entre cristianos y marxistas a nivel teórico.

4. Cristianismo y marxismo: relación de adopción, convergencia y oposición

La ideología o concepción marxista del mundo tiene dos dimensiones. La primera está constituida por el proyecto histórico socialista en el que convergen por un lado, la crítica científica de las relaciones de producción y las fuerzas productivas, y por el otro, un proyecto histórico —económico, social y político— que constituye la teoría estratégica a ser verificada históricamente.

La segunda dimensión está constituida por una reflexión filosófica y epistemológica, opuesta a la visión idealista del mundo, que se compone también de dos elementos: Uno afirma los cambios dialécticos en la materia como el fundamento de los procesos naturales e históricos, y la conciencia humana como un activo tamiz que toma nota, interpreta y actúa sobre la naturaleza y la historia transformándola por medio de diversas prácticas. El otro está constituido por el humanismo marxista y representa la proyección utópica de los anhelos de la humanidad de justicia, igualdad y libertad, que el comunismo busca realizar mediante la creación de condiciones en que el hombre llegue a controlar todas las fuerzas que operan sobre él y afirmarse como dueño de su destino. En esta interpretación sobre las relaciones totales del hombre con la naturaleza, la ideología marxista afirma la ausencia de Dios y califica su existencia como un reflejo «fetichista» de la condición humana.

El orden social que propone el proyecto histórico socialista es uno en que se crearán las condiciones necesarias para la transformación del hombre, en una etapa superior de la humanidad. Esa etapa superior llamada la etapa del «comunismo» es la que representa esa proyección del humanismo utópico marxista que Marx mismo llama el reino de la libertad. Para llegar a esa etapa superior hay que crear las condiciones históricas de la sociedad «socialista».

Este sería un orden social en que se eliminaría la propiedad sobre los medios de producción y la apropiación privada de la plusvalía, en el que no existirían clases sociales, en el que la planificación del uso de los recursos, del trabajo, la distribución de los bienes y el desarrollo social y espiritual respondería a las necesidades de la colectividad —con lo cual se podrían crear las bases infraestructurales para el desarrollo de la verdadera individualidad—, donde la participación en las determinaciones que afectan la vida real del ciudadano sería posible y donde las condiciones materiales podrían hacer posible eventualmente, en una etapa superior de la humanidad, la creación del «hombre nuevo» —un hombre que sería libre porque realizaría su deber para con el otro libremente, sin la coacción represiva del estado, en razón de la transformación que se habría operado en su conciencia.

Ese orden es posible, según esta ideología, en vista de la concepción materialista y dialéctica de la historia, que provee para un conocimiento científico de la historia y la sociedad, según el cual las transformaciones sociales revolucionarias se hacen necesarias cuando las relaciones de producción impiden el continuo desarrollo de las fuerzas productivas materiales.

Pero, si bien es cierto que sin el desarrollo de las condiciones objetivas, materiales, no es posible la comprensión ni la realización de transformaciones sociales revolucionarias, tampoco es posible el que estas condiciones sean aprovechables sin la acción humana que organizan los hombres políticamente para la lucha de clases y la toma del poder a partir de la toma de conciencia y el compromiso revolucionario de éstos.

Estos dos últimos párrafos son el asiento de gran parte de la polémica marxista actual. Mientras unos hacen hincapié en las condiciones objetivas materiales del proceso histórico, otros hacen hincapié en el papel de hombre, de su conciencia y de los fines determinados por éste con arreglo al nivel de desarrollo de esas condiciones materiales de la historia. Unos ponen el énfasis en el marxismo como *ciencia* y otros como *humanismo,* lo cual ha iniciado el fructífero desarrollo del neo-marxismo, que lo libera de las categorías estalinianas del discutido «materialismo dialéctico» positivista para devolverle su carácter científico en el verdadero sentido de dialéctico, de filosofía de la praxis, de representación ideológica del nivel de desarrollo de las condiciones históricas.

Fundamental a esta ideología es la concepción de ella misma como ideología incompleta, como concepción del mundo lanzada a un futuro no predeterminado, aunque sí prefigurable racionalmente y construible científica y políticamente.

El militante cristiano revolucionario, en alguna medida ha incorporado esta ideología como sistema de vida. De lo que estamos tratando ahora, es de esa relación a nivel teórico. En otras palabras, la teología también tiene que hacer esa opción. Al hacerlo, elementos fundamentales de la ideología marxista pasan a integrarse al lenguaje y metodología de la reflexión teológica, de la misma manera que el aristotelismo pasó a ser lenguaje e ideología de la reflexión teológica medieval en el tomismo [17]. Pero, con la diferencia que hoy la teología lo hace en forma consciente y críticamente, sin sacralizar la ideología, dispuesta a distinguir entre fe e ideología.

Para entender esto, sin embargo, hay que hacer la aclaración desde el principio de que se está teorizando sobre la *práctica* de relación entre cristianos y marxistas. No se trata de una discusión académica sobre la relación entre la *esencia* del pensamiento marxista y el cristiano. Se trata de la reflexión de los cristianos sobre su relación con la ideología de sus compañeros de lucha y la de ellos.

17. Con respecto a la adopción de la ideología social del marxismo, el socialismo, cf. en adición a los ya mencionados en el capítulo anterior: S. Arce, *Hacia una teología de la liberación;* id., *Fe e ideología;* H. Assmann - J. Blanes - L. Blach, *Las exigencias de una opción:* Cristianismo y Sociedad; H. Assmann, *Iglesia, proyecto histórico:* Perspectivas de Diálogo; id., *Los cristianos revolucionarios: aliados estratégicos en la construcción del socialismo:* Pasos y Contacto; Introducción del libro *Habla Fidel Castro sobre los cristianos revolucionarios;* L. Blanes et. al., *Cristianos por el Socialismo. Impacto y repercusión de un encuentro:* Cristianismo y Sociedad; J. Barreiro, *La sociedad justa según Marx;* A. Buntig - A. Moyano, *La iglesia, ¿va hacia el socialismo?;* J. Bishop, *Cristianismo radical y marxismo;* Comité coordinador de jornadas sobre la participación de los cristianos en la construcción del socialismo, *Reflexiones sobre el documento del trabajo «Evangelio, política y socialismo» de la jerarquía chilena;* Cristianos por el Socialismo, *Documentación del primer encuentro continental de Cristianos por el Socialismo* (mimeografiado); cf. también selección de documentos en *Los cristianos y el socialismo* editado por Siglo XXI Editores, en *Cristianos por el Socialismo, Texto de la edición internacional,* editado en Chile y en Christians and socialism de Orbis; G. Giménez, *Elementos para una ética de liberación social;* G. Girardi, *Cristianos y marxismo,* doc. n. 13 del SCCS y en Pasos (a pesar de ser un sacerdote extranjero que no trabaja en A. L., lo incluyo por ser éste uno de los artículos más divulgados entre los cristianos socialistas de A. L.); G. Gutiérrez *Relaciones entre cristianos y marxistas;* id., *Marxismo y cristianismo:* Pasos y CECRUM; INDAL, *La iglesia latinoamericana y el socialismo. Documentación de la jerarquía y de los grupos eclesiásticos; ¿una izquierda cristiana? Debate,* documentación del debate entre la izquierda cristiana chilena y el MAPU; D. Irarrazaval, *¿Qué hacer? Cristianos en el proceso socialista;* (mimeo del SCCS); I. Morales. *Cristianos y espíritu socialista;* R. Macín, *Méndez Arceo ¿político o cristiano?;* P. Miranda, *Marx y la biblia;* P. Negre, *La revolución de las ideologías en una etapa de transición:* Pasos; L. Paredes Encina, *El diálogo entre cristianos y marxistas en Chile:* WACC Journal; A. Paoli, *Diálogo entre católicos y marxistas;* J. Pixley, *Whitehead y Marx sobre la dinámica de la historia:* Revista de Filosofía de la UPR; id., *El nuevo testamento y el socialismo,* tres artículos en El Imparcial y en El Apóstol; L. Rivera Pagán, *Los sindicatos y el partido:* Pasos; E. Rodríguez, *Apuntes rojos para un continente al rojo vivo,* SCCS; *El socialismo y los cristianos,* folleto del Secretariado social mexicano; G. Valencia Cano, *El pensamiento de un obispo socialista,* SCCS; H. Villela, *Los cristianos en la revolución. Posibilidad de una praxis revolucionaria?,* Cuadernos del CEREN; R. Viola, *¿Superación del diálogo marxista-cristiano?,* en doc. de CPS: cf. Declaraciones de principios de los movimientos sacerdotales latinoamericanos tales como ONIS, sacerdotes para el pueblo, sacerdotes para el tercer mundo, y los de los movimientos nacionales de Cristianos por el Socialismo; cf. bibliografía mencionada en la discusión sobre lucha de clase en el capítulo sobre *Etica.*

Entre los elementos de la ideología marxista se encuentra la concepción atea de la relación del hombre con su mundo. Aquí se plantea el problema de la relación cristianismo-marxismo al nivel ideológico. El problema no se plantea con respecto al instrumental de análisis socio-económico y político. Ni siquiera con respecto al proyecto histórico de la construcción del socialismo y la estrategia política de la lucha de clases. Tampoco se plantea el nivel de la concepción materialista de la epistemología ya que la concepción bíblica de la tradición hebreo-cristiana se fue fundando históricamente sobre un entendimiento histórico y material de la realidad en el que la conciencia era producto de los acontecimientos reales. Además, para estos teólogos la fe no es una epistemología. El problema se plantea a nivel de la concepción atea de la totalidad de la realidad que tradicionalmente ha sostenido la ideología del marxismo.

En la iglesia latinoamericana se encuentran varias modalidades de relacionar marxismo-cristianismo. En primer lugar, están aquellos que los ven como dos sistemas totales de vida, y por lo tanto, excluyentes. Esto es, tanto marxistas y cristianos que consideran el marxismo y el cristianismo como visiones totales de la vida, son visiones integrales, monolíticas. Por un lado están los marxistas estalinianos que lo explican todo y lo regulan todo a partir del materialismo dialéctico desde lo más general a lo más específico. Por el otro lado, están los cristianos constantinianos que identifican fe y cultura a tal punto que consideran el cristianismo en términos de «cristiandad». Estos hacen de la fe una religión. Entre estos monolitos no hay integración posible. Esta modalidad marcó la relación cristianismo-marxismo en el siglo XIX y permea la actitud de los cristianos anti-comunistas y de los comunistas anti-cristianos de hoy. Las declaraciones de las jerarquías conservadoras en América latina siguen este esquema de relación [18].

Una segunda modalidad de relación cristiano-marxista es la del diálogo cristiano-marxista que se abrió en Europa a raíz de la publicación de los manuscritos filosóficos del «joven Marx» a finales de la década de 1930. La participación conjunta de cristianos y marxistas en la resistencia francesa de la segunda guerra mundial, aportó un impulso adicional a ese diálogo.

---

18. Véase por ejemplo, CELAM, *Instrumentalización política de la iglesia en A. L.*, declaración de su departamento de acción social en julio de 1972; Comisión permanente del episcopado argentino, *Condenación del movimiento de sacerdotes del tercer mundo; Evangelio, Política y Socialismo*, documento de trabajo de los obispos de Chile, 1971. En la actualidad esa posición está representada por monseñor Trujillo, quien encabeza el ala derecha del CELAM y quien coordina con el sacerdote belga (financiado por la CIA) Roger Vekemans, toda la campaña contra la teología de la liberación en A. L. Cf. los siguientes libros sobre esto: D. Mutchler, *The church as a political factor in latin America;* R. Vekemans, *Teología de la liberación y Cristianos por el Socialismo*.

Entre 1928 y 1930 se dieron a conocer en Europa *Los manuscritos económicos y filosóficos, La ideología alemana* y *La crítica a la filosofía del derecho de Hegel*. Estos textos revelaron un Marx desconocido, un Marx humanista cuya problemática apuntaba a la liberación del hombre. La condición de *alienación* (enajenación o extrañamiento a sí mismo, traducen otros), que es un concepto teológico traído por Hegel desde Lutero, se convirtió en el concepto de contacto. Hasta ese momento, los trabajos más conocidos eran *El capital, El manifiesto comunista* y algunos otros sobre economía, que daban la impresión de que Marx sólo estaba interesado en una revolución económica y no en una revolución de la totalidad de la vida del hombre, cosa que la única revolución socialista hasta entonces parecía confirmar.

No parecía haber mucha relación entre la fe y la economía, pero sí entre el humanismo de Marx y el humanismo cristiano. Fessard, Calvez y Bigo, fueron algunos de los pioneros en ese estudio del humanismo marxista que influenciaron los latinoamericanos; y de parte de los marxistas: Roger Garaudy. Aunque éste no es el modo de relación cristiano-marxista predominante en América latina, tiene la importancia de haber reconstruido ante los latinoamericanos la amplitud y profundidad de las intenciones revolucionarias de Marx y de haber restaurado el papel del hombre y la importancia de sus fines ético-políticos en el proceso revolucionario. Comienza a dejarse atrás el mecanicismo histórico difundido por el marxismo de manual de los P.C. latinoamericanos, y comienzan a descubrir sus coincidencias humanistas.

Una tercera modalidad, pero que ya se da entre los «comprometidos» en el proceso revolucionario —lo cual imparte una dimensión diferente a la relación— es la que generó la publicación de *La revolución teórica de Marx*, de Louis Althusser [19]. En reacción al humanismo marxista, Althusser hace una distinción tajante entre ciencia e ideología y alega que Marx se desprende del «joven Marx» en sus obras de madurez al enfrentarse a otro tipo de problemática, que es exclusivamente científica y que no tiene ninguna relación con el humanismo. Por lo tanto, abre a los cristianos revolucionarios, preocupados por la consistencia teórica de su práctica revolucionaria, la posibilidad de tomar su ciencia sobre la historia y la revolución del marxismo y tomar su humanismo del cristianismo [20]. Esto se generalizó entre los cris-

19. L. Althusser, *La revolución teórica de Marx;* M. Harnecker, *Elementos fundamentales del materialismo histórico;* L. Althusser, *Marxismo y humanismo;* Aranguren et. al., *Cristianos y marxistas*, 155-186.

20. Cf. los comentarios de H. Assmann sobre la adopción de este modo de relación cristiano-marxista entre los cristianos de la guerrilla del Teoponte en Bolivia: *Teoponte, una experiencia guerrillera;* los comentarios de Gutiérrez en *Marxismo y cristianismo;* los documentos chilenos en la polémica *¿Una izquierda cristiana?, debate;* algunos de

tianos revolucionarios en la primera etapa de su desarrollo, especialmente con el manual de Marta Harnecker. Esto confirmaba aquella distinción de Camilo Torres entre el socialismo técnico e ideológico.

Sin embargo, esa concepción althuseriana resulta ser una concepción positivista, sumamente mutilada del marxismo. «Nadie da su vida por la ciencia», dice Gutiérrez acertadamente. El impulso revolucionario brota de la posibilidad del cambio, de lo que se quiere alcanzar, del proyecto realizable, no realizado aún, de la utopía humanista. Es ahí donde se genera la decisión ético-política del revolucionario. El marxismo no es sólo ciencia, también es un movimiento político, por lo tanto, humanista y ético. A pesar de estos señalamientos críticos a la concepción althuseriana, este modo de relación, que aún perdura, abre las posibilidades a miles de cristianos para incorporar el instrumental científico de análisis socioeconómico de la sociología marxista a su pensamiento y su práctica política sin conflictos con su entendimiento liberador de la fe cristiana.

Una cuarta modalidad de relación entre cristianismo y marxismo que se da entre los cristianos comprometidos con la lucha de liberación —y que me da la impresión de que prevalece sobre los modos anteriores— es la de los cristianos revolucionarios que insisten en que la relación se da a varios niveles: al nivel de la racionalidad científico-política del proyecto histórico, mediante la *adopción*, y al nivel de la utopía revolucionaria, mediante la *coincidencia* y la *contradicción*.

En este esquema el marxismo aporta sus dos componentes fundamentales:

1. Una racionalidad científica que incluye:

a) Un instrumental socioanalítico.

b) Un proyecto histórico de orden social que se desprende de la misma teoría científica, con una estrategia política.

2. Una ideología que se presenta en dos formas:

a) La utopía revolucionaria del hombre nuevo, en el reino de la libertad de la sociedad comunista.

b) La concepción atea del mundo en la que el marxismo expresa filosóficamente la relación total del hombre con el mundo y con el otro hombre, de manera tal, que excluye a Dios por encontrarlo contradictorio con la afirmación de su humanismo y de su racionalidad científica.

los documentos argentinos y colombianos de la colección *La iglesia latinoamericana y el socialismo;* y los trabajos de Camilo Torres en *Cristianismo y revolución*

La fe cristiana, por su lado, contribuye con un componente que podemos dividir en sus dos elementos fundamentales:

1. Una utopía revolucionaria expresada en un humanismo que surge del interior de la fe misma y que constituye una fuerza movilizadora para la liberación.

2. Una ideología histórica en la cual expresa este humanismo en una relación total con el mundo, pero de tal manera que otorga un lugar central a Dios por entender que no es contradictorio a la afirmación de su humanismo, sino que constituye fuente y fundamento para esa afirmación. Este último ingrediente es la fe misma, como fe en Dios, que pone en juicio todos los logros relativos de todos los sistemas humanos y todas las teologías.

El primer componente que aporta el marxismo, su instrumental socioanalítico y su proyecto histórico concreto, están ausentes en las aportaciones de la fe. Este, la fe lo *adopta* del socialismo marxista, sin contradicción ninguna. Con respecto al segundo componente, la ideología marxista, se da una *convergencia* con la primera forma: la utopía revolucionaria del hombre nuevo y el reino de la libertad de la sociedad comunista. Ambos optan por el hombre nuevo. Con respecto a la segunda forma de la ideología marxista, la concepción atea del mundo, se da una *oposición* entre teísmo y ateísmo.

Esta posición está resumida por Sergio Méndez Arceo, obispo de Cuernavaca en ese mejicanísimo lenguaje pastoral que le caracteriza, cuando responde en Chile a esa pregunta de la relación entre cristianismo y marxismo:

...si yo acepto al Dios que me habla o ese Dios que busca esa relación personal conmigo, tengo que ver si se opone el marxismo a eso, a lo que Dios me ha dicho y debo decir en primer lugar, que estoy con aquellos que distinguen de esa manera, es decir, aquello que hay de análisis científico de la realidad y de las soluciones para los conflictos de la realidad en el marxismo, y entonces, *Dios no me dice nada sobre eso, porque Dios no me ha dictado una ciencia,* una ciencia sobre la sociedad, sobre las relaciones de los hombres entre sí. Del marxismo, entonces, yo creo que también nosotros debemos ser muy cuidadosos para simplemente negar que sea posible aceptar esa ideología. Primero, porque hay diferentes ideologías marxistas y, concretamente aquello por lo cual el marxismo suele inmediatamente causar rechazo en muchos cristianos: el ateísmo. *Pero yo no diría que el ateísmo sea esencial a toda forma de marxismo,* y esto lo puedo también ampliar diciendo, haciendo una brevísima observación en el sentido de que si tanto se insiste en eso, en el materialismo marxista, pues inicialmente debemos aceptar que ese materialismo marxista es realismo porque eso es lo que establece ante todo Marx, un realismo frente al idealismo de Hegel [21].

21. R. Macín, *Méndez Arceo, ¿cristiano o político?* Cf. cómo se desprende este esquema de los escritos de G. Gutiérrez, especialmente en *Marxismo y cristianismo;* su

Esta modalidad de relacionar fe cristiana y marxismo implica disociar el ateísmo del marxismo. No quiere decir, que el ateo deje de serlo, sino que éste no imponga el ateísmo como condición filosófica para que los revolucionarios que son cristianos opten por la racionalidad científica y el proyecto histórico del socialismo en la acción política.

Se plantea entonces la cuestión de si el ateísmo es *necesario* a la revolución y al socialismo. Este planteamiento hubiera sido imposible en el pasado debido a las posiciones integralistas marxistas y cristianas. Hoy día, no lo es.

Los miembros católicos del Secretariado social mexicano, lo expresan así:

> Pero ¿hay acaso verdades que el ateo pretenda afirmar o valores que trate de defender al negar a Dios, que no sean los mismos que la fe afirma? (la fe entendida como se ha dicho aquí).
> Ante todo, es indudable que el ateísmo no es una posición personal de Marx o de otros clásicos solamente, sino que es una tesis del sistema. ¿Pero es esencial el ateísmo a tal sistema? Girardi opina que «el ateísmo no pertenece a las tesis fundamentales del marxismo, sino que interviene para dar a su visión del mundo un significado global, atravesando todas las soluciones que caracterizan al humanismo marxista».
> No pertenece a las tesis fundamentales, porque su tesis fundamental es la afirmación del valor absoluto del hombre y sus consecuencias en el terreno ontológico, moral, económico, neótico, etc., ni una ni las otras exigen el ateísmo; más bien, muchas de ellas sólo serán verdaderamente realizables en la hipótesis de la existencia de Dios.
> Por otra parte, de hecho, el marxismo va unido a una pretendida *rivalidad axiológica* entre acción humana y acción divina, realidad humana y realidad divina, moral y religión, valores profanos (económicos principalmente) y valores sagrados, espíritu comunitario y espíritu religioso-individualista, etc. Por consiguiente, en la medida en que esta rivalidad axiológica es irreal, en un concepto cristiano adecuado de Dios, de la religión, de la moral, etc., no se sostiene el ateísmo marxista, ni como presupuesto ni como consecuencia [22].

conferencia a la jornada sacerdotal sobre *Participación de los cristianos en la construcción del socialismo en Chile;* en los escritos de H. Assmann, en los documentos mimeografiados del encuentro latinoamericano de Cristianos por el Socialismo algunos incluidos en el libro *Cristianos por el Socialismo;* cf. su uso en algunos de los documentos de la colección *La iglesia latinoamericana y el socialismo.*

22. Secretariado social mexicano, *El socialismo y los cristianos,* 47, 48. Cf. la interpretación del ateísmo marxista en L. Rivera Pagán, *Teología y marxismo,* cuando dice: «El marxismo no es ateo por impulsos deicidas. Lo que está realmente en juego no es la existencia de Dios, sino la del hombre. La crítica de la religión en Marx parte de una perspectiva humanista-revolucionaria. No es la muerte de Dios, sino la liberación del hombre lo buscado. Pero no es el amor al hombre tal cual él es, sino tal como él puede llegar a ser gracias a la acción creadoramente revolucionaria del hombre mismo. Es un humanismo revolucionario lo que se expresa en el ateísmo de Marx. La religión es rechazada por ser un mecanismo ideológico que juega, al mismo tiempo, las funciones de consuelo y coerción. Es, a la vez, protesta y sublimación de la protesta contra la miseria real. La crítica de la religión no tiene la expansión del ateísmo como objetivo final.

Con respecto al «materialismo», o sea, la prioridad de la materia sobre la conciencia y la naturaleza dialéctica de la materia, como aspecto de la filosofía o supuesto epistemológico que compone el «materialismo dialéctico», ya mencionamos que no es problema mayor, excepto en su expresión atea, en vista del entendimiento materialista e histórico de la tradición bíblica sobre la realidad. Su fe no es una epistemología. Ellos aceptan —como han hecho teólogos históricamente— la epistemología de su tiempo, el saber científico de la época. Desde luego, como en todos los casos de cambio, después del conflicto que precede al cambio. En este caso, se trata de la ciencia que entiende la realidad y el proceso del conocimiento desde una perspectiva material y dialéctica, lo cual, entienden ellos, está en la base de la naturaleza del conocimiento científico mismo. Lo que ha traído el conflicto es su traslado al estudio del orden social, porque en las ciencias naturales, la teología ha aceptado el carácter material y dialéctico del conocimiento hace muchos años. La teología de la liberación no sostiene la concepción idealista de la preexistencia de realidades esencialistas independientes del desarrollo histórico; además entiende que el materialismo del marxismo es uno de naturaleza *dialéctica* y no esencialista, por lo cual, los cristianos que sostienen esta teología no creen necesario que haya que ser ateo para entender la realidad epistemológicamente desde el punto de vista material y dialéctico.

En conferencias en la Universidad de Londres —las *London lectures in contemporary christianity*— Míguez Bonino comenta que las cosas se clarifican cuando se entiende que «el materialismo de Marx no contradice la existencia de la dimensión espiritual del hombre, sino la interpretación idealista del hombre y de la historia». Señala, por otro lado, la dimensión materialista del evangelio:

> But, quite to the contrary, the world of matter is in the scriptures neither an illusion nor the shadowy and despicable projection of ideas and consciousness but God's good creation and the realm of his action. God's convenants with man —whether in creation, after the flood, in Sinai or the «New Covenant» in Christ, always involves «wordly» relationships: man is placed as responsible for creation; he is called to see «God in the flesh— what our eyes have seen and our hands touched! At the centre of our faith there is an unavoidable physical and historical reality: cross, resurrection, the sacrament, resurrection of the body, a new heaven and a new earth. Idealism —the attempt to dissolve these realities into subjective feelings, ideas or symbols— is in christian terms a heresy, whether it

---

La meta es la creación revolucionaria de una nueva sociedad donde desaparezca toda huella de explotación del hombre por el hombre», 45.

Sobre el punto donde se tocan el ateísmo marxista para la relación con el marxismo, cf. los artículos de P. R. Guzmán, *El significado histórico de la fe cristiana*, y *Racionalidad socialista y verificación histórica del cristianismo*.

comes in the guise of neoplatonic gnosticism, spiritualistic mysticism, subjective pietism or liberal hegelian, kantian or existentialist philosophy! Our discussion with Marxist materialism cannot be engaged at this point. We must take for granted the reality and uppermost significance of the material world and the material basis of human relationships and social processes [23].

Estos cristianos rechazan el «integrismo» tradicional del «materialismo dialéctico» estaliniano, adoptan las interpretaciones del neomarxismo que acentúan la visión científica y humanista del marxismo, que hacen posible el diálogo, y que en algunos casos proponen la posibilidad de la «pluralidad ideológica» en la sociedad sin clases [24]. Expresan su afinidad, entre otros, con Murry, Goldman, Garaudy, Shaff, Kolakowski, Luckác, Gramsci, Lombardo-Radice, Luporini, Sánchez Vázquez, Mandel, los trotskistas de *Monthly Review,* con Fanon y con el marxismo revolucionario latinoamericano de los movimientos de liberación nacional representativos de esta corriente neomarxista [25].

Notamos una predilección por Gramsci y la «filosofía de la praxis» porque en ella se remarca la importancia de la práctica transformadora como verificadora de la verdad teórica [26]. Las *Tesis* de Marx sobre Feuerbach, constituyen la piedra de toque. No se trata de sostener teorías ni verdades sobre la religión o la sociedad, sino de «transformar» el mundo. La verdad teórica está subordinada a la práctica que se quiere realizar, a la vida misma, a los fines humanos, a la afirmación del hombre sobre la metafísica. En este caso, el énfasis de la interpretación de la ideología marxista resulta muy afín a la necesidad teórica de los cristianos revolucionarios. La verdad es aquello que resulta eficiente en la transformación de la sociedad en dirección a los fines

---

23. Míguez Bonino, *Christians and marxists. The mutual challenge to revolution,* 94, 95, 124. En forma análoga, los miembros del secretariado social mexicano rechazan la incompatibilidad del cristianismo con la concepción dialéctica, no-esencialista del materialismo:
«Así, pues, el materialismo dialéctico ("la materia es lo único real", "el pensamiento es un producto del cerebro", la dialéctica de la materia regida por la unidad de los fenómenos, el evolucionismo, el salto dialéctico, la lucha de los contrarios) no pertenece propiamente al marxismo, ya el mismo Marx lo había repudiado, y actualmente teóricos marxistas como Gramsci muestran que es "una metafísica ingenua", "un idealismo al revés", "un evolucionismo vulgar", "un aristotelismo positivista", etc. (*Los Cristianos y el socialismo,* 49).
24. Cf. el diálogo cristiano-marxista europeo en el primer capítulo. Cf. la tesis de L. Lombardo-Radice, *Pluralismo en la praxis social* y la versión chilena en el artículo de P. Vuzkovich, *Pluralismo ideológico.*
25. Cf. las notas sobre estos autores y movimientos en el primer capítulo.
26. Lo anota el Movimiento Internacional Católico (MIEC-JECI) en su artículo *MIEC-JECI sobre el marxismo,* bol. 1, feb. 1972; y lo señala H. Assmann en su insistencia sobre el carácter praxeológico de la fe.

de un socialismo con intenciones humanistas. Por otro lado, Gramsci en su concepto de «bloque histórico», reconoce la importancia de la lucha ideológica en la sociedad occidental, donde la influencia de las articulaciones de la «sociedad civil» sobre la conducta del hombre es más poderosa que la influencia del estado. En vista de esto, reconoce la importancia política de la ruptura de la «unidad orgánica» entre el orden socioeconómico y su justificación ideológica. Por esto, estimula al proletariado a la lucha por la «dirección» intelectual y moral de la sociedad hacia una forma superior y total de civilización como preparación para la lucha por la «dominación» política.

Estos cristianos rechazan los dualismos espiritualismo-materialismo, eternidad-terrenismo, religión-ateísmo, que obligan a escoger entre el hombre o Dios. Aceptan que el ateísmo ha sido históricamente parte integral del sistema de pensamiento marxista, pero apoyados en el neo-marxismo mismo y en su propia crítica del ateísmo marxista, rechazan que el ateísmo sea esencial al marxismo. No creen que pertenezca a las tesis fundamentales del marxismo. La tesis fundamental del marxismo es la afirmación del hombre como valor central y consecuentemente las implicaciones de esa tesis para lo ontológico, lo moral, lo económico y lo epistemológico, y ninguna de esas tesis exige el ateísmo siempre y cuando se trate acá de una concepción liberadora de la fe cristiana. He aquí la manera sucinta en que lo expresa el documento final del encuentro latinoamericano de Cristianos por el Socialismo:

> La construcción del socialismo es un proceso creador reñido con todo esquematismo dogmático y con toda posición acrítica. El socialismo no es un conjunto de dogmas ahistóricos sino una teoría crítica, en constante desarrollo, de las condiciones de explotación, y una práctica revolucionaria, que pasando por la toma del poder político por parte de las masas explotadas, conduzca a la apropiación social de los medios de producción y financiamiento y a una planificación económica global y racional [27].

Los cristianos chilenos que militan en partidos marxistas, expresan que en vista de la posibilidad de una pluralidad ideológica dentro del nuevo marxismo de la sociedad sin clases, sería contraproducente desde el punto de vista de la fe y de la teoría revolucionaria que los cristianos de izquierda se aglutinaran en un partido «cristiano». Igualmente, todos los movimientos de cristianos revolucionarios reconocen esa situación en el marxismo contemporáneo.

> *El marxismo no es algo monolítico como no lo es tampoco la experiencia socialista mundial.*

27. *Doc. final,* 41.

17

Existen diversas corrientes de interpretación marxista y hay diferentes formas de socialismo. Se han cometido muchos errores que han llevado a repensar el marxismo, y en especial bajo la exigencia de construir el socialismo en nuevas realidades, en forma más eficiente y pluralista; con una real participación popular [28].

Hasta aquí hay que concluir que el ateísmo de la ideología marxista tradicional no constituye un problema teórico insalvable para la relación cristiano-marxista, en cuanto a los cristianos revolucionarios se refiere. Unos afirman que el ateísmo no es esencial a la ciencia y a la ideología marxista; otros afirman que el marxismo es una ciencia de análisis social y una estrategia revolucionaria que no tiene que ver con asuntos teológicos y otros, que sí afirman que el ateísmo le ha sido esencial al marxismo hasta ahora, argumentan que dejará de serlo según éste continúe su desarrollo práctico por la presencia de cristianos en la lucha de la liberación social y la construcción del socialismo.

Me parece útil mostrar el tránsito de un modo de relación integrista que se ha ido dando, para observar cómo se van formando teóricamente una variedad de cristianos revolucionarios ya que estos modos de relación ni se dan estáticos ni nítidamente diferenciados sino que más bien, constituyen unas estaciones identificables en un proceso de formación teórica en América latina.

Por ejemplo, el obispo de la Paz, Monseñor Manrique Hurtado, está dispuesto a aceptar un neo-marxismo. Para él la racionalidad científico-política y la utopía revolucionaria le son lo esencial sin necesariamente exigir un ateísmo. Esto le lleva a aceptar y aun a aconsejar el respeto a los cristianos socialistas que aceptan estos elementos de la ciencia y la ideología marxista, aun cuando esa no sea su posición personal. Evaluando estos elementos, dice:

Indudablemente, debemos reconocer los elementos buenos dentro del socialismo marxista, las desigualdades sociales y las distinciones artificiales entre clases. Destaca la importancia del trabajo humano. Ve con claridad que una clave de la transformación de la sociedad industrial consiste en cambiar la relación entre la

---

28. *¿Una izquierda cristiana?*, debate, 47. Cf. esas fuertes referencias al neo-marxismo en los siguientes textos: *Sacerdotes para el tercer mundo, Nuestras coincidencias básicas*, en la colección *La iglesia latinoamericana y el socialismo*, 40; *Dossier sobre los movimientos de los sacerdotes para el tercer mundo*, 30; *Declaración del quinto encuentro*, 58-60; ISAL-Bolivia, *El socialismo y la iglesia en Bolivia*, 85-86; *Posición de ISAL*, 87-88; *Mensaje de ISAL al pueblo*, 92, 93; colección de documentos del encuentro en *Cristianos por el Socialismo; Documento del primer congreso mexicano de sacerdotes por el pueblo*: Contacto, 77; *Definición de Acción popular ecuménica de Argentina*, APE, 3-10; Cf. la descripción de la diversidad de interpretaciones sobre la ideología marxista generada por los propios marxistas humanistas y los neo-marxistas, en el último libro de Míguez Bonino, *Christians and marxists*, 80-84.

persona y los medios de producción. Trata de poner la máquina al servicio del hombre. Por su insistencia, en la praxis logra la identificación y el compromiso con los pobres en la búsqueda de una vida más humana, y les inspira a ellos mismos que la busquen. Ante esto, es trágico que muchos cristianos no sólo no tienen las mismas inquietudes sociales de los marxistas, sino que incluso forman parte de la injusticia institucionalizada [29].

A partir de esta evaluación concluye que no hay conflicto entre el neo-marxismo (que él llama neo-socialismo) y el cristianismo:

> No hay conflicto entre el cristianismo y el neo-socialismo, ambos buscan la justicia social, una mayor igualdad entre personas y grupos sociales, un nuevo sentido de la propiedad, y un gobierno más eficaz en su dirección y transformación del desarrollo integral del país... La ideología del socialismo marxista, *parcialmente* adoptada y moderada no sería necesariamente un contrasigno en sacerdotes muy preparados en la teoría o historia marxista, técnicamente especializados y no simples divulgadores de opiniones con la condición de estar explícitamente abiertos a la dimensión transcendental del hombre [30].

Sin embargo, a pesar de que reconoce la profundidad del humanismo marxista, todavía señala «los peligros» de esa adopción, porque todavía en el 1970 no puede distinguir entre la teoría marxista en sí y los modelos históricos realizados, tales como el marxismo estalinista que pone su énfasis en el crecimiento económico y la dictadura de la burocracia sobre el proletariado, lo cual resulta en una sociedad deshumanizadora.

Estas distinciones entre la teoría marxista y los modelos realizados históricamente comenzará a hacerse en una etapa más adelantada, aunque ya para la época, los cristianos revolucionarios del continente que habían pasado por la experiencia revolucionaria latinoamericana que había desafiado el dogmatismo fosilizante de los partidos comunistas de sus países, habían realizado esa disociación entre teoría marxista y prácticas históricas que no se adaptaban a las condiciones latinoamericanas. Un ejemplo de esto, que ya constituye una posición nítida del último modo de relacionar marxismo-cristianismo, es el de los tercermundistas argentinos en la etapa en que los sacerdotes del interior tenían el dominio del movimiento.

Por marxismo entienden la unidad de esos dos componentes ético-científicos, al cual le es innecesario el ateísmo, siempre y cuando el teísmo sea consistente con la fe bíblica de la liberación. En el *Dossier* explicativo con que los tercermundistas responden a la condena de los obispos, explican el proyecto y la ideología socialista de la siguiente manera:

29. M. Hurtado, *El socialismo y la iglesia en Bolivia*, en la colección *La iglesia latinoamericana y el socialismo*, 85.
30. *Ibid.*

El proyecto socialista supone dos niveles. Uno que se puede llamar «ético», fundamental, orientado hacia el hombre nuevo. Otro que se puede designar como «técnico», práctico, orientado hacia los métodos y procesos para alcanzar el proyecto... Una sociedad más justa en la que todos los hombres tengan acceso real y efectivo a los bienes materiales y culturales. Una sociedad en la que la explotación del hombre por el hombre constituya el delito más grave. Una sociedad cuyas estructuras hagan imposible esta explotación. *Para que ello sea factible es necesario erradicar definitivamente la propiedad privada de los medios de producción.* Es decir, no de la propiedad indispensable, personal y familiar. Sí, de toda acumulación de capital... Esto significa aspirar a un tipo de hombre capaz de poner sus dones al servicio de la sociedad y a una sociedad estructurada para proporcionar a cada hombre todo lo necesario para su pleno desarrollo [31].

Disocian el marxismo del ateísmo y de modelos históricos defectuosos como lo es el estalinismo, pero sin hacer las cautelosas advertencias típicas de los reformistas:

¿Cualquier socialismo por cualquier camino?
No. El socialismo es un proyecto humano, y, por lo tanto, con riesgos de frustrarse. De hecho, la historia reciente muestra realizaciones imperfectas y aun aberrantes. El socialismo no implica necesariamente los errores del colectivismo totalitario y la persecución religiosa. Es falso identificar socialismo con «stalinismo», sus persecuciones y sus crímenes. La prensa capitalista, por otra parte, ha creado una identidad y ha exhibido ese fantasma para atemorizar y confundir [32].

Las características de ese socialismo son especificadas de la siguiente manera:

Nacional: Que no importe recetas extranjeras, sino que responda a la idiosincrasia de nuestro pueblo y a las necesidades de nuestra patria. Nacional, porque expresa fundamentalmente un proceso argentino donde el pueblo, las mayorías participen y decidan su destino político, creen sus organizaciones, se expresen, critiquen y controlen a sus dirigentes.
Latinoamericano: Que no nos aísle en un proceso solitario, sino que nos haga solidarios con los países hermanos de la patria grande. Esto es necesario técnicamente para el éxito y la integración socio-económica del proyecto.
Humanista: Donde lo que interese sobre todo sea el hombre y su realización cultural, espiritual, ética. *Se trata de pasar del capitalismo, la sociedad del «tener más», al socialismo donde lo que cuenta es «ser más».*
Crítico: Que no absolutice sus realizaciones. Que cultive el espíritu crítico para renovarse permanentemente. El aporte cristiano será esencial [33].

31. *Dossier sobre el movimiento sacerdotes para el tercer mundo,* en *La iglesia latinoamericana y el socialismo,* 50.
32. *Ibid.*
33. Cf. la especificación de estos elementos dos años más tarde en el informe del *Quinto encuentro nacional de los sacerdotes para el tercer mundo,* en *La iglesia y el socialismo latinoamericano,* 59-65.

En el quinto encuentro nacional esbozan la ética del «hombre nuevo» para cuya formación se realiza la revolución, lo cual es considerado como el otro componente —el ideológico— del marxismo latinoamericano.

> Frente al interés del lucro y la ley de la competencia, el pueblo va gestando una nueva ética, en la que el móvil de toda acción y el criterio básico de toda relación humana no sean «las cosas», sino «los hombres». Esto constituye el fundamento del proyecto de liberación sobre el que se irá estructurando una sociedad distinta, la «sociedad nueva» donde el hombre valga por lo que es y no por lo que tiene. La ética del hombre nuevo.
> Es el hombre que se va perfilando en los militantes populares que desde todos los ángulos y en la ruda tarea cotidiana (en la fábrica, en el hogar, en la escuela, en la labor profesional, en la militancia gremial y política, en el ministerio eclesial...) luchan, sufren, resisten y aun entregan su vida, no por sus propios intereses, sino por el advenimiento de un nuevo orden, más justo y fraternal. Son todos aquellos que, por la coherencia entre su vida y su pensamiento y con un desapego radicalmente generoso, demuestran que es posible «producir» sin el incentivo del lucro y al margen de la ley de la competencia. Los que con un amor llevado al extremo manifiestan que no pueden lograrse la propia plenitud sin una entrega total a los demás (Cf. G. et spes 24) [34].

Para la importancia del «hombre nuevo» como objetivo de la revolución rechazan las interpretaciones marxistas de corte estaliniano que ponen el énfasis en la producción económica:

> De todos modos, y si bien las medidas económicas son prioritarias afirmamos la necesidad de escapar al «totalitarismo» de la economía. Se trata de desarrollar los factores económicos, pero para someterlos a un proyecto supra-económico. El socialismo debe otorgarle a la economía toda la enorme importancia que tiene, pero al mismo tiempo negarle la pretensión de ser lo único que tiene importancia. La valora para subordinarla [35].

Conjuntamente con el énfasis en la dimensión ético-política, encontramos una insistencia en que se respeten las diferencias nacionales. Esta insistencia proviene de la identificación de los cristianos revolucionarios con los movimientos de liberación nacional de la década del 60. Lo encontramos como una advertencia constante en sus definiciones de la ideología marxista. No debe entenderse, sin embargo, que el respeto a las diferencias de las condiciones nacionales en la lucha de liberación, implica el subestimar o eliminar la lucha de clases dentro de la nación. Esto queda claro en la posición de ISAL-Bolivia sobre el asunto:

34. *O.c.*, 58, 59.
35. *Ibid.*, 60.

> Este hombre se va conformando en la lucha cuando ésta es humana, cuando hace resaltar las culturas, y la historia en este caso de Bolivia, que es nuestro pasado y nuestro presente. El socialismo no será boliviano por una fórmula especial elaborada de antemano ni importada del extranjero, sino por asumir nuestra propia historia y valores culturales en la lucha. Sólo el socialismo permite que lleguemos a ser nosotros; y sólo la lucha nos descubrirá, al independizarnos, nuestra verdadera esencia [36].

Debemos recordar una vez más que el socialismo revolucionario en América latina durante la década del 60 está representado por las figuras paradigmáticas de Ernesto Che Guevara y Camilo Torres. Ambos insisten en la práctica revolucionaria de la liberación nacional como el criterio de la verdad de la teoría revolucionaria y ambos remarcan que la revolución es una expresión de amor a la humanidad para hacer posible una nueva manera de vivir. Nada más exótico al pensamiento marxista europeo tradicional que este énfasis. Con esta observación queremos señalar el ambiente de la libertad creadora con respecto a la ideología marxista que reinó durante la década del 60 y los primeros años del 70; y que hizo posible la opción de los cristianos revolucionarios por la ideología marxista.

5. La alianza estratégica entre cristianos y marxistas

Esta posición acepta que hasta ahora el marxismo tradicional había planteado el ateísmo como esencial a la revolución en una sociedad donde el cristianismo «idealista» e «integrista» plantaba a Dios como piedra de tropiezo a la afirmación del hombre. Pero considera que frente a la recuperación de la fe como fuerza revolucionaria en favor del hombre y el deshielo estaliniano que ha generado un neo-marxismo, se puede contar con los elementos de *coincidencia* y de *adopción* para comenzar a hablar teóricamente de la alianza estratégica entre «marxistas revolucionarios» y «cristianos revolucionarios». Especifican esa forma de marxismo y esa forma de cristianismo. Tenemos, entonces, que el modo de relacionar cristianismo y marxismo, se traduce en la práctica política en la cuestión de la «alianza estratégica».

El informe de la comisión del encuentro latinoamericano de Cristianos por el Socialismo, que estudió la creciente conciencia del carácter *estratégico* de esa alianza en América latina, reconoce el hecho de que «en varias coyun-

---

36. *Mensaje de ISAL al pueblo boliviano*, en *La iglesia latinoamericana y el socialismo*, 93. En el caso de los sacerdotes tercermundistas de Buenos Aires, esta relación entre nacionalidad y lucha de clases queda sumamente confusa y será la causa principal de la disolución final del movimiento después de la llegada de Perón.

turas políticas de América latina, los cristianos y marxistas luchan y mueren juntos» y concluye que los cristianos que son revolucionarios, «están de hecho en una alianza estratégica con los marxistas que también son revolucionarios» [37]. El significado teórico de esa alianza, que es lo que estamos examinando aquí, hay que ubicarlo en la *práctica revolucionaria*. Esto lo establece el informe como principio básico:

> No se trata pues de un análisis sobre problemas específicamente teóricos o de un interrogante sobre la convivencia de dicha alianza. Una alianza estratégica se da solamente si tanto los cristianos como los marxistas son verdaderamente revolucionarios, luchando contra el capitalismo y el imperialismo y por el socialismo [38].

La objetividad de la revolución misma, la dirección de las fuerzas populares revolucionarias, es la base de esa alianza. La participación en la acción política del proceso revolucionario, con el fin de realizar la revolución socialista, viene a ser el *criterio* que establece la posibilidad de la alianza de carácter estratégico:

> Esta alianza sólo puede partir de varios acuerdos en principio: la lucha contra el capitalismo y el imperialismo, y la lucha por el socialismo con sus características básicas de socialización de los medios de producción, movilización popular, medios de comunicación en manos del pueblo, poder de la fuerza para el pueblo, y construcción de una democracia verdadera de obreros y campesinos. Hay cristianos que reconocen que la fe no es ni una religión ni una ideología, y que tampoco tienen un método político propio. Ellos luchan junto con los marxistas y descubren una complementación entre el materialismo histórico (que da un análisis y método de acción), con la fe en Jesucristo liberador. Sin el materialismo histórico se permanece en las posturas que caracterizan a los cristianos reformistas y que obstaculizan la verdadera revolución. La lucha de clases cuestiona de tal manera a cristianos y marxistas que les obliga a superar el dogmatismo y el sectarismo correspondientes. Una apertura científica e histórica se hace necesaria para permitir el diálogo y la acción conjunta [39].

El significado de *estratégico* en esta relación cristiano-marxista está definido en el *Documento final del encuentro de C.P.S.* donde se distingue la relación estratégica de una relación táctica:

> Alianza estratégica que supera alianzas tácticas u oportunistas de corto plazo. Alianza estratégica que *significa un caminar juntos en una acción política común hacia un proyecto histórico de liberación*. Esta identificación histórica en la acción

---

37. *Alianza estratégica entre cristianos y marxistas*, Informe de la quinta comisión del encuentro de CPS publicado en Cristianos por el Socialismo, 253.
38. *Ibid.*, 251.
39. *Ibid.*, 253.

política no significa para los cristianos un abandono de su fe, por el contrario, dinamiza su esperanza en el futuro de Cristo [40].

Este «caminar juntos» es posible por la posición de los cristianos revolucionarios con respecto a la distinción entre fe e ideología. Antes de la posibilidad de conversación teórica sobre la alianza estratégica, ya se ha dado la condición necesaria del rechazo a la idea democristiana de formar partidos «cristianos» para salvar lo «específicamente cristiano». Los latinoamericanos que cuestionaron seriamente la formación del partido Izquierda Cristiana chilena declararon:

> Lo rechazamos porque hace de la fe una ideología particular, o, por lo menos, pretende deducir en forma más o menos directa de aquélla una posición política. Se habla entonces de una concepción cristiana del hombre, del mundo y de la historia, cuyas realizaciones requieren de instituciones cristianas sin las cuales la fe se desvanecería [41].

Contrario a la posición de la Democracia Cristiana y del sector más conservador de la Izquierda Cristiana, los cristianos revolucionarios afirman por unanimidad la necesidad de sumarse al proceso de liberación de cada país sin organizarse separadamente. En el informe de la comisión sobre la alianza estratégica del encuentro de C.P.S., éstos dicen:

> *Es necesario que los cristianos no se agrupen entre ellos mismos, sino que convivan y luchen con los marxistas.* Para algunos cristianos, la fe pierde importancia y la lucha aparece como el único problema. Pero otros cristianos enriquecen y descubren su fe en la primacía de la acción revolucionaria. Dada esta primacía, los cristianos transforman su cristianismo burgués en una fe liberadora y aceptan la autonomía de la ciencia y la acción revolucionaria. En este sentido hay que purificar la fe. La construcción de la sociedad socialista es una tarea no religiosa y supone un cristianismo sin religión [42].

Caminar juntos en la acción política hacia un proyecto histórico de liberación, implica por un lado, una igual concepción de la revolución social y una estrategia política común. Por el otro lado, implica una «pluralidad

40. Primer encuentro latinoamericano de Cristianos por el Socialismo. Documento final, 39.
41. *¿Una izquierda cristiana?*, debate, 44, 45.
42. *Cristianos por el Socialismo*, 275. Cf. la manera cómo lo confirma el informe chileno: «Los trabajadores tienen sus organizaciones, partidos y movimientos de clase. *Los cristianos de izquierda se ubican en esos frentes de lucha y no forman organismos paralelos.* El compromiso real y auténtico con los trabajadores, implica asumir la disciplina y la estrategia de las fuerzas organizadas de su clase. Combatiendo junto con los no creyentes, los cristianos valen por la calidad y eficacia de su acción, y están dispersos en medio de sus compañeros» (*Ibid.*, 123).

ideológica» con respecto a aquellos elementos filosóficos o teológicos que no son esenciales a la teoría revolucionaria y a la organización socialista necesaria para la formación del «hombre nuevo».

Para tener el carácter de *estratégica*, esa alianza tendrá que reconocer esa «pluralidad ideológica» como parte de la teoría revolucionaria misma. Consciente de esto, el documento final del encuentro de C.P.S., declara:

> ...*se trata de que nuestra praxis revolucionaria constantemente reflexionada en el contexto global del proceso revolucionario, se constituya en un componente enriquecedor de la misma teoría revolucionaria*... *Sólo nuestra participación efectiva, nuestra praxis revolucionaria, verificará la consistencia del aporte cristiano al proceso de la revolución*, y no los planteamientos superficiales y apresurados sobre el «aporte específico de los cristianos» que suelen presentarse en el diálogo entre cristianos y marxistas [43].

Siendo la base de esa alianza la participación conjunta en una misma revolución social, es lógico suponer, como así se declara en el informe, que el «objetivo central» de esa alianza sea la toma del poder (por los obreros, los campesinos y sus aliados), la socialización de los medios de producción y la planificación social de la economía bajo el poder político de estas clases.

> El *objetivo central* e ineludible de la alianza estratégica, es destruir el sistema capitalista y combatir el imperialismo. La tarea histórica que asume la clase trabajadora (obreros y campesinos) es la revolución socialista con la apropiación social de los medios de producción y el ejercicio del poder por la clase trabajadora [44].

El objetivo *inmediato* de esa alianza estratégica, es la formación de la conciencia revolucionaria en un continente «católico», a lo cual la lucha ideológica es esencial, especialmente en lo que se refiere a la *desideologización* de la fe cristiana, o lo que algunos de estos cristianos llaman el «desbloqueo de la conciencia cristiana» para hacer posible «la politización y la organización del pueblo».

> El *objetivo inmediato* de la alianza estratégica entre cristianos y marxistas, es la politización y organización del pueblo. Es la toma de conciencia en lo más básico de su condición de explotación y el derecho de ser libres, hasta plantear la urgencia de la toma del poder [45].

El encuentro latinoamericano de Cristianos por el Socialismo declaró que «los cristianos revolucionarios consideran de *primera* importancia la batalla

43. *Documento final, C.P.S.*, 22.
44. *Cristianos por el Socialismo*, 254.
45. *Ibid.*, 354.

ideológica» y en ella, el desenmascaramiento del carácter ideológico de las instituciones y la teología cristiana del cristianismo burgués, especialmente el desenmascaramiento del uso que el anticomunismo latinoamericano hace de «lo religioso»[46], para continuar la relación de explotación impuesta por las oligarquías nacionales y el imperialismo extranjero.

La comisión está consciente de las contribuciones que cristianos y marxistas pueden hacer a la revolución y de los ajustes que tendrán que hacer a su pasada manera de pensar; pero sabe, y declara en forma determinante, que «las soluciones a estos problemas se encontrarán en la *práctica* de la lucha de liberación de los oprimidos».

Esta relación de *coincidencia* y *adopción* que se da entre marxismo y cristianismo en el caso de los cristianos revolucionarios, que rechazan la *oposición* entre teísmo y ateísmo como no esencial al marxismo, nos lleva a la cuestión de si se puede ser cristiano y marxista al mismo tiempo, o como dicen algunos: «cristianos-marxistas». La respuesta a esto está en el párrafo anterior: de lo que se trata es de una *práctica*. Examinar una «esencia» del marxismo y del cristianismo en forma especulativa y conceptual para juzgar su compatibilidad o incompatibilidad, en América latina, resulta un ejercicio metafísico con respecto a una cuestión que pertenece a la *práctica*[47].

Dependiendo del modo de relación concebido por el militante, será la respuesta a esto. Los «integristas» dirán que no. Los del «diálogo» dirán que hay que discutirlo. Los althuserianos dirán que sí, que no hay conflicto en ser cristiano y ser marxista. Los que pertenecen al último modo de relación —el más predominante— dirán que depende de lo que se entienda por marxismo. Ubicados en una posición neo-marxista dirán que sí, que se puede ser cristiano y marxista.

Lo que sí queda claro en la reflexión teórica sobre el asunto de ser cristiano-marxista es el hecho de que los cristianos de este sector que adoptan la ideología marxista, «no sólo *no* dejan de ser cristianos —como señala el

---

46. *Ibid.*, 126, 127. «La ideología burguesa utiliza la fe cristiana, convirtiéndola en una religión legitimadora de la conminación y en valores seudocristianos. A la democracia y la libertad le han dado un carácter sagrado y han hecho de la «caridad» algo incompatible con la revolución. Los derechos de la persona humana, que en su versión corriente han funcionado como los derechos de la clase dominante, son defendidos como elementos esenciales para el cristianismo. En estas y otras formas, se difunde ampliamente la ideología social-cristiana. A través de las últimas décadas, se han arraigado un anticomunismo que tiene un fondo de carácter religioso, desviando la atención del problema fundamental de la explotación y el subdesarrollo a la problemática del marxismo y un falso nacionalismo. Respondiendo a estos hechos y muchos más, los cristianos revolucionarios consideran de primera importancia la batalla ideológica» (*Ibid.*).
47. *Ibid.*, 260

profesor chileno Pablo Richard Guzmán—[48] sino que se produce en ellos una honda renovación de su fe y de su manera de vivir el cristianismo». Esto es, no se disuelve el cristianismo del militante en su marxismo. Es decir, se mantiene la fe como una fuente de criticidad con respecto a toda ideología.

En fin, la fe, por no ser una ideología, mantiene al militante siendo cristiano a pesar de su opción ideológica. Esto es lo que hace que mientras algunos no tienen reparos en llamarse «cristianos-marxistas», otros prefieren continuar llamándose «cristianos revolucionarios».

En ese proceso de entendimiento mutuo entre cristianos y marxistas, según los cristianos han ido descubriendo los elementos ideológicos en lo que antes se llamaba lo «específicamente cristiano», y según han ido reconociendo la profundidad del compromiso de los marxistas latinoamericanos con el desarrollo del hombre nuevo, han ido aprendiendo a no considerar el «aporte de la fe como algo anterior a la praxis revolucionaria, sino, como una fuente de criticidad permanente, que interpela a los creyentes en la praxis misma según surgen los nuevos desafíos. Pero sí están listos a confesar su fe como una «reserva insurreccional» permanente que los lleva a interpelar toda práctica socio-política con respecto a la esperanza y el compromiso con la justicia y la igualdad de los hombres oprimidos».

Esto mantiene una tensión creativa que es descrita por Míguez Bonino de la siguiente manera:

> Pero aún así, ¿es posible esa total coincidencia de fe y praxis revolucionaria, sin tensiones, sin malentendidos? A la luz de la historia, ¿no es cierto que la total «convergencia» de la fe y un proyecto histórico ha significado siempre un domesticamiento de la fe, y a la larga la pérdida de su valor profético? ¿Es posible, como sugiere el documento, que la fe sólo refuerce, profundice, confirme la praxis revolucionaria, sin contradecirla? ...Es esta tensión la que no aparece suficientemente marcada en el documento. Es comprensible, que dadas las condiciones de América latina, el énfasis, se dedique a arrancar de las manos de la reacción la fe como instrumento ideológico contrarrevolucionario. Pero uno se pregunta si no se lo hace más auténticamente, insistiendo en que tampoco puede transformarse entera y simplemente en un instrumento ideológico revolucionario. Porque los cristianos deben venir a la lucha —como dice Guevara en la cita del documento— «sin la pretensión de evangelizar a los marxistas y sin la cobardía de ocultar su fe para asimilarse a ellos» [49].

48. J. P. R. Guzmán, El significado histórico de la fe cristiana en la praxis revolucionaria: Pasos, 24 (1973).
49. Míguez Bonino, ¿Partidismo o solidaridad?: Cristianismo y Sociedad, 99. Sobre las expresiones típicas con referencia a esta salvedad, cf. la sección sobre escatología en el cap. 4, especialmente la cita de R. Muñoz.

Esta salvedad se encuentra a todo lo largo de la teología de la liberación, especialmente, en forma escatológica. Es aquello de que el proceso histórico, económico y sociopolítico en dirección a la liberación es salvación, pero «no es toda la salvación». Es la utopía del reino de Dios como fuente de criticidad. El reino que juzga el presente relativo desde el futuro posible, garantizado en Cristo, y que lo hace anclándose en las contradicciones del presente, frente a las cuales la fe interpela por la igualdad y la justicia para el hombre.

Esto es lo que lleva a algunos de estos autores a señalar que no es en el área del teísmo-ateísmo donde se presentarán los conflictos entre cristianos revolucionarios y marxistas revolucionarios, sino en el área de la práctica humanista. En el último libro de Míguez Bonino —que desafortunadamente ha llegado a nuestras manos casi al terminar estas cuartillas— se señalan algunas de las implicaciones de esto: la necesidad de abrir la discusión sobre la naturaleza de aquella conducta que contradice al «hombre nuevo» y que los socialismos realizados no han podido eliminar: la dictadura de la «burocracia», el «culto a la personalidad», el «abuso del poder», «la finalización de la lucha de clases», «la falta de participación de los trabajadores en el proceso político», la falta de un aparato de expresión popular y traspaso de poder político», «la falta de libertad para la creatividad dentro de la revolución», etc. Todo lo cual se traduce en preguntas sobre la profundidad del problema del egoísmo humano, discutido bajo el tema de la «enajenación» y el «hombre nuevo», pero despachado muy a la ligera. Sin embargo, tanto en el caso de Míguez, como en todos los demás que hacen esta salvedad, se señala que esta función profética de crítica sólo puede ser realizada por aquellos que son parte de la revolución liberadora. Lo expresan claramente los tercermundistas argentinos, cuando dicen:

> Pero, y es fundamental recalcarlo, los pastores de la iglesia no podemos protagonizar esta presencia crítico-profética, desde afuera, como jueces atemporales y ahistóricos de un proceso del que somos parte.
> Sólo desde adentro, asumiendo en nuestra acción pastoral la opción básica de la liberación que llevan adelante los oprimidos, estaremos en condiciones de aportar una presencia que sea capaz de «renovar todas las cosas» mientras avanzamos hacia la plenitud definitiva [50].

Queda así establecido finalmente, el balance de relación entre fe e ideología en la alianza. La fe no es una ideología, pero se expresa ideológicamente, aun cuando queda libre para interpelar la praxis ideológica.

50. *Carta del tercer mundo a la conferencia episcopal argentina*, en *La iglesia latinoamericana y el socialismo*, 65.

Esta descripción de la relación entre cristianos y marxistas a nivel ideológico, que he intentado clarificar y evidenciar en este análisis, es lo que constituye a mi entender, lo que estos cristianos llaman la «opción ideológica». Esa opción ideológica debe ser entendida hasta aquí, en términos de la relación «adopción-coincidencia-oposición» analizada en este capítulo. Creo que este es el punto menos trabajado en el desarrollo de este pensamiento teológico-político, no sólo por su novedad, sino por la fluidez en el desarrollo del pensamiento marxista contemporáneo y por la ausencia de teóricos marxistas latinoamericanos. La teoría marxista latinoamericana, al igual que la teología de la liberación, es un decir de combate, provisional, de mimeógrafo, de declaraciones clandestinas, discursos y artículos escritos a la ligera en medio de la apresurada y feroz lucha por la liberación.

Sin embargo, hay que reconocer que esa opción ideológica constituye un «hecho mayor» en la historia del continente que apunta a una singular contribución de América latina a la historia universal.

Creo que tiene razón Hugo Assmann, en su trabajo *Reflexión teológica a nivel estratégico táctico,* cuando señala que el «hecho mayor» elaborado explícitamente por la teología de la liberación es, «la aceptación de la opción ético-política implícita en la elección de un instrumento socio-analítico» y «la aceptación del paso ideológico» que ello implica para la determinación de la estrategia y táctica del cambio social. La novedad mayor en esta teología, para Assmann, consiste entonces: «...en la asunción de la ideología como arma de transformación del mundo y en la simultánea conciencia de la precariedad de "su palabra"» [51].

El jesuita chileno, Gonzalo Arroyo, en su discurso al primer encuentro continental de Cristianos por el Socialismo resume esa relación entre fe e ideología socialista de la siguiente manera:

> Su fe no le da una respuesta hecha a las interrogantes del mundo ...su práctica política no puede deducirse directamente de la fe. Sería manipular el cristianismo como de hecho lo hace la derecha para fines contingentes; sería aprovecharse del mensaje de Jesús desvirtuándolo en ideología, sería además, violentar la libertad y la razón del hombre para construir la historia. El cristiano revolucionario en la vivencia de su fe percibida como compromiso para la liberación de los oprimidos como combate por una sociedad más justa y más humana usa las mediaciones de la ciencia y de la teoría revolucionaria para ir abriendo caminos para su acción junto a la clase trabajadora y el pueblo en su marcha hacia la sociedad socialista. La fe en sí no es socialista, pero implica un esfuerzo permanente para romper las cadenas de la opresión y edificar un mundo nuevo [52].

51. H. Assmann, *Reflexión teológica a nivel estratégico-táctico.*
52. *Documento final del primer encuentro del CPS, 13.*

Como vimos en la primera parte de esta tesis, ya desde los grupos tercermundistas, los Golconda, la Iglesia nueva chilena y otros grupos activos desde la década del 60, muchos se han estado pronunciando en favor del socialismo, muchos de ellos por el socialismo marxista específicamente. Esto se intensifica a partir de 1970, cuando se generalizan los simposios de la teología de la liberación, en los cuales se plantea la opción política como requisito de la praxis de la fe y se discute la metodología y la estrategia política específica a seguir para la lucha liberadora. Finalmente, se eleva a otro nivel en 1972 cuando se constituye el *movimiento latinoamericano de Cristianos por el Socialismo*. De aquí en adelante, los pronunciamientos vendrán desvestidos de aclaraciones que no sean las críticas al dogmatismo, pretensiones de totalidad, deshumanización, etc., que se encuentran en los círculos socialistas del neo-marxismo en cualquier otra parte del mundo, y la declaración que «no es necesario ser ateo para ser socialista».

En el documento final del encuentro éstos declaran el socialismo como la única alternativa:

> El socialismo se presenta como la única alternativa aceptable para la superación de la sociedad clasista. En efecto, las clases son el reflejo de la base económica que en la sociedad capitalista divide antagónicamente a los poseedores del capital de los asalariados. Estos deben trabajar para los primeros y son así objeto de explotación. Sólo sustituyendo la propiedad privada por la propiedad social de los medios de producción, se crean condiciones objetivas para una supresión del antagonismo de clases.
>
> La toma del poder que conduce a la construcción del socialismo exige la teoría crítica de la sociedad capitalista. Esta teoría, haciendo patentes las contradicciones de la sociedad latinoamericana, descubre la objetiva potencialidad revolucionaria de las clases trabajadoras. Estas, al mismo tiempo que explotadas por el sistema, poseen la capacidad de transformarlo [53].

6. La función ideológica de la fe cristiana
   en la lucha política por la liberación de América latina

Una vez la fe cristiana se expresa en una práctica y en una reflexión teológica, incorpora un entendimiento del mundo y una posición socio-política. En consecuencia, adquiere una función ideológica en la lucha política.

Esto lleva a los teólogos de la liberación en América latina a proponer a la teología la función de auténtica «teología política», esto es, de contra-ideología, de ideología que, en este caso, desautoriza y desacraliza el sistema capitalista y que justifica y propone otro más afín con la fe.

53. *Ibid.*, 40, 41.

El joven erudito bíblico, Jorge Pixley, plantea esa invitación en su conferencia «La teología como instrumento ideológico»:

> La teología tiene que entenderse como parte de esa historia dada, y como instrumento en el proyecto salvífico de Dios para sus criaturas. Tiene que entenderse como parte de la ideología global de la sociedad, y como un instrumento posible de la lucha ideológica por hacer una historia nueva. En América latina la religión constituye probablemente la región dominante de las ideologías [54].

Estos militantes y teólogos revolucionarios creen que la fe cristiana y su práctica tiene una función ideológica importante en la liberación del continente latinoamericano. Una vez se logre el desbloqueo de la conciencia de los cristianos y éstos entiendan la incompatibilidad radical entre la fe cristiana y el capitalismo con todas sus modalidades de explotación y enajenación, éstos redirigirán sus esfuerzos políticos hacia la construcción del socialismo.

Con la articulación de esta última consecuencia de la historización de la teología, se confirma el hecho advertido en el examen bíblico de que la fe cristiana no es intrínsecamente una ideología de opresión. Cuando es instrumentalizada con ese propósito se convierte en un contrasentido. La fe cristiana sólo tiene sentido, según sus tradiciones bíblicas, cuando se expresa en una práctica revolucionaria frente a la opresión y la explotación. Hemos demostrado que la teología de la liberación puede distinguir teóricamente entre fe e ideología, separarlas, rechazar las ideologías religiosas de opresión e incorporar una ideología revolucionaria a la práctica de la fe.

Teóricamente es perfectamente posible expresar la fe cristiana como ideología revolucionaria. América latina es testigo de esa práctica desde hace años. Aquí hemos examinado la manera de hacerlo teóricamente. Con el esclarecimiento de los fundamentos teóricos de esa práctica, se verifica teóricamente la posibilidad de un cristianismo revolucionario, que ya lo es en la práctica, y con ello, la posibilidad futura de un «cristianismo proletario».

Con el cumplimiento de esta última consecuencia para hacer la reflexión teológica histórica, política, operacionable en la praxis, culmina el proceso de transformación de la teología que comienza allí donde está el cristiano revolucionario que reflexiona sobre la fe desde la praxis de su vida hasta descubrir la dimensión política de la fe e incorporar la reflexión estratégico-táctica a la reflexión teológica. Se ha dado a la teología la posibilidad de ser una reflexión política efectiva. El carácter sublimado de la «protesta cristiana»

---

54. Pixley, *La teología como instrumento ideológico*, 3; Cf. también, J. Comblin, *El tema de la liberación en el pensamiento latinoamericano*, 4; I. Conteris, *Cambio social e ideología:* Conciencia y Revolución; H. Assmann. *El cristianismo, su plusvalía ideológica y el costo social de la revolución.*

ha sido superado al convertirse en arma de transformación social. La ciencia y la ideología revolucionaria han sido incorporadas a la reflexión teológica, pero en forma consciente. Se ha completado un círculo en la reflexión que parte desde la situación revolucionaria y que va desde la pregunta por el significado del proceso revolucionario a la luz de la fe, y que regresa a ese punto de partida cerrando el círculo, pero habiendo sufrido una seria transformación en la manera como se hace. La reflexión teológica ha seguido fielmente las pisadas del sujeto que reflexiona hasta reflejar fielmente su vida objetiva. En la medida en que refleja o expresa dialécticamente al nivel subjetivo el movimiento dialéctico de la realidad material objetiva en que se desenvuelve el sujeto cristiano que reflexiona, esa reflexión es eficiente y contribuye a hacer posible la praxis revolucionaria de los cristianos en la liberación de América latina.

Este proceso teórico es observable en los esfuerzos por construir una ética cristiana revolucionaria que se enfrente a la problemática moral, incorporando la nueva concepción bíblica de la historia, la dimensión política de la fe, la racionalidad científica y la opción ideológica del socialismo marxista en la forma que aquí se ha descrito. Veamos la exposición de este esfuerzo en el próximo capítulo.

8

Hacia una ética cristiana de liberación: historización de los valores y politización de la ética

En el orden de la moral y la reflexión ética sobre esa práctica, ocurre una revolución en la teología de la liberación similar a la mencionada en los temas anteriores. La ética cristiana tradicional generalizada en América latina está fundamentada en principios, ideas, doctrinas, leyes y normas «reveladas» que reclaman categoría de universales y eternas, aunque no son otra cosa que normas de conducta y valores de otras épocas históricas y elaboraciones ideológicas de los países dominadores que trajeron las diversas versiones de la religión cristiana al continente. En términos generales, la ética cristiana generalizada en América latina, se circunscribe a señalar normas de obediencia a las obligaciones religiosas para asegurar en lo privado una conducta moral que garantice la salvación a la persona, y en lo público, normas de obediencia a los «respetos» consagrados por la costumbre y las leyes impuestas por las clases dominantes, primero de sociedades tradicionales y más tarde, de sociedades liberales que estaban dirigidas al fomento de la industria y el comercio dentro del esquema del capitalismo dependiente. La moralidad se reduce a obedecer preceptos disfrazados de divinos; la santidad se mide por la resignación. La ética teológica tradicional hace énfasis en la «ley natural» y los «órdenes de la creación» del mundo de las esencias. Cualquier violación de estas costumbres, normas o leyes trae sobre sí la sanción de la iglesia. Es una perogrullada decir que la iglesia, representada por su jerarquía, ha sido el guardián ideológico más efectivo del orden establecido en América latina.

La cosmovisión platonizante de la vieja teología impone sobre la conducta moral, situada históricamente, requerimientos esencialistas de paz, amor y fraternidad entre hombres y grupos que no son realizables realmente sin un cambio radical de las condiciones históricas y que, sin ese cambio, sólo sirven para defender el predominio de las condiciones de explotación de unas clases sobre otras. Por otro lado, contradictoriamente, anuncian y posponen mejores condiciones para los explotados y oprimidos para después de la muerte y en el «cielo», lejos de donde se da la explotación.

Es frecuente que los miembros de la jerarquía eclesiástica condenen la «moral» de la conducta política de los grupos de obreros, campesinos y estudiantes, que en su rechazo de la injusticia hacen transgresión de las leyes y normas sociales aprobadas por la «gente decente» y las «autoridades constituidas» de la sociedad, y exhortan a los jóvenes a luchar con los medios «legales» que provee el orden establecido. Estos jerarcas religiosos desconocen el carácter ideológico de la ley y la moral. No ven la moral y la ley como la conducta sancionada por las clases dominantes para mantener el orden de relaciones sociales conveniente a ellos y resultado del modo de producción existente. No entienden que el orden moral y legal constituye el mecanismo de preservación del sistema establecido y que el cambio requiere por definición el rechazo y no el uso de ese mecanismo.

Este desconocimiento del carácter ideológico de la moral, con contadas excepciones, ha hecho de las jerarquías eclesiásticas los cómplices del sistema de explotación colonial, del sistema de explotación agroexportador de los terratenientes criollos y finalmente, del sistema capitalista modernizado a partir de los modelos de capitalismo nacionalista, hoy día disueltos en el capitalismo dependiente. Así, la jerarquía eclesiástica señaló primero la conducta «inmoral» de los indios, luego de los revolucionarios de la independencia, y hoy, la de los estudiantes, campesinos y obreros que rechazan el sistema de injusticias «legalmente» constituido.

Es sólo recientemente, a partir de Medellín, que la jerarquía se atreve a hablar de «la violencia institucionalizada» para referirse a la violencia que ejerce el sistema económico y social establecido sobre las masas que explota y de cuya explotación se nutre [1], aunque su conducta post-conciliar contradice sus palabras [2]. Pero aun esa ética sugerida, no incorpora los elementos necesarios para garantizar la autonomía que una ética de liberación requiere.

1. CELAM, *La iglesia en la actual transformación de América latina a la luz del concilio*, vol. I-II.
2. Cf. como la mayoría de los obispos votaron en 1973 por eliminar de posiciones importantes a todos los obispos progresistas y cómo su nuevo secretario, monseñor Trujillo, se alió con el jesuita Roger Vekemans, enviado de la Democracia Cristiana alemana para organizar la campaña política de Frei y más luego para organizar los ataques sistemáticos en contra de la teología de la liberación y de Cristianos por el Socialismo. No obstante, hay que continuar reconociendo la valentía de una minoría de obispos en Brasil, Paraguay, Perú, Bolivia, el arzobispo de Santiago, algunos en México y últimamente los de El Salvador.

1. La ética de liberación

Aquí vamos a demostrar que los militantes cristianos que se ubican en la teología de la liberación han dado un paso adicional que los separa cualitativamente de los reformistas conciliares y post-conciliares. Estos rechazan la ética idealista fundamentada en principios metafísicos que han venido hasta el día de hoy como producto de condiciones históricas y filosofías e ideologías anteriores que se pretenden anteponer al bien del hombre concreto. En su lugar estos latinoamericanos afirman al hombre concreto como el objeto de amor y como criterio fundamental para el juicio moral.

Queremos demostrar que con el rechazo de la ética de principios eliminan la interferencia de ideologías de sociedades de opresión y de intereses de clases dominantes en la conducta del revolucionario cristiano, y que éste, queda ahora receptivo a moldear su conducta según normas morales que surgen de la criticidad científica de las condiciones históricas concretas donde habrá de construirse el nuevo proyecto de vida.

Demostraremos también, que estos cristianos logran reflexionar históricamente sobre el problema del conflicto y la violencia en la lucha de clases, y en consecuencia, verlo en la justa perspectiva del amor que da su vida hasta la muerte por el prójimo para librarlo de su opresor [3].

Debemos aclarar que nos limitaremos a consideraciones sobre ética social. En primer lugar, porque para estos autores toda ética es por naturaleza

3. Sobre las cuestiones relacionadas al desarrollo de la ética de la liberación es importante ver los siguientes: R. Alves, *Religión: ¿opio o instrumento de liberación?*, especialmente 201-231; id., *Apuntes para un programa de reconstrucción en la teología;* id., *La muerte de la iglesia y el futuro del hombre:* Cristianismo y Sociedad; E. Cardenal, *La santidad de la revolución;* S. Croato, *Libertad y liberación;* J. Chonchol, *El cristiano y la lucha de clases,* entrevista en Testimonio Hernan Mery, órgano oficial de la Izquierda Cristiana chilena; E. Dussel, *Teología y ética de la liberación* (nueve conferencias germinales desarrolladas más tarde en los tres volúmenes *Para una ética de la liberación latinoamericana* publicados por Siglo XXI Editores); L. Gera, *Teología de la liberación;* G. Giménez, *Elementos para una ética de liberación social;* R. García, *De la crítica de la teología a la crítica de la política,* en la antología *Pueblo oprimido, señor de la historia;* G. Gutiérrez, *Teología de la liberación. Perspectivas;* id. *Fraternidad cristiana y lucha de clases,* mimeografiado de Cristianos por el Socialismo; J. Girardi, *Cristianismo pastoral y lucha de clases;* Galilea y otros, *La vertiente política de la pastoral;* P. R. Guzmán, *Racionalidad socialista y verificación histórica del cristianismo;* H. Assmann, *Opresión-liberación: desafío a los cristianos;* id., *Teología de la praxis* (antología de sus artículos); R. Muñoz, *Lucha de clases y evangelio,* en la antología *Panorama de la teología latinoamericana;* Míguez Bonino, *Unidad cristiana y reconciliación social: coincidencia y tensión, o.c.;* N. Olaya, *Unidad cristiana y lucha de clases,* en la antología *Pueblo oprimido, señor de la historia* y en Cristianismo y Sociedad; L. Rivera Pagán, *Teología y marxismo;* J. de Santa Ana, *Notas para una ética de la liberación a partir de la biblia:* Cristianismo y Sociedad; H. Villela, *Los cristianos en la revolución: ¿posibilidades de una praxis revolucionaria?;* id., *La revolución cultural como cultura de la revolución.*

social. La ética personal emerge en el ámbito de la primera. Dice Gilberto Giménez:

> Toda ética social es política en su sentido global. Las éticas especiales, concebidas como subdivisiones de la ética social en lo concerniente a la sociedad familiar, económica, laboral, etc., constituyen en realidad tematizaciones al interior de una misma ética política global[4].

En segundo lugar, como se hará evidente más adelante, el pensamiento bíblico que nutre la teología de la liberación no concibe tal cosa como una moral interior, individual, sin referencia al prójimo y las condiciones sociales que determinan la vida de éste. Contrario a otras religiones, la fe bíblica no concibe una relación creyente-Dios, sino una relación creyente-prójimo-Dios. Por lo tanto, como bien dice Giménez, las éticas especiales quedan determinadas dentro de la ética social.

Y en tercer lugar, la moral de un momento histórico dado está siempre en relación con el modo de reproducir la vida en forma económica y social. Es la estructura y proceso de reproducción de la vida lo que conforma la manera de valorar, los valores y las conductas individuales de los miembros de la comunidad en un intento de configurar toda la conducta de una formación social dada en un funcionamiento armónico. De aquí que las contradicciones en el modo de reproducir la vida repercutan en todo el conjunto ideológico.

Cuando hablamos de la «ética de la liberación» nos referimos a la reflexión crítica sobre ese sector de la praxis o conducta social que expresa los valores, especialmente, aquellos valores que, en vista de las condiciones, consagran como importancia suprema la construcción de un nuevo orden con carácter de liberación social y toman la posición de contra-valores en contradicción *disfuncional* a los del orden establecido. En otras palabras, nos referimos a la reflexión crítica sobre las «decisiones» de compromiso con respecto a valores que determinan la conducta humana con todas sus consecuencias y a la reflexión sobre la consistencia de esa conducta con relación a su fundamento y a su fin.

La primera pregunta que nos hacemos —mediante la cual aclaramos la naturaleza de esta ética— es sobre el proceso que da origen a ésta: su historización y con ello, su relativización y su autonomía con respecto a la fe misma. La relativización de la ética de liberación tiene como trasfondo todo el proceso de secularización del conocimiento sobre la conducta humana provisto por la psicología moderna, y de la comprensión de los procesos socio-

---

4. G. Giménez, *Elementos para una ética de liberación social* II, 238.

lógicos y políticos que generan los valores y principios morales en una sociedad en una época dada.

A esto habría que añadir la imposibilidad práctica de imponer principios morales a la diversidad de situaciones concretas para las cuales los principios absolutos no proveen; y el hecho que la biblia misma señala como comportamientos morales y estilos de vida contradictorios pero justificados por la diversidad de situaciones [5].

Al desaparecer la ontología idealista que determina el ser inmutable y preexistente de la esencia de las cosas, que imponía «principios» universales y eternos revelados a los hombres, desaparece la ética social de «principios» para dar paso a una ética «relativa» a la situación.

Santa Ana resume la situación de la siguiente manera:

> Lo único que es posible afirmar, teniendo en cuenta el estado actual de la discusión sobre la ética, es que las decisiones y las acciones humanas no son de valor universal, sino que están en interrelación y dependencia con las variadas circunstancias entre las que se originan [6].

Esto implica que una ética de liberación social tiene que tomar en serio las condiciones históricas y materiales.

Esta es una ética determinada por el análisis científico de las condiciones objetivas en la situación concreta y dirigida a fundamentar la conducta moral apropiada para la creación de una nueva sociedad y un hombre nuevo. Esta es una ética abiertamente política. Constituye una reflexión crítica sobre la fundamentación de la conducta moral del militante cristiano con respecto al fin de la liberación social. Esta reflexión constituye una lectura ética de la acción política. Pero es ética en tanto en cuanto analiza y fundamenta la conducta, no sólo en términos de su eficacia política relativa al poder, sino, en términos valorativos, como decisiones humanas en favor de la liberación última del prójimo —y este prójimo— como valor supremo.

Al nivel de la fe, estas decisiones están relacionadas con el proyecto utópico del reino de Dios, y al nivel histórico, con un «proyecto político» que se realiza estratégicamente en una formación social dada.

En otras palabras, la reflexión ética no se agota en la lectura política. La lectura ética de la conducta política, cuando se hace desde una perspectiva global, incluye una dimensión ético-utópica. La eficiencia política lo es también moral en la medida que cumple las exigencias de un proyecto no reali-

---

5. Cf. como ejemplo: J. de Santa Ana, *Notas para una ética de la liberación a partir de la biblia*, en la antología *Pueblo oprimido, señor de la tierra*, 113.
6. *Ibid.*, 114.

zado que se valora como superior al existente porque puede cumplir las esperanzas humanas del reino de la libertad o del reino de Dios. Es un proyecto de realización de valores morales por vía política. El proyecto político es un proyecto moral, por lo tanto, el compromiso con él constituye una opción ético-política.

Veamos algunas consideraciones fundamentales sobre la ética de la liberación.

2. El hombre como valor supremo en la ética cristiana de liberación

Lo primero que resulta a la vista es que en esta nueva ética *el hombre* viene a ocupar el lugar central de la actividad de la fe. Lo religioso, como dice Gutiérrez, viene a ser valorado «en función de su significado para el hombre». En la nueva ética el hombre es el fundamento de los valores y no el Dios trascendente de la teología idealista. Dice el sacerdote chileno Carlos Condamine:

> Después del hecho Jesús, Dios no se distingue del hombre. Dios no puede dejar de ser el que se hizo hombre. Y nada sabemos de Dios fuera del hombre Jesús... En este sentido la fe cristiana es lo contrario de la religión. *No es Dios el centro de la fe cristiana, sino que, por el movimiento y la dirección misma de la encarnación, Dios nos indica que es el hombre quien debe ser el polo de referencia de nuestra fe cristiana.* Para el hombre de fe Dios deja de ser la preocupación central. Es el hombre el sacramento decisivo de la presencia de Dios en el mundo... Para el cristiano, es santo quien, al ejemplo de Dios, se compromete realmente con el hombre concreto; para el cristiano el hombre se salva o se condena en el momento mismo en que se hace o no solidario del hombre [7].

Alves, en la misma línea, señala lo siguiente:

> La liberación del hombre constituye el principio, el medio y el fin de la actividad de Dios. Hablar de Dios es hablar de acontecimientos históricos que hicieron y harán del hombre un ser libre... Hablar correctamente de Dios es hablar de Aquél que no tiene otra determinación que ser para el hombre [8].

Estos teólogos, especialmente Gutiérrez y Miranda, afirman que la fe bíblica no es ajena a este planteamiento, que la evolución de la revelación

---

7. C. Condamine.
8. R. Alves, *Religión: ¿opio o instrumento de liberación?*

de la presencia de Dios lleva hasta la afirmación cristiana de que es en el hombre, en el prójimo, donde se puede dar el encuentro con Dios. Gutiérrez concluirá de su estudio bíblico, que es el hombre histórico en relación con el proyecto de liberación total quien sirve de fundamento a los valores y a la moral.

Para mostrarlo, Gutiérrez hace un análisis bíblico similar al de Miranda, sobre el lugar del hombre en la religión de Israel. En la tradición bíblica veterotestamentaria, el «conocimiento sobre Dios» siempre está en relación con el hombre como valor central. Como se ha indicado, en la fe bíblica, *conocer* a Dios es «obrar justicia» entre los hombres. Despreciar al prójimo y explotar al jornalero humilde y pobre, es ofender a Dios (Prov 14, 12; Dt 24, 14-15; Ex 22, 21-23; Prov 17, 5). Inversamente «amar» y «conocer» a Dios, es hacer justicia al hombre pobre y humillado[9]. En base a ello los profetas critican la religión del culto y reclaman una religión de *justicia* al hombre: restituir al agraviado, hacer justicia al huérfano que quedaba a expensas de los leguleyos de la época; amparar la viuda en una época en que el sistema social no hacía provisión; libertar a los cautivos, los esclavos por deudas; partir el pan con el hambriento; albergar a los marginados, etc.[10] y predicar el advenimiento de un nuevo orden de relaciones en el que esas injusticias desaparecerán[11].

Esta tendencia de la religión profética de Israel llega a su culminación en el nuevo testamento en textos como la parábola de Mateo 25, 31-45, donde el criterio usado para juzgar al hombre es la obra de justicia y defensa al pobre, al enfermo, al oprimido y perseguido.

> Entonces el rey dirá a los de su derecha: Venid, benditos de mi Padre, heredad el reino preparado para vosotros desde la fundación del mundo. Porque tuve

9. Dice Jeremías: «¡Ay del que edifica su casa sin justicia, y sus salas sin equidad, sirviéndose de su prójimo de balde, y no dándole el salario de su trabajo! ¿Reinarás, porque te rodeas de cedro? ¿No comió y bebió bien tu padre, e hizo juicio y justicia, y entonces le fue bien? Él juzgó la causa del afligido y del menesteroso, y entonces estuvo bien. ¿No es esto *conocerme a mí?* dice Jehová» (Jer 22, 13-16). Cf. también Os 4, 1-2; Is 1; Jer 7, 7 y el capítulo sobre *Hermenéutica.*

10. «¿Para qué me sirve, dice Jehová, la multitud de vuestros sacrificios? Hastiado estoy de holocaustos de carneros y de cebo de animales gordos; no quiero sangre de bueyes, ni de ovejas, ni de machos cabríos... Lavaos y limpiaos; quitad la iniquidad de vuestras obras delante de mis ojos; dejad de hacer lo malo; aprended a hacer el bien; buscad el juicio, restituid lo agraviado, haced justicia al huérfano, amparad a la viuda» (Is 1, 1-17). «¿No es más bien el ayuno que yo escogí, desatar las ligaduras de impiedad, soltar las cargas de opresión, y dejar ir libres a los quebrantados, y rompáis todo yugo?... ¿No es que partas tu pan con el hambriento, y a los pobres errantes albergues en casa; que cuando veas al desnudo, lo cubras, y no te escondas de tu hermano? Entonces invocarás, y te oirá Jehová; clamarás, y dirá Él: héme aquí» (Is 58).

11. Cf. el capítulo sobre *Hermenéutica y el reino de Dios.*

hambre, y me disteis de comer; tuve sed, y me disteis de beber; fui forastero, y me recogisteis; estuve desnudo, y me cubristeis; enfermo, y me visitasteis; en la cárcel, y vinisteis a mí. Entonces los justos le responderán diciendo: Señor, ¿cuándo te vimos hambriento y te sustentamos, o sediento, y te dimos de beber? ¿Y cuándo te vimos forastero, y te recogimos, o desnudo y te cubrimos? ¿O cuándo te vimos enfermo, o en la cárcel, y vinimos a ti? Y respondiendo el rey, les dirá: De cierto os digo que en cuanto lo hicisteis a uno de estos mis hermanos más pequeños, a mí lo hicisteis.

Gutiérrez hace resaltar que en la religión bíblica no hay tal cosa como la adoración a Dios independientemente del servicio al hombre. No hay tal cosa como conversión a Dios sin conversión al hombre. A Dios se le ama históricamente y en concreto en el prójimo. Es el prójimo necesitado quien ocupa el lugar de Dios. Cita la primera carta de Juan:

Nadie ha visto jamás a Dios. Si nos amamos unos a otros Dios permanece en nosotros, y su amor se ha perfeccionado en nosotros. En esto conocemos que permanecemos en él, y él en nosotros... Si alguno dice yo amo a Dios, y aborrece a su hermano, es mentiroso. Pues el que no ama a su hermano a quien ha visto, ¿cómo puede amar a Dios a quien no ha visto? (1Jn 4, 12.13.20).

La máxima virtud del cristiano es el amor. Dios mismo es amor. De aquí que en el amor al hombre-prójimo, el cristiano encuentra, conoce y experimenta a Dios. Gutiérrez cita la primera epístola de Juan cuando dice:

Queridos, amémonos unos a otros ya que el amor es de Dios, y todo el que ama ha nacido de Dios y conoce a Dios. Quien no ama no ha conocido a Dios, porque Dios es amor... *Dios es amor y quien permanece en el amor, permanece en Dios y Dios en él* (1 Jn 4, 7-8; 16b).

Y el amor con que se ama a Dios en el prójimo es con el amor histórico, natural que aman los hombres cuando luchan por la justicia. No hay tal cosa como un amor sobrenatural, no histórico. En consecuencia, encontramos en la biblia lo siguiente:

La comunión y fraternidad humana como el sentido último de la existencia humana; la insistencia en el amor que se da en gestos concretos marcando una primacía del *hacer* sobre el simple saber; y la revelación de la necesaria mediación humana para llegar al Señor [12].

Juan González, en la misma línea de Gutiérrez, afirma también que el amor al hombre-prójimo es el fundamento de la moral en la tradición hebreo-

12. Gutiérrez, *o.c.* Cf. todo el capítulo X.

cristiana. San Pablo, señala González, insiste en el hecho de que *el amor resume toda la ley*. Cita a san Pablo en su Carta a los romanos cuando dice:

> Con nadie tengáis otra deuda que la del mutuo amor. Pues el que ama al prójimo, ha cumplido la ley. En efecto, la de: no adulterarás, no matarás, no robarás, no codiciarás y todos los demás preceptos, se resumen en esta fórmula: amarás a tu prójimo como a ti mismo. La caridad no hace mal al prójimo. La caridad es, por tanto, la ley en su plenitud (Rom 13, 8) [13].

Es sobre este tema que Lucio Gera trabaja su texto sobre el amor al prójimo para definir el amor bíblico en estos términos: «consentir la vida y querer honda y efectivamente vivir» [14]. El hecho de que se ha dado calidad de primer mandamiento al «amarás a tu prójimo como a ti mismo», hace que sin el prójimo no haya amor cristiano. Según el primer mandamiento, sin hombre-prójimo no hay amor y sin amor no hay salvación. La salvación misma está enraizada en la relación ética-amor-hombre.

Pero el amor «cristiano» debe ser precisado aún más, dice Gera, lo que caracteriza el amor cristiano es el amor al prójimo concreto en términos absolutos: «hasta la muerte». Y nos recuerda aquello de Juan: «Este es el mandamiento mío: que os améis los unos a los otros. Nadie tiene mayor amor que aquel que da su vida por sus amigos» (Jn 15, 13). Aquí se llega al criterio máximo del amor al prójimo. Amor sin condiciones, amor absoluto, amor hasta la muerte [15].

---

13. J. González, *El amor. Unico fundamento de la ética cristiana*, 4.
14. L. Gera, *Teología de la liberación*, tercera conferencia, documento de Pasos, n. 43, 13. Gera explica la relación entre amor y liberación de la siguiente manera: «*Ya dijimos que amarse a sí mismo no es otra cosa que consentir a la vida y querer honda y efectivamente vivir*. Por eso es desear el pan cotidiano, trabajar para obtenerlo, y pedirlo a Dios. El pan es el símbolo de la naturaleza y de las cosas. De modo que amarse a sí mismo implica la voluntad de estar ligado a la naturaleza, de arraigar en una tierra, de valerse de la técnica y de los objetos materiales como instrumentos para vivir. Decíamos también, que con mayor hondura, *la liberación consiste en el hecho de no ser expropiado de las propias decisiones y del ejercicio de la propia responsabilidad sobre la vida y el destino de uno mismo*. No basta por cierto que otros me dejen libre y respeten mis decisiones, sino que es necesario que yo asuma mi libertad y tome decisiones. De esta manera no solamente tengo cosas, *sino que, disponiendo de mí mismo, soy yo mismo y soy, esto es: me realizo, desde mí mismo*».
15. *Ibid.*, 14. En Gera, como en Camilo Torres y Néstor Paz, esto tiene un carácter místico: «El amor siempre lucha internamente con la muerte. Ahí está en último término la sustancia más dramática de la vida. Si es la muerte o el amor quien tiene la última palabra. En la experiencia cristiana de este íntimo drama que lleva el hombre en sí, la fe lo decide y persuade en pro del amor como victorioso frente a la muerte. Es una experiencia mística, este no es algo racionalizable. Por eso digo que es una experiencia que nace de la fe. Ustedes me dirán: y el hombre que tiene esa experiencia y nunca aprendió catecismo, y no leyó el evangelio, y no le enseñaron quién es Cristo, pero ¿tiene esa experiencia? Bueno, hay una experiencia inconfesa de la fe».

El fundamento de la moral occidental es la defensa, desarrollo y enriquecimiento de la vida del hombre hacia sus mayores posibilidades según éstas se entienden en cada tiempo. Pero en la tradición bíblica ese amor al prójimo-hombre viene especificado: No es «amor a la humanidad» en abstracto, sino a los pobres y oprimidos, a los que han de heredar el reino, al prójimo en su situación concreta.

Con respecto a esto de quién es el hombre que se valora como valor supremo, hay que decir entonces, que en la fe cristiana hay un compromiso radical con el hombre oprimido, el perseguido, el pobre y el explotado, según vimos ya en la discusión sobre el reino de Dios en Hermenéutica y al principio de este capítulo.

A este hombre pobre y oprimido le es otorgada la prioridad, le es otorgada la categoría de valor supremo. El liberarlo, hacerle justicia y promover a este hombre oprimido, perseguido, pobre y explotado constituye entonces la moral cristiana y el contenido del amor cristiano.

La fe cristiana, según se desprende de la ética de estos autores, se confronta con su radical historicidad cuando confiesa que *es una religión parcializada, comprometida con una clase social desde su origen.* Su Dios es un dios comprometido y su ética es resultado de ese compromiso.

Como bien han hecho resaltar los exégetas de la teología de la liberación, el Dios cristiano es Dios de los oprimidos, hambrientos, cautivos, ciegos, postrados, justos, forasteros, viudas, esclavos, pobres, etc., y está al servicio de éstos. Bíblicamente hablando, dice Miranda, el «reinado» de Yahvé sobre su pueblo se define por el servicio a los mencionados, e igualmente la moral de la acción humana. Cita el salmo 146, que constituye el paradigma definitorio de Yahvé como rey en la literatura del antiguo testamento:

> El que hace justicia a los oprimidos,
> el que da pan a los hambrientos
> Yahvé es el que liberta a los cautivos,
> Yahvé es el que abre los ojos al ciego,
> Yahvé es el que endereza a los postrados,
> Yahvé el que ama a los justos,
> Yahvé el que cuida a los forasteros,
> el que sustenta al huérfano y a la viuda,
> el que trastorna el camino de los injustos
> Yahvé reina por siempre (v. 7-10) [16].

Esta perspectiva determina el modo de valorarlo todo en la fe cristiana. Como tal, entra en contradicción con otros modos de valorar. Como vimos

---

16. Cf. el capítulo sobre la Nueva Hermenéutica. Cf. allí cómo Jesús lleva esa posición hasta sus últimas consecuencias.

en el capítulo sobre la hermenéutica bíblica, ésta es una fe para todos los hombres, pero no para todas las clases sociales. Está comprometida desde su origen con una sola clase: la clase de los pobres y explotados y oprimidos que luchan por su liberación y que en el caso de la sociedad latinoamericana contemporánea están representados por los campesinos, los obreros y los marginados.

Queda claro que la cuestión quién es el hombre tiene una definición inequívoca en la tradición hebreo-cristiana. No es el hombre filósofo, no es el poderoso, no es el hombre culto, no es el empresario exitoso. Es el hombre pobre, explotado y oprimido. Ese es el fundamento para el establecimiento de los criterios sobre qué tiene valor y qué no lo tiene, qué es bueno y qué no lo es.

Esto implica una *decisión* en favor «del hombre como valor supremo», una decisión de Dios y del hombre concreto en favor de su clase como grupo oprimido y que lleva a dirigir la praxis política en favor de su promoción. Es lo que Giménez llama «el salto axiológico». La «decisión» por el hombre como valor supremo no es un dato que se «conoce», sino una opción que se toma, es *un proyecto-valor que se justifica por sí mismo (el proyecto límite de una utopía de la plenitud humana) y que constituye el principio inmanente de sus juicios morales* [17]. He aquí la función crítica y orientadora de la utopía moral.

De aquí que podemos concluir que en esta nueva ética el hombre es redescubierto como el valor supremo en la religión bíblica. El desarrollo de este hombre es el criterio de valorización. El servicio al hombre a partir de las condiciones en que se encuentra, está en el centro de la vida moral cuando ésta se entiende como histórica. El hombre ha de ser juzgado como hombre, en términos de si ha vivido para la solidaridad humana, porque «ese es el sentido último de la existencia». En esta teología, como hemos demostrado, la afirmación del hombre como valor supremo de la creación no está en contradicción con la fe cristiana. No sólo no está en contra, sino que confirma a estos cristianos militantes en su acción en pro de la justicia. Por lo tanto, su actividad política es una actividad moral. No se trata ya de obedecer las normas de los pobres e instituciones establecidas, sino de contradecirlas; el amor no es una ley para aplicarla indiscriminadamente, sino para hacer justicia; y la justicia que se demanda es justicia real, justicia económica, social y política para comenzar.

Nos encontramos aquí con el humanismo bíblico como fundamento de la práctica moral del cristiano. Si el humanismo es —en palabras de Gimé-

17. G. Giménez, *Elementos para una ética de liberación social*, 173.

nez— «un punto de vista teórico y una actitud práctica que ve en el hombre el valor supremo y se propone luchar contra todo lo que lo empobrezca, lo oprima o lo aliene», entonces estamos ante la restauración del humanismo bíblico [18].

3. El hombre oprimido y el hombre nuevo:
hacia una nueva antropología

Pero esto, siempre plantea la cuestión de la antropología. La cuestión de quién es el hombre. A falta de una esencia de carácter idealista que defina al hombre, ¿cómo sabemos qué hacer con él para realizarlo? ¿Qué es el hombre para que sepamos qué debe ser hecho con él? ¿Cómo sabemos qué justicia es la que aprovecha al hombre? Si lo que hace feliz al hombre es la realización de su humanidad, ¿cómo sabemos cuál es su humanidad?, ¿cómo se determina eso?

Para estos teólogos la humanidad del hombre no está preestablecida. El hombre es un proyecto histórico y su esencia la conocemos en el proceso de su realización; es por lo tanto, una esencia que «se construye», no una esencia que «se conoce» como si ya estuviera terminada en algún lugar. Esto genera una antropología dialéctica.

Esto requiere una nueva antropología, un conocimiento sobre qué es (puede ser) el hombre, lo cual requiere a su vez la adopción de una epistemología para validar las afirmaciones antropológicas. Con relación a esto, dicen los teólogos, hay que aceptar la racionalidad científica moderna. El jesuita paraguayo, Gilberto Giménez, quien se ha esforzado más que ninguno de éstos en aclarar este asunto, nos dice:

18. G. Giménez, o.c., 121. Debe tenerse en cuenta las aclaraciones de estos teólogos cuando establecen las diferencias entre el humanismo cristiano y el no-cristiano al señalar la esperanza de la plenitud escatológica del «hombre nuevo» según señalada por Jesús como germen de la diferencia. Assmann lo indica teniendo siempre el cuidado de no salirse de la esfera de la historia: «La cuestión es importantísima, porque es la propia identidad del cristianismo la que está en ella. En este problema o nos volvemos radicalmente encerrados en la historia puramente intramundana, o radicalmente abiertos para la planificación en "los nuevos cielos y la nueva tierra" a partir de la interioridad de la historia. Es, además, una cuestión que hoy preocupa profundamente a los teólogos. La respuesta a ella no puede resumirse en un simple juego teórico de conceptos. La distinción entre el cristiano y el simple humanista no debe ser buscada, por supuesto, en una separación de tareas en la humanización de la historia, sino más bien en un "más" de intensidad y criticidad en el compromiso liberador. Dicho de otra manera: no en criterios de simple ortodoxia doctrinaria, sino en criterios de ortopraxis» (*Opresión-liberación: desafío a los cristianos*, 155-157).

Debe ser un tipo de reflexión dialéctico-circular en ruptura con la apariencia de la experiencia ingenua que se verifica por la transformación constante de su propio objeto de conocimiento [19].

Se trata de un tipo de racionalidad que no disocia teoría y práctica, que concibe el conocimiento no como un mero reflejo de la realidad estática, sino como un proceso de aproximaciones sucesivas y «asintóticas» a lo real. Se obtendrá entonces, una teoría antropológica siempre inacabada en la que el contenido de lo que se puede llamar «naturaleza humana» se determina en cada momento en función del nivel alcanzado por el conjunto de los conocimientos científicos en las ciencias humanas [20].

Por lo tanto, aquel racionamiento deductivista fundamentado en la identidad de la verdad moral con la *esencia* de la humanicidad del hombre —como si tal cosa existiera ya de antemano, o como insiste la ontología platónica o el materialismo esencialista aristotélico— ya no cabe en esta nueva ética.

Por lo tanto, para la ética de la liberación no existe tal cosa como una *esencia* del hombre. No existe un modelo esencial del hombre ya terminado. El hombre es un proyecto histórico, cuya esencia se va formando en una historia con un futuro abierto, respondiendo a las contradicciones sociales que lo oprimen y elaborando fines humanos proyectables al futuro a partir de esas experiencias [21]. El hombre decide qué quiere llegar a ser dentro de su propia historia en la medida que las condiciones reales —naturales y sociales— le permitan realizar su utopía. El hombre se hace cargo de sí mismo dentro de su propia historia. Su futuro posible se «revela» en la historia de su esfuerzo.

Pero esa antropología no se nutre de la ciencia solamente, sino de la esperanza cristiana que se desprende de los acontecimientos liberadores. Jesucristo, como parte de esa historia, señala a ese futuro y ofrece como «señal», la clave sobre el hombre futuro: el «hombre nuevo». Esto es, el hombre-Dios, el hombre-libre, el hombre-creador, el hombre-amor, el que vive para que el otro tenga vida en abundancia. Para estos teólogos, que afirman el hombre como valor supremo en el proceso histórico, el fin último del proyecto político y del proceso de salvación es la creación del *hombre nuevo*. El hombre nuevo o «nueva criatura» es el objeto final de la acción de Dios

---

19. G. Giménez, *Elementos para una ética de liberación social*, 83-84.
20. *Ibid.*, 85.
21. Sobre esto, cf. todos los autores citados en el cuarto capítulo de esta tesis donde se discute la idea de la historia de estos teólogos. En especial, cf. de G. Giménez, *Elementos para una antropología racional como marco teórico de una ética de liberación*, en su tesis *Elementos para una ética de liberación social*, 95-105 y cf. la dimensión histórico-política de ese tipo de antropología en el trabajo de E. Dussel *Antropología teologal*, *Teología de la liberación y ética*, 9-61.

en la historia, es el hombre que hereda la tierra, es el personaje principal de la utopía del reino. Raúl Vidales, del Instituto de Pastoral Latinoamericana, lo expresa de la siguiente manera:

> Si se lucha en esta tarea de liberación, si para el creyente esta salvación no es sino la acción concreta de Dios para este hombre, no es, ciertamente, porque se pretenda sólo un orden social más cómodo, un estado de cosas más hospitalario y unas riquezas más equitativamente participadas. *El valor que aparece moviendo impaciente la acción, es la búsqueda y realización del hombre renovado, hecho salvo, dentro de un orden de cosas en el que pueda alcanzar la estatura que Dios ha querido para él, la dimensión libre y soberana que Cristo ganó para todos y, sin duda alguna, de manera especial, para los empequeñecidos* [22].

Desde luego, ese hombre nuevo es un símbolo como el del reino de Dios y apunta a un proceso que se da en la historia camino a su plenitud. Tenemos entonces, que al igual que el reino de Dios, el hombre nuevo, se da en dos niveles, el histórico y el utópico. La tensión de esos dos niveles relacionados dialécticamente la describe Ugalde cuando dice:

> *El deseo de ser como dioses es afirmado en Cristo en el que Dios se nos da en concreto. Sólo por Cristo la plenitud del amor de Dios, es decir, la plenitud humana, se nos abre no ya como simple deseo sino como posibilidad real...* La realidad histórica de Cristo crucificado, y su presencia por el Espíritu en la comunidad cristiana, crea el *hombre nuevo* que busca la plenitud enfrentado a toda idolatría, a toda dominación del hombre por el hombre, a todo egoísmo y cerrazón al hermano. *No es hombre nuevo porque ya haya logrado la plenitud, sino porque ha entrado en lucha esperanzada por alcanzarla.* El cristiano dentro de la historia, si es realmente cristiano, es llevado a la ruptura con toda acción y realidad humana que oprima al hombre. La conversión al Espíritu de Dios no sólo implica el cambio interior, sino que lleva a transformar la realidad, fruto y raíz del pecado, y de la indigencia del hombre llamado a ser lo que todavía no es.
> La plenitud de la salvación se nos ha dado ya como germen que lucha en la situación histórica concreta por realizar el reino de la verdad, de justicia, de amor y de paz [23].

22. R. Vidales, *La iglesia latinoamericana y la política después de Medellín*, 112. Esa esperanza es común a todos los revolucionarios latinoamericanos. Sobre esto dice Gutiérrez: «Es por ello que importa tener presente que más allá o, mejor, a través de la lucha contra la miseria, la injusticia y la explotación, lo que se busca es la creación de un hombre nuevo. El Vaticano II decía ya: "somos testigos de que nace un nuevo humanismo, en el que el hombre queda definido principalmente por su responsabilidad hacia sus hermanos y ante la historia" (GS, 55). La aspiración a la creación de un hombre nuevo es el resorte íntimo de la lucha que muchos hombres han emprendido en América latina. La satisfacción de este anhelo (si puede, alguna vez, ser plenamente satisfecho) sólo será barruntada por la actual generación, pero esa aspiración anima, desde ahora, su compromiso» (*Teología de la liberación*, 180).
23. L. Ugalde, *La ambigüedad de la esperanza de los cristianos. La utopía y la*

Ese hombre nuevo se va dando ya en el proceso de liberación del proyecto ético-político. De aquí que el poeta Ernesto Cardenal identifique el «hombre nuevo» cubano con el hombre nuevo cristiano que se quiere construir históricamente en el proceso salvífico. Contestando a una entrevista sobre sus características lo describe de la siguiente manera:

> El «hombre nuevo» es el hombre desprovisto de egoísmo, el hombre que vive en función de los demás, para servir a los demás. Es el hombre de una sociedad socialista, de una sociedad en la que el hombre ya no explota al hombre, en la que uno no vale por lo que quita a los demás, sino por lo que da a los demás *. En Cuba están educando a los niños, enseñándoles ya a vivir en función de los demás, y me parece a mí que en la juventud cubana se ve ya en gran medida este tipo de hombre nuevo que está surgiendo. Ellos dicen que el mejor ejemplo del «hombre nuevo» es el Che Guevara y lo presentan como modelo para los niños cubanos. En realidad, el Che Guevara era un hombre completamente desprovisto de egoísmo. En mi libro sobre Cuba cuento bastantes anécdotas sobre el Che, sobre esta santidad del Che. El hombre nuevo de Cuba es el mismo hombre nuevo cristiano [24].

Cuando le cuestionan sobre cómo puede el socialismo ayudar a crear el hombre nuevo, si el cristianismo no lo ha logrado en veinte siglos, Cardenal contesta que el «cristianismo no lo ha logrado porque no ha cambiado las estructuras» [25]. El cristianismo ha cambiado individuos, pero no las estructuras. El hombre engranado en una estructura socioeconómica de explotación no puede desarrollarse como hombre nuevo. Ahí sólo las excepciones crucificadas pueden hacerlo. Para hacer posible el hombre nuevo, no ya como excepción, sino «a escala social», es necesario el cambio de la estructura de la reproducción social de la vida:

> Me parece que con el cambio del sistema de producción se podrá lograr vivir el evangelio, se podrá crear el «hombre nuevo», o sea, a escala social, no sólo individualmente y en contra de la sociedad [26].

No debe entenderse que el hombre nuevo para estos teólogos es un producto mecánico del socialismo. El teólogo cubano, Sergio Arce, mucho

transformación de la realidad latinoamericana, en la antología *Liberación de América latina*, 94, 95, 96. Cf. también la definición de hombre nuevo en el documento de Los sacerdotes para el tercer mundo citado en el capítulo anterior.
 * Debe tomarse en cuenta que no todos los modelos de sociedades socialistas son aceptados como tal por Cardenal.
 24. E. Cardenal, *La santidad de la revolución*, 31. Cf. *Sobre el hombre nuevo en Cuba* en las *Obras completas* del Che Guevara.
 25. *Ibid.*, 32.
 26. *Ibid.*, 33.

más cuidadoso que el poeta, advierte sobre esto cuando dice que la revolución socioeconómica y política es «condición necesaria», pero no es «condición suficiente», porque es entonces cuando «la formación del hombre nuevo, un hombre integral, se hace necesaria y posible» [27]. Ha sido la posposición de la construcción del nuevo hombre, dice Arce, «lo que ha colocado en situación muy delicada a ciertas sociedades socialistas europeas» [28].

Severino Croato, el exegeta argentino, quien reconoce al hombre nuevo como el hombre en lucha por la creación de una nueva sociedad, contraria a Cardenal, pone su énfasis en la naturaleza escatológica de ese hombre nuevo, distingue al hombre nuevo en proceso de la «expresión más honda, misteriosa y dramática» del hombre nuevo escatológico en estos interesantes y confusos párrafos:

> Que el bautismo no sea una liberación inmediata del pecado, de la muerte, de la ley, lo demuestra también aquel denso pasaje de Rom 7, 13-24, en que Pablo siente aún la fuerza de esos tres dominios opresores. *El nacimiento del hombre nuevo es una lucha, un esfuerzo contra las fuerzas caóticas que alienan al hombre viejo...* El bautismo otorga la «energía» del Espíritu para construir día a día al hombre nuevo, un «crecimiento» hasta adquirir la estatura del hombre perfecto, que es Cristo (Ef 4, 13). *El bautismo es «proyecto»* del hombre nuevo, no su realización mística y tal vez evasiva...

Siempre queda una posibilidad mayor:

> *En su expresión más honda, misteriosa y dramática el verdadero hombre nuevo no es de esta vida: es el que la entrega por amor a sus hermanos,* como lo han hecho y lo están haciendo tantos mártires de nuestra actual emancipación latinoamericana. Ese es un morir y resucitar con Cristo; eso es «ser bautizado en Cristo...». El Resucitado no está aún en el mundo dominado por viejas estructuras de poder; no está en la iglesia integrada en los factores de poder. Pero está surgiendo en una iglesia nueva, desde las bases de una fe-praxis y compromiso. El Resucitado está apareciendo en los hombres luchadores, en tantos pueblos que mueren a la opresión y la dependencia para surgir a su pleno ser [29].

En la teología de la liberación la perfección escatológica del hombre nuevo queda como utopía permanente que pasa juicio sobre la relatividad de etapas alcanzadas y como garantía de la posibilidad de la consecución de esta etapa superior.

Sin embargo, esa utopía del hombre nuevo, aun en su «expresión más honda», se construye siempre a partir de la experiencia humana con las con-

27. S. Arce Martínez, *Hacia una teología de la liberación*, 13.
28. *Ibid.*
29. S. Croato, *Libertad y liberación*, 135, 137, 138.

diciones de vida opresivas donde se reproduce el pecado y a partir de las experiencias históricas de liberación. Ocurre con todos los valores que caracterizan al nuevo reino y al hombre nuevo.

Villela, el teólogo chileno, da testimonio de esa posición:

> En la reflexión de los cristianos sobre la sociedad, los valores deberán surgir de la crítica a las estructuras enajenantes, es decir, del interior de la praxis, y no de una imposición externa ajena al proceso. En este sentido la imagen de un mundo de consenso y armonía centrado en los valores universalistas de «amor universal» y «caridad» cobra *actualidad* y *operatividad*, en la medida en que surge de una crítica a una sociedad que hace imposible su realización concreta. La formulación de estos valores universalistas utópicos, como negación de relaciones sociales enajenantes deshumanizadas, lleva a la lucha por la realización de estos valores a través de la praxis social concreta, que es una praxis de lucha de clases [30].

Los valores de liberación, surgen en ese mismo proceso histórico como *negación* de aquello que resta, oprime y explota al hombre y surgen como afirmación de una nueva situación proyectada al futuro. En la teología de la liberación, al historizarse los valores considerados anteriormente como universales, eternos y preexistentes a la realidad histórica según la teología platónica, se invierte la relación entre valores y situación histórica. No se imponen los valores o se «aplican» a la realidad desde fuera de ella sino que ella los produce. Si se proyectan al futuro y se universalizan es porque son producto de la experiencia histórica. Dice Villela:

> En esta inversión que toma como punto de partida la praxis, los valores ya no aparecen en una relación vertical respecto a la acción humana, *sino que surgen de la crítica de las contradicciones de la estructura social.* Por lo tanto, los valores vienen a ser la afirmación de lo que las contradicciones de la estructura están negando. La negación de las contradicciones de la estructura social por la praxis es, al mismo tiempo, *la explicitación y el surgimiento de los valores como superación de las contradicciones de la estructura.* De aquí que el contenido más definitivo de la praxis de liberación sea la *formulación de una crítica* a las contradicciones que se dan en la estructura social, y el *intento de modificación* de la estructura para conseguir la *realización de los valores*, y por tanto, *llegar a un tipo de relaciones sociales sin contradicciones* [31].

En esta ética, la humanidad real del hombre se va construyendo paso a paso con la materia prima de las necesidades del hombre insatisfecho, al re-

---

30. H. Villela, *Los cristianos en la revolución: posibilidad de una praxis revolucionaria,* en el folleto del Centro crítico universitario, 166, 17 y en Cuadernos del CEREN, n. 9.
31. *Ibid.,* 125-126.

belarse contra la opresión. Pero a la vez de esas mismas experiencias históricas van construyendo la proyección utópica de sus posibilidades como hombre nuevo.

Gilberto Giménez relaciona la utopía moral con los valores vistos desde una perspectiva histórica cuando dice que el valor es una categoría humana no existente fuera de lo humano y de la historia [32]. El «valor» no lo determina el hombre con referencia a un valor preexistente y fuera de la historia, sino con referencia a su concepción de «plenitud humana», calculada imaginativamente desde su propia historia.

Es cierto que no podemos deducir objetivamente el conocimiento sobre lo pleno de una categoría escatológica que no ha sido realizada, como lo es la utopía de la «plenitud humana». Hay que decir entonces, que «el valor» es también una categoría histórica en proceso, y que se define como tal por referencia, no tanto a la incógnita de la «plenitud humana final» sino a una «plenitud humana mayor» en relación a la condición humana actual. Esta «plenitud humana mayor» es un valor relativo a su situación histórica. Pero como dicen estos teólogos, no basta la plenitud relativa. La plenitud relativa, «que indica el hacia dónde y con referencia a qué», supone implícita o explícitamente la referencia a un modelo *final,* una «utopía del hombre total», una fase superior del desarrollo social. ¿Cómo se sale del impase? No queda más remedio, dice Giménez, que construirla imaginativamente mediante la maximización racional de la plenitud relativa lograda [33]. El reino de Dios como expresión utópica de las posibilidades humanas, según experimentadas desde el éxodo hasta Jesús, constituye el modelo final de la utopía del hombre total.

Es importante advertir que esa concepción utópica del hombre nuevo tiene una dimensión colectiva. Es el hombre solidario, el hombre para el otro, el hombre que vive la plenitud del amor en relación a su prójimo. El hombre nuevo es el hombre social que ha logrado extirpar el egoísmo pecaminoso. Aquí se funden en esta teología, sin confundirse, hombre, reino y Dios.

Hay en la teología de la liberación un intento de identificar a Dios con ese final utópico, el futuro absoluto donde el hombre llega a ser Dios, un final que pasa juicio sobre la relatividad de los logros revolucionarios y mantiene vivo el proceso de la liberación. Negre, en *Biblia y liberación* ya nos advierte que la nueva hermenéutica implica que «hay que subvertir la noción de Dios», que Dios resulta ser «el futuro donde se revela el futuro absoluto... donde se revela la liberación definitiva» [34].

32. G. Giménez, *Elementos para una ética de liberación social,* 121, 122.
33. *Ibid.,* 125, 126.
34. P. Negre, *Biblia y liberación,* 73.

La definición que las nuevas teologías europeas y latinoamericanas hacen de la «trascendencia» en sentido histórico, como la realidad histórica futura hacia la cual el hombre va caminando dialécticamente y que pasa juicio sobre el presente motivándolo hacia el futuro, confirma esa tendencia a la identificación de Dios con la situación escatológica del hombre. Un futuro en que, como dice Ugalde, «el deseo de ser como dioses es afirmado en Cristo... es decir, la plenitud humana se nos abre no ya como simple deseo, sino como posibilidad real» [35], es un futuro que identifica esperanza escatológica-Dios-hombre. Con respecto al hombre, «la meta de la liberación es su divinización» [36], dice el mexicano Lozano.

Vamos observando ya que la ética escatológica absorbe a la teodicea. Pero, según yo veo, esto es diferente a cuando la vieja teología decía con un sentido platónico que el hombre se funde o desaparece en Dios. *Esta vez lo que se está diciendo, y se dice históricamente, es que el hombre llegará a su perfección en su relación con el otro hombre, que así el hombre llegará a ser como Dios. Se está diciendo que Dios, como futuro pleno, será realizado cuando el hombre viva el amor a su plenitud en relación con el otro hombre. En esta teología, Dios viene a ser una perfección escatológica, «una promesa para el hombre revelada en Jesucristo», y en consecuencia el «nuevo hombre» vendrá a ser el hombre-Dios.* Dios deja de ser un principio atado inmutablemente por los griegos a su propia esencia, para convertirse en la *esperanza escatológica* misma, en la *situación humana plena,* en la esperanza que domina y moviliza al hombre. Dice el colombiano Noel Olaya, en una atrevida afirmación que recoge el sentido del teísmo de algunos de estos autores:

Aquí se supera el panteísmo y el politeísmo, o panhumanismo, es un mundo *teándrico.* Gracias a la realidad (reconocida y vivida) de la dialéctica, de la historia, del espíritu, aquí se vive la fe trinitaria: la unidad de la comunidad en la diversidad de personas. Personas con identidad propia, sin personajes o grupos sagrados a los que se transfiere la identidad propia. Pero entonces cambia radicalmente la imagen de Dios. Ya no es tanto el Dios de los orígenes, el dios alfa, cuanto la *dinámica* y el *horizonte,* el futuro del hombre, su omega, que no podemos definir, sino sólo buscar. Y sólo se le busca cuando se busca al hombre, es decir, cuando se le construye [37].

35. C. Ugalde, *La ambigüedad de la esperanza de los cristianos, la utopía y la transformación de la realidad latinoamericana,* en *Liberación de América latina,* 94.

36. J. Lozano, *El compromiso de la iglesia en la liberación de América latina,* en *Aportes para la liberación,* 91.

37. N. Olaya, *Fe y praxis social,* en la antología *Pueblo oprimido, señor de la tierra,* 269.

Bien pensaba Gera entonces, cuando decía: «Creer en Dios es creer en el reino».

Esa fundamentación ética tiene la virtud de arrojarnos luz sobre la re-estructuración que ocurre en todo el pensamiento religioso a partir de la teología de la liberación, lo cual nos demuestra una vez más que no estamos ante una moda teológica, sino ante una reestructuración integral. A partir de la restauración de la historicidad de la salvación y de la recuperación de la centralidad del hombre, las categorías teológicas son sacadas de quicio y devueltas al pensamiento histórico con que se concibieron originalmente. Se piensa la teodicea a partir de la ética y no al revés; como solía hacer la teología idealista [38].

Por ejemplo, la concepción bíblica del amor, la adoración y el servicio del hombre a Dios, como algo que se da siempre por medio del otro hombre, nos plantea también el reverso de la medalla; el amor, el consuelo y la acción liberadora de Dios para el hombre se da entonces por medio del hombre cristiano que ama, que consuela y que libera a su prójimo.

Se critica a veces la teología de la liberación, por su aparente énfasis despersonalizador de Dios y la aparente absorción del individuo en el concepto bíblico del reino de Dios. Lo que en realidad pasa es que la teología de la liberación rechaza una concepción abstracta, metafísica de Dios y afirma la concepción histórica y material de Dios que aparece en la biblia. En la biblia, afirman estos teólogos, el amor de Dios, su consuelo y su acción liberadora no se refieren a una fuerza abstracta del mundo de las ideas o de un cielo pensado a lo griego, sino que se refiere a la justicia y amor real que recibe el necesitado de consuelo, el que sufre la muerte de su ser querido, el enfermo, el encarcelado, el perseguido, el explotado y oprimido, el desesperado, el confundido o el pecador. Justicia y amor real que reciben directamente de la comunidad cristiana histórica y humana a través de los cuales se perfecciona el amor de Dios. Dios se manifiesta «personalmente» a las personas, mediante otras personas. Dios es un Dios personal, por razón de que se encarna en las personas que aman al necesitado. La biblia, según la exégesis moderna, no concibe una persona abstracta, ahistórica. La persona en la biblia es historia.

38. Está en lo correcto Dussel cuando comienza su teología por la ética. Dice: «Era necesario penetrar por lo primero, y lo primero son las opciones éticas. La ética, la teología primera, es una teología fundamental. Quien crea comenzar la teología por una especie de "teoría del conocimiento teologal", que es lo que tradicionalmente se hace en los estudios teológicos, simplemente ya opta éticamente por una cierta vertiente: todo lo que pensara será tributario de una opción inicial que nunca fue ni puesta en duda ni pensada. Se trata de una teología ideológica» (*Teología de la liberación y ética*, 7).

El hombre es el punto de encuentro entre Dios y el cristiano. Es allí donde la relación humana de amor-justicia se da, donde se encuentra Dios. De aquí en adelante, es en este contexto que hay que entender la verdadera «espiritualidad» de la fe cristiana, la experiencia personal del «pecado», el «perdón», la «comunión», la «santidad», el «sacrificio» y la «gracia de Dios». Todo se refiere a la militancia de amor en favor del prójimo o a la ausencia de esa militancia. No se trata de que lo social venga a eliminar la dimensión *personal* e *interior* de la fe, como alegan los sostenedores del pietismo platónico, sino que se trata de ubicar la decisión personal y la responsabilidad interior de la práctica de la fe en su contexto bíblico: la relación del hombre con su prójimo en el contexto histórico-político.

4. Hacia una ética científico-política de liberación

Esa antropología y ese humanismo cristiano constituyen el fundamento de la ética cristiana de liberación, pero no nos indican en concreto, qué es lo que hay que hacer. De ellos no se derivan directamente tareas y normas específicas de conducta moral. Estas hay que extraerlas del conocimiento de la situación histórica concreta en que vive el hombre.

Estos teólogos entienden que es el estudio de las condiciones materiales concretas del hombre lo que provee el conocimiento sobre su realidad, sobre el posible proyecto histórico y sobre la posible estrategia objetiva para alcanzar la condición necesaria para posibilitar la utopía. El juicio sobre cómo debe procederse para que el hombre llegue eventualmente a realizar esos valores utópicos en la historia, debe venir del conocimiento científico de la historia concreta del hombre. De aquí que la incorporación del conocimiento científico de la condición del hombre a la reflexión ética sea esencial de aquí en adelante.

Uno de los primeros intentos de considerar la contextualidad histórico-social del hombre latinoamericano para descifrar la concreticidad eficaz de una ética de liberación que se exprese en tareas y normas prácticas, es la ética de liberación esbozada por el teólogo e historiador argentino Enrique Dussel [39]. Enrique Dussel desarrolla la primera ética latinoamericana de liberación tomando en cuenta la relación de economía «dependiente» y «periférica» que ha *estructurado* la vida latinoamericana por designio de esa «to-

---

39. Cf. sus conferencias recogidas en *Teología de la liberación y ética* y en *Caminos de liberación latinoamericana*, desarrollados más tarde cuando este capítulo ya estaba redactado en los tres volúmenes de *Una ética de la liberación latinoamericana*.

talidad» privilegiada, cerrada y dominante del mundo noradlántico, centrado originalmente en Europa y hoy en los Estados Unidos. Aunque sería imposible hacer una exposición de un sistema tan amplio y complejo como el de Dussel, quiero intentar exponer cómo la realidad *constitutiva* de América latina, como «economía dependiente», se convierte en fundamento de todo un sistema ético de liberación para este historiador argentino:

Esa «totalidad» dominante encierra en sí el «sentido», explicación y valor de todo lo posible. Lo que queda fuera no tiene sentido ni valor para esa totalidad, lo que queda fuera es explotable, destruible —como el indio, como sus recursos naturales [40].

Es en la «alteridad» del hombre latinoamericano, pobre, periférico —no completamente otro con respecto a la «totalidad» dominante— en quien se «revela» la verdadera totalidad con la exigencia de la liberación del hombre. La «revelación» de la «alteridad» (el otro que viene desde fuera) que se da en Jesús, quien representa a los pobres, hoy se da en los pobres latinoamericanos que representan agudamente la situación de todos los otros de las economías dependientes del mundo [41]. La «epifanía de Dios en el hombre pobre», explotado y oprimido, constituye una acusación del pecado que tiene su raíces en la «acumulación del capital» y que se manifiesta en el dominio del coloniaje [42].

40. «Ecumene sería lo mismo que decir "totalidad"; es un término técnico, sumamente abstracto. Totalidad viene, como es evidente, de todo; se dice: la "totalidad de sentido" de mi mundo cotidiano, porque cada cosa tiene un sentido en dicho mundo. Lo que está fuera del mundo no tiene sentido. Lo que está en mi mundo tiene sentido... En la biblia a la totalidad se le llama la "carne". El "pecado de la carne" no tiene nada que ver con el "cuerpo", mucho menos con el sexual o sensual. El "pecado de la carne" es el mal, es un mundo que se totaliza; es por ejemplo cuando una ecumene se cree única y niega a los otros; en su esencia es egoísmo» (O.c., 13) ...«el cristiano latino considera que su cultura, que es la cristiandad, es sagrada, porque "Dios está con ellos". El cristiano que venía a sacarle a los chibchas su oro, no era simplemente un español ansioso y ávido de riquezas, sino que aparecía a los ojos de los indios como un cristiano. Se trata, exactamente, de la sacralización de una ecumene que en su fundamento tiene como finalidad el «estar-en-la-riqueza» (O.c., 15).

41. «La fe, que es la aceptación de la palabra del otro, en cuanto a otro, es fe cristiana cuando se acepta la palabra divina en Cristo por mediación del pobre histórico, concreto, real. La epifanía real de la palabra de Dios es la palabra del pobre que dice: "¡Tengo hambre!". Sólo quien oye la palabra del pobre (más allá del sistema analéctico entonces) lo que supone que se es ateo al sistema, puede escuchar en ella la palabra real de Dios. Dios no ha muerto, quien ha sido asesinado es su epifanía: el indio, el africano, el asiático, y por ello Dios no puede ya manifestarse. Abel ha muerto en la divinización de Europa y el "centro", y por ello Dios se ha ocultado» (*Teología de la liberación y ética*, 215).

42. «Por ello, el texto del autor citado, que es un economista, se transforma de pronto en un texto teológico y lo que dice es exactamente ortodoxo: "La acumulación originaria viene a desempeñar en economía el mismo papel que desempeña en teología el

Sin la irrupción de la alteridad en la totalidad dominante, dice Dussel, no es posible la existencia del «otro hombre», no puede haber la aceptación del otro, en cuanto otro, no puede haber relación de amor, no puede haber ética cristiana, no puede haber novedad, no puede haber historia. Pero la «alteridad» que pasa juicio sobre la verdad que reclama totalidad en el orden establecido, crea una «crisis» que desafía la legitimidad del orden[43]. Se da entonces el proceso de liberación. Entonces se hacen posible la historia y la ética[44].

Al igual que Miranda, Dussel señala la imposibilidad de incorporar la idea de la justicia al pobre —representados hoy por los pueblos explotados y oprimidos— en la estructura del pensamiento occidental, sin romper el cerrado círculo de su totalidad para rehacerla incluyendo el otro que está fuera del sistema de beneficios. Ello requiere la muerte de la «divinización» del sistema[45], no la «muerte de Dios», como alegan algunos teólogos norteamericanos. Ese sistema de pensamiento occidental fue concebido en su origen idealista como reflejo del mundo de aquel entonces, donde la relación patricios-esclavos-bárbaros constituía la realidad conocida, por lo cual se le daba categoría de sustancia[46]. La sustancia era pensada a partir de la totalidad griega. Aun los opuestos están concebidos en esa misma totalidad, por lo tanto, esa totalidad indica el último ámbito del filosofar[47]. La novedad, la «alteridad», no son posibles en ese círculo cerrado; no cabe pensar una historia abierta ni la ética del amor al pobre, sin que se falseen ambas. Esto sólo es posible rompiendo la ideología de la opresión mediante la liberación provocada por el otro, desde fuera, quien participa con amor en romper la totalidad exclusiva y en construir finalmente la totalidad inclusiva[48].

pecado originario"» (*O.c.*, 24) ...«El pecado originario se transmite por la constitución ontológica del ser en el proceso educativo» (*O.c.*, 33).

43. «Quiere decir que la ley vigente no puede ser el fundamento del acto bueno, porque las leyes no son más que las exigencias del fin... el fin que es el fundamento de la ley; pero si el fin es malo la ley es injusta, y si cumplo con la ley injusta el acto es malo, es un pecado; es mejor que no lo cumpla» (*O.c.*, 49).

44. «La praxis liberadora se origina desde el otro como otro. Es el servicio al pobre que está *fuera* del sistema, que está más allá de los fines y de las leyes del sistema; es hoy servir a los pueblos de la periferia al querer la liberación de esos pueblos. Al querer y comprometerse con la liberación de los pueblos de América latina entramos en la historia mundial de la liberación» (*O.c.*, 49).

45. *O.c.*, 215.

46. *O.c.*, 191.

47. Cf. a R. Vidales en *La iglesia latinoamericana y la política después de Medellín*, 122.

48. «De ahí que el "amar el prójimo" es toda la ley. "Amar al prójimo no es una norma moral secundaria. ¡No! Amar al prójimo es justamente (y no "como a sí mismo" sino "como yo os he amado", que es el nuevo mandamiento) el amor que trasciende

A pesar de que el brillante historiador argentino articula una ética de liberación a partir de la peculiar situación histórica de las «economías dependientes» de América latina, todavía no se expresa la ética como sistema de la praxis con la necesaria autonomía como para recoger en forma concreta la expresión valorativa a partir del conocimiento científico y de las tareas políticas concretas que genera la dialecticidad de la situación latinoamericana. En otras palabras, no se distingue claramente la teología de la liberación de una ética de liberación.

Es Gilberto Giménez, en ese su libro *Elementos para una ética de liberación*, quien logra la elaboración más sistemática y abarcadora de una ética de liberación, retomando el tema de la liberación en su autonomía y consistencia propia, en forma sistemática. Gilberto Giménez viene a llenar el vacío de la reflexión ética. Ese vacío había llevado en un inicio al desconocimiento práctico de la «autonomía propia de la tarea liberadora» como tarea secular, lo que llevó en algunos a la reducción ética de la fe y a la utilización de la teología de la liberación como teoría e ideología de la revolución.

En el inicio del desarrollo de la teología de la liberación, se pretendió reducir la ética de la liberación a la tradición bíblica de liberación y a la mera reflexión teológica, sin incorporar el nivel estratégico-táctico que implica la incorporación del instrumental científico y de la organización y estratégia política. Giménez se dirige a ese problema. La ética de liberación para Giménez significa lo siguiente:

> ...un ensayo de reflexión crítica sobre un sector peculiar, de los comportamientos sociales (praxis) en cuanto expresión de valores: aquellos que emergen en situaciones de inestabilidad y «destrucción» social, con carácter fuertemente disfuncional respecto al «orden establecido», que se proyecta precisamente sustituir por un «orden nuevo» con significado de liberación social [49].

Así quedan definidos desde el principio los valores con referencia a los cuales se hará la lectura moral de la praxis y su fundamentación ética. Queda claro que se refiere a una ética cuya praxis moral es política y que se refiere a la ética del proceso de liberación previo y necesario a la construcción de la nueva sociedad con referencia a la cual será necesario otro tipo de reflexión ética.

El término liberación en su libro comprende dos sentidos: en primer lugar, el sentido utópico del término, como componente de la «plenitud hu-

---

la totalización. El amor como «yo os he amado», es un dar la vida hasta la muerte... El que en la vida cotidiana es cristiano, lo es porque está situando el otro como aquel que en su servicio merece que dé la vida hasta la muerte (Dussel, *o.c.*, 184).
49. G. Giménez, *Elementos para una ética de liberación* (tesis doctoral), 11.

mana» («el hombre nuevo», el «reino de la libertad» contrapuesto al «reino de la necesidad»), y en segundo lugar, el sentido que designa un proceso político-social de carácter conflictivo y complejo situado en un contexto histórico, por el que determinados grupos dominados rompen las estructuras de dominación y dependencia que los mantienen en sujeción política, económica y cultural, tanto internamente como a nivel internacional. Esta tarea de liberación entendida como proceso político, «comporta una moral inmanente» vivida y no necesariamente reflexiva», cuyo análisis y crítica es la tarea de la ética»[50]. Queda claro entonces, que la forma específica de esta moral no viene de la religión institucionalizada y de su ética utópica, sino que viene del valor que tiene la acción al nivel estratégico-táctico para lograr la liberación socio-política del hombre. Esa acción ético-política la define el hombre frente a la situación concreta de opresión en que se encuentra.

La caracterización de esta «ética de liberación» se la imparte su estructura científica y política. Hemos dicho, que el hecho de que la *moral* sea una *forma de praxis,* que sea una lectura moral de la praxis de liberación, y el hecho de que esta praxis se dirija a una liberación humana cuyo contenido concreto se la da la situación histórica (socioeconómica y política), hace de ella una moral política, aunque esto no la absorba en su totalidad. En consecuencia, dice Giménez:

> La ética, en virtud de ser un *saber* de la praxis —la crítica y fundamentación del significado moral de la praxis— es un saber que sólo puede provenir del interior de la praxis, de la participación en el proceso político-social[51].

Por lo tanto, ambas, la moral y su ética, están «subalternadas a la racionalidad de la praxis político-social», no se pueden articular a partir de «principios» estabecidos a priori.

Aun cuando la moral y su ética estén orientadas por la utopía de un nuevo mundo, esta utopía sólo puede ser mediada por la práctica política científica, que se fundamenta en el análisis dialéctico de la realidad objetiva dentro de un campo global de operaciones, en vista a los cambios que el análisis indique como posibles con respecto a sus fines y a las condiciones del campo. Ese análisis, indicará la conducta aprobable y la no aprobable. La *objetividad científica* de esta ética de compromiso político, se la otorga la *efectividad* que logre en la práctica con respecto a los fines que se propone de transformar el mundo mediante el proceso de liberación en la situación concreta. Es una objetividad en proceso, como lo es todo el conocimiento dialéctico. Concluye

50. *Ibid.,* 12.
51. *Ibid.*

Giménez: «A partir de aquí, podemos sustentar el principio de que toda praxis de liberación es «moral» en la medida en que sea "racional"» [52].

En otras palabras, una vez establecidos los fines (liberación), es moral en la medida que sea *eficiente* en la realización de los fines últimos mediante la creación de las condiciones objetivas que hagan posible esos fines últimos. La moral de liberación —dice Giménez— se encuentra subalternada a la racionalidad político-social de la siguiente manera:

1. En cuanto a eficacia y operatividad («los valores sociales se realizan por mediación de la praxis política»).
2. En cuanto a la determinación de su mecanismo normativo concreto (que se basa siempre en el «análisis de la realidad y en el proyecto elaborado en consecuencia»).
3. En cuanto a los fundamentos de elaboración de sus juicios de valor... en cuanto a la formación misma de la conciencia moral liberadora (esto es así porque los juicios de valor inmediatos concretos no parten de la utopía de la nueva sociedad o del «reino de la libertad», sino de que «brotan de la reflexión crítica a partir de la praxis hacia la praxis») [53].

A pesar de que esta ética está caracterizada por la racionalidad científico-política, Giménez, como muchos de sus colegas, advierte contra el «mecanismo moral». Se resiste a una identificación completa entre la moral y la política. No significa, dice, «la absorción pura y simple de la moral por la política». Dice:

La configuración de la personalidad moral del militante, la calidad humana de su compromiso, la floración de las virtudes y hábitos proporcionados a ese mismo compromiso y a la asimilación de las motivaciones morales adecuadas, implican un esfuerzo subjetivo de autoeducación y de crítica que no resulta mecánicamente de la racionalidad política [54].

En el acto moral en favor de la revolución para la liberación del hombre, va implícito una *decisión* que no proviene mecánicamente de los resultados del análisis socio-económico y político. «Conocimiento» y «decisión» no significan lo mismo. A partir de la fundamentación socioanalítica, se impone, como dice Assmann, «el ulterior paso decisivo que como tal no se deriva sin más del análisis en sí, sino que se alimenta de la capacidad humana de asumir responsablemente la historia». El hecho de que la revolución constituya un «imperativo moral porque constituya la única alternativa capaz de liberar

52. *Ibid.*, 18.
53 *Ibid.*, 48-50.
54. Giménez, *o.c.*

al hombre aquí y ahora, según el conocimiento científico, no releva al hombre de la *decisión* personal que es condición necesaria para que su conducta sea moral.

De aquí, que el criterio de *eficacia histórica de la praxis política* exige criterios de cualificación cuando hablamos de la dimensión moral de esa praxis.

Assmann lo advierte constantemente:

> Se trata de *criterios-índices* por los que el mundo a través de la acción eficaz del hombre, es transformado en un mundo *más humano*. Cuando se insiste en el sentido de *liberación* que debe tener esta praxis, se evidencia más aún que es *de mejoramiento cualitativo al servicio del hombre* de lo que estamos hablando[55].

En esa eficacia, entonces, el amor no está ausente. E inclusive, es identificable. Cuando Assmann se pregunta, con qué criterios puede alguien comprobar la presencia o ausencia de amor en una praxis política determinada por consideraciones de eficacia práctica, Assmann responde: por la *gratuidad* implícita en el que arriesga su vida por los demás:

> Es necesario dejar bien claro, que también existe gratuidad de verdadero amor, en medio de la dura conciencia de las implicaciones de la estrategia y de la táctica; que no todo lo que a algunos parecerá cálculo de eficacia y nada más, es efectivamente cálculo de eficacia, porque puede ser la forma histórica y realista de dar su vida por los amigos.

En consecuencia, al afirmarse el carácter científico-político de la ética de la liberación, también se afirma el carácter ético de la teoría revolucionaria v la tecnología puesta a la disposición del desarrollo humano. Esto lo encontramos en afirmaciones como la de Luis Rivera Pagán, cuando dice:

> El marxismo es una ciencia. La ciencia de la explotación y revolución de los explotados. Pero se nutre de un elemento extra-científico, de una raíz *ético-utópica*. La discusión sobre si el marxismo es una ciencia o una ética, si es una metodología analítica o un humanismo, es una discusión abstracta, estéril y fatalmente dicotomizadora. Segrega elementos que son importantes y que deben ir dialécticamente unidos: la solidaridad ética con los oprimidos, su lucha y sus aspiraciones y el análisis científico imprescindible para el fin de la opresión y el triunfo de la lucha. Dicha segregación es entendible en el contexto academicista en el cual se discute muchas veces el marxismo en Europa. Dentro de la práctica revolucionaria latinoamericana no tiene sentido alguno. «El revolucionario verdadero está guiado por grandes sentimientos de amor». «Sin teoría revolucionaria no hay movimiento revolucionario». Ambas cosas, la compasión irresistible por el sufrimiento del pue-

---

55. H. Assmann, *Opresión-liberación: desafío a los cristianos*, 92, 93.

blo y el análisis científico de la salida revolucionaria prevista por el sistema mismo son imprescindibles y deben constituir un todo dialéctico [56].

Desde luego, la ética de la liberación no termina en el proceso político de la toma del poder, sino que se extiende a los esfuerzos dirigidos al desarrollo humano mediante la planificación social para el mejoramiento de la vivienda, salud, educación y el enriquecimiento de la cultura y los valores espirituales que van siendo concebidos con ese sentido ético que se recoge en el tema de la formación del «hombre nuevo» de la sociedad socialista. De aquí en adelante, el contenido de esa ética anuncia la problemática del carácter moral de la ciencia y la tecnología, en un contexto sociopolítico diferente. Pero este capítulo de la ética de la liberación permanece como anuncio en todas las éticas latinoamericanas de la liberación en espera de la liberación social misma.

Estos dos enfoques, el de Dussel y el de Giménez, nos ofrecen una idea de cómo la historización de los valores resulta en la incorporación de las categorías del conocimiento científico —socioeconómico e histórico— al pensar ético de los cristianos revolucionarios y cómo este proceso hace de la ética cristiana una ética operacionable al nivel estratégico-táctico para facilitar y movilizar la participación de los cristianos en el proceso latinoamericano de liberación.

En esta moral de liberación, los elementos analíticos de la moral, las categorías éticas, se transforman en categorías de clase.

El «sujeto» viene a ser la clase social, aunque esa conciencia se asienta sobre la responsabilidad de cada uno de sus miembros, en particular su vanguardia.

La «conciencia moral» se convierte en conciencia de clase. Habrá de ser una conciencia moral colectiva de liberación, de la cual broten las opciones y las acciones morales concretas.

Las «opciones» y las «acciones morales» se constituyen por una praxis que se da en continuo proceso de experimentación, que se refina y se acumula sobre la base de esa opción mayor de carácter global en sentido de liberación. Esas opciones y acciones constituyen decisiones colectivas e históricas que tienen simultáneamente un significado ético y político.

Esas opciones habrán de ser morales en el sentido que han de ser tomadas «responsablemente», esto es, en «libertad». Pero desde una libertad histórica y colectiva, porque esas acciones morales han de ser procesadas a través de la complejidad dialéctica del proceso político, según condicionadas

56. L. Rivera Pagán, *Teología y marxismo*, folleto de la FUMEC, 42.

por los determinantes estructurales y coyunturales de la situación que se pretende transformar. Ha de ser una libertad que, aunque dependa de la iniciativa y creatividad del sujeto, ha de operar dentro de los márgenes de las leyes de la historia, en las cuales se apoya para controlarla en beneficio de la liberación.

Las «normas» concretas que habrán de regular la acción no serán deducidas de principios universales y abstractos, como en la ética idealista de principios, sino del juego dialéctico de la crítica del presente sistema a la luz de su propia utopía enmascaradora y del proyecto superador que determinará qué no deberá continuar haciéndose y qué deberá hacerse para la construcción del nuevo proyecto. Del análisis de la situación concreta donde ha de construirse el nuevo proyecto histórico surgen las normas para la conducta concreta.

Con respecto a la relación de «medios y fines», contrario a la moral idealista, en la que la intención importaba más que la eficacia de los medios, la ética de la liberación convierte la *eficacia* (la racionalidad de los medios) en una virtud capital. Esto es así, en razón de que se fundamenta en un bien no existente que todavía está por ser construido. La ética de liberación puede ser caracterizada como la ética de la eficacia. «La eficacia determina la moralidad de los medios», decía Giménez [57]. Por consiguiente, sí se puede decir en esta ética que «el fin determina y justifica los medios».

5. Un problema ético específico:
amor y lucha de clases

La teología de la liberación, en la línea de la nueva ética europea y norteamericana, restaura el cuerpo, el mundo, la historia y lo humano como el objeto del amor de Dios y del hombre cristiano, pero contrario a esto, los latinoamericanos llevan el proceso hasta sus últimas consecuencias políticas. Esta ética cristiana de liberación afirma, que para que el amor —como virtud cristiana fundamental— pueda penetrar la realidad histórica del hombre, debe incorporarse en las estructuras dialécticas de la realidad socio-política en la que se da la vida humana.

Estos teólogos nos advierten, que cuando se entiende el amor cristiano desde una perspectiva exclusivamente *escatológica*, esto es, como será en la plenitud del reino de Dios —cuando el hombre «ponga la otra mejilla al ser abofeteado»—, sin tomar en cuenta la situación *histórica*, el entendimien-

57. G. Giménez, *o.c.*, 72.

to del amor resulta ideologizante en favor de los dominadores [58]. En otras palabras, cuando se desviste el amor de su fundamento material y social, cuando no se toma en cuenta la situación sociopolítica para determinar cómo debe amarse al prójimo, se convierte al amor en un aparato legitimador de la opresión, en un aparato ideológico para obligar al oprimido y al explotado a «amar» a su opresor y a su explotador con resignación, para obligarlo a no rebelarse, a no causar daño a su hermano explotador u opresor, a no perturbar la paz y la «unidad cristiana» que debe existir entre «todos los hijos de un mismo Dios».

Así se declaran incompatibles el amor y la violencia. En base a esto se convierte la «unidad de la iglesia» y la paz, en aparato ideológico de represión. Desde aquí se procede a desconocer la naturaleza conflictiva e irreconciliable de los intereses de clase y a condenar en nombre del amor, los actos de defensa de los oprimidos en la lucha de clase. El amor, que bíblicamente constituye el impulso a la lucha por la justicia, termina siendo justificatorio de la opresión. Por esto, los teólogos de la liberación nos advierten, que si no entendemos el amor en una perspectiva histórica, termina siendo una contradicción de sí mismo. Para que el amor cristiano pueda realizarse tiene que optar por los oprimidos y explotados en la situación real, que es una de intereses de clase en conflicto irreconciliable. La decisión en favor de unos y en contra de otros plantea como problema el fundamento mismo de la ética cristiana.

Lo que se trata, en la cuestión ética del «amor y la lucha de clase», es cómo reconciliar, desde la perspectiva del amor cristiano al prójimo, el ir en favor de los oprimidos y simultáneamente, en contra del opresor en una lucha de clases donde la destrucción de uno es necesaria para la liberación del otro.

Estos autores, versados en las ciencias sociales, reconocen el hecho de que la lucha de clase siempre ha existido, que ha estado a la base de los grandes cambios históricos, que el marxismo no la inventa, sino que la descubre allí donde siempre ha estado y propone la estrategia real para elimi-

58. H. Assmann, *Opresión-liberación: desafío a los cristianos*, 168. «La dinámica unificadora profunda es esencial en el cristianismo porque es esencial al amor. Abandonar esta perspectiva tendencial significaría, a nuestro ver, dejar de hecho de ser cristiano. Pero la historización de esta tendencia final implica el enfrentamiento realista de la conflictividad. El acento unilateral, a veces exclusivo, en la reconciliación desfibró y despotenció la capacidad combativa de muchos cristianos. Su incapacidad de captar el sentido amoroso de la identificación, provocación y aun de la inevitable profundización de contradicciones reales, efectivamente existentes, revela la urgencia de recuperar para la historicidad del amor cristiano, las categorías bíblicas del conflicto, de la lucha, de la ruptura, del juicio (krisis) y sus correlatos».

narla para siempre. A partir de la comprensión científica de la sociedad, estos teólogos y militantes cristianos reconocen la imposibilidad de la «colaboración de clases» sociales mientras quede en pie el mecanismo de extracción de trabajo no pagado, y entienden que el amor cristiano sólo puede eliminar ese mecanismo mediante un proceso político que se define en términos del triunfo de la lucha de clases. Sólo cuando se creía en que el orden social era determinado por Dios y que la propiedad privada de los medios de producción era un designio divino, era posible resignarse a la explotación de clases. Pero éstos conocen, como la historia y la ciencia han señalado, que la propiedad, y las clases sociales resultantes, es un producto histórico. De aquí que la solución al problema de la lucha de clases tiene que ser histórico.

Estos autores nos harán consciente de que el acto moral se da siempre en dos niveles: el nivel normativo o subjetivo, y el nivel fáctico u objetivo. Si bien es cierto que el fin no justifica cualquier medio, sino los *adecuados* a la naturaleza moral del fin, hay que tener en cuenta que la relación entre fines y medios no puede ser considerada en abstracto, sino en relación con lo que es posible según la naturaleza de la realidad objetiva, material e histórica que se quiere modificar en dirección al fin propuesto.

Si el conocimiento de la estructura y dialéctica de la historia nos indica que es imposible solucionar el problema de la explotación sin eliminar las clases sociales, que éstas no se pueden eliminar sin tomar el poder y eliminar la propiedad privada de los medios de producción, y que esto no es posible sin desarticular el poder político y militar de esa otra clase, entonces, el nivel fáctico le determina al normativo la inevitabilidad de unos medios que deben usarse si se quiere realizar el fin moral.

No contar con esa dimensión objetiva, histórica, lleva a los fines morales a quedarse en el nivel de «moralismo» y la buena voluntad utópica. Por esto, nos señalan autores en el tratamiento del asunto, que el problema se soluciona cuando se toma la historia para hacer que el amor sea «eficaz». Para esto, el conocimiento científico de la sociedad es tan importante como el compromiso de amor con los pobres y oprimidos. El problema se examina entonces en términos de la interacción de lo normativo con lo fáctico.

Los varios enfoques que vamos a examinar determinan que la paz y la unidad, como frutos del amor, sólo pueden resultar reales cuando se resuelve la contradicción que en la realidad histórica impide su realización: la contradicción de clases. Esta debe ser resuelta históricamente en sus propios términos, destruyendo su base objetiva: la propiedad privada de los medios de producción.

De aquí que el fin normativo del amor al prójimo, para hacerse real, tiene que pasar por la racionalidad sociopolítica. Para destruir la lucha de clases el amor tiene que pasar por ella. No hay otro medio histórico para extirpar el pecado del enemigo y salvar al oprimido y al opresor. Veamos algunos enfoques concretos al asunto.

Primero, veamos cómo Gutiérrez ubica el problema en el proceso político real, pero manteniendo el requisito del «amor a los enemigos».

> La universalidad del amor cristiano es una abstracción si no se hace historia concreta, proceso, conflicto, superación de la particularidad. Amar a todos los hombres no quiere decir evitar enfrentamientos, no es mantener una armonía ficticia. Amor universal es aquel que en solidaridad con los oprimidos busca liberar también a los opresores de su propio poder, de su ambición y de su egoísmo, el amor hacia los que viven en una condición de pecado objetivo nos exige luchar por liberarlos de él. La liberación de los pobres y la de los ricos se realizan simultáneamente. Se ama a los opresores liberándolos de ellos mismos. Pero a esto no se llega sino optando resueltamente por los oprimidos, es decir, combatiendo contra la clase opresora. Combatir real y eficazmente, no odiar; en eso consiste el reto, nuevo como el evangelio: amar a los enemigos [59].

El trabajo sobre esta cuestión que más ha circulado por América latina es el del misionero católico italiano Giulio Girardi. Lo menciono aquí a pesar de que no es latinoamericano, por su íntima relación con nuestros teólogos y por la amplia circulación de su trabajo en el continente [60].

Este enfoca la dimensión ética de la lucha de clases desde esa perspectiva inevitable en que entra el amor si va a ser histórico.

La cuestión es histórica antes que ética y religiosa, nos dice. La lucha de clases existe y hay que decidir, con amor, la posición que se toma con respecto a ella. Una vez se entiende el amor en sentido histórico y se le requiere eficacia histórica, éste «no se ve como necesariamente incompatible con la lucha e incluso nos exige comprometernos seriamente con la liberación de los pobres y oprimidos y la transformación del sistema total» [61]. La participación en la lucha de clases es resultado directo del amor por los pobres y oprimidos y por los enemigos.

---

59. G. Gutiérrez, *Teología de la liberación*, 344. Cf. también su artículo *Fraternidad cristiana y lucha de clases*. Similar es la opinión de E. Dussel: «Si el dominador liberara al pobre, moriría como dominador pero renacería como salvado. Por eso que no hay que matar al hermano como persona, pero sí al dominador como dominador. El dominador se identifica con el pecado cuando el oprimido se pone en camino de su liberación hacia un nuevo orden. Por ello hay que desposeerlo al dominador para salvarlo» (*Teología de la liberación y ética*, 51).

60. G. Girardi, *Cristianismo, pastoral y lucha de clases*, en *La vertiente política de la pastoral*.

61. *Ibid.*, 94.

Dice Girardi:

> *El mandato del amor no se puede disociar ya de la lucha de clases.* Este es el gran giro que se ha dado con respecto al amor. Se trata de un amor dinámico y transformador que descubre la tarea de crear un hombre nuevo no en sentido meramente individual, sino comunitario. Un amor militante que da nuevo sentido a la universalidad del amor: ésta no puede significar neutralidad, sino opción en favor de quienes defienden los intereses de una humanidad por liberar. *Hay que amar a todos, pero no es posible amarlos a todos del mismo modo; se ama a los oprimidos liberándolos, se ama a los opresores combatiéndolos.* Se ama a unos liberándolos de su miseria, y a los otros de su pecado... Tolerar a los opresores por el hecho de que sean cristianos querría decir renunciar a condenar y combatir su pecado, compartiendo con ellos la responsabilidad. Luchar contra hombres y estructuras que invocan el nombre cristiano para conservar una situación social injusta no es sólo un deber ético, sino religioso [62].

La clave de la diferencia que hace la lucha de clases cuando participan los cristianos es la diferencia entre «odio de clases» y «lucha de clases». Esto impone el «amor al enemigo». El evangelio, dice Girardi, «manda a amar a los enemigos, no manda a que no los debamos combatir». Esto debe tener importantes implicaciones en la fase de la «dictadura del proletariado», lo cual no debe entenderse como un aflojamiento de la defensa efectiva de la revolución, sino como una contribución a la perspectiva revolucionaria del valor del hombre en la construcción del socialismo para la cual es importante la rehabilitación del enemigo.

Jacques Chonchol, ministro de agricultura del gobierno de Allende en Chile, y líder de la Izquierda Cristiana, responde al problema enfocándolo desde el siguiente planteamiento: En el claroscuro de la realidad histórica en que vive el hombre cristiano que tiene que hacer decisiones políticas, las alternativas que le son dadas no son el escoger entre paz y violencia, sino entre una realidad histórica sujeta a análisis sociológico y soluciones políticas en las que el poder y la violencia son elementos integrantes. Dice:

> La alternativa que se abre al creyente que quiere ser fiel al evangelio no es, por lo tanto, *paz versus violencia.* Los verdaderos términos de la opción son *violencia instalada versus lucha de clases abierta.* Y esta última será o no sangrienta, según la actitud que adopte la clase dominante. Ella es la que fija las reglas del juego al respecto. Casi sin excepción escoge el camino de la violencia porque dispone de la fuerza. El pueblo jamás ha buscado la violencia. No la quiere. Entiende que si ella se desata, morirán muchos de sus hijos. Si gana, la victoria tendrá un precio horrible en sangre. Y si pierde, intuye que la burguesía

desencadenará una venganza salvaje en contra de quienes han tenido la insolencia de cuestionar su dominación [63].

El hecho de ser cristiano impone al revolucionario cristiano una sensibilidad ética que, aunque no es privativo de los cristianos, es imperativo para todos los cristianos militantes: el fundamento de su participación en la lucha de clases es el amor al prójimo:

> Para el cristiano que llega a comprometerse con los pobres resulta claro que en la lucha de clases está dando pleno y cabal cumplimiento al mandamiento del amor... *El amor es revolucionario; el odio, reaccionario.* La feliz frase del poeta sacerdote Ernesto Cardenal resume el porqué de la actitud de los cristianos comprometidos. El amor nada tiene de debilidad, ambigüedad o conformismo. Por el contrario, es sacrificio, entrega, dureza, decisión, perseverancia. Che Guevara y Camilo Torres no murieron envenenados por el odio. Dieron la más sublime muestra de amor: entregaron sus vidas por la causa de los pobres. Y esa es, según el evangelio, la máxima demostración de generosidad [64].

De aquí que la obligación y contribución del cristiano y del revolucionario, añade Chonchol, debe ser la de «purificar este proceso» [65]. Con lo cual quiere decir, ser el primero en el sacrificio, en la generosidad, de tal manera, que esto constituya una contribución al establecimiento de una «autoridad moral» que permita orientar el proceso revolucionario por sus cauces correctos, ya que de lo que se trata «no es de la venganza de una clase». Se trata de algo más revolucionario que eso, se trata «de la eliminación de una vez y por todas de la violencia opresora de una clase sobre otra» [66]. Debe tenerse en cuenta, dice Chonchol, que la lucha de clases se encuentra en el mismo corazón del testimonio bíblico de la lucha por el establecimiento de un reino de justicia, y que el marxismo sólo le encuentra una explicación científica al proceso y una estrategia concreta para su eliminación.

En esa línea de «purificar el proceso» encontramos las contribuciones de Rolando Muñoz, el teólogo chileno, y Míguez Bonino [67] sobre el tema.

Es importante notar la presencia del amor como motivación en la lucha

63. *El cristiano y la lucha de clases,* entrevista a J. Chonchol, en el órgano oficial de la Izquierda Cristiana, en *Testimonio Hernan Mery,* n. 18, multicopiado por Cristianos por el Socialismo, 4.
64. *Ibid.,* 5.
65. *Ibid.*
66. *Ibid.*
67. Míguez Bonino, *Unidad cristiana y reconciliación social: coincidencia y tensión,* en la antología *Panorama de la teología latinoamericana;* R. Muñoz, *Lucha de clases y evangelio,* en la misma antología; S. Méndez Arceo, *Homilía en la basílica de la Guadalupe de 21 de mayo de 1972* y su entrevista en Chile, publicada en R. Macín, *Méndez Arceo, ¿político o revolucionario?* y los informes de CPS, o.c.

de clases. Es una motivación que cobra forma teórica en la reflexión de los cristianos sobre la lucha de clases.

En los cinco autores citados encontramos que tanto el problema como la solución a la cuestión del «amor y la lucha de clases» residen en el punto donde el amor hace contacto con la historia real. Ahí se hace obligado el *conocimiento* de la lucha de clases, de la naturaleza de la sociedad y ahí mismo el amor tiene que plantear la liberación del pecador y de su víctima por los únicos medios que históricamente pueden ser liberados en la sociedad humana. Debe observarse, sin embargo, que el fin «resignifica» el medio y lo hace cobrar una nueva perspectiva. De aquí la distinción entre «odio de clases» y «lucha de clases».

En este proceso de lucha de clases, como en todos los procesos de cambio de poder «total», media la *violencia*. No se trata meramente de sustituir una administración política por otra, sino de sustituir una sociedad por otra totalmente, de sustituir un modo de producción por otro, de convertir la propiedad privada en propiedad social, de sustituir una forma de vida por otra. Es de esperarse pues, y así ha sido históricamente, que beneficiarios del sistema anterior lo defiendan con todos los medios, hasta lo último. La burguesía no va a permitir la transformación pacífica de la economía en favor de los pobres, los obreros y los campesinos que constituyen las grandes mayorías. Estos tendrán que defender su proyecto de cambio social. Esto no es otra cosa que la agudización de la lucha de clases en el momento de la toma del poder. Esto plantea la cuestión ética de la violencia en la toma del poder.

En los últimos años se ha comenzado a decir que el cristianismo es «pacifista», cosa que no es cierto histórica ni doctrinalmente, excepto en el caso de los quáqueros y los menonitas. No lo es ni lo ha sido en el caso de la iglesia católica ni en el resto de las denominaciones protestantes. La violencia sí es un problema ético en la teología de la iglesia, pero esto es diferente a decir que el cristianismo es «pacifista», y que en base a ello el cristiano tiene que soportar toda la violencia sin defenderse. Históricamente la iglesia ha hecho una distinción entre guerra justa e injusta, además, reconoce el derecho de los pueblos a la insurrección.

El problema con la violencia de la lucha de clases es su objetivo final: la eliminación de la propiedad privada de los medios de producción. Para los teólogos tradicionales la propiedad tiene un carácter ontológico. Según ellos es parte del ser del hombre creado por Dios. Pero desde las últimas encíclicas y el concilio Vaticano II se ha venido afirmando nuevamente el carácter histórico y social de la propiedad privada[68]. En el caso de estos teólogos latinoamerica-

68. El Vaticano II dio fuerza de ley a la doctrina antigua de la iglesia que pre-

nos huelga explicar el hecho que la consideran desde una perspectiva secularizada. Ha sido precisamente el tomar en cuenta la situación histórica lo que ha hecho posible ese tipo de distinción teórica. Los teólogos de la liberación profundizan esa distinción desde la perspectiva *opresión-liberación*.

Lo primero que hay que hacer con respecto a este problema de la violencia es ubicarlo en su justa perspectiva para que se pueda entender sobre qué se habla. Un místico y un teólogo lo hacen. Primero el poeta de la teología de la liberación, Ernesto Cardenal, cuando hace resaltar la radical diferencia entre la violencia que defiende al inocente de la violencia que destruye al inocente:

> La Biblia dice «no matarás». Pero en el mismo libro de la Biblia en que está ese precepto, se ordena que al que comete un asesinato hay que matarlo, porque quebrantó ese precepto. En cambio algunos interpretan ahora el «no matarás» en el sentido de que a un tirano que ha cometido muchos asesinatos no se le debe matar. La palabra «violencia» tiene varios significados. Si se entiende meramente el uso de la fuerza, es algo neutro. Hay que distinguir el uso de la fuera para asaltar a un niño y el uso de la fuerza para defender a un niño asaltado por un asesino. Si por «violencia» se entiende la fuerza injusta, entonces violencia entre nosotros es sólo la institucionalizada; la de guerrilleros es contra-violencia. El odio es otra cosa. El odio es siempre reaccionario. Sólo el amor es revolucionario. El verdadero revolucionario es un enemigo de la violencia, es pacífico, quiere la vida y no la muerte. Pero puede darse el caso de que la revolución tenga que ser violenta. A veces tiene que ser violenta porque los que tienen el poder no lo entregan pacíficamente al pueblo.

sentaba la propiedad como una responsabilidad de «cuidar y distribuir», contrario a la doctrina de «derecho a la propiedad personal» y remitió a santo Tomás, para quien las criaturas no tienen el *dominio principal* de los bienes de la tierra («las cosas materiales están ordenadas para la satisfacción de las necesidades de *todos los hombres*») y para quien «el hombre no ha de usar los bienes exteriores considerándolos como propios sino como *bienes comunes*» (*Suma Teológica*, II-II, q. 66, a. 2). La antigua doctrina de la iglesia católica, antes de que ésta fuera interpretada por los teólogos de la sociedad capitalista, había consagrado el famoso principio de que *En la necesidad todo es común*, lo cual llevó a la consagración del «deber de arrebatar en caso de necesidad extrema». Santo Tomás había escrito en la *Summa*: «Es lícito tomar lo ajeno en caso de necesidad extrema», lo cual desvestía a la propiedad privada del carácter de primacía que se le quiso dar luego y ponía en evidencia la primacía absoluta del destino común de los bienes. Sobre esto, dice el misionero en México, T. Allas: «No tiene un sentido permisivo, sino *imperativo;* no define sólo un *derecho absoluto e imprescriptible*, sino también un deber». El más grande de los teólogos españoles, Francisco de Vitoria, escribió: «Si fuera sólo conveniente por un motivo razonable, el jefe del estado o la mayoría de los responsables de las ciudades podría decidir que todos los bienes de los ricos y de cualquier ciudadano fuesen *comunes a todos*. Y esto estaría bien hecho porque éstos *corresponden más a la colectividad que a los particulares*». Cf. su cita en Allas, y sus famosos *Salmanticenses* donde afirma que los doctores de la iglesia consagran «el derecho a matar» a los propietarios que quieran impedir «el derecho a arrebatar» en caso de necesidad (Allas, *El derecho de los postergados*, en La iglesia, el subdesarrollo y la revolución, 200-238).

Y esta violencia está perfectamente justificada porque es el derecho a la resistencia que la iglesia ha reconocido siempre a los pueblos. No se trata de una guerra justa, la guerra justa tal vez ahora no puede existir en el mundo. Ninguna guerra es justa. Pero la lucha de liberación o la defensa de un pueblo no solamente puede ser justa, sino que es justa. No puede dejar de ser justa, no puede haber una liberación injusta [69].

Julio de Santa Ana resume la redefinición que del problema hacen todos los teólogos militantes cristianos comprometidos con la revolución latinoamericana: «De lo que se trata no es de violencia o no-violencia, sino de opresión o liberación» [70].

Usando esa definición del problema, que cae en el contexto del problema de la lucha de clases como lo examinaron anteriormente, comenta Dussel:

> Cuando el oprimido levanta su cabeza, con voluntad de libertad, con amor al futuro y con odio, comienza la guerra. En la guerra no todos son perversos, sino que va a ser injusto el ejército dominador, y va a ser justo el ejército que se defiende en la guerra y lucha por su liberación. San Martín y sus ganaderos eran violentos, pero justos; era un justo liberador; era un héroe. Mientras que los realistas, que quieren conservar su imperio, hacen una guerra injusta; es exactamente la guerra en su sentido demoníaco. Por ello en la guerra se da en dos posiciones enfrentadas: el primero ayuda y defiende al pobre; el otro quiere seguir dominándolo. La cuestión del pecado se encuentra situada [71].

Desde luego, Dussel, como todos de estos teólogos, no cree que sea función de la iglesia participar en la organización y ejecución de la violencia revolucionaria. Eso es función del partido político. Los cristianos como miembros del partido seguirán las tácticas determinadas por su partido para la toma del poder en un momento dado, según las leyes del proceso político, manteniendo siempre la violencia en el marco ético del problema *opresión-liberación* [72].

69. E. Cardenal, *La santidad de la revolución*, 28, 29, 69.
70. J. de Santa Ana, *o.c.*, 133.
71. E. Dussel, *La antropología teologal II. La ética como crítica liberadora*, en *Teología de la liberación y ética*, 53. Muy parecido es el comentario que sobre la violencia hace el teólogo protestante R. Alves: «La violencia existe en este proceso. Dios no espera que el dragón se torne en cordero. Sabe que el dragón devorará más bien al cordero. Se le debe ofrecer resistencia, se le debe oponer y vencer con el poder del león. Esto no espera a que los guerreros lleguen a la conclusión de que la paz sería de desear. No espera que el amo se decida libremente a liberar al esclavo. Sabe que el amo jamás hará eso. Rompe por lo tanto el yugo y el que fue antes otrora no puede ya dominar. El poder de Dios destruye aquello que mantiene el mundo cautivo... La utilización de la violencia es para la política del mesías un instrumento, aun para liberar al amo contra el cual se emplea... Se le fuerza, sin querer, a enfrentar la realidad de la historia y del futuro» (*Religión: ¿opio o instrumento de liberación?*).
72. *Ibid.*

El biblicista Severino Croato se enfrenta a la cuestión usando la relación que establece la biblia entre justicia y paz, relación que encontramos enfocada también en los documentos de Medellín.

> Volvamos a la pregunta precedente: ¿Por qué el Dios del éxodo actúa con violencia? ¿Por qué no respetó la vida de los egipcios, cuyo rey y cuyos primogénitos sacrificó? Porque la opresión nunca se justifica. La injusticia *nunca* puede tener motivo. Tampoco es «pasable» por la resignación cuando se agotan los medios legales o «pacíficos» de erradicarla. La justicia es un bien radical, que reclama *del amor* (aunque parezca paradójico) una actuación *violenta*. Es una verdad tan límpida que nos escandaliza porque hemos desfigurado la imagen del amor. A su vez la libertad es un don tan íntimo y exigente que, cuando está obnubilada o perdida, demanda la liberación a toda costa. El Dios de la paz es *antes* el de la justicia y de la libertad. La paz es «pecado» cuando sirve para mantener la injusticia y la dependencia (es el colmo de lo paradójico que quienes proclaman la paz-en-la-justicia a menudo son los autores o colaboradores de la violencia del poder...). Eso de la «violencia injustificada» es una forma típica de «introyectar» al opresor en el oprimido. Y por ahí reaparece la religión «opio del pueblo». Y cuando el evangelio del auténtico amor se degenera en «opio de los cristianos», ¿qué esperanza queda para el mismo cristiano? [73].

No encuentro en los análisis y comentarios de estos teólogos que la violencia constituya una categoría de problema ético separado de la categoría de lucha de clases. Por lo tanto, se le aplican las mismas consideraciones éticas. En otras palabras, no está separado del entendimiento científico de la historia y de la estructura de la sociedad. Decíamos que una vez se historiza la salvación, el conocimiento científico de la sociedad se hace imprescindible para la acción ético-política que resulta del amor. Una vez se tiene una visión conflictiva de la sociedad y se entiende la necesidad de mediar históricamente la utopía mediante opciones de racionalidad política que tienen que seguir las normas estratégicas y tácticas que le imponen las condiciones objetivas, el resultado es que las consideraciones sobre la justificación de la violencia en un momento dado dejan de ser de naturaleza teológica y se convierten en consideraciones de la praxis política, aún cuando el significado de la violencia sea diferente porque está vista desde «el amor al enemigo».

Todos los autores que examinan la violencia revolucionaria la entienden como un mal necesario para hacer posible su eliminación total. Afirman que no debe exaltarse ni temerse indiscriminadamente. Es parte del proceso político de la sociedad de clases. Con la eliminación de la propiedad clasista de los medios de producción y en consecuencia la explotación del hombre por el hombre, desaparecerán las condiciones materiales que hacen posible la vio-

73. S. Croato, *Libertad y liberación*, 61.

lencia. Con el establecimiento de un reino de justicia, se transformará la conciencia del hombre en una conciencia pacífica. La inevitable violencia revolucionaria, aun cuando no es condición suficiente para la eliminación de la violencia, es condición necesaria.

Pero, por ahora, la violencia «necesaria» en el proceso de la defensa de los oprimidos y la liberación de los explotados queda como señal de la dimensión histórica del reino en ese primer nivel de la abolición de la estructura socioeconómica que auspicia la explotación del hombre por el hombre. Se está en el «reino de la necesidad», no en el «reino de la libertad», ni en la plenitud del reino de Dios. Sólo en esa etapa superior de la humanidad se podrá comenzar a vivir la ética escatológica que predicó Jesús para la plenitud del reino de Dios: aquella en que el amor no tendrá que vérselas con la violencia.

La lucha de clases tiene entonces serias implicaciones para la *unidad* de la iglesia. ¿Cómo puede la iglesia conciliar su universalidad con la opción por una clase? ¿Son compatibles unidad de la iglesia y la lucha de clase? Noel Olaya, el teólogo colombiano, en su difundido trabajo *Unidad cristiana y lucha de clases,* preparado para el simposio de ISAL en Buenos Aires, usa un argumento cristológico y elabora la idea de que la unidad de la iglesia, sin la unidad del mundo es ficticia y platónica. Olaya rechaza los intentos reformistas de ocultar la lucha de clases existente en la sociedad capitalista, y señala los fundamentos sociológicos de la incompatibilidad de los intereses económicos, sociológicos y políticos de las clases. La unidad de la iglesia, entonces, dependerá sociológicamente de la destrucción de los factores de división. Por esto, dice Olaya, la pregunta que luego hay que formularse es si la unidad cristiana y la unidad del mundo son «heterogéneas», discontinuas, o es la misma realidad percibida a diferentes niveles [74].

Olaya se contesta esa pregunta optando por decir que la unidad de la iglesia está supeditada a la unidad del mundo si va a ser real, esto es, histórica. El reconocimiento de Cristo como mediador de una salvación ahistórica llevaría a optar por el entendimiento de que la unidad de la iglesia y la unidad del mundo son dos realidades esencialmente diferentes. Pero el reconocimiento de Cristo como mediador de toda la creación, lleva al entendimiento de que son la misma realidad. En el primer caso, Cristo llega al mundo desde fuera, añadido, en línea de discontinuidad. El valor de la unidad sería impuesto desde fuera de la historia, una norma heteronómica. En el segundo caso, Cristo es visto como elemento integrante de la historia. Aquí la

---

74. N. Olaya, *Unidad cristiana y lucha de clases,* boletín de la teología de la liberación sccs, 8 y Cristianismo y Sociedad, 68.

norma y el valor de la unidad es considerada históricamente. Por esto, concluye que:

> La unidad de las iglesias y de la iglesia, queda subordinada en cierta forma, a la unidad del mundo, en cuanto a que la unidad planteada por Cristo desborda los límites de las iglesias o de la iglesia, cuya misión es la de ser signo (eficaz de unión de los hombres entre sí y con Dios) [75].

Esa es una unidad en proceso de realización y, por lo tanto, exige opciones que si van a ser históricas, tienen que ser políticas. Y esas opciones políticas, demás está decirlo, son autónomas de consideraciones teológicas, porque la unidad del mundo, aun cuando es una proyección del proyecto utópico cristiano, se construye según los requerimientos de las condiciones históricas y no según normas platónicas.

El teólogo uruguayo, Julio de Santa Ana, considera la cuestión desde el punto de vista escatológico. Optar por los pobres, como lo hace la biblia, implica «sostener su causa, hacer frente común con ellos ante quien los oprima... tomar posición por los pobres en la lucha de clases, supone una reorientación radical en la comunidad de fe: ya no podrá ser un pilar del orden establecido, sino un elemento que desafiará al mismo». De aquí que se plantee el problema con respecto al fin de la iglesia que es el de la «reconciliación de los hombres: ¿Cómo puede hablarse de reconciliación cuando se opta por una de las partes?» [76]. El teólogo responde:

> La reconciliación operada en Jesucristo tiene una dimensión *escatológica*: corresponde a lo nuevo (2Cor 5, 17), a un futuro aún no del todo concretado. Corresponde al tiempo de la resurrección que sigue al desenlace del conflicto [77].

Es importante advertir que cuando los fines utópicos de la escatología cristiana se usan apropiadamente en relación con la facticidad de la historia, se evita la imposición de éticas escatológicas sobre los requerimientos sociológicos que deben ser los que determinan la concreticidad de las tareas y normas morales en la realidad.

Por el contrario, cuando se impone sobre la realidad, haciendo caso omiso de los requerimientos de la historia, esos fines escatológicos del amor, la paz y la reconciliación universal se convierten en ideologías de justificación de la opresión y la explotación y convierten a la iglesia en cómplice de la humillación y del dolor de los pobres.

---

75. *Ibid.*, 10.
76. J. de Santa Ana, *Notas para una ética de la liberación a partir de la biblia*, en la antología *Pueblo oprimido, señor de la tierra*, 131.
77. *O.c.*

De la exposición y análisis de este nuevo filón que se abre en el pensamiento teológico de América latina se puede concluir que ha ocurrido una revolución moral en los militantes revolucionarios y en los círculos radicales de la inteligencia de la iglesia, que ya se refleja teóricamente en la nueva ética. Teóricamente es imposible continuar justificando los principios ideológicos y la moral burguesa desde la perspectiva de principios esencialistas eternos y universales. La obediencia a la legalidad del orden de injusticia y explotación queda minada definitivamente. La moralidad de la actitud de resignación ante el orden existente queda señalada como inmoral y el uso ideológico de las categorías de paz y amor para propósitos de minimizar los conflictos y las contradicciones reales dentro y fuera de la iglesia ha perdido su fuerza.

Por otro lado, se quita el monopolio de lo moral al *status quo* y se moraliza la revolución y el cambio social con propósitos liberadores. Se retorna al hombre histórico como objeto y fundamento de la acción moral cristiana y se politiza la moral. Esta deja de ser «opio de las masas». El requerimiento de eficacia histórica de la acción moral la lleva a tener en cuenta la situación concreta, económica, social y política donde se da el hombre necesitado, y en consecuencia, a incorporar el instrumental de análisis socioeconómico y a concebir la acción moral en términos estructurales y políticos más bien que en acciones individuales y existencialistas. El amor se contextualiza y se revitaliza para lograr su eficacia.

9

Conclusiones de este estudio y sus implicaciones para la sociología marxista de la religión

1. Historización y politización de la fe cristiana

Del examen del desarrollo de la teología de la liberación, y de su análisis teórico sobre la relación de la fe con la ciencia y su teoría revolucionaria, al igual que del análisis de la justificación teórica para su opción ideológica, puedo concluir definitivamente que sí existe un sector significativo en las iglesias cristianas latinoamericanas, católicas y protestantes, que podemos llamar cristianos revolucionarios. Concluyo que existe en América latina un cristianismo revolucionario en ciernes que logra establecer una vinculación eficiente entre fe cristiana y pensamiento revolucionario como resultado de su práctica y de su reflexión teórica.

Los cristianos revolucionarios de la teología de la liberación rompen con las interpretaciones esencialistas que postulan la preexistencia de unas esencias universales de los procesos históricos, y que imponen unos órdenes sociales, independientes de la dialecticidad de la historia misma, por vía de leyes naturales interpretadas por autoridades eclesiásticas. Rechazan el dualismo que postula una historia de salvación y otra historia secular. Afirman esta historia real como única esfera de la realidad, donde se da la salvación como un solo proceso de liberación en tres dimensiones: la liberación socioeconómica que se logra mediante un proceso político; la formación del hombre nuevo que se da en el proceso de la revolución cultural, a la cual le es esencial la primera revolución; y finalmente, la liberación de pecado en lo que será «la plenitud» del reino de Dios y del hombre nuevo. Este es un solo proceso histórico porque la historia es una sola, afirman estos teólogos. La revolución socioeconómica al ser realizada mediante el proceso político constituye la liberación infraestructural de este proceso de liberación, y como tal, es parte de la salvación. De aquí la «santidad de la revolución», a la que se refiere el poeta nicaragüense Ernesto Cardenal.

La salvación de la fe bíblica, según estos teólogos, es una que se da, entonces, en la única historia que existe, la historia real, material y objetiva en la que el hombre reproduce su vida material y espiritual mediante su organización económica, social, política y cultural.

Mi posición ha sido que la solución a los dualismos espíritu-materia, alma-cuerpo, tierra-cielo, religión-política, salvación-revolución, y a todos los demás dualismos esencialistas, que bloquean la conciencia e impiden la participación de los cristianos en el proceso revolucionario, se resuelven en el contexto teórico de este cambio radical de la manera en que los cristianos revolucionarios entienden la historia. Este nuevo entendimiento se da a partir de su participación en el proceso de liberación. Debe entenderse que es esta *participación* en el proceso de liberación de los oprimidos lo que lleva a estos cristianos a optar por soluciones históricas y materiales, a entender la naturaleza histórica de la salvación, y finalmente, a la comprensión revolucionaria de esa historia de salvación. Con este último paso se apartan de la teología reformista europea que ya había señalado el carácter histórico del proceso de salvación, pero que mantenía una interpretación reformista, desarrollista, del proceso de salvación porque la concebía en términos de la «humanización» de la sociedad capitalista tecnológica.

La restauración de la cosmovisión historicista del pensamiento hebreo que sirve de clave teórica para la revolución de la teología contemporánea, se ubica en el proceso de *historización* ocurrido en el pensamiento occidental en los últimos tiempos. Es la afirmación de que el hombre no tiene una esencia predeterminada, sino que se hace en el proceso histórico. El hombre no tiene una naturaleza sino una historia. Esta concepción historizada del hombre y su sociedad se ha venido desarrollando desde la ilustración del siglo XVIII. Esta concepción se opone a la definición esencialista del hombre y su hacer que lo encierra en esa ontología grecorromana que define el ser como una esencia predeterminada, inmutable y universal, localizada fuera de los cambios de la historia. En su examen de la «historia como invención occidental», el maestro Leopoldo Zea la describe así:

> La *antigüedad clásica y la cristiandad* rehuyen la idea de que el hombre sea un ente histórico, fluctuante, sin hechura permanente: el hombre es razón, idea, sustancia, algo que no cambia ni puede ser de otra manera; o bien —imagen de Dios—, criatura hecha a —imagen y semejanza de Dios—, que tampoco puede ser de otra manera sin dejar de ser hombre. *El cambio es aquí lo negativo por excelencia, lo que puede hacer que un hombre deje de ser hombre.* La idea de que el hombre es, precisamente, todo lo contrario de lo que pensaba la antigüedad es

una idea relativamente reciente, que en nuestros días se ha hecho claramente patente[1].

Ese idealismo ahistórico de origen griego es incorporado como categoría de explicación por los primeros teólogos de la iglesia, y al hacerlo, encierran el cristianismo en ese esencialismo insensible a la historia. El resultado es ese cristianismo que Zea describe seguido del párrafo anterior:

> En el cristianismo una vez que la «gracia» ha borrado el «culpable pasado», todo tenderá hacia el reino de la salvación universal, hacia Dios, donde todo se hace uno, algo firme, seguro, permanente, eterno. Una eternidad para la cual la historia, ese vivir concreto del hombre en la tierra, es sólo un incidente insignificante[2].

A pesar de que algunos filósofos, como Dilthey, trazan las raíces del historicismo al inicio del cristianismo, hoy sabemos que el origen de la concepción historicista tiene sus raíces en el pensamiento del antiguo testamento de la cultura hebrea. Desde el siglo XIX eruditos bíblicos señalan esta diferencia fundamental entre el pensamiento hebreo y el griego. Pero, una vez que, todo el pensamiento occidental va dejando atrás el esencialismo ahistórico de los helenos, la teología también toma el camino de la recuperación de esa cosmovisión que le es propia a sus raíces.

Contrario a esa teología del cristianismo constantiniano, la teología de la liberación afirma el carácter dialéctico de esa historia de salvación, la localiza precisamente en el vivir concreto del hombre, recupera el sentido bíblico de «eternidad» como calidad de vida, y hace al hombre responsable de la construcción del reino de Dios en medio de la conflictividad histórica de la tierra. Con ello, la historia, entre estos cristianos modernos, pasa de ser un mero «incidente» a ser la única esfera de la realidad.

La historización lleva a la *secularización*. La historización significa el rechazo al esencialismo y con ello a la *sacralización* de la realidad histórica. Significa la liberación de la historia de ataduras sacralizadoras, sin lo cual, para los teólogos esencialistas, ésta no existía. Por lo tanto, este proceso de historización inventa la *autonomía* de la historia: su *secularidad*. Así que, los procesos de historización y secularización son gemelos.

La naturaleza de las cosas, según los esencialistas, reside en su *esencia*, a la base de la cual está el ser divino como garantía. El orden social existente, por lo tanto, es la voluntad divina, siempre ha sido así y siempre será así. Pero una vez se libera la historia de ese determinismo esencialista, se libera

---

1. L. Zea, *América en la historia*, 38.
2. *Ibid.*, 40.

también de su divinización, se seculariza. Dios no ha ordenado que el orden social sea de tal o cual manera, sino que es la expresión de la voluntad de los que tienen el poder en la sociedad. El proceso de «desacralización» o de «secularización» de la historia hacía creer, como consecuencia, que con la cosmovisión esencialista de la historia, desaparecería el cristianismo que se expresaba teóricamente con esos supuestos esencialistas.

Pero la investigación bíblica e histórica del siglo XIX demuestra desde entonces que mucho antes que esto, ya los hebreos poseían una concepción historicista del mundo y eran creyentes. Que, por lo tanto, la teología expresada en las categorías ahistóricas no era tan cristiana y que desaparecería junto con la filosofía ahistórica. Definitivamente, lo que iba a desaparecer no era el cristianismo, sino el «cristianismo constantiniano» expresado en esas categorías helenísticas en que había sido aprisionada la fe. Con el proceso de historización se libera también el cristianismo y regresa a la concepción histórica de los hebreos, que ve a Dios manifestándose en la secularidad cotidiana del proceso dialéctico de los conflictos socioeconómicos y políticos. De aquí que ya en el siglo XX Bonhoeffer, el teólogo alemán, escriba que la secularización es la manifestación de la voluntad de Dios, que el hombre se ha hecho finalmente responsable de su mundo y que éste ha llegado a su mayoría de edad. Debemos aceptar, entonces, que el proceso de historización no es un proceso que se da en contra del cristianismo, sino que es un proceso de toda la cultura occidental, que camina en esa dirección y del cual participan la filosofía, la teología, la ética, la estética, etc. Será en América latina donde la historización será llevada a sus últimas consecuencias teológicamente.

Coinciden en América latina en un momento dado de su historia la práctica y el desarrollo teórico que hace posible el nacimiento de este fenómeno de los cristianos revolucionarios a partir de la crisis teórica que su práctica genera. La pregunta fundamental de esa crisis teórica —la que pregunta por la relación entre la salvación y el proceso histórico de liberación— es contestada en términos revolucionarios: la salvación se da en el proceso de liberación al cual le es esencial la revolución social de la manera como aquí se ha expuesto.

Esta concepción de la salvación presupone una concepción del «pecado» del cual se salva al hombre en este proceso, pensada en términos historicistas: injusticia corporificada en las estructuras socioeconómicas de la reproducción de la vida social, y cuya extinción eventual es posible, históricamente hablando, a partir del proceso de liberación.

De aquí que la liberación social —y la participación del hombre en ese proceso— sea esencial a la construcción del reino de Dios. El reino de Dios es el nombre genérico de la relación humana de justicia, amor y paz representada en su plenitud por el Dios de los cristianos.

Queda claramente establecido que es posible teóricamente ser cristiano y revolucionario. Pero siempre y cuando se sostenga una teología deshelenizada, esto es, una teología fundamentada en una lectura de las tradiciones bíblicas a partir de una cosmovisión histórica como la de los hebreos. No es posible teóricamente ser cristiano y revolucionario con una teología idealista fundamentada en una cosmovisión metafísica y esencialista como la de los griegos. Se entiende, entonces, cómo es que coinciden la fe cristiana, expresada en la teología de la liberación, con una teoría social historicista como lo es el materialismo histórico. Ambos son hijos de su tiempo.

Tengo que concluir que estos cristianos tienen en sus propias tradiciones bíblicas —que ellos llaman la esperanza y el compromiso de la fe— recursos revolucionarios que le son inherentes a su memoria histórica tradicional contenida en la biblia, y que contienen la visión histórica y material del mundo, necesaria para adoptar la racionalidad de la teoría social apropiada para la plena participación de los cristianos revolucionarios en el proceso de liberación. Con ello se despeja toda duda creada por las acusaciones infundadas de «oportunismo». Sus tradiciones nacen en medio de un proceso de liberación social que se recogen insistente y conflictivamente en sus concepciones orales y literarias de un Dios liberador de oprimidos, que tiene su continuidad en los señalamientos de la religión profética que afirma la justicia real como la finalidad de la liberación y el reino de Dios como un reino de justicia en la tierra libre de explotación.

El concepto de reino de Dios, aun en su dimensión escatológica, es un concepto pensado históricamente y presupone una revolución social, aun cuando no contenga en sí misma una teoría científica de la sociedad, y una estrategia científico-política concreta. Pero sí contiene la cosmovisión histórica y revolucionaria para adoptarlo, como en el pasado ha adoptado otras epistemologías y proyectos de reconstrucción social.

Concluyo también que teóricamente es posible la adopción del instrumental científico de la teoría revolucionaria, ya que el concepto de revolución de esta nueva teología está articulado en la dinámica de los acontecimientos históricos de base socioeconómica, y no responde al sentido idealista de verdades universales y eternas que se manifiestan en la historia mediante leyes naturales o mediante la dialéctica de meras ideas. La fe no es una epistemología ni constituye una creencia en dogmas metafísicos de dudosa comprobación. Tampoco es una realidad metafísica que se impone desde fuera de la historia. La fe constituye el sentido de *esperanza* y *compromiso* con la justicia y la igualdad para los hombres, con que el cristiano se enfrenta a la totalidad de la vida, y que recibe por vía de la historia de esa fe, articulada en acontecimientos del pueblo hebreo y del pueblo cristiano. De aquí que la fe incorpore el instrumental científico como medio para la realización de ese compromiso sin conflicto epistemológico de ninguna especie. La adopta para entender la realidad y hacer posible las respuestas a las preguntas de la fe por el prójimo en forma eficaz mediante el proyecto histórico que se desprende de la racionalidad científica misma.

La participación en el proceso de frustración con la ciencia y la teoría burguesa de desarrollo como instrumentos de entendimiento y de acción para construir la justicia en un continente de miseria, enfermedad, hambre, explotación y opresión, los lleva a optar finalmente por la sociología de la teoría de la dependencia y del materialismo histórico y por el proyecto socialista.

El uso del instrumental científico del socialismo marxista los lleva a plantearse la relación con la *ideología,* definida ésta como visión del mundo, implícita en todas las prácticas sociales de los marxistas, que en este caso, responde a los intereses y prioridades valorativas de las masas expresados, en la generalidad de los casos, en una utopía comunista que contiene, por un lado, una concepción humanista, y por el otro, una cosmovisión dialéctica y materialista de carácter ateo. Aquí también tenemos que concluir que no existe ningún problema teórico que impida a estos cristianos la adopción de lo esencial a esta ideología —su humanismo y el carácter dialéctico de la realidad material que se conoce— ya que, por un lado, la fe no es concebida como una epistemología, y por el otro, el ateísmo de la cosmovisión marxista es considerado como innecesario al objetivo de la liberación y la afirmación de la humanidad del hombre.

Al contrario, coinciden el pensamiento bíblico y el pensamiento materialista en el rechazo del idealismo. El materialismo dialéctico arremete contra el idealismo esencialista porque éste afirma que las definiciones de la realidad del ser provienen desde fuera de la realidad histórica misma y le adscribe un carácter divino para imponer esas definiciones sobre el ser como manifestaciones de unas esencias universales eternas. La fe bíblica insiste en que las definiciones idealistas no son otra cosa que *ídolos.* Las definiciones deben ser extraídas dialécticamente de la experiencia reveladora de las posibilidades del hombre, según se manifiestan en los acontecimientos históricos (éxodo-Jesús). El hombre debe determinar, a la luz del conocimiento científico de su tiempo y desde las preguntas de la fe por la justicia y la igualdad, aquello que impide el camino hacia esas posibilidades (hombre nuevo-reino de Dios) reveladas en la historia.

Desde luego, el rechazo a la esencialidad del ateísmo en el marxismo —asunto al cual volveremos más adelante— implica ubicarse en las nuevas expresiones teóricas de la ideología marxista que reconocemos como el neomarxismo y el abandono de articulaciones teóricas «integristas» o estalinianas de la ideología marxista.

Además de la adopción de los elementos que sí son esenciales a la ideología para ser consistente con el compromiso político y con la epistemología y la estrategia política, los cristianos mantienen su propia cosmovisión teísta, su identidad de cristianos. Pero no en el sentido de un aporte «específicamente cristiano» a la praxis revolucionaria que pudiera reproducir un socialismo «cristiano», sino en el sentido que confiesan su fe en el Dios liberador que siempre les interroga desde la fe sobre la calidad de la justicia e igualdad del prójimo y les recuerda el carácter relativo de las etapas de la revolución con respecto al horizonte posible de la plenitud del reino de Dios, según señalado en la vida de Jesús. Es la «reserva insurreccional» de la que hablan los teólogos de la liberación. Es la pregunta permanente por la utopía del reino de Dios en la tierra.

2. La transformación de la teología y la persistencia de la reflexión teológica

¿Qué impacto tiene esta revolución teórica en la teología y por qué todavía estos cristianos revolucionarios llaman teología a este tipo de reflexión que se hace con esta metodología? La teología se transforma en una reflexión crítica sobre la praxis de los cristianos en el proceso histórico de la liberación, desde la perspectiva de la fe. Se convierte en un tipo de reflexión científica y política sobre los temas de la realidad latinoamericana, convocada por la pregunta de la fe bíblica sobre la justicia y la igualdad del prójimo oprimido.

Lo de científico va unido intrínsecamente a lo de político, porque debe ser conocimiento para transformar con eficiencia. Se trata de conocimiento estratégico generado por la pregunta de la fe. Es este carácter praxeológico de la fe, lo que convierte la reflexión teológica de la teología de la liberación en otra cosa diferente a lo que el quehacer teológico ha sido hasta ahora.

La teología de la liberación no constituye una moda teológica. Tampoco es una reflexión teológica «sobre la liberación», como si ésta fuera una teología especializada adscrita a una sistemática general. Se trata de la reestructuración total de la teología como quehacer teórico. Se trata de una revolución teórica que tendrá implicaciones para todos los temas y énfasis teológicos. Se trata de una nueva metodología con otra problemática. No se trata de la contemplación de lo divino; se trata de la transformación del mundo y transformación desde un punto de vista de clase. La teología anterior era teología de la clase dominante y ésta es teología de la clase oprimida. Aquella teología era especulativa, ésta es praxeológica. Se hace desde la praxis política y para la praxis política «de la construcción del reino de Dios en la tierra». En esta teología, Dios no se entiende como un principio metafísico definido con categorías filosóficas griegas, sino que se entiende en la medida en que se vive en la relación de amor histórico y real con el prójimo oprimido que clama por la liberación. Se vive la relación con Dios en el proceso práctico y político de la liberación del prójimo. De aquí que la reflexión teológica sea fundamentalmente sobre la praxis de liberación y la construcción del reino de Dios mediante la construcción inicial del socialismo y sobre su relación con la plenitud del reino en la historia.

En resumen, podemos señalar como fundamentales los siguientes cambios que Assmann señalara en el coloquio europeo sobre el asunto:

— redefinición del «sujeto» de la teología: ya no principalmente el individuo-teólogo, sino el grupo políticamente comprometido;
— desplazamiento del objetivo central de la teología del «pensar» a la praxis;
— reformulación total de las mediaciones o instrumentales de la reflexión teológica, dándose sentido nuevo al «hoy» de la palabra de Dios;
— descubrimiento del meollo liberal e intrasistémico de las «teologías progresistas» del mundo rico;
— conexión entre «reformismo intraeclesiástico» y «modernización» en el sentido socio-económico;
— una nueva libertad en el recurso a la biblia, sin desechar los avances exegéticos, pero también sin aceptar su habitual encuadramiento ideológico liberal y su digresión a temas sin mayor relevancia histórica;
— admisión de la esencial provisoriedad de la reflexión teológica.

A partir de esa revolución teórica, estos teólogos de la liberación insistirán una y otra vez que ya no hay tal cosa como una «teología pura» o conocimiento «divino» sobre la totalidad de la realidad. Insistirán en que el quehacer teológico no es el de escribir tratados *sistemáticos, enciclopédicos* y *dogmáticos* sobre la realidad con carácter permanente, sino el de hacer reflexiones «provisorias» sobre la eficacia de la práctica de la liberación y la construcción del reino de Dios en la lucha con ayuda de la ciencia, desde los reclamos de esperanza y compromiso de la fe.

A partir del momento en que la fe deja de ser una «epistemología defectuosa» sobre verdades dogmáticas, para recobrar su carácter de esperanza que pregunta por la justicia y la igualdad del prójimo y que reclama un compromiso por su liberación, la teología deja de ser doctrina, para convertirse en *metodología* para guiar la reflexión sobre la práctica del compromiso en medio de la realidad cambiante. De aquí la necesidad de su eficacia, su provisoriedad y su concreción.

Se entiende, entonces, por qué estos teólogos se refieren a la reflexión teológica como «decir provisional»; «proceso de desenmascaramiento ideológico de prácticas e ideas religiosas»; «proceso crítico de desbloqueo de la conciencia»; «decir deslegitimizante»; «discurso politizador y movilizador de cristianos»; «decir profético»; «reflexión metodológica sobre la fe, la ciencia, la ideología y la estrategia política»; «reflexión crítica sobre la calidad humana del proceso liberador a partir de los reclamos de la fe sobre la calidad de la justicia y la igualdad para los oprimidos»; «reflexión sobre la calidad de la entrega amorosa a la revolución y su eficacia real». Estas expresiones que no tuvieron la intención de ser definiciones, nos responden a la pregunta de por qué estos cristianos revolucionarios insisten en que la reflexión teológica sea necesaria.

Esta es la pregunta de por qué persiste la reflexión teológica entre los cristianos revolucionarios. ¿No es suficiente el análisis científico político que se hace a partir de los intereses y valores de clase? No lo es. *Estos cristianos revolucionarios insisten en que la reflexión científica e ideológica no sustituye a la reflexión teológica.* Los cristianos vienen a la revolución afirmando su fe valientemente. Mientras haya fe habrá reflexión teológica. La pregunta por la permanencia de la reflexión teológica es la pregunta por la permanencia de la fe.

¿Qué es lo específicamente teológico en esa reflexión? La fe. La presencia de la fe. Fe en la liberación del pecado, fe en el reino de la justicia y la igualdad, fe en el Dios del reino, fe en el Dios liberador de oprimidos y explotados que reclama una respuesta de los cristianos. En el fondo de esa respuesta está la problemática del *amor*. La reflexión teológica es la que reflexiona sobre el significado del amor en la praxis de liberación histórica con que el cristiano responde políticamente al reclamo de la esperanza de la fe.

Es el nivel de reflexión que agoniza con la cuestión de «cómo amar al prójimo hasta la muerte en la práctica de la liberación», como dicen Assmann y Gera. Esa clase de amor es fruto de la fe. Y esto incluye al enemigo, a quien habrá que liberar en la lucha de clases en contra de su voluntad. El análisis científico-político no profundiza en esta cuestión. El análisis científico-político es un instrumental, un medio para analizar las condiciones en que pueden ser realizados los fines y la medida en que pueden o no ser realizados en un momento dado en la historia. La ciencia no suplanta al hombre que determina sus valores y fines en ese salto axiológico, en que el hombre con la materia prima de su historia en mano se proclama como dueño de su destino y centro de la creación. Esa dimensión valorativa del amor, unida a la instrumentalización de la ciencia, es lo que hace posible la revolución como respuesta a los reclamos de la fe. Esa *unidad es, precisamente, la síntesis de la teología de la liberación de los cristianos revolucionarios.* La teología es el examen crítico de la praxis de esa unidad. Se trata del examen de la memoria histórica de los cristianos a partir de las nuevas exigencias que el proceso de liberación le requiere a la fe de éstos para activar el proceso de desideologización, desbloqueo de la conciencia y movilización de estos cristianos a la lucha.

No que esta preocupación por la calidad del hombre que hace la revolución sea monopolio de los cristianos —especialmente en América latina, donde Che Guevara insistió que en todo revolucionario tiene que haber una gran dosis de amor a la humanidad, y dio su vida como ejemplo— pero esa no es preocupación central de la teoría revolucionaria, y ciertamente, tampoco lo es de la práctica de los modelos de socialismo que se han implantado en la mayoría de los países que conocemos.

Sin embargo, esa preocupación por la calidad del hombre, que la teoría marxista ortodoxa ha pospuesto mágicamente para la etapa comunista, es lo que abre la brecha al diálogo europeo con que se inicia este acercamiento después de la publicación de *Los manuscritos filosóficos de 1844,* como hemos señalado ya. Los mismos teólogos aceptan el hecho de que, a pesar de no ser esa una preocupación central de la teoría marxista, es una que no es monopolio de los cristianos, y que es punto de encuentro mutuo, pero en el caso de los cristianos es preocupación central. Estos cristianos revolucionarios están dispuestos a que se convierta en cuestión mutua, en cuestión de todos y hasta en cuestión central de todos. Al fin y al cabo en el reino del amor, desaparecerá la religión y no será necesario la reflexión teológica como afirma ya Jeremías en su tiempo. Pero, por ahora, para estos cristianos la fe, su operacionalidad en el amor y la reflexión sobre ello es central y a ello le llaman teológico.

Los cristianos revolucionarios están conscientes de que aunque su idea «cristiana» del amor no es su monopolio, de que aunque ello no implica una teoría «cristiana» de la revolución, sin embargo, sí es su contribución a la formación del hombre nuevo en la sociedad socialista. La conciencia de los marxistas sobre esa contribución comienza a generalizarse entre los marxistas europeos especializados en la problemática religiosa.

El científico humanista del Partido Comunista Italiano, Lucio Lombardo-Radice explica que el precepto cristiano del amor al prójimo no es idéntico al principio ético marxista de la entrega del camarada a la causa de la revolución liberadora del hombre, aunque ambos principios tienen algo en común. «El amor cristiano al prójimo contiene algo específico que no se puede derivar de la ética de la lucha colectiva revolucionaria». Para él, «el mito de la humanización de Dios», esa específica idea básica del cristianismo, es el ropaje místico de la «afirmación de que todo hombre posee un valor absoluto».

«El rasgo característico del cristianismo es, repito la fe en el valor absoluto de *todo* hombre tal como es» [3].

De aquí que Lucio Lombardo-Radice, al igual que muchos otros filósofos comunistas ubicados en el neo-marxismo europeo, no sólo concluya que «la revolución es una opción posible al cristiano», sino que además el cristianismo tiene una contribución que hacer dentro de la revolución a partir de su insistencia en el valor de cada hombre, cosa «que no se puede derivar del marxismo en cuanto éste es una doctrina histórica de la liberación colectiva y revolucionaria del hombre». Dice:

> Con la inversión de palabras que acabo de hacer quisiera subrayar que no sólo el marxismo *puede* ser muy importante para un cristiano; también *puede* serlo el cristianismo para un marxista [4].

En una sociedad socialista, la consideración sobre el amor visto en la manera cristiana, tendrá siempre vigencia aunque deje de ser patrimonio de los cristianos. Por esto dice el filósofo, considerando si habrá de desaparecer o no la religión, que no sabe si llegará un tiempo en que se crea en la Trinidad o en la divinidad de Jesús, pero de lo que sí está seguro es de que «la doctrina de Jesús, el Hijo del hombre, su vida y su muerte para toda la humanidad no perderán, pese a todo, ni un ápice de su capital importancia» [5].

Se entiende entonces el por qué los cristianos revolucionarios no reducen la reflexión teológica a la mera teoría revolucionaria o a la reflexión científica e ideológica.

3. La función ideológica de la reflexión teológica en el proceso político

En el capítulo sobre ideología señalábamos cómo la teología de la liberación, una vez transformada en reflexión teológica de los cristianos revolucionarios oprimidos y al optar por los intereses y las prioridades valorativas de las masas revolucionarias, asume una «función ideológica» revolucionaria y la busca conscientemente. Recordemos que no uso el término ideología en sen-

---

3. L. Lombardo-Radice, *El Hijo del hombre*, en *Los marxistas y la causa de Jesús*, 26.
4. *Ibid.*, 27.
5. *Ibid.*, 28.

tido de lo opuesto a lo científico, sino en sentido de la visión del mundo implícita en la práctica social que guía y normaliza la conducta social.

Después del examen de estos materiales, tengo que concluir que esta es la función más vital de la teología en el proceso de liberación de América latina en este período histórico. La función ideológica de los cristianos revolucionarios que se expresan con una teología de liberación, se da en cuatro niveles fundamentales:

a) *El desbloqueo ideológico de los cristianos*

En este nivel impugnan el uso que hace la derecha de «lo cristiano» como ideología legitimadora de opresión y explotación. Acusan la manipulación ideológica de los temas cristianos sacados del contexto del conflicto histórico en que se dan esos temas en la historia de la fe bíblica, mediante lo cual la derecha despolitiza la conflictividad del orden social: el amor entre el opresor y el oprimido, la unidad cristiana, la reconciliación, la paz, etc., y el encuadre de la fe cristiana en una interpretación dualista que separa alma y cuerpo, cielo y tierra, fe y política, salvación y liberación. Desenmascaran el uso inmovilizador de la salvación ultraterrena que hace la derecha para paralizar las fuerzas políticas de las masas cristianas. Inutilizan el mecanismo de internalización de proyectos reformistas del social cristianismo al revelar el contenido ideológico de clase presente en esos proyectos reformistas que intentan salvar la propiedad privada como «esencial» a la persona humana, e intentan alejar a los cristianos del socialismo. Señalan el carácter histórico y material del reino de Dios y muestran la historia como la arena donde se expresa el amor al prójimo. Iluminan el carácter político del amor al prójimo, esclarecen la compatibilidad entre amor cristiano y revolución y entre el cristianismo y el socialismo. Finalmente, promueven entre los cristianos el uso del análisis científico de la sociedad para poner al descubierto la presencia de la lucha de clases en la iglesia y el carácter «interesado» del anticomunismo religioso.

b) *Deslegitimación del orden de opresión vigente*

Se le quita el apoyo ideológico que sacraliza el orden vigente cuando se le presenta, en primer lugar, desnudo de todo apoyo divino, como un orden histórico, político, fruto de la fuerza y la conquista de una clase social, y en segundo lugar, como orden de relaciones sociales que se da en contradicción y oposición al orden de relaciones que presupone el reino de Dios. Se pone de manifiesto que no es «natural», ni «divino», ni «racional», y se le obliga a que se legitime por su servicio a los intereses económicos y políticos de las masas. Con ayuda de la ciencia, se señala su carácter opresivo, explotador, subdesarrollante, imperialista y dependiente; en otras palabras, se desenmascara el capitalismo como contrario a los intereses de las masas a cuyo servicio se supone que esté el orden social. Se le acusa con la «denuncia profética» señalando sus actos opresivos y la explotación de los poderes que generan la marginación, la desnutrición, la enfermedad, la mortalidad infantil y la prostitución de la totalidad de la vida. Finalmente, se le constrasta conflictivamente con las exigencias del reino de Dios, a cuya construcción en la tierra están llamados los cristianos para la realización amorosa y política de su esperanza. De esta manera, se le quita el sostén ideológico religioso al orden socioeconómico y político de explotación y opresión.

c) *Legitimación de un proyecto sustituto*

La teología de la liberación de los cristianos revolucionarios estimula a la consideración de un proyecto histórico sustituto. Apoyan el proyecto socialista como el único proyecto históricamente afín con los valores del reino de Dios, y en el cual, es posible la construcción de las condiciones materiales y organizativas necesarias para el desarrollo del hombre nuevo y eventualmente la realización de la plenitud del reino. Esta legitimación es diferente a la sacralización que, en virtud de la ontología esencialista, hacía la iglesia del proyecto feudal y hace hoy del capitalismo. Es una opción ideológica y se reconoce como tal; no es un orden que se desprende de la fe misma.

d) *La movilización política de los cristianos*

A este otro nivel, la teología de la liberación convoca a los cristianos del continente en nombre de la fe, del amor al prójimo para la lucha de liberación y contra el pecado de la injusticia de la explotación y la opresión encarnando las estructuras socioeconómicas y en su correspondiente sistema político. Este pecado puede ser desenmascarado por la ciencia, e identificado con el nombre de «capitalismo imperialista». La teología de la liberación los insta a participar en la lucha por la desarticulación de ese modo opresivo de relaciones sociales mediante una estrategia científico-política que recoja con eficiencia esa participación de los cristianos con todos los hombres que representan a los explotados y oprimidos y que han adquirido conciencia de su responsabilidad histórica.

Teóricamente, la eficacia política de esa función ideológica de la teología de la liberación, debe ser entendida en el interior de la teoría del papel de la conciencia en la lucha de clases y de la prioridad de lo político en la transición del modo de producción capitalista al modo de producción socialista.

Sobre lo primero, el papel de la conciencia, es necesario señalar que la formación de la conciencia de clase —conciencia del origen de las contradicciones y de la naturaleza económica y de clase del orden político y cultural establecido— es el fundamento de la movilización política para la toma del poder por las masas. La ideología que tiene su asiento en la conciencia (y en el inconsciente) es el «cemento» que asegura la cohesividad del edificio social y su funcionalidad como orden social (aquí debemos señalar de paso el hecho de que el uso exagerado de la metáfora de *supra* e *infraestructura* ha contribuido al debilitamiento de la importancia de la lucha ideológica en la estrategia política). La ideología de dominación tiene como función asegurar la relación social existente en una sociedad dada, esto es, que los hombres se adapten voluntariamente a ese orden presentado como «natural», «racional» o «divino». Pero una vez la conciencia ideológica contradice el orden existente, se debilita la cohesividad de ese orden social y se produce una disfuncionalidad del orden, y finalmente, ocurre la organización política de la contraideología para cambiar el orden existente.

Sobre lo segundo, lo de la primacía de lo político, hay que señalar que a partir de la existencia de las contradicciones sociales, el paso del capitalismo, contrario a la transición histórica de los otros modos de producción, se da primeramente como movimiento político, ya que no surgen relaciones de producción socialistas dentro del modo de producción capitalista previo al establecimiento del socialismo por un acto político. Las condiciones revolucionarias manifestadas en la imposibilidad de la clase dominante para mantenerse en el gobierno, en la agudización de la miseria y en la actividad de las masas descontentas, no es suficiente para lograr un cambio revolucionario. Las condiciones objetivas no bastan. Según la teoría revolucionaria, es necesario crear las condiciones subjetivas del desarrollo ideológico y político organizado de la clase revolucionaria para que ocurra el cambio social. Si no, el orden de opresión y explotación no caerá, ni en épocas de crisis.

A pesar de que la sociedad se *estructura* «de abajo hacia arriba» —a partir de una infraestructura económica y social que determina en última instancia la forma política y la ideología—, sin embargo, se *desestructura* a la inversa, «de arriba hacia abajo». La revolución socialista se hace políticamente, la transformación de la economía viene después. He aquí entonces, la importancia de «lo político» en el proceso revolucionario, la importancia de la «lucha ideológica» en ese proceso, y en consecuencia la importancia de la función ideológica de los cristianos revolucionarios en esa lucha en un continente que para el año 2000 contendrá la mitad de los católicos del mundo entero. La ideología religiosa puede en un momento dado convertirse en el foco *desestabilizador* y *desintegrador* de la sociedad de explotación y opresión, en análoga forma a como en el pasado constituyó un foco de estabilización e integración social.

4. Origen y significado de los cristianos revolucionarios en América latina

¿Cómo se explica esta mutación en la historia de las ideas en América latina? O lo que es más aún, ¿en el pensamiento cristiano de occidente? Hay que concluir que es el fruto del nivel histórico de desarrollo de occidente, pero en las condiciones particulares de América latina. En Europa se dan las condiciones teóricas pero no las condiciones materiales; en el resto del «tercer mundo» se dan las condiciones materiales, pero no se dan las condiciones teóricas porque no son predominantemente cristianos. En América latina es el único lugar donde coinciden ambas condiciones para hacer posible el desarrollo de esta mutación.

En primer lugar, mencionemos las condiciones subjetivas que hacen posible esto. Por un lado, se da en el desarrollo del nuevo pensamiento teológico europeo, que a partir de la historización del cristianismo se agolpa en la educación teológica de la post-guerra, y por el otro, el desarrollo de nuevas discusiones humanistas en el pensamiento marxista. Ambas tendencias se van a manifestar en el diálogo cristiano-marxista de Europa. En segundo lugar, las condiciones objetivas materiales que se dan en las contradicciones sociales producto del agotamiento del capitalismo nacionalista y de la nueva dependencia y penetración de las multinacionales en América latina, van a repercutir agudizando el desempleo y la miseria, aumentar la marginación, fomentar la desnacionalización de la industria, la descapitalización de las economías y el crecimiento del endeudamiento que se manifestarán en la inestabilidad política y en crecimiento de la represión para mantener el orden social establecido.

Estas condiciones objetivas y subjetivas se conjugan en un momento dado, e inciden sobre el clero latinoamericano que trabaja con obreros, campesinos, marginados, indígenas y estudiantes. Al insertarse por amor al prójimo en el proceso dinámico de liberación se irá radicalizando y llevando esa reflexión teológica de la época a sus últimas consecuencias políticas. No es pues, ni la educación teológica ilustrada, secularizada y deshelenizada solamente, ni el entendimiento teológico de la centralidad del amor al prójimo como justicia social lo que los llevará a la posición final de cristianos revolucionarios —cosa que a otros llevará a posiciones reformistas— sino la inserción en la práctica política de la liberación conjuntamente con los explotados y oprimidos. Porque es desde allí, desde donde se puede percibir con toda claridad las contradicciones de la ciencia social burguesa y reformista, la frustración con el modelo populista nacional y la desilusión con el «desarrollismo» traidor, desnacionalizante y subdesarrollante. En consecuencia, es allí donde se toma la opción por un instrumental socioanalítico alternativo y un proyecto histórico y estrategia política que lleve al socialismo. Es en ese nivel de la práctica donde se plantea la crisis teórica y donde se resuelve con una ampliación de la concepción de la salvación y la incorporación de la ciencia social y la ideología a la reflexión teológica.

La teología de la liberación, como reflexión de la praxis de los cristianos, es parte de todo el ambiente liberador que se genera en América latina a partir de la revolución cubana. En este sentido es el rabo luminoso del cometa. No estamos hoy en un ambiente de liberación, sino inmersos en el cautiverio babilónico del neo-fascismo continental. Hoy día nos enfrentamos al hecho de que al agotamiento del capitalismo nacionalista y la crisis del desarrollismo, los países se han tenido que enfrentar a la disyuntiva de socialismo o fascismo porque en este momento de crisis, en que la espiral inflacionaria inherente al nivel monopolista del sistema, lleva a mayores costos, más desempleo, más estancamiento, más miseria y más desorganización social, la burguesía nacional e internacional se ha visto obligada a tomar el poder político directamente, en alianza con los ejércitos, para poder retener la propiedad de los medios de producción frente a las demandas de las masas —y lo hacen efectivamente por la falta de organización y unidad de las izquierdas latinoamericanas. Sólo la fuerza *política* puede detener los requerimientos neo-fascistas de la *economía* capitalista. El cometa de la liberación parece haber pasado.

Los teólogos de la liberación, compartieron con los demás científicos sociales y políticos de América latina el triunfalismo ilusionista del ambiente de la liberación. Esto, si bien es una crítica a la vulnerabilidad de la racionalidad científico-político que comparten con toda la izquierda revolucionaria latinoamericana, es también una señal de su integración al pensamiento político latinoamericano.

A pesar de ser el resumen teórico de una práctica opacada por la situación presente de América latina, no pierde ni un ápice de su valor. Al contrario. Ahora los cristianos revolucionarios poseen un instrumental para luchar dentro del cautiverio babilónico con un entendimiento claro de su carácter histórico y dialéctico de la situación y pueden desempeñar la importante función de mantener la esperanza de la liberación hasta que se den las condiciones históricas apropiadas para movilizar los cristianos a realizar esa esperanza en la lucha definitiva por la liberación.

Esto nos lleva a una consideración más amplia sobre la medida en que este movimiento es significativo dentro de la iglesia latinoamericana. Decimos iglesia, en lugar de iglesias o iglesia católica, porque los cristianos revolucionarios cruzan las tradicionales barreras confesionales sin conflicto alguno por varias razones: en primer lugar, porque a ese nivel de reflexión teológica encuentran más unidad entre sí, como cristianos revolucionarios que entre ellos y sus respectivas jerarquías. En segundo lugar, porque el ambiente teológico internacional ha creado una especie de ecumenismo académico en el cual todos se sirven de las investigaciones de los demás y se citan mutuamente sin hacer disculpas ni salvedades de ninguna especie. Ha sido prácticamente imposible en esta investigación aislar el pensamiento de los católicos porque las continuas citas a los teólogos protestantes como Tillich, Barth, Bultmann, Bonhoeffer, Moltmann y los biblicistas protestantes en la literatura católica, y viceversa, la continua cita de teólogos católicos entre los protestantes, hacen imposible tal distinción. Aun así, se entiende que por ser la iglesia católica romana la predominante en América latina, es ella la que tenemos en mente fundamentalmente cuando nos hacemos la pregunta por la medida de la significación de este movimiento.

A mi entender, los cristianos revolucionarios que se expresan en la teología de la liberación constituyen un movimiento significativo. No sólo porque son muchos entre el clero y por su presencia en todos los países latinoamericanos, sino por su presencia en el aparato productor del pensamiento de la institución. El núcleo de los cristianos revolucionarios en América latina está localizado entre el clero que trabaja con obreros, campesinos, indígenas, marginados, estudiantes, en los seminarios teológicos y las universidades. Por un lado, este desarrollo teórico está incrustado en el aparato de producción teórica de la iglesia; por el otro, en los niveles de trabajo de base con los oprimidos y explotados. Así que su significado más bien que del número, viene de su solidez teórica y de su práctica política.

Es muy difícil dar vuelta atrás teóricamente para regresar a las bases del esencialismo tomista, o inclusive, a la teología existencialista, cuando ya la crítica de la teología de la liberación ha impactado a los centros europeos y norteamericanos de producción teológica y éstos comienzan a tomar la dirección de la teología latinoamericana. Harvey Cox viene de Harvard a México a discutir cómo se hace teología de la liberación; Yale y Union Theological

Seminary se llevan a Gutiérrez y Alves; se instituye un curso de teología latinoamericana en el seminario de la Universidad de Chicago y varias otras; se celebran simposios en Estados Unidos, Suiza, Francia, Inglaterra, etc. y se traducen los libros de Gutiérrez, Alves, Assmann y Míguez Bonino a los idiomas europeos. Pero lo que menos se esperaba y lo más significativo ha sido la constitución de los movimientos nacionales de Cristianos por el Socialismo en Francia, España, Inglaterra, Italia, Estados Unidos y otros países, y el comienzo de la producción de una literatura europea y norteamericana que a partir de la insistencia de los latinoamericanos en la incorporación de la ciencia y la opción ideológica a la reflexión teológica, también toma ese camino y abandona la tendencia a dejar los escritos en los «prolegómenos éticos de la participación del cristiano en la sociedad». América latina está ya presente en el futuro de Europa. Desde hace siglos Europa ha estado presente en el futuro de América latina. Ahora los papeles se invierten.

La presencia de la teología de la liberación y de Cristianos por el Socialismo en los centros de producción teórica de la iglesia es de suma importancia porque la iglesia es una institución productora de ideología. Pero su significado trasciende a la iglesia. Prominentes cristianos y teólogos italianos, españoles, portugueses, alemanes y franceses son miembros de los comités centrales, regionales y nacionales de los partidos comunistas europeos. Esta presencia dislocó la conducta del Vaticano en las últimas elecciones italianas.

Esa significación, desde luego, debe entenderse como relativa al desarrollo político de las sociedades donde se dan los cristianos revolucionarios. No son ellos los que hacen la revolución, sino las masas de las cuales ellos son parte y fermento. Este desarrollo depende entonces de las condiciones revolucionarias del país. Su eficacia y libertad para trabajar está en íntima relación con el espacio que le permita la jerarquía, que generalmente es aliada de las clases dominantes —y digo generalmente, porque hay en Latinoamérica honradísimas excepciones en cada país. Y esta actitud de la jerarquía depende, a su vez, de la situación política del país. Su movimiento pendular, que va desde las atrevidas expresiones de Medellín, hasta el vergonzoso Documento de trabajo de los obispos chilenos después del golpe, donde se justifica a Pinochet, está determinado por la situación política de la nación. Es interesante el hecho que Rand Corporation en su estudio sobre la iglesia para el departamento de Estado de Estados Unidos, señala que el futuro del comportamiento de la jerarquía dependerá de la conducta política de la nación. Confirma esto el viraje de la jerarquía que hizo las declaraciones de Medellín, a partir de la derrota de la Democracia Cristiana en Chile, y de la extensión del neofascismo brasileño a Uruguay, Bolivia, Chile y Argentina, lo cual se manifiesta en la preparación de la Conferencia del CELAM en Puebla.

Una vez dicho todo esto, cuando se plantee la cuestión de si es posible, teóricamente hablando, la alianza *estratégica* entre cristianos revolucionarios y marxistas revolucionarios, tengo que concluir que sí es posible. No me refiero a una alianza *táctica*, al hecho de que la radicalización de los cristianos los convierte en una fuerza política favorable a la toma del poder por las izquierdas revolucionarias. Me refiero a una alianza como compañeros permanentes en la construcción del proyecto histórico de la sociedad socialista en la que se irá formando el hombre nuevo.

La pregunta fundamental que hay que hacerse es, si la fe cristiana es alienante, si hace al hombre extraño a sí mismo y al control de su destino, si es un escollo a la posibilidad de que el hombre se entienda a sí mismo y a los factores económicos y sociales que inciden sobre él y si le impide el control de éstos. Aquí se ha visto claramente que no. Que esta fe cristiana no es alienante. Por lo tanto, a la posibilidad de una alianza de carácter *estratégico* hay que decir que sí es posible.

No sólo fundamentándome en que la eliminación del dualismo platónico devuelve a los cristianos a la historia para construir el reino de Dios en la tierra, para lo cual adoptan el instrumental científico del marxismo con su proyecto histórico y su estrategia política, sino que además me fundamento en el hecho de que la misma existencia de una organización de Cristianos por el Socialismo con estas características, confirma los atisbos de algunos autores marxistas que señalan la posibilidad de un «pluralismo ideológico» en la sociedad sin clases. Porque esto confirma históricamente el *ateísmo* como innecesario a la adopción de las tesis marxistas. Esto confirma que en el futuro habrán marxistas cristianos y marxistas ateos, de la misma manera que hoy hay capitalistas cristianos y capitalistas ateos. Desde luego, esto, como todas aquellas cuestiones cuya contestación no es metafísica, debe ser resuelto en la práctica histórica. Esa práctica ya ha comenzado. Y los marxistas latinoamericanos de más raigambre histórica y articulación teórica lo han advertido cuando señalan el «pluralismo ideológico» como futuro de la sociedad socialista latinoamericana. Esto ya es un principio establecido en el «eurocomunismo» [6].

Pedro Vuskovic, miembro del Partido Comunista Chileno y ministro de economía del gobierno socialista de Salvador Allende en su artículo *Pluralismo ideológico* [7], señala que la garantía del carácter *estratégico* de ese compañerismo hay que garantizarla ya y no dejarla para el futuro.

6. L. Lombardo-Radice, *Pluralismo en la praxis social*, en Aranguren et. al., *Cristianos y marxistas*, 55-68.
7. P. Vuskovic, *Pluralismo ideológico* (mimeo del CPS): Principios 140 (1971), 43-52.

En el mismo artículo Vuskovic cita a Luis Corvalán, presidente del PC, confirmando la continuidad del pluralismo ideológico dentro de la legalidad socialista.

Esta tendencia será reforzada por la nueva comprensión que tienen los teóricos marxistas europeos de la práctica de la religión, como producto del diálogo cristiano-marxista. Esto nos lo confirma la generalización de la tesis de Palmiro Togliatti y del PC italiano.

En su discurso de Bérgamo en 1963 y en tesis posteriores, Palmiro Togliatti, líder del PC rechazó la tesis mediante la cual se explica *todo* el contenido de la religión a base de la infraestructura económica. El X Congreso del PC italiano adoptó oficialmente lo esencial de las tesis. Estas dicen:

1. Por lo que se refiere al desarrollo de la *conciencia religiosa* —declaraba Togliatti—, no aceptamos la concepción ingenua y errónea según la cual el progreso del conocimiento y el cambio de la estructura social bastarían para determinar modificaciones radicales en ella. Esta concepción, que proviene de la filosofía de las luces y del materialismo del siglo XVIII, no ha resistido la prueba de la historia. Las raíces de la religión son más profundas.

2. *No es cierto que la conciencia religiosa sea necesariamente un obstáculo para la comprensión y realización de los deberes y perspectivas (de la construcción del socialismo) y para la adhesión a ese combate.* Pensamos por el contrario que la aspiración a una sociedad socialista, no sólo puede abrirse un camino en los hombres que tienen una fe religiosa, sino que semejante aspiración puede encontrar un estimulante en la misma conciencia religiosa cuando ésta se enfrenta con los problemas dramáticos del mundo contemporáneo.

3. *La realización del comunismo, es decir, de una sociedad sin clases, al liberar a creyentes y no creyentes del yugo del sistema capitalista, conferirá una realidad práctica a los valores morales que son comunes a la concepción cristiana y a la concepción marxista de la sociedad y del hombre.*

4. No sólo la conciencia religiosa *será respetada*, sino que tendrá ante ella un terreno democrático real de desarrollo, donde todos los valores históricamente positivos podrán expresarse y aportar su contribución al progreso de la nación [8].

Me parece de suma importancia que se haya declarado a nivel *político* aquello que a nivel teórico-académico Mury ya elaboraba: la imposibilidad de reducir todo el cristianismo a mera ideología explicable con la infraestructura económica. Se declara, por consiguiente, que el cristianismo posee «una raíz» más profunda, que tiene unos elementos que le conceden una conciencia propia desde la cual puede estimular la construcción del socialismo.

Esta posición, aunque no ha sido elaborada con la rigurosidad que requiere, fue adoptada oficialmente por el Congreso del Partido Comunista

8. L. Fabri, *Los comunistas y la religión*, 21-23 y en Garaudy, *Del anatema al diálogo*, 116-117.

italiano y una similar por el PC español. En 1963 Santiago Carrillo da la bienvenida a los cristianos en el partido y en 1965 Manuel Azcárate, líder de ese partido rechazó públicamente la clásica teoría marxiana de la religión por «dogmática y unilateral» [9].

No sólo en los ambientes marxistas de los países capitalistas sino también en los países socialistas comenzó a circular esta afirmación. Kolakovski en Polonia, muy duro y certero en su crítica a la iglesia, afirma en su análisis de los cambios actuales que el cristianismo «contiene el gérmen de inmensas transformaciones posibles, desde ahora, en el seno de la cristiandad», y critica a sus colegas marxistas que no ven esta posibilidad en función no sólo de los cambios infraestructurales, sino también en función de la propia integridad del cristianismo [10].

A pesar de que los marxistas mantienen su posición atea, reconocen la rebeldía cristiana que se expresa en muchos valores humanos que coinciden y se complementan con los valores marxistas. Se afirma en estos diálogos y en trabajos subsiguientes que esos valores son base de una alianza para la construcción del socialismo y que es posible y necesaria la convivencia con los cristianos en la sociedad socialista hasta la desaparición natural de la religión.

Michel Verret, el filósofo marxista, aunque más apegado a la teoría marxiana de la religión en su forma tradicional, sostuvo, desde la década del 50, que el cristianismo fue la «fuerza más revolucionaria de su época, facilitando el tránsito del régimen de la esclavitud al régimen feudal». En su libro *Les marxistes et la religión,* expone desde 1961 que existen una serie de motivos válidos para la unidad de la acción entre católicos y marxistas. Entre ellos subraya el compromiso con la vida humana, la lucha por la paz, la lucha contra el hambre, los intereses por la justicia obrera y su conquista en el terreno político, la lucha por la verdadera libertad y la supresión del modo de producción capitalista. En una conferencia delante de militantes cristianos, en Francia, distinguió con gran claridad los valores que marxistas y cristianos pueden aportar:

> El cristianismo puede transmitir al máximo una serie de virtudes preciosas, como «una fina y profunda sensibilidad frente a la miseria humana», el «sentido de comunidad» («contra el individualismo egoísta y anárquico, el cristianismo afirma la significación del prójimo... e incluso la preocupación por arrastrar a los otros consigo, la negación de la soledad y el aislamiento»), «el sentido de la esperanza» («contra la tentación de la desesperación y del pesimismo», el cristianismo aporta «el sentido de un porvenir cósmico, universal, ecuménico»). Los marxistas, por su parte pueden contribuir al progreso de la humanidad por la «virtud de la impa-

9. Garaudy, *Del anatema al diálogo.*
10. L. Fabri, *o.c.,* 97.

ciencia» («la paciencia con respecto al mal no es ninguna virtud cuando el mal puede ser cambiado»), el «sentido del mundo» («los cristianos están siempre demasiado cerca de la tentación del angelismo... podemos enseñarles a configurar mejor, con más audacia, la posibilidad del optimismo terrestre») y «la virtud de lo concreto» («el realismo comunista presta a la caridad cristiana el servicio de ponerla ante sus responsabilidades prácticas, concretas, liberándola así de los peligros de la retórica, de la efusión abstracta y de la simple declaración de intenciones») [11].

El científico marxista Lucio Lombardo-Radice en un hermoso artículo sobre los valores cristianos, vistos desde una perspectiva atea, que representa su evolución desde los primeros diálogos, señala como contribución de los cristianos a la lucha común de la construcción del nuevo orden social, el «valor absoluto que Cristo adscribió a la persona humana». Lo «esencial» del cristianismo, dice —siguiendo las afirmaciones de Bloch— no radica en la trascendencia que contrapone Dios y hombre, sino, por el contrario, en la *encarnación de Dios,* que es simultáneamente una *deificación del hombre»* [12]. Por esto, para Lombardo-Radice, ese «rasgo característico del cristianismo», que no se puede derivar del marxismo», en cuanto éste es una doctrina de la liberación colectiva y revolucionaria del hombre, «puede ser muy importante para un marxista» [13].

En esta misma línea me parece de suma importancia las manifestaciones del profesor de filosofía en Praga, Milan Machovec, quien escribe sobre la imposibilidad de suprimir la religión y la necesidad de superarla. Dice, que mientras sea ésta quien represente a los valores humanos no desaparecerá (además, «no tiene sentido suprimir la religión si no se supera»). Advierte de la siguiente manera a los que creen haber resuelto el problema de la religión en los países socialistas:

No pocas veces se tira al niño junto con el agua usada de la bañera. Así llega el hombre a ser «ateo», esto es, hombre sin Dios, pero al mismo tiempo hombre sin interés ardiente en los supremos valores *humanos...* Es indiscutible que la *humanidad* perdería algo y sentiría dolorosamente esa pérdida si cometiese el error fatal de desechar junto con el peso muerto de la superchería... todo lo humano que bajo el manto de la fe... ha conocido en verdad el hombre [14].

11. Citado por L. Fabri en *Los comunistas y la religión,* 138.
12. L. Lombardo-Radice, *El Hijo del hombre,* en *Los marxistas y la causa de Jesús,* 23-28.
13. *Ibid.*
14. M. Machovec, *De la importancia de ocuparse de las formas vivas de la religión,* en *Cristianos y marxistas. Los problemas de un diálogo,* 105, 110. Cf. también el inventario que hace L. Kolakovski, en su trabajo *Jesucristo: profeta y reformador,* en el cual trata de rescatar a Jesús por su contribución a los valores de occidente. Termina dicien-

Ernst Bloch, como Gilbert Mury y Roger Garaudy, señala ese carácter rebelde del cristianismo como inherente a él, y explica la adaptación a la sociedad constantiniana, como elaboración de san Pablo para impartirle funcionalidad en el Imperio desde el momento en que se hizo claro que el reino no habría de venir de inmediato. Fundamentándose en el recurrente carácter rebelde del cristianismo y en la coincidencia de los valores humanos que ambos humanismos sostienen, Bloch —contrario a Engels— sostiene que la rebeldía cristiana volverá a recurrir y esta vez en alianza con el socialismo:

> Si la emancipación de los afligidos y fatigados se ha entendido todavía en un sentido cristiano, si la profundidad del reino de la libertad en sentido marxista es y continúa siendo contenido verdaderamente substantivo de la conciencia revolucionaria, entonces la alianza entre religión y marxismo en las guerras de los campesinos no será la última, y además tendrá éxito [15].

¿Por qué razón cito ahora a los europeos sobre la alianza cristiano-marxista-latinoamericana? Por la sencilla razón de que ello confirma el que Fidel Castro no está solo en su posición sobre el cristianismo revolucionario a pesar del atraso de los marxistas latinoamericanos con respecto al asunto.

Lo importante en este período histórico es el reconocimiento mutuo de los valores de cada cual. Si el cristianismo habrá de desaparecer o no, eso está por verse históricamente. Después de todo, los cristianos reconocen que fue Jeremías quien profetizó el momento en que no sería necesario ya que un hermano le enseñara a otro sobre Dios, porque vendría el tiempo en que cada cual tuviera grabada la ley en su corazón (Jer 31, 31-34). Creo que tanto cristianos como marxistas estarían de acuerdo con que al desaparecer la fuente de *todas* las enajenaciones humanas el cristianismo sería innecesario. Pero ya entonces, estaríamos más allá del reino de la libertad y para eso faltan algunos milenios.

do: «De ahí que sea ridículo y estéril todo intento por "eliminar a Jesús", por apartarlo de nuestra cultura con el argumento de que nosotros no creemos en el Dios en quien él creyó... No es posible declarar inexistente, sin radical interrupción de la vida espiritual, la figura de un hombre, que durante siglos, no fue simplemente maestro de dogmas, sino ejemplo de los más sagrados valores humanos; pues en su personalidad encarnó la virtud de saber expresar su verdad con palabras encendidas, de defenderla hasta el fin e intransigentemente, y de resistir a pie firme contra la dura presión de la realidad, que no lo aceptaba... Así fue ejemplo de aquella autenticidad radical en la que todo individuo humano puede realizar verdaderamente, y ante todos, los valores propios de la vida» (*Los marxistas y la causa de Jesús*, 101, 102).

15. E. Bloch, *Christian atheism*, 272. Cf. también J. Moltmann, *El principio esperanza* y *Teología de la esperanza*, *Un diálogo con Ernesto Bloch* (coloquio público entre ellos en Tubinga en 1963), incluido como apéndice en Moltmann, *Teología de la esperanza*, o..c., 437-466. Cf. también a E. Bloch, *Thomas Muntzer, teólogo de la revolución*.

Por ahora, los cristianos revolucionarios saben que la práctica es la confirmadora de la verdad. La fe de los cristianos como esperanza de justicia e igualdad para los hombres, que reclaman un compromiso hasta la muerte, será puesta a prueba en la praxis de liberación. Los cristianos revolucionarios saben esto y están dispuestos a la fraternal apuesta en la práctica histórica. Raúl Gómez Treto, destacado laico católico cubano, recoge el contenido de esa apuesta fraternal en su discurso durante la jornada Camilo Torres en la Cuba socialista, cuando dice:

> Los cristianos, si tenemos fe, podemos aceptar el reto leninista: si no «creemos» en Dios sino por experiencia propia, «sabemos» que él existe y confiamos consecuentemente en él y en su palabra. ¿Qué pudiera pasar si los comunistas tuvieran razón? ¿Que descubramos que Dios fue una ilusión? Pues bendita la hora en que podamos librarnos de ella. Pero, ¿y, si como creemos, no la tienen en este punto y niegan a Dios porque no le han conocido en verdad? Es posible que de todos modos se nos desvanezca más de una ilusión con que enturbiamos la visión de Dios y su reflejo. Bendito desvanecimiento que hará más ostensible su real presencia en la historia sin disfraces ni encubrimientos.
> ¡Quien pueda caminar solo no debe apoyarse en muletas! El temor a poner a prueba nuestra fe sólo demuestra la debilidad de esa fe [16].

5. Dificultades teóricas con la sociología marxista de la religión

Nuestras conclusiones anteriores nos plantean la cuestión final: Si existe un cristianismo revolucionario que no da una interpretación metafísica a las carencias concretas del hombre, que no constituye un «opio» adormecedor del pueblo, sino una fuerza movilizadora hacia la revolución social, que puede objetivar e identificar las fuerzas socioeconómicas que operan sobre su miseria sin divinizarlas, que no pospone para el cielo la desaparición de todas las infamias, que no «ve en las vilezas de sus opresores un justo castigo del pecado original» ni ve en ellas «pruebas» a las que el Señor somete a los hombres, que no pueden ser acusados de actitudes «cobardes» y «serviles», ni de hacer caso omiso de las «condiciones objetivas» como para proponer «soluciones puramente verbales e ilusorias» o un «mero llamado en favor de los hambrientos y los miserables», como decía Marx, sino que adoptan el instrumental socioanalítico y el proyecto histórico del socialismo y su estrategia política, entonces, no es posible continuar haciendo las declaraciones tradicionales de la sociología marxista de la religión fundamentada en los comentarios de Marx sobre el asunto.

16. R. Gómez Treto, *Encrucijadas de la iglesia en América latina:* Oclae 16.

No se puede cambiar de opinión sobre la «función social» del cristianismo, aceptar la existencia de una versión revolucionaria del cristianismo y plantear una «alianza estratégica», sin que esto tenga serias y profundas consecuencias en la sociología marxista de la religión. Quede claro que no me refiero a la concepción atea del marxismo. No se trata de que los marxistas, en consecuencia, tengan que abandonar su ateísmo. Me refiero a la sociología marxista de la religión. Me refiero a la teoría marxista sobre la práctica social de la religión como fuerza ideológica y. política. Me refiero a la aseveración sobre toda la religión como «opio de las masas», que resume la concepción marxista tradicional sobre la práctica social de la religión.

Esta área de la teoría marxista, como todo lo concerniente a la región ideológica, ha sido muy poco desarrollada. Depende mayormente de los comentarios de Marx sobre la religión. Estos comentarios no me parecen teóricamente suficientes para el análisis teórico de la praxis política de la religión. Marx no hace estudios históricos sobre la práctica religiosa. Realiza una crítica de la religión desde el punto de vista de su historicismo radical, como parte de toda la crítica ideológica necesaria para desenmascarar las verdaderas fuerzas que operan sobre el hombre causando la miseria humana, con el propósito de liberar al hombre de las ilusiones que impiden su movilización política revolucionaria para eliminar las causas socioeconómicas de su miseria. Marx representa el historicismo llevado a sus últimas consecuencias. En ese proceso de crítica no distingue entre las religiones, ni entre las diversas expresiones de clase de la fe cristiana acontecidas históricamente. Su propósito fundamental es destruir la concepción idealista del mundo, que constituye el fundamento de todos aquellos enfoques a los problemas humanos que ocultan su raíz socioeconómica. La religión cristiana de su tiempo —porque se expresaba todavía en categorías idealistas— le pareció el *fundamento* del idealismo. Aunque históricamente, la relación ha sido al revés, la filosofía idealista ha sido el fundamento del cristianismo constantiniano y burgués. Claro, eso lo hemos llegado a saber hoy día.

Siguiendo el método de Feuerbach, de invertir la concepción idealista para revelar el fundamento objetivo, material, del espíritu y sus ideas, dice Marx en el prólogo a *La sagrada familia:*

> El enemigo más peligroso del humanismo real en Alemania es el espiritualismo o idealismo especulativo, que suplanta al hombre individual real por la autoconciencia o el «Espíritu» y dice con el evangelista: «el espíritu vivifica, la carne embota» [17].

17. *La sagrada familia*, 73.

Reconoce como la contribución de Feuerbach el haber establecido esa relación entre la filosofía y la religión, fundamento del idealismo:

> Haber probado que la filosofía no es otra cosa que religión plasmada en pensamiento y desarrollada de un modo discursivo; de que también ella, por tanto, debe ser condenada como otra forma y modalidad de enajenación del ser humano [18].

Marx va a postular que la religión, como toda ideología filosófica que explica, justifica y legitima el régimen de vida social ante la conciencia, es producto de las relaciones de poder existentes en un momento dado, y éstas, a su vez, son resultados de las relaciones de producción. «No es la conciencia la que determina la vida, sino la vida la que determina la conciencia», dirá en el prólogo de la *Introducción a la crítica de la economía política*. Por lo tanto, no es posible, dice Marx, modificar las ideas religiosas y políticas de la sociedad, sin modificar primero las relaciones reales de poder económico y político que las generan en última instancia y le dan su carácter de clase [19].

Es en el contexto de esta crítica que debe entenderse la crítica de Marx a la práctica religiosa. Cuando esa crítica no se aplica a la práctica religiosa, la crítica marxista de la religión no tiene sentido. En el contexto general de esta crítica a la concepción idealista del mundo y su epistemología se dan varios *niveles* de crítica a la religión que van conformando lo que podríamos llamar los rudimentos de la sociología marxista de la religión. Algunos de esos niveles de crítica son compartidos hoy por la teología moderna, especialmente por la teología radical europea y la teología de la liberación de América latina, porque constituyen la crítica a la religiosidad burguesa. Esos niveles de la crítica marxista a la religión han sido asimilados e incorporados por los sectores críticos de la iglesia y los señalan como contribuciones de Marx a la vida de la iglesia.

Pero hay otro nivel que es el que constituye la crítica esencialista sobre la práctica política de la religión, donde el desarrollo histórico de la práctica religiosa no verifica los comentarios de Marx. Es a este nivel que los hechos piden una reformulación teórica para adecuar la teoría a la historia y transformarla en un instrumental de análisis útil para cristianos y no-cristianos.

En un primer nivel y siguiendo la teoría de Feuerbach, establece las bases para la crítica de la religiosidad que se reduce a proyecciones psicológicas y que se alimenta de las pruebas lógicas sobre la existencia de Dios.

---

18. K. Marx, *Crítica de la dialéctica y de la filosofía hegeliana general*, en *La sagrada familia*, 51.
19. K. Marx, *Crítica de la filosofía del estado en Hegel*.

Es en esta etapa que Marx reproduce el materialismo esencialista e individualista de Feuerbach.

La religión no tiene «esencia», dice Feuerbach, la esencia de la religión es el hombre mismo. Dios es una proyección psicológica del hombre. Dios es un ser completo, un «superhombre» en el que no hay «carencia» y en comunión con el cual, el hombre real resuelve su insuficiencia y logra sentirse completo y realizado [20].

La práctica religiosa proviene, según Marx, de la proyección de la necesidad humana en un ser fuera del hombre, un ser perfecto que encarne los poderes que operan sobre el destino del hombre. Esa proyección no es otra cosa que su «autoconciencia». Sus razones para probar la existencia de ese ser sólo prueban la existencia de la conciencia del que lo razona [21].

Aunque esta explicación sobre la causa de la práctica social de la religión no es compartida por los cristianos como la causa de todas las prácticas religiosas, sí es afirmada por ellos como la causa de prácticas religiosas alienantes y el empeño de fundar la fe en pruebas racionalistas sobre la existencia de Dios. Esas pruebas ontológicas también son criticadas análogamente desde la teología existencialista de Kierkegaard en el siglo XIX y la de Karl Barth en el XX [22].

Aun cuando esa comprensión filosófica o psicológica sobre Dios sea fundamento para el ateísmo, los marxistas ateos tendrían que reconocer que no todos los cristianos proyectan las fuerzas que operan sobre su miseria y destino fuera de la historia, ya que la teología radical contemporánea y especialmente la teología de la liberación, las objetivizan claramente en el proceso histórico de la reproducción social de la vida.

En consonancia con su concepción, Marx compara la religión con la *enajenación* (ajeno a sí) de los objetos producidos por los obreros, que a pesar de contener el trabajo de ellos, luego les reaparecen como mercancía que no

20. Feuerbach, *La esencia humana.*
21. «Las pruebas de la existencia de Dios no son más que vanas tautologías. Así la prueba ontológica se reduce a esto: lo que yo me represento realmente es para mí una representación real y actúa sobre mí; en ese sentido, todos los dioses, tanto los paganos como los cristianos, han tenido una existencia real... Por tanto, las pruebas de la existencia de Dios no son más que pruebas de la existencia de la autoconciencia esencial del hombre, explicaciones lógicas de ésta. Por ejemplo, el argumento ontológico. ¿Qué ser es inmediatamente en tanto pensado? La autoconciencia» (*Diferencia de la filosofía de la naturaleza en Demócrito y Epicuro*, 90, 91 y en *Sobre la religión*, 61). En *La sagrada familia*, dice: «Cuerpo, ser, sustancias es una y la misma idea real. No se puede separar el pensamiento de la materia que piensa... Como sólo la materia es perceptible, susceptible de ser sabido, nada se sabe de la existencia de Dios. Sólo mi propia existencia es segura».
22. Karl Barth, *Church dogmatics*, I.

les pertenece, «como algo extraño, como un poder independiente del productor».

Esta es la teoría del «fetichismo» de los manuscritos que más tarde reaparecerá en *El capital:*

> Lo mismo sucede con la religión. Cuando más pone el hombre en Dios, menos retiene de sí mismo. El obrero deposita su vida en el objeto; pero, una vez creado éste, el obrero ya no se pertenece a sí mismo (el trabajo suyo allí), sino que pertenece al objeto [23].

Pero Marx va más lejos que esto. Según se va alejando de Feuerbach, pasa del materialismo esencialista a los fundamentos *sociológicos* que van

---

23. K. Marx, *Manuscritos económico-filosóficos de 1944*, 75, 76.

En *El capital* Marx hace más explícita la analogía del «fetichismo de mercancía» con el proceso religioso y es, sin lugar a dudas, la clave mayor para entender la concepción marxiana de la religión como proceso ideológico, como mecanismo ideologizante. El propósito de Marx en *El capital* es analizar la organización interna del modo de producción capitalista, analizar su «esencia oculta» bajo esa apariencia ilusoria, con que se presenta a la conciencia espontánea. En el caso del capitalismo esto implica desentrañar el carácter de la *mercancía,* que constituye el hecho más representativo o «forma elemental» de éste. Marx va a concluir que la mercancía, al igual que los objetos religiosos, tiene un carácter «fetichista» por la manera como su valor aparece objetivado en la apariencia dinero como si éste contuviera en sí un valor independiente de lo que le da el valor a la mercancía, que no es otra cosa que el *trabajo* del hombre. Aparece el dinero determinando el valor de la mercancía como si él fuese la base del valor.

«Lo que aquí reviste a los ojos de los hombres la forma gótica de una relación entre objetos materiales no es más que una relación social concreta establecida entre los mismos hombres. Por esto, si queremos encontrar una analogía a este fenómeno, tenemos que remontarnos a la región nebulosa de la religión, donde los productos de la mente humana semejan seres de vida propia, de existencia independiente y relaciones entre sí y con los hombres. Así acontece en el mundo de las mercancías con los productos de la mano del hombre. A esto es a lo que yo llamo el fetichismo...» (*El capital* I, sec. 1.ª, cap. 1, 38).

El fetichismo del mundo y de la mercancía consiste para Marx en la capacidad que tiene la forma de aparición de disimular la verdadera naturaleza mostrando precisamente lo contrario. En el caso de la mercancía, ésta aparece como independiente del trabajo del obrero, por lo cual éste no tiene derecho a ella. Igualmente ocurre con la mercancía dinero cuando toma la forma de capital, dinero que aparentemente engendra ganancias porque parece como si fuera él quien produce las ganancias, cuando en realidad no es el capital, sino el trabajador el que engendra la ganancia-sobrante (plusvalía). Lo que en apariencia es una relación de objetos que producen plus-valor, es en esencia una «relación social» entre el obrero que vende su fuerza de trabajo por lo que le costó producirla y el empresario que paga ese costo y usa el trabajo durante toda la jornada, vende la mercancía y luego de pagar los costos se queda con el sobrante que resulta del trabajo de toda la jornada. Y así continúa autoagrandándose el fetiche del capital hasta quedar cada vez más lejos de su origen real y más oscuro el rastro de su camino inicial. El capital, aparece entonces como la religión, fuera e independiente del hombre que lo creó y enfrenta a éste como un poder que no tiene relación original con él (*El capital*).

conformando dialécticamente la psicología y las ideas del hombre. Ya para 1844-45 descubre que la realidad material no es una realidad estática y pre-existente sino dialéctica e histórica, abierta hacia el futuro y determinada en última instancia por el modo de producción. Entonces critica a Feuerbach de la siguiente manera:

> Feuerbach diluye la esencia religiosa en la esencia humana. Pero la esencia humana no es algo abstracto inherente a cada individuo. Es en su realidad el conjunto de todas las relaciones sociales... Feuerbach no ve, por tanto que el sentimiento es también un *producto social*, y que el individuo abstracto que él analiza, pertenece en realidad a una determinada forma de sociedad [24].

Un año antes de las tesis contra Feuerbach, expresaba definitivamente su descubrimiento de que el «estado» no es el creador de la «sociedad civil» (sus instituciones, valores, creencias, costumbres y organización social y económica), sino que al contrario, el «estado» no es nada más que la expresión política de la «sociedad civil» cuya organización está determinada por la organización económica [25]. Por lo tanto, la sociedad no se transforma cambiando o aboliendo las ideas religiosas de ese «estado» que sólo resumen y sacralizan el orden existente, sino realizando una revolución social en beneficio de la única clase que represente a todas las demás. En ese libro, *En torno a la crítica de la filosofía del derecho en Hegel,* expresa en más detalle su teoría de la religión y su concepción de la relación entre religión y sociedad:

> El fundamento de la crítica irreligiosa es: el hombre hace la religión: la religión no hace al hombre. Y la religión es, bien entendido, la autoconciencia y el autosentimiento del hombre que aún no se ha adquirido a sí mismo o ya ha vuelto a perderse pero el hombre no es un ser abstracto agazapado fuera del mundo. *El hombre es el mundo de los hombres,* el estado, la sociedad. La religión es la teoría general de este mundo, su compendio enciclopédico, su lógica bajo forma popular, su pundor espiritualista, su entusiasmo, su sanción moral, su solemne complemento, su razón general de consolación y justificación. Es la fantástica realización de la esencia humana carece de verdadera realidad. La lucha contra la religión es, por tanto, indirectamente, la lucha contra aquel mundo que tiene en la religión su aroma espiritual [26].

Esta constituye la contribución más valiosa de Marx al entendimiento del carácter ideológico de la religión. La religión como «teoría general» de este mundo, señala que la práctica religiosa incorpora la concepción del mundo,

24. Marx, *Tesis sobre Feuerbach,* n. 7, en *Obras escogidas,* 28.
25. Marx, *En torno* (o introducción) *de la crítica del derecho en Hegel,* en *La sagrada familia.*
26. *O.c.*

la epistemología y las categorías fundamentales de la filosofía y la ciencia de su modo de producción. Es esta crítica la que sirve de base a la distinción entre fe y religión en la teología europea a partir de Karl Barth, y que la teología de la liberación lleva a sus últimas consecuencias políticas en su crítica a la teología y la religiosidad burguesa. Carlos Marx, desde luego, no hace esa distinción, por lo cual no podrá advertir que con la religión del modo de producción en crisis no desaparece la fe. Pero queda claro que la «intención» de su lucha contra la religión, no es luchar contra ella como tal, sino contra el mundo que tiene en ella su justificación «espiritual». De aquí en adelante ya rechaza las campañas de ateísmo porque es la «miseria real» lo que hay que abolir. La miseria es la causa de la religión y no al revés, como decían algunos ateos burgueses. En el mismo libro continúa diciendo:

> La miseria religiosa es, por una parte, la expresión de la miseria real y, por otra, la protesta contra la miseria real. La religión es el suspiro de la criatura oprimida, el corazón de un mundo sin corazón, así como es el espíritu de una situación carente de espíritu. Es el *opio* del pueblo[27].

Marx ve la religión como una expresión de la necesidad humana de superar su condición de sufrimiento causada por las condiciones materiales que producen la miseria en que vive la humanidad, a la vez que la ve como una afirmación rebelde de la posibilidad de una vida mejor en otro tipo de sociedad donde no haya sufrimiento. Pero como la religión de su tiempo proyecta esa mejor vida en el cielo, fuera de la historia e independientemente de las condiciones socioeconómicas que producen la miseria, esa rebeldía simbólica termina por adormecer a los pobres e impedirles luchar políticamente por transformar esas condiciones materiales aquí en la tierra. Por lo tanto, es necesario criticar esa prédica de «dicha celestial» que impide que los obreros acepten su responsabilidad política con la transformación revolucionaria de su sociedad.

> La abolición de la religión en cuanto dicha ilusoria del pueblo es necesaria para su dicha real. La exigencia de abandonar sus ilusiones sobre su situación es la exigencia de que se abandone una situación que necesita de ilusiones. La crítica de la religión es, por lo tanto, la crítica del *valle de lágrimas*, que la religión rodea de un halo de santidad[28].

27. *Ibid.*, 3.
28. *Ibid.* Es de notarse que desde que Marx deja atrás su interpretación esencialista del materialismo (que ha dejado de ser fijo y predeterminado para convertirse en uno que se va formando históricamente) deja de usar el concepto de «enajenación» y lo sustituye por el de apropiarse a sí mismo, «adquirirse», que entraña el significado de adueñarse de las condiciones que permitan determinar su destino y su historia real, más bien que un extrañamiento de una esencia que hubiese habido antes. Sin embargo, no

Esta última línea contiene la clave del propósito de la crítica marxista de la religión. La crítica de la religión, desde la perspectiva del materialismo histórico y dialéctico no tendría sentido si no fuera por la función ideológica que realiza la religión en la sociedad de explotación.

Interpretando ésta como la posición del marxismo sobre la religión, dice Lenin, años más tarde:

> ¿Por qué persiste la religión?... Por la ignorancia del pueblo responderán el progresista burgués, el radical o el materialista burgués. En consecuencia: abajo la religión y arriba el ateísmo; la difusión de las concepciones ateístas sería nuestra tarea principal. *El marxista dice: No es cierto, semejante opinión es una ficción cultural superficial, burguesa, limitada.* Semejante opinión *no es profunda... La raíz más profunda de la religión en nuestros tiempos es la opresión social de las masas trabajadoras... he aquí la raíz de la religión contemporánea*[29].

Con esta definición establece Marx la relación específica entre las condiciones sociales y el escapismo de la religiosidad burguesa y la teología idealista de su tiempo. Marx está consciente, sin embargo, de que el pensamiento religioso recoge en su seno las contradicciones sociales que crean la miseria y que se representan en «la protesta contra la miseria real», pero su interpretación metafísica de las causas de esa miseria real desvía la solución al cielo y termina sirviendo de «opio» adormecedor a las masas. Será Engels en sus estudios históricos sobre la práctica religiosa quien estudie más tarde con más precisión este carácter de protesta que Marx advierte en la práctica religiosa.

Aquí pasamos al segundo nivel de la crítica marxiana de la religión. Es aquí donde encontramos las contradicciones más serias entre la concepción marxista de la religión y el fenómeno del cristianismo revolucionario que hemos estudiado en esta tesis. Como Marx no realiza estudios históricos sobre la práctica religiosa, sino que más bien recoge las implicaciones de su teoría para la religiosidad burguesa de su tiempo, no distingue entre diversas formas de prácticas religiosas y la ve como ideología exclusivamente, esto es, como una secreción de la miseria causada por las fuerzas económicas que inciden incontrolable e irreconociblemente sobre el destino miserable de las masas.

La consecuencia lógica de esta teoría de la religión no puede ser otra que la desaparición de la religión una vez desaparezcan las fuerzas sociales que engendran esa miseria. Dice Marx en ese mismo capítulo de *El capital*:

abandona la problemática de la «enajenación», como bien señala Mandel en el capítulo 10 de su libro *La formación del pensamiento económico de Marx*.

29. Lenin, *Actitud del partido obrero ante la religión*, en *Obras escogidas*.

...El reflejo religioso del mundo real sólo puede desaparecer para siempre cuando las condiciones prácticas de la vida cotidiana ofrezcan al hombre relaciones perfectamente inteligibles y razonables con sus semejantes y con la naturaleza... El reflejo religioso del mundo real sólo puede desaparecer para siempre cuando las condiciones, de la vida diaria, laboriosa y activa, representen para los hombres relaciones entre sí y respecto de la naturaleza. La forma del proceso social de vida, o lo que es lo mismo, del proceso material de producción, sólo se despojará de su halo místico, cuando ese proceso sea obra de hombres libremente socializados, y puestos bajo su mando consciente y racional. Mas para ello la sociedad habrá de contar con una serie de condiciones materiales de existencia, que son a su vez, fruto natural de una larga y penosa evolución[30].

Esto es evidencia clara de que Marx no esperaba la desaparición inmediata del cristianismo ni cosa parecida. Esto sería como resultado del establecimiento de una nueva sociedad fruto de una larga evolución. Es importante señalar que para Marx, no sólo desaparece la forma enajenante de la religión que ha legitimado la sociedad de explotación, sino la *religión* como tal, pues según él la religión, a diferencia de las demás regiones ideológicas —la filosofía, la ética, la estética, etc.— no tiene «esencia ni reino». Esto es, carece de una problemática suya. Las demás áreas de la ideología pueden ser concepciones y representaciones sobre objetos, relaciones o procesos reales, por lo que tienen «esencia» aunque su representación sea distorsionada. Sin embargo, la religión no es el reflejo de un objeto o problemática real, sino de las necesidades no comprendidas del hombre, de lo cual se encargarán efectivamente otras áreas de la vida una vez el hombre logre controlarlas y comprenderas.

En resumidas cuentas, la ideología religiosa «espiritualiza» la miseria real, canaliza la protesta contra la miseria en forma simbólica con la amenaza de la destrucción del mundo y la salvación celestial, y finalmente, explica la miseria como permanente e insoluble en el mundo, debido al «pecado» del hombre. Esto destruye el espíritu revolucionario y distrae las fuerzas humanas de su tarea política de transformación del mundo. En sus escritos en contra del «socialismo cristiano» de Herman Wagner dice:

Los principios sociales del cristianismo dejan la desaparición de todas las infamias para el cielo, justificando con ello la perduración de esas mismas infamias sobre la tierra. Los principios sociales del cristianismo ven en todas las vilezas de los opresores contra los oprimidos el justo castigo del pecado original y de los demás pecados del hombre, o la prueba a que el Señor quiere someter, según sus desig-

30. *Ibid.*, 44. Cf. también *Sobre la cuestión judía*, 22, 25, 26 y 29, para su interpretación sobre el papel del individualismo en la teología protestante (también su comentario sobre el mismo asunto en *El capital*, en la página citada aquí).

nios inexcrutables, a la humanidad. Los principios sociales del cristianismo predican la cobardía, el desprecio de sí mismo, el envilecimiento, el servilismo, la humildad, todas las virtudes de la canalla; y el proletariado, que no quiere que se le trate como canalla; necesita mucho más de su intrepidez, de su sentimiento de dignidad personal, de su orgullo y de su independencia, que del pan que se lleva a la boca. Los principios sociales del cristianismo hacen al hombre miedoso y trapacero, y el proletariado es revolucionario [31].

Marx comprobó en su tiempo la inutilidad política de las formas de «socialismo cristiano» de naturaleza utópica que surgieron en su tiempo. En 1846, Marx rompió con el «comunismo cristiano» de su apreciado compañero Weitling («el primer alemán digno del nombre comunista», decía Marx) por las siguientes razones: la escatología cristiana de ese movimiento no tomaba la historia en serio y resultaba en «una expresión imaginativa del mundo inexistente»; ese «comunismo cristiano» hacía caso omiso de las condiciones objetivas de la historia que determina las formaciones sociales, por lo cual proporcionaba soluciones puramente verbales e ilusorias; confundía comunismo con comunión, lo cual, inducía a comportamientos religiosos que interferían en las actividades políticas, ya que el llamamiento a una religión del amor sin estrategia política basada en el análisis de la realidad sólo iba a terminar en la vieja llamada «en favor de los hambrientos y miserables» que se había estado repitiendo inútilmente durante 1800 años sin éxito alguno; y finalmente, porque los cristianos del movimiento consideraban a los ateos y a la ciencia como «enemigos de partido» [32].

Para Marx, la justicia y la comunión de los hombres en una sociedad sin explotación, será el resultado de unas estructuras económicas, sociales y políticas, que sólo se logran con la estrategia política cuando las condiciones históricas estén maduras para ello. No tener en cuenta el análisis científico de las condiciones objetivas de la historia y la estrategia política descalificaba a este «socialismo cristiano» para la lucha revolucionaria por el peligro que ello implicaba para la disciplina de partido y la eficacia del proceso político de la toma del poder y la creación de condiciones materiales socialistas, a pesar de que ambos grupos compartieran el mismo ideal final. Como el comunismo del «socialismo cristiano» fundamentaba su doctrina social y política en la doctrina religiosa exclusivamente, era lógico que excluyera a los

31. Citado en *Biografía del manifiesto comunista*, 250 (tomado de *Escritos varios II*, 442, 443).
32. K. Marx - F. Engels, *Circular contra Kriege*, en *Sobre la religión*, 171-176; Cf. Fabri, *El comunismo y los cristianos*, 65, 66 y en *El manifiesto comunista*, sobre aquello de «nada es más fácil que dar al ascetismo cristiano un matiz socialista».

ateos por «enemigos» y a las ciencias por innecesarias. Esto, estaba claro para Marx.

Sin embargo, el desarrollo de la práctica política revolucionaria de los cristianos latinoamericanos y la teología de la liberación, en que recogen teóricamente la reflexión y justificación de su práctica, contradice fuertemente este segundo nivel de la concepción de Marx sobre la religión. Este cristianismo revolucionario, cuya existencia hemos comprobado, ni constituye un «opio» adormecedor de las fuerzas revolucionarias, ni diviniza las fuerzas socioeconómicas que inciden sobre la miseria del pueblo, ni posponen para el cielo la desaparición de todas estas infamias, ni «ven en las vilezas de sus opresores un justo castigo al pecado original», ni «pruebas» enviadas por el Señor, ni han dado muestras de actitudes «cobardes» y «serviles», ni hace caso omiso de las «condiciones materiales y objetivas», ni propone soluciones «verbales» e «ilusorias», ni reduce la solución a piadosas llamadas en favor de los hambrientos y miserables, como dice Marx. Contrario a esto, como ya hemos hecho claro, realiza su reflexión teológica en un marco histórico, dirige la solución de los problemas a la historia y entiende el proceso salvífico como uno al cual la liberación socioeconómica mediante la estrategia científico-política le es esencial. No se trata de un «socialismo cristiano», ni de una revolución «cristiana», sino de cristianos socialistas.

Evidentemente, la magnitud y el significado de este nuevo fenómeno y la consistencia teórica que respalda la práctica revolucionaria de estos cristianos, rebasa la conceptualización teórica existente en la sociología de la religión para dar cuenta de su aparición histórica. La teoría existente da cuenta de la «religión burguesa» concebida en los términos idealistas de la cosmovisión platonizante del cristianismo constantiniano en sus diversas expresiones, pero no puede dar cuenta de este desarrollo práctico y teórico que estaba ausente del escenario social en que se desenvolvía Carlos Marx. Los señalamientos de la sociología marxista de la religión sobre la «religiosidad burguesa» —y no me refiero a la teoría filosófica o teológica de Marx sobre si Dios existe o no— me parecen acertados, pero limitados. Como teoría general para fundar una teoría marxista de la religión para todas las etapas de desarrollo de un modo de producción o para todos los modos de producción, me parece insuficiente y equivocada.

Si se hacen afirmaciones teóricas esencialistas, cerradas y definitivas sobre fenómenos sociales cambiantes, se corre el riesgo de que el desarrollo dialéctico de la misma historia contradiga esas afirmaciones y que resulten dogmáticas con respecto a la realidad histórica.

El desarrollo histórico de esta nueva práctica social latinoamericana, nos indica que es necesario ampliar la concepción marxista de la religión para dar explicación teórica a este nuevo pedazo de la realidad [33].

Hasta ahora, se ha estudiado la función social de la religión desde uno de los dos polos extremos del comportamiento social de la religión y no se ha hecho en forma dialéctica. Estos dos polos son el de la *legitimación* ideológica del orden existente cuando la iglesia realiza su función de agente de conservación, y el de la *deslegitimación* del orden existente cuando la iglesia realiza su función de agente de cambio social. Las teorías de la sociología y de la historia de la religión se concentran en el estudio de uno de los polos —el de la *legitimación*— y generalizan para toda la práctica social de la religión desde ese polo, y luego lo usan como aparato teórico para imponérselo a toda la realidad de la práctica religiosa, inclusive a la que más brutalmente contradice la propia teoría.

En América latina se ha generalizado la concepción sociológica de la naturaleza conservadora del cristianismo y de su incapacidad inherente para ir al compás del desarrollo de la historia. Se concluye teóricamente la naturaleza «reaccionaria» y su incapacidad *inherente* para ir al compás del desarrollo de la historia. Se concluye teóricamente la incapacidad de la religión para realizar una función ideológica revolucionaria, esto es, una función ideológica de *deslegitimación* del sistema económico y socio-político establecido, que promueva una reestructuración de clases sociales en base a una reestructuración de la propiedad de los medios de producción y la transferencia del poder político de las clases sociales establecidas a las nuevas clases sociales en ascenso que represente el nuevo desarrollo de nuevas fases en el sistema productivo. Creo que esa generalización procede del uso exclusivo de la teoría sociológica europea, del trauma latinoamericano con la lucha entre liberales

33. No sólo a la sociología marxista de la religión, sino aun a la sociología burguesa clásica. Spencer mantiene que la religión tiene la función social de darle continuidad a los valores del orden establecido. Malinowski sostiene que las sanciones rituales y religiosas tienen la función social de mantener la ley y el orden mediante la creación de la reverencia por la tradición. Durkheim concluye que la religión constituye el sistema de ideas con el que los individuos se representan a sí mismos en la sociedad de la cual son miembros —en este sentido es continuación de la teoría del «fetichismo» de la antropología del siglo XIX. Weber, quien tiene una visión más burguesa sostiene que la función principal es la «salvación individual» que trasciende las metas sociales por lo que ésta no se realiza por medios políticos, y que el carácter universal de su misión la lleva a institucionalizar y representar en forma religiosa los valores predominantes de su sociedad. Todas son teorías de «orden», de estabilidad, ninguna provee para el cambio. Pertenecen al mundo europeo de dominación y permanencia. Cf. H. Spencer, *The principles of sociology*, 104-106; B. Malinowski, *Magic, science and religión*, 63-69, 87; E. Durkheim, *Elementary forms of religious life*, 257; M. Weber, *The sociology of religion*, 96-117.

y conservadores —especialmente del laicismo anticlerical del último cuarto del siglo XIX— y de la ausencia de un análisis de clase en los estudios de la historia de la religión en América latina y de un enfoque dialéctico.

En América latina la religión ha sido estudiada mayormente como guardián ideológico de los intereses de la corona española y luego de los intereses de los terratenientes conservadores en apoyo de los cuales hizo frente al laicismo liberal del siglo XIX. Lloyd Mecham nos recuerda no menos de treinta y seis ocasiones en que la iglesia organizó, financió, provocó, influenció o apoyó golpes de estado contra gobiernos liberales después de la guerra de la independencia [34]. Pero no aparece señalado con el debido reconocimiento el papel revolucionario de un sector importante del clero, especialmente el latinoamericano.

En el libro *La iglesia frente a la emancipación americana,* publicado en el ciento cincuenta aniversario de la independencia de Chile, el venerable historiador marxista Hernán Ramírez Necochea, recoge esa concepción europea de la función socio-política de la iglesia en la introducción al libro cuando dice:

> La iglesia y el clero... de una manera constante han descendido a la arena de la lucha político-social; y, al hacerlo, invariablemente se han vinculado a los elementos tradicionales de la sociedad, manifestando siempre su más decidida oposición y la más abierta resistencia a las transformaciones de orden económico-social, político y cultural; desconociendo las leyes inevitables que rigen la evolución de las sociedades, nunca han propiciado el cambio, sino que han alentado una vasta gama de movimientos conservadores que van desde el conservantismo puro y desembozadamente reaccionario, hasta el conservantismo demagógico y deliberadamente confuso que envuelve con atractivos ropajes progresistas. La historia de los últimos ciento cincuenta años —tanto en Europa, como en América y en Chile— y el acontecer de nuestros días ofrece abundantes pruebas de este aserto [35].

¿Qué iglesia y qué clero se han vinculado «invariablemente» con los elementos tradicionales y «nunca» han propiciado el cambio y cuáles han hecho lo contrario? Estas generalizaciones pasan por alto detalles importantes de la historia —como lo es el hecho que para 1815 ya los realistas habían fusilado 125 sacerdotes revolucionarios en México— [36]. Cuando no se hace un estudio concreto de la historia, se impone sobre nuestra realidad la teoría extranjera y no se hace un análisis de clase de la institución religiosa, se da el caso de historiadores marxistas que escriben la historia a partir de las declaraciones y actos de las figuras prominentes de la jerarquía, esto es, en

34. Lloyd Mecham, *Church and state in latin America.*
35. *La iglesia frente a la emancipación americana,* 21.
36. E. Dussel, *Historia de la iglesia en América latina,* 103.

base a la historia de los personajes de la clase dominante, sin advertir la lucha de clases dentro de la institución, como en el caso del párrafo antes citado. La jerarquía no representa a toda la iglesia, de la misma manera que la burguesía no representa a toda la sociedad, por lo cual, a la hora de hacer historia, no se puede hacer historia sin hacer análisis de clase, porque si no termina uno escribiendo que *todos* los mexicanos poseen una hacienda y que *todos* los clérigos son reaccionarios. Mucho me temo que habrá que volver a rebuscar la historia de la revolución de la independencia a ver qué papel jugó cada cual. No es lo mismo hablar de «heroicas excepciones» que de clases sociales y de sectores de clase.

De aquí que sea necesario proponer una sociología dialéctica de la religión que sirva para dar cuenta más científicamente de la práctica social de la religión.

6. Las raíces marxistas para una sociología de la religión

Los rudimentos teóricos para la hipótesis explicativa que voy a proponer los esboza Engels, quien a pesar de que suscribe la teoría de Marx del «fetichismo» de la religión [37], realiza estudios históricos sobre la religión, logra identificar el «carácter revolucionario» de lo que llama el «cristianismo primitivo» y analiza su reaparición en el siglo XVI en el movimiento revolucionario de los campesinos anabaptistas alemanes. Pero, desafortunadamente, se dejó enfocar por el monopolio ideológico de la teoría política de la burguesía liberal, que daba la impresión de haber terminado con la expresión religiosa de los conflictos socioeconómicos como ideología legitimadora y deslegitimadora del orden social, y nunca llegó a articular lo que pudiera haber sido una sociología dialéctica de la religión.

Con referencia al «cristianismo primitivo», Engels concluye, que su origen se encuentra en la actitud de rebelión de las masas oprimidas en sociedades que se encuentran en estado de descomposición social, donde se agudiza la

---

37. La religión, dice Engels, es originalmente un reflejo fantástico de las fuerzas naturales desconocidas e incontrolables. Luego, cuando las desigualdades crean fuerzas sociales desconocidas que operan incontrolablemente sobre la vida de los hombres, éstos divinizan y representan estas fuerzas sociales con formas voluntariosas e independientes del trabajo y de la organización social de ellos. Pero, cuando el hombre domine estas fuerzas, dice Engels, y las maneje para llenar sus necesidades con eficiencia, entonces éstas recuperarán su carácter objetivo, material, y desaparecerá la religión como tal, porque no tendrá ya ningún poder desconocido e incontrolable para reflejar. Engels, *Anti-Dühring*, 313 y en la nueva antología de Marx - Engels *Sobre la religión*, editada por H. Assmann y R. Mate, 275, 276. Cf. también *Ludwig Feuerbach y el final de la filosofía clásica alemana, o.c.*, 367, 368.

miseria, se marginan las masas pobres de los procesos económicos y sociales y culturales. En esas condiciones, se esclarece a estas masas el carácter objetivamente opresor y humano del sistema social. En estos momentos de desesperación total, las masas se ven obligadas a buscar justicia y salvación en formas revolucionarias y en contra siempre de los poderes religiosos establecidos que legitimizan el orden social [38]. Es natural que sea así ya que estos poderes religiosos tradicionales son los guardianes del sistema establecido.

Esta explicación hace resaltar el carácter de clase del «cristianismo primitivo». Ello explica, según Engels, su carácter «revolucionario». Así fue en la revolución de los campesinos anabaptistas alemanes que intentaron abolir la propiedad de la nobleza en el siglo XVI.

En su librito *Sobre la historia del cristianismo primitivo,* hace una descripción de la composición social de estos tipos de movimientos:

> La historia del cristianismo primitivo tiene notables semejanzas con el movimiento moderno de la clase obrera. Como éste fue en sus orígenes un movimiento de hombres oprimidos: al principio apareció como la religión de los esclavos y de los libertos de los pobres despojados de todos sus derechos de pueblos subyugados o dispersados por Roma «...» ¿Entre qué gente —se pregunta— se reclutaron los primeros cristianos? Principalmente entre los «trabajados y cansados», los miembros de la capa más baja del pueblo, como cuadra a un elemento revolucionario. ¿Y de quiénes se componían estas capas? En las ciudades de hombres libres empobrecidos, de todo tipo de personas, con los *men-whites* de los estados esclavistas del sur y de los aventureros y vagabundos de las ciudades marítimas coloniales y chinas, de los esclavos emancipados y, sobre todo, de verdaderos esclavos; en los esclavos emancipados de Italia, Sicilia y Africa, de esclavos que se habían hundido cada vez más en la esclavitud a causa de las deudas [39].

Engels concluye que fue precisamente entre grupos desarraigados por los grandes cambios socioeconómicos de la época —para quienes los viejos dioses y sus promesas se tornaron caducos— entre los que nació la necesidad de salvación, de construcción de un nuevo orden justo y parcial para con los pobres y para quienes se hizo necesario destruir el injusto orden vigente.

38. Cf. los detalles de esa explicación en *Bruno Bauer y el cristianismo primitivo* (1882), en la antología *Sobre la religión,* 313-321; *El libro del apocalipsis, o.c.,* 323-328; *Sobre la historia del cristianismo primitivo,* 202-426; Engels, *Cartas desde Londres.*

39. Engels, *Sobre la historia del cristianismo primitivo* (en otra edición aparece como *Contribución a la historia de...*), en *Sobre la religión,* 403, 416. En *Cartas desde Londres,* dice: Podemos observar, pues en Inglaterra que una clase social se encuentra tanto más en la punta del progreso y con un futuro tanto mayor, cuanto más baja en su escala social, más inculta en el sentido corriente del término. Es esa una constante de cualquier época revolucionaria, que se manifiesta especialmente en la revolución religiosa de la que el cristianismo fue producto: «bienaventurados los pobres», «la sabiduría de este mundo se ha hecho locura», etc.

Tenemos que concluir que para Engels, es el carácter de clase lo que explica el carácter revolucionario del cristianismo primitivo y su coincidencia con el socialismo[40].

En base a esa composición social, Engels hace énfasis en el hecho de que el cristianismo primitivo posee un carácter revolucionario que le es recurrente. En su corto estudio *El libro del apocalipsis,* menciona aquella cita de Renan, el exégeta francés, cuando dice que quien quiera tener una idea clara de lo que fueron las primeras comunidades cristianas, no debe compararlas con las congregaciones parroquiales de su época, sino con las secciones locales de la Asociación Obrera Internacional, a lo cual Engels contesta lo siguiente:

> Esto es correcto. El cristianismo se apoderó de las masas tal como lo hace el socialismo, bajo la forma de una variedad de sectas, y aún más, de opiniones individuales en conflicto —algunas más claras y otras más confusas— pero todas opuestas al sistema imperante, a los poderes existentes ...*El cristianismo como todo movimiento revolucionario fue establecido por las masas*[41].

Contestando a Merger sobre el por qué el «socialismo» no siguió a la caída del imperio romano, Engels dice: «lo pregunta, porque no ve que ese socialismo existió en la realidad, hasta donde ello era posible en esa época, e incluso alcanzó una posición dominante... en el cristianismo»[42].

De los trabajos de Engels se desprende claramente entonces su convencimiento del carácter revolucionario del cristianismo primitivo producto de la condición concreta de la vida de las masas oprimidas. Para Engels, pues, el cristianismo primitivo es una expresión religiosa, ideológica y política del hombre oprimido que se rebela contra la opresión en busca de liberación y felicidad. Como tal, dice Engels, *encarna la primera protesta universal del hombre contra la opresión universalizada*[43]. Viene así a constituir la expre-

40. En el momento en que se encuentra con el carácter revolucionario radical de los campesinos anabaptistas alemanes, Engels, siente la obligación de ir atrás para tratar de explicar esa radicalidad revolucionaria que en nombre del cristianismo bíblico luchaba por la abolición de la propiedad privada. Recordando este descubrimiento 30 años más tarde dice en el *Estudio sobre el cristianismo primitivo* en 1894: «El paralelo entre los dos fenómenos históricos (socialismo y cristianismo primitivo) atrae nuestra atención y desde la edad media, en los primeros levantamientos de los campesinos oprimidos y particularmente de los plebeyos de las ciudades. Estos movimientos como todos los movimientos de la edad media, estaban obligados a llevar la máscara (forma ideológica) de la religión y aparecieron como la restauración del cristianiamo primitivo para salvarlo de la difusión de la degeneración» (*o.c.,* 409).

41. *El libro del apocalipsis,* en Marx y Engels, *Sobre la religión,* 324 (esta similaridad en la diversidad de ideologías al principio la discute en detalles en *Sobre la historia del cristianismo primitivo, o.c.,* 413-414).

42. *Sobre la historia del cristianismo primitivo, o.c.,* 403, 404.

43. *Bruno Bauer y el cristianismo primitivo, o.c.,* 320-321.

sión ideológica del hombre como objeto de explotación y sujeto de la rebelión.

Pero hasta aquí llega la coincidencia entre el cristianismo primitivo y el socialismo. Cuando los rebeldes cristianos se enfrentan a la tardanza y a la imposibilidad de la transformación social en su tiempo, se desvían de la tierra hacia el cielo. Aquí Engels adopta la interpretación cristiana de su tiempo, por eso dice que entonces el cristianismo primitivo entra en una segunda fase de su desarrollo y, en consecuencia, se bifurcan los caminos del cristianismo y el socialismo.

> Tanto el cristianismo como el socialismo de los obreros predican la próxima salvación de la esclavitud y la miseria; el cristianismo ubica esta salvación en una vida futura, posterior a la muerte, en el cielo. El socialismo la ubica en este mundo, en una transformación de la sociedad... el socialismo existió en la realidad, hasta donde ello le era posible en esa época... en el cristianismo. Sólo que este cristianismo como tenía que suceder dadas las condiciones históricas, no quiso cumplir las transformaciones sociales de este mundo, sino, más allá de él, en el cielo, en la vida eterna, después de la muerte, en el inminente «milenio» [44].

El subdesarrollo de las condiciones materiales y del conocimiento científico sobre la sociedad no proveía a los cristianos primitivos de los instrumentos necesarios frente a los poderes establecidos. Esta impotencia los llevó a proyectar la revolución al cielo en una actitud apocalíptica. El problema se resolverá entonces, cuando el Señor venga a destruir el mundo.

A pesar de esa desviación, todavía el cristianismo mantiene su carácter de rebelión. Engels identifica esa tendencia en su estudio sobre el *Apocalipsis*. Encuentra la rebeldía de los que esperan la destrucción del régimen de opresión, aunque mediante una catástrofe realizada por Dios. Es donde se expresa «la salida que conduciría a los trabajados y cargados a un eterno paraíso, sacándolos de este valle de lágrimas». Pero aun este paraíso en el cielo después de la muerte, según Engels, no se da sin que se resuelvan violentamente los conflictos entre oprimidos y opresores. «Este paraíso celestial no se abre para los creyentes por el solo hecho de su muerte. Ya veremos que el reino de Dios, cuya capital es la nueva Jerusalén, sólo puede ser conquistado y abierto después de arduas luchas con las potencias del infierno. En la imaginación de los cristianos primitivos eran inmediatamente inminentes» [45].

A pesar del escapismo celestial del cristianismo apocalíptico, todavía Engels señala su militancia combativa, y la certidumbre de su triunfo:

---

44. *Sobre la historia del cristianismo primitivo*, 403, 404. Cf. también 417, 418.
45. *Ibid.*, 418.

No hay en el dogma ni la ética del cristianismo posterior, si no la sensación de que lucha contra todo el mundo y de que la lucha culminaría con el triunfo, ansia de combatir y certidumbre de la victoria que faltan por completo en los cristianos actuales, y que en nuestra época sólo se encuentran en el otro polo de la sociedad entre los socialistas [46].

Pero el cristianismo primitivo entra en una tercera fase que podemos llamar la fase teológica en base a lo que dice Engels. Esta es la fase de la elaboración doctrinal en la que el cristianismo hace uso del lenguaje «gentil» e incorpora con él las ideas grecorromanas en el estado de deterioro en que se encuentran ya para esa época. El movimiento deja de ser una secta judía para convertirse en la religión no ya de los pobres y esclavos, sino de la clase dominante del imperio romano [47].

Engels explica ese proceso de helenización y transformación sociopolítica del cristianismo de la siguiente manera:

En el proceso de erosión de los dioses que sacralizaban el régimen romano en crisis, el cristianismo emergió como la religión de las masas. Prevaleció por su exclusivismo monoteísta y por la afirmación del sacrificio de Cristo como único y definitivo. Esto hacía innecesarios todos los sacrificios diarios que se solían hacer y con ello sus religiones. En segundo lugar, el cristianismo generalizó la culpa por las condiciones de deterioro y opresión a pecados cometidos por todos los miembros de la sociedad y remontó la salvación a un nivel espiritual e interior sacándolo de la arena social y política. Se perdió la objetividad histórica del problema entre ricos y pobres y se generalizó a todos la culpa por las condiciones de opresión.

Dice Engels:

A todas las quejas contra la perversidad de la época y contra los sufrimientos morales y materiales generales, la conciencia cristiana del pecado contestaba: «así es, y no puede ser de otra manera. Tú eres el culpable, todos vosotros sois culpables de la corrupción del mundo que es tu propia corrupción interna». ¿Y dónde estaba el hombre que pudiera negarlo? *Mea culpa*. La admisión de la desdicha

---

46. *Ibid.*, 413.
47. Aquí Engels echa mano de los estudios del exegeta e historiador alemán, Bruno Bauer (a quien tanto critica) para señalar que Filón, el filósofo judío que intentó la síntesis de las ideas judías y grecorromanas, constituye el padre del cristianismo posterior y Séneca, su tío abuelo. Esa conciliación de concepciones grecorromanas con las orientales (judías, gnósticas, etc.) incluye todo eso de la pecaminosidad innata del hombre, el Logos, el Verbo que es con Dios y es Dios y que se convierte en mediador entre Dios y hombre, la expiación no por el sacrificio de animales, sino entregando el propio corazón a Dios y sobre todo esa filosofía de desdeñar los poderes y goces terrenales en favor de una pobreza y ascetismo ya «espiritualizado».

general resultaba irrefutable y se convirtió en la precondición para la salvación espiritual que el cristianismo anunciaba al mismo tiempo [48].

El cristianismo primitivo tomó ese camino hasta convertirse en la religión de los señores contra quienes antes se rebelaba. Pero Engels está consciente de que el cristianismo volvería hacia sus orígenes en la próxima crisis histórica totalizadora al final del feudalismo y comienzos del capitalismo.

Engels repite que como la historia antigua y medieval sólo conoce la religión como forma ideológica, esto es, como estructura de explicación última, de justificación y legitimación, las revoluciones de las masas contra el sistema vigente en cada época, siempre habrían de tener un carácter religioso. Así se explica, dice, los conflictos religiosos dentro del mismo cristianismo.

El ejemplo más dramático lo fueron las guerras campesinas alemanas, que tanto le impresionaron a Engels por su afinidad con el socialismo. Analizando el pensamiento de Tomás Muntzer, el líder y teólogo de la revolución campesina alemana en el siglo XVI, dice:

> Su doctrina política procede *directamente* de su pensamiento religioso revolucionario y se adelantaba en la situación social y política de su época lo mismo que su teología a sus ideas y conceptos corrientes... su programa político tenía afinidad con el comunismo; muchas comunidades comunistas modernas en vísperas de la revolución de febrero, no disponían de un arsenal teórico tan rico como los de Muntzer en el siglo XVI. En su programa el resumen de las reivindicaciones plebeyas aparece menos notable que la anticipación genial de las condiciones del elemento proletario que apenas acababa de hacer su aparición entre los plebeyos. Este programa exigía el establecimiento inmediato del reino de Dios, de la era milenaria de felicidad, tantas veces anunciada, la reducción de la iglesia a su origen y la supresión de todas las instituciones que se hallasen en contradicción con este cristianismo que se decía primitivo y que en realidad era sumamente moderno. Pero según Muntzer este reino de Dios no significaba otra cosa que una sociedad sin diferencias de clase, sin propiedad privada y sin poder estatal independiente y ajeno a los miembros de la sociedad. Todos los poderes exigentes que no se conformen sumándose a la revolución serán destituidos, los trabajos y los bienes serán comunes y se establecerá la igualdad completa. Para estos fines se organizará una liga que abarcará, no sólo a toda Alemania, sino a la cristiandad entera; a todos los príncipes y grandes señores se les invitará a sumarse y cuando se negaren a ello, la liga con las armas en la mano les destronará o los matará a la primera ocasión [49].

---

48. *Bruno Bauer y el cristianismo primitivo*, o.c., 320, 321. Cf. sobre esa interioridad en *Cartas desde Londres*, o.c., 91.

49. F. Engels, *Las guerras campesinas en Alemania*, 76, 77 (cf. el libro de E. Bloch, *Thomas Muntzer, teólogo de la revolución*, para apreciar su similaridad con algunos cristianos revolucionarios latinoamericanos 450 años después).

¿De dónde sale ese programa político que procede «directamente» de su pensamiento religioso y que tiene afinidad con el comunismo? Esto es lo que Engels no esclarece a pesar de que al citar a Muntzer, el teólogo de la revolución, menciona todas las ideas del antiguo testamento en que éste se fundamentaba, pero el mismo Engels no se da cuenta de que el cristianismo primitivo no es una mera actitud de clase, sino una actitud de clase conformada por toda una tradición antigua que le da sentido y coherencia, mediada por la tradición oral y literaria desde que los esclavos hebreos fueron liberados de Egipto.

Engels insiste en que sólo en el *Apocalipsis* podemos encontrar el verdadero pensamiento cristiano sin contaminación ideológica con lo grecorromano. Insiste en que esa ideología proviene fundamentalmente del pensamiento apocalíptico judío pre-cristiano (no de las fuentes centrales del antiguo testamento), pero desconoce u olvida todo el trasfondo revolucionario del antiguo testamento pre-apocalíptico y el hecho de que en el antiguo testamento, el reino de Dios siempre tenía un carácter histórico y se construía políticamente en base a la justicia real. Esta inadvertencia hace que Engels no pueda explicar, cuando vuelven a darse esas condiciones objetivas, del derrumbe del modo de producción feudal, el por qué la vuelta de los campesinos anabaptistas al cristianismo primitivo implica un regreso al intento de solucionar el problema de la justicia mediante el establecimiento del reino de Dios en la tierra en forma histórica y por las armas, a pesar de que advierte que su doctrina política procede «directamente» de su pensamiento religioso (muy especialmente del antiguo testamento).

Es de presumirse entonces que cada vez que se den en la historia esas condiciones objetivas que hacen posible esa transformación del cristianismo entre las masas oprimidas y desarraigadas ocurrirán entonces no solamente protestas simbólicas contra el régimen, sino protestas reales con programas políticos revolucionarios. Pero Engels no lleva su conclusión por este camino. Según él ese «sello religioso» de las luchas políticas era usual cuando la historia «no conocía más formas ideológicas que la religión y la teología» [50]. Cuando la burguesía se arraigó, desarrolló una «ideología» económica y política. No volvería a ocurrir el cristianismo revolucionario.

Esta viene a ser una cuarta etapa. Teniendo en cuenta la «secularización» de la revolución francesa, Engels concluyó que las revoluciones posteriores se harían «bajo la bandera exclusiva de ideas jurídicas y políticas». Analizan-

---

50. «Estos levantamientos, como todos los movimientos de la edad media, estaban obligados a llevar la máscara de la religión y aparecieron como la restauración del cristianismo primitivo para salvarlo de la difusión de la degeneración» (*Sobre la historia del cristianismo primitivo, o.c.,* 404).

do el fenómeno religioso en *Ludwig Feuerbach y el fin de la filosofía alemana,* dice:

> En las asambleas nacionales ya no se sentaban protestantes sino libres pensadores. Con esto el cristianismo entraba en su última fase. Ya no podía servir de ropaje ideológico para envolver las aspiraciones de una clase progresista cualquiera; se fue convirtiendo, cada vez más, en patrimonio privativo de las clases inferiores [51].

Engels, fiel a la teoría del «fetichismo» de la religión, supone que con la objetivación y el dominio de las fuerzas productivas la ideología revolucionaria del proletariado habría de ser exclusivamente económica, política y científica. Concluye pues, que esto significa el fin de la filosofía en el campo de la historia y de la ciencia, y el fin de la religión en el campo de la política [52].

Con esto de que las revoluciones posteriores se harían «bajo la bandera exclusiva de ideas jurídicas y políticas», de que el «sello» religioso de las luchas políticas pertenece a una época «cuando la historia no conocía más formas ideológicas que la religión y la teología», Engels abandona ahí los valiosos rudimentos para una sociología marxista de la religión. Estos rudimentos teóricos, contrario a la concepción de Marx, identifican la existencia de un cristianismo «revolucionario», señalan la semejanza entre el cristianismo y el socialismo por su identificación con los intereses de las masas oprimidas —lo cual desde entonces ya da base para pensar que no siempre han sido antagónicos el socialismo y el cristianismo, sin mencionar el hecho de la identificación entre el cristianismo y el nacimiento del socialismo utópico—, y advierte la recurrencia de ese «cristianismo primitivo» de carácter «revolucionario» cada vez que ocurre el desarraigo de las masas debido a crisis en el régimen de producción (por lo menos, hasta la crisis del siglo XVI en Alemania).

Engels, no puede advertir que el cristianismo revolucionario volvería a recurrir en forma vigorosa porque reduce el cristianismo a ideología exclusivamente. No distingue entre fe e ideología o fe y religión. Con la ideología religiosa desaparecería el cristianismo.

Por otro lado, el cristianismo mismo, encajado en la concepción del idealismo esencialista, no daba señales de regresar a la tierra. El creer que la religión (y con ella todo el cristianismo) era la fuente del idealismo lo llevó a pensar que el cristianismo desaparecería con el idealismo.

---

51. *Ibid.,* 369. Cf. también el prólogo de la edición de 1892 al ensayo *Del socialismo utópico al socialismo científico,* en *Obras escogidas.*
52. Engels, *Anti-Dubring.* Cf. los extractos de Marx y Engels en la antología *Sobre la religión,* 273-277; y *La literatura del emigrante, o.c.,* 269.

Finalmente, su concepto del «fetichismo» de la religión, tomado de la antropología sobre pueblos primitivos por Feuerbach y adoptado por Marx, no le permitía creer en la posibilidad de un cristianismo revolucionario para acompañar el modo de producción socialista, como en el pasado el cristianismo feudal y el cristianismo burgués habían acompañado a sus respectivos modos de producción.

Algunos marxistas contemporáneos han seguido la línea de Engels, pero tampoco han llegado a elaborar una sociología marxista de la religión que dé cuenta de fenómenos contemporáneos como el de América latina.

Los teóricos marxistas, especialistas en estudios religiosos, el alemán Ernst Bloch y los franceses Gilbert Mury y Roger Garaudy, concuerdan en reconocer el carácter rebelde del cristianismo como inherente a éste y como recurrente históricamente. Ambos admiten que su conducta constantiniana le fue impuesta por las condiciones históricas, que le es ajena, y que cuando se desligue de su ropaje ideológico y de sus compromisos con el sistema capitalista, podrá ser una fuerza histórica en la construcción del socialismo.

En los diálogos cristiano-marxistas europeos Garaudy llegó a la conclusión de que la primera y más importante consecuencia de la teología contemporánea (Moltmann), es «que la fe cristiana no puede entrar en conflicto con ninguna de las formas históricas de la construcción de la ciudad terrestre, en la medida en que éstas sean auténticamente humanas»[53]. Por lo cual no existe incompatibilidad entre el cristianismo y el socialismo. Señala el hecho de que la rebeldía cristiana le es inherente al cristianismo, pero que es de carácter «espontáneo» y puede tornarse lo mismo reformista que revolucionaria, «si no incorpora una teoría revolucionaria». Pero Garaudy no nos indica en qué situaciones históricas toma ese carácter revolucionario.

Para Mury, la ideología constantiniana es una elaboración posterior sobre esa actitud de rebeldía original del cristianismo primitivo:

> Engels nos ofrece un preciso instrumento de análisis de las variaciones históricas del cristianismo. El observa en efecto que «la fe de estas comunidades bíblicas difiere totalmente de la iglesia triunfalista posterior». Y explica que «todo lo que es posterior es adición occidental, grecorromana». Muestra lo que ya hemos sugerido hace poco: existe un polo apocalíptico y un polo constantiniano del cristianismo[54].

Esa ideología posterior se articula contradictoriamente a un cristianismo que Mury describe de la siguiente manera: «...una protesta dispersa e im-

---

53. *Del anatema al diálogo*, 59.
54. G. Mury, *Cristianismo primitivo y moderno*, en Aguirre et. al., *Cristianos y marxistas. Problemas de un diálogo*, 130.

potente, pero productora de una valoración de los humildes con sus *dos polos* de la revancha apocalíptica y de la resignación hasta el alborear del más allá» [55].

Por esto, se pregunta, cómo es posible que Engels, si ha planteado la cuestión de la rebeldía, «no ya como ideología, sino como "actitud" o "motivación", no haya hecho explícita la conclusión de que ésta es una "aportación *propia* del cristianismo"». Concluye diciendo:

> Sería necesario rehusar toda dialéctica para afirmar que al nivel de los dinamismos constitutivos de los comportamientos humanos, la «actitud» cristiana no tiene *carácter específico* [56].

Es lógico que Mury augure, como hará Bloch con más firmeza, que como resultado de las condiciones objetivas de nuestro tiempo el polo apocalíptico de la rebeldía cristiana «tienda a convertirse en dominante (sobre el de la resignación constantiniana), aunque no lo sea todavía».

A pesar de esta nota, Mury no teoriza sobre las condiciones en que reaparecerá ese «sentimiento subjetivamente revolucionario» del cristianismo. Esto no nos ayuda a la elaboración de una hipótesis desde la perspectiva marxista para explicar el desarrollo del cristianismo revolucionario latinoamericano.

Ernest Bloch, el filósofo marxista de la subjetividad —quien fuera director del Instituto Carlos Marx en la Alemania Oriental— afirma también que la constantinización del cristianismo rebelde fue obra de san Pablo inicialmente. Según Bloch, el movimiento de Jesús, el «Hijo del hombre», fue uno de afirmación humana frente al Yahvé de las clases dominantes de tiempo de la colonización de Palestina por el Imperio Romano [57].

Bloch es firme en su posición de que cuando los cristianos desmitifiquen el cristianismo y vuelvan a tomar en serio a aquellos que están «trabajados y cargados», el cristianismo volverá a ser una fuerza revolucionaria [58].

Pero Bloch tampoco nos provee la hipótesis sociológica que nos indique en qué condiciones específicamente puede ocurrir esa transformación del cristianismo en movimiento revolucionario.

Es necesario que demos un paso adicional en la elaboración de una sociología marxista de la religión. Es necesario identificar las condiciones socio-

---

55. *Ibid.*, 123. Cf. también sus comentarios en el libro de L. Fabri, *Los comunistas y la religión.*
56. *Ibid.*, 130.
57. Cf. lo indicado sobre E. Bloch en la nota n. 15.
58. E. Bloch, *Christian atheism*, 274.

económicas y políticas en las que ese «polo de rebeldía» rompe con el polo de «resignación» de la «rebeldía subjetiva» y toma cuerpo «revolucionario», como en el caso de la revuelta campesina y el caso de los latinoamericanos. En otras palabras, ¿cuándo las condiciones históricas de crisis en el modo de producción eliminan el mecanismo que transfiera la revolución de la tierra al cielo? Dicho de otro modo, ¿en qué condiciones la rebeldía cristiana toma un carácter abiertamente político y revolucionario? [59].

7. Hipótesis para el desarrollo
de una sociología marxista de la religión

Vamos a proponer que las condiciones históricas que determinan si el «rechazo total» típico de las sectas rebeldes toma una dirección metafísica y reformista, o política y revolucionaria está determinado por la naturaleza de la crisis del modo de producción. Si es una mera crisis coyuntural dentro del mismo modo de producción no habrá viabilidad histórica para el cambio social, se creará una situación de «impotencia», y la realización política de la utopía religiosa se desviará hacia el cielo, hacia después de la muerte, o hacia el fin de la historia. Pero si es una crisis definitiva de la estructura del modo de producción total, entonces habrá posibilidades de realización para la utopía sustitutiva de los rebeldes que niegan totalmente la sociedad vigente.

59. Los estudios sociológicos de las «sectas» rebeldes, compuestas por obreros y marginados en condición de desarraigo socioeconómico, político y cultural, que se generan en situaciones de cambio social se manifiestan con una teología anti-mundo que toma forma apocalíptica, rechaza las instituciones sociales existentes, entran en conflicto con el estado y piden a sus miembros «apartarse del mundo». Pero su rebeldía no toma forma revolucionaria. Se desvía hacia la profecía de la destrucción del mundo y la segunda venida de Jesús, excepto en unos casos muy particulares como en los del antiguo testamento, en las revueltas medievales y guerras de la Reforma en los casos del «tercer mundo» señalados por V. Lanternari en su libro *Movimientos religiosos de liberación nacional de los pueblos oprimidos*, y ahora en América latina. Cf. los siguientes estudios sociológicos sobre sectas rebeldes en zonas y situaciones históricas de cambio social: E. Troeltsch, *The social teachings of the christian churches* II; R. Niebuhr, *Social sources of denominationalism*; J. Holt, *Hollines religion: cultural shock and social reorganization*, en M. Yingers, *Religion society and the individual*, 463-470; W. Goldschmidts, *Class denominationalism in rural California churches*: American Journal of Sociology 4/94 (1946) 348-355; B. Wilson, *Analysis of sect development*: American Sociological Review 24 (1959) 3-15; M. E. Marty, *Sects and cults*: The Annals of the American Academy of Political and Social Sciences; L. Pope, *Millhands and preachers*; Willems, *Followers of a new faith*; Ch. Lalive, *El refugio de las masas*; S. Mintz, *Worker in the Cane*, 258-261; E. Seda Bonilla, *Patrones de acomodo del emigrante puertorriqueño a la estructura social norteamericana*: Revista de Ciencias Sociales 2 (1958) 182-203; S. Silva Gotay, *La iglesia y la pobreza*: Revista de Administración Pública de la Universidad de Puerto Rico; id., *Sect formation in latin America*: Caribbean Review.

En la crisis de los modos de producción, la crisis se generaliza a todos los órdenes de la sociedad, se intensifica la lucha de clases, se posibilita la creación histórica de un nuevo orden social y se genera una nueva explicación del mundo.

Esto nos lo sugiere la situación de América latina en la que se da el fenómeno de los «cristianos revolucionarios» que no sólo hacen que su cristianismo tome una expresión política, sino que reorganizan el entendimiento teórico de su práctica religiosa para relacionarse con la historia de transformación que está ocurriendo.

De aquí que yo postule que con la crisis del modo capitalista de producción, con el advenimiento del socialismo, no tiene que darse necesariamente la desaparición del cristianismo, sino de la «religión» del cristianismo burgués; el cristianismo como tal, se transforma al incorporar la nueva concepción del mundo socialista, del mundo que es más afín con la cosmovisión de su origen y con el compromiso de clase de su tradición bíblica. Esta hipótesis explicativa se monta sobre un enfoque dialéctico al estudio de la religión en relación a los modos de producción. No es en base a disquisiciones filosóficas sobre la existencia de Dios que se debe hacer sociología de la religión, sino en base al estudio dialéctico de la práctica social de la religión en relación a los modos de producción.

No se ha estudiado la religión desde el punto de vista histórico y sociológico como expresión de los modos de producción, y en especial, como expresión ideológica de la crisis de transición de un modo de producción a otro. Hacerlo nos podría revelar que esa función social conservadora de la iglesia cambia radicalmente a uno de *deslegitimación* en los períodos de transición, cuando se crea una crisis ideológica en la institución que la divide en sectores que apoyan cada bando del cambio dependiendo de su identificación de clase. Esto es lo que sugiere mi tesis. Ello nos debe llevar a una teoría sobre la «transformación de la religión» en lugar de a una teoría sobre la «desaparición» eventual de la religión, la cual sería verificable históricamente.

Mi hipótesis es que hay que estudiar la conducta social de la religión en el contexto del modo de producción social y tomando en cuenta la perspectiva de clase inherente a la fe cristiana. En los momentos en que el modo de reproducir socialmente la totalidad de la vida en una sociedad dada, cambia para ajustar las relaciones sociales al desarrollo de las fuerzas productivas, se generaliza la crisis a todos los niveles de la sociedad. Al nivel ideológico, la crisis de credibilidad en que se sumergen las concepciones vigentes, obliga a la búsqueda de nuevas maneras de entender los cambios para guiar la conducta dentro de la nueva situación en forma eficiente. Estas nuevas representaciones conceptuales de la realidad vienen enmarcadas en la visión del mundo que corresponde a los valores e intereses de la nueva clase que representa el futuro a establecerse y que habrá de transformar todo el sistema de legitimación y explicación del mundo. La religión, como ideología totalizadora comparte esa crisis y ese proceso de renovación. En esta crisis, la agudización de la lucha de clases, revigoriza la perspectiva de clase del cristianismo.

La aplicación del concepto de «modo de producción» al estudio de la religión nos explica el surgimiento del pensamiento revolucionario del protestantismo burgués con respecto a la sociedad feudal, a la cual el catolicismo romano medieval sirvió de sostén ideológico, y explica la crisis religiosa de todo el período de gestación del modo de producción capitalista. Ello explica por qué el catolicismo romano insertado en una comprensión medieval del mundo y expresado teológicamente con esta ideología, se enfrascó en una lucha contra la Ilustración, la revolución francesa, la revolución industrial, las libertades burguesas, el nacionalismo y la democracia, que representaban la ideología del nuevo orden burgués —con las cuales hoy se ha reconciliado— y que diera su apoyo a las fuerzas sociales conservadoras que representaban los residuos del modo de producción feudal. Ideológicamente, la iglesia representaba la «teoría general» del viejo orden. Esto explica también el impase entre el catolicismo y el socialismo. Análogamente, explica perfectamente el hecho de que el protestantismo burgués, diera su apoyo como fuerza ideológica, a la clase burguesa en ascenso, del modo de producción capitalista e hiciera parte de su comprensión del mundo las ideas liberales en todos los países del norte de Europa, Inglaterra y Estados Unidos.

El encuentro ideológico de esos dos órdenes sociales, revestido de teología, ha sido dramatizado en aquellos lugares misioneros donde el protestantismo ha entrado a intentar sustituir al catolicismo. Esto explica también el rechazo de la burguesía liberal de América latina a la «política» conservadora de la iglesia católica del siglo XIX durante las luchas del laicismo por secularizar su sociedad en la que la iglesia todavía se mantenía expresando la visión del mundo de la sociedad feudal. Esa visión del mundo ahora resultaba contradictoria al orden de la sociedad moderna del modo capitalista de producción, que se afincó en América latina a partir del 1880. De aquí el dilema de Francisco Bilbao cuando da a escoger «entre catolicismo o liberalismo». Esto nos explica el fenómeno de que a pesar de que los defensores del laicismo eran anticlericales, se mantenían siendo cristianos católicos.

Isabel de Vargas López, en su tesis El laicismo en Latinoamérica, dice: «...el laico está lejos de entender la sociedad como atea, lo que ocurre es que excluye la religión de la vida pública» y la relega para la vida personal y familiar. Yo añado, que separa la fe de la ideología del modo de producción anterior para revestirla de la nueva ideología liberal. De aquí que se dé una relación tan estrecha entre los laicistas y el protestantismo, que hayan abierto las puertas a los misioneros protestantes a partir de 1850 para combatir el «obscurantismo católico romano», como le llamaban a la religión legitimadora del viejo orden.

Hoy, cuando el modo de producción capitalista entra en esa larga crisis, coinciden el desarrollo teórico y las demandas de las masas por un nuevo orden de relaciones en la formación de un pensamiento cristiano socialista y revolucionario. Ocurre en América latina, porque es en las economías del «capitalismo dependiente», donde la crisis del sistema incide con más fuerza y porque es el continente del «tercer mundo» donde el cristianismo es la religión predominante.

De la misma manera que la crisis del orden feudal gestó un «cristianismo burgués», representado en el pensamiento de los reformadores protestantes y de las iglesias del norte de Europa, Inglaterra y Estados Unidos, hoy tenemos señales importantes de la posibilidad del nacimiento de un «cristianismo proletario», en la América latina. De la misma manera que el protestantismo acompañó al nacimiento del capitalismo como ideología legitimadora, la teología de la liberación y Cristianos por el Socialismo podrían acompañar la formación de la nueva sociedad socialista como un «cristianismo socialista».

La religión, a lo menos el cristianismo —habrá que ver con las demás— se mueve dialécticamente en su función social del polo de la *legitimación* del orden social al de la *deslegitimación*. En el caso de modo socialista de producción, la identificación entre religión e idealismo, que parecía ser la barrera infranqueable, no lo era realmente. Como hemos visto, esa identificación no era inherente al cristianismo, como pensaba Marx. De tal manera, que la fe puede incorporar la concepción materialista y dialéctica de la realidad para expresar su esperanza y su compromiso con la igualdad y la justicia del prójimo y convertir su pasado de sostén del orden de explotación y opresión en un presente deslegitimador como fuerza de cambio social, como cualquiera otra de las instituciones sociales que genera ideología y en las cuales se reproducen las contradicciones sociales.

Esto, desde luego, se toma su tiempo. La rebeldía de la sociedad en contra del orden feudal, no tomó la forma teórica articulada de la Reforma protestante hasta después de siglos de crisis del orden feudal. De la misma manera, ha tomado más de cien años de contradicciones y crisis en el orden capitalista para que se dieran las condiciones teóricas apropiadas para expresar teológicamente en la teología de la liberación lo que ya Marx había expresado teóricamente en sus estudios económicos.

Como bien aclaran estos teólogos —y ya es común hacerlo de Barth y Bonhoeffer para acá— «la fe cristiana no es una religión». La religión es la expresión ideológica de la fe. La religión, como bien decía Marx, es un «producto social», es la «teoría general» de cada modo de producción, es la expresión del mundo en que cada civilización o bloque histórico se expresa religiosamente al reproducir la vida con los medios materiales y las relaciones sociales de que dispone.

El que la fe cristiana se exprese en diferentes ideologías o concepciones implícitas del mundo, está determinado en última instancia por el hecho de que la fe en sí no posee una ideología concreta o una cultura que por naturaleza pertenezcan a la fe; no existe una epistemología, lenguaje o cultura privados, propios de la fe exclusivamente. El *contenido* de la fe, su historia, la de los hombres que la poseen, proviene de la experiencia histórica vivida desde la perspectiva de la fe por estos creyentes en una sociedad dada; en otras palabras, el contenido de la fe proviene de la experiencia humana que se va acumulando en la memoria histórica de la comunidad cristiana según va experimentando la vida en cada modo de producción. De aquí que los cristianos revolucionarios rechacen el concepto de lo «específicamente cristiano» como un mecanismo ideológico y en consecuencia rechacen conceptos como «cristiandad», «revolución cristiana» y «socialismo cristiano»; porque en ellos se esconde la intención sacralizadora de realidades socioeconómicas seculares que responden a intereses de clase que no deben ser confundidas con la fe. De esta manera, mantienen clara la distinción entre fe e ideología, por un lado, mientras por el otro, se sienten libres para expresar su fe por medio de la ideología de su tiempo que mejor responda a los reclamos de la fe por la justicia y la igualdad de los oprimidos.

Es fundamental señalar que la fe en sí —como esperanza fundamental que reclama un compromiso de amor para con los explotados y oprimidos, mediada a través de la historia de las tradiciones bíblicas y la historia de la iglesia— tiene un carácter revolucionario *inherente* a sí misma que es lo que hace posible su reaparición en forma nueva. Ese compromiso es el que asegura su permanencia, su reeditación en expresiones religiosas nuevas, desafiantes y liberadoras ante las nuevas condiciones de vida en cada modo de producción cuando es apropiada por los oprimidos en la lucha de clases. Su carácter absoluto, su autonomía, deriva de la naturaleza permanente de su pregunta por la justicia y la igualdad del prójimo —según ésta se expresa en la concepción de una plenitud llamada reino de Dios, proyectada a partir de la historia— que pasa juicio sobre la relatividad de las etapas de desarrollo social y mantiene la historia abierta hacia las infinitas posibilidades humanas. La fe, como pregunta abierta por la justicia y la igualdad del prójimo, está incrustada en la insatisfacción infinita del hombre en una historia que no tiene fin. De aquí que la esperanza que conforma la fe, como dice el filósofo marxista Ernst Bloch, no tenga fin. En consecuencia, aquí se encuentra la permanencia y autonomía de la fe.

Como la tradición hebrea nació en medio de una lucha de clases en Egipto y el cristianismo primitivo se gestó en medio de la crisis sociopolítica del Imperio Romano, la fe hebreo-cristiana contiene en sí, inherente a su tradición escrita, una perspectiva y un compromiso de clase con los oprimidos, que vuelve a salir a flote cada vez que el modo de producción entra en crisis y se agudiza la lucha de clases. Durante la crisis del orden feudal esa perspectiva se hizo patente en la revuelta de los campesinos. Pero las condiciones históricas para su ascenso como clase no estaban dadas.

En este sentido, la fe es una fuente de liberación social ya que su problemática fundamental la constituyen la justicia y la igualdad del prójimo, y no la problemática del caos y el orden, como alega Mircea Eliade. Esa problemática del orden y el sentido frente al caos, pertenece a las religiones de las clases dominantes cuya problemática es la ley y el orden de dominación. La fe cristiana, por haber nacido en medio de una lucha de clases, contiene inherentemente a sus tradiciones fundamentales la problemática contraria, la del rechazo del orden de dominación en favor de la justicia y la igualdad del hombre explotado y oprimido por ese orden.

De aquí que podamos decir, que lo que mantiene la expresión «religiosa» de la fe en continua evolución y revolución acompañando a la dialéctica de la historia, lo sea esa doble dimensión del carácter de la fe en sí y del carácter de la dialéctica de la historia misma según ésta se expresa en la lucha de clases.

En consecuencia, es importante entender el desarrollo histórico y la naturaleza política de la práctica religiosa de los cristianos desde esta dialéctica entre fe y modo de producción, fe e historia, fe e ideología, fe y teología en cada formación social en que se estudie el desarrollo concreto de la práctica religiosa. De esta manera se podrían evitar las afirmaciones esencialistas sobre la naturaleza de una práctica social tan dinámica y tan importante en la lucha ideológica del proceso de liberación como lo es la práctica religiosa.

El uso de una teoría sociológica de la religión articulada en base a la hipótesis explicativa que estamos sugiriendo aquí, nos evitaría las interpretaciones erróneas sobre la religión como las que se hacen en base a las concepciones teóricas de los clásicos de la sociología y la historia de la religión que sólo llevan a imponer la teoría sobre la práctica en vez de dar lugar al enriquecimiento de la teoría con la práctica histórica.

8. El lugar de América en la historia

Por primera vez en la historia, desde la Reforma protestante, coinciden nuevamente la crisis de las condiciones materiales y la crisis teórica en la problemática de la iglesia y la sociedad: una crisis en las condiciones materiales de las fuerzas productivas en el capitalismo dependiente de América latina y una crisis radical en las representaciones teóricas de la institución religiosa legitimizante del orden social y en los fundamentos metodológicos de la actividad teórica de la práctica religiosa.

La magnitud de los conflictos nos indica fuera de toda duda que estamos inmersos en una larga crisis análoga a la del fin del modo de producción feudal y comienzos del modo de producción capitalista. En esos períodos de transición, en que la religión como «teoría general» de la sociedad se hace insostenible, la clase social rebelde en ascenso construye un nuevo orden y una nueva religiosidad, como lo hicieron los múltiples movimientos de la Reforma protestante. Creo que los cristianos revolucionarios en América latina —tanto católicos como protestantes— jugarán un papel deslegitimizador y liberador, análogo al que jugaron los rebeldes durante la Reforma protestante para enterrar el orden feudal en los países en que se dieron las condiciones materiales para el desarrollo del modo capitalista de producción.

La incorporación de las ciencias sociales comprometida y una ideología revolucionaria concreta a esta nueva reflexión teológica, que ha dejado atrás el idealismo esencialista para reflexionar con sentido historicista, lleva a la teología latinoamericana a dejar el camino del pensamiento europeo y norteamericano para tomar su propio camino.

Es mi convicción, luego del examen de esta abundante literatura en varios centros de estudio en México y Puerto Rico, y de dos viajes de estudio a varios países claves (Perú, Bolivia, Chile, Argentina, Uruguay, Paraguay) en la región andina y el cono sur, que esta teología latinoamericana constituye un serio harponazo al pensamiento europeo y norteamericano que ha representado a occidente hasta ahora y que nos ha tratado de vender al hombre noradlántico como el paradigma de la humanidad del hombre, para imponernos una dependencia que resulta un impedimento al desarrollo de nuestro propio hombre latinoamericano. Este pensamiento nuevo ha generado un proceso de desenmascaramiento del carácter opresivo y explotador de la religión de los países ricos y como resultado, este sector revolucionario de la iglesia se ha convertido en una fuerza *deslegitimizadora* de la civilización capitalista en todas sus modalidades y como tal, en fuerza revolucionaria al servicio del cambio social.

América latina ha transformado su herencia occidental y la devuelve a Europa refundida en una práctica política de afirmación latinoamericana. América latina se incorpora a la historia por vía de su más original contribución al pensamiento cristiano. Se incorpora por vía de la afirmación de su independencia y soberanía, en la negación de su dependencia, en la acusación profética de la dominación imperialista que llega hasta la oración más íntima en una sociedad dependiente.

América latina se incorpora originalmente al recuperar el sentido revolucionario de la fe cristiana y refundir la práctica religiosa en una práctica de liberación para la transformación de la estructura social explotadora que sirve de asiento al capitalismo imperialista.

América se incorpora asimilando su pasado, pero superándolo, libera al cristianismo de su cautiverio helenista en forma definitiva al incorporar la ciencia y la ideología revolucionaria, e impone la primacía axiológica del «hombre nuevo» a la teoría revolucionaria europea. El cristianismo revolucionario plantea un serio desafío al marxismo desde la posición de compañero de viaje: plantea la necesidad de una superación teórica a la estrechez de la teoría revolucionaria, que por muchos años exigió el «ateísmo» como condición para permitir el compartir la revolución y la creación de la nueva sociedad.

La conciencia de lo americano no radica ya en una búsqueda de sus raíces hispanas frente al sajón explotador, sino en la comprensión de las contradicciones reales que animan su historia. Tampoco en una declaración ontológica esencialista, sino en la construcción de lo que aún no es, en su liberación. Tomar conciencia de lo americano, es tomar conciencia de la dependencia y optar por la praxis de la liberación. Al romper con el dualismo espíritu-materia, logra evadir el espiritualismo de esa «hispanofilia» que no advierte que ya no existen las condiciones materiales del modo de producción que gestó ese humanismo ibero, definido como «espiritual» frente al «materialismo» sajón. El tema de la incorporación de América a la historia no se articula ya como un regreso al pasado, sino como un caminar con esperanza por un camino que se hace al andar, golpe a golpe, en una historia abierta donde el futuro permanece increado. Con el pensamiento cristiano revolucionario, América se incorpora como dice el maestro Zea, no a la historia europea, sino «a la historia sin más».

Bien decía aquel que dio su vida por sus hermanos en la selva boliviana, «cuando los cristianos se unan a la revolución latinoamericana, ésta será invencible». Si alguna cosa hemos aprendido es que el amor al prójimo y la revolución en América latina pueden ser una misma cosa. Nadie expresa esto mejor que ese noble hijo de la revolución cubana Fernández Retamar, cuando dice en torno a su libro *Revolución nuestra, amor nuestro*:

> Algunas gentes que nada entienden de la revolución, creen que el amor está de alguna manera, o de todas maneras, reñido con ella. Sin embargo, como sabemos, *se trata de dos realidades unidas, fundidas.* Por eso pudo escribir el Che «que el revolucionario verdadero está guiado por grandes sentimientos de amor»... Es más, allí en lo más personal, en lo más íntimo, se revela en plenitud esa grave y bellísima lección. Los riesgos y dolores que significan para la mujer engendrar y traer al mundo un nuevo ser, esa pequeña y descomunal revolución que es «construir la vida» en las entrañas, ¿cómo pueden estar antes o después del amor? Son su coronamiento mismo. ¿Y qué es la revolución sino engendrar un mundo nuevo, un hombre nuevo? En su alumbramiento, los riesgos y dolores ya no son sólo de la mujer, sino de la pareja: lo que, por cierto, parece mucho más justo. Y en ese otro alumbramiento, tampoco tiene sentido preguntarse qué está «primero la revolución o el amor». *La revolución es el amor.* Y si no lo comprendemos así, si no lo *asumimos* así, entonces ni se han entendido las palabras del Che, ni posiblemente se ha entendido nada en relación con el amor y la revolución.

Bibliografía

Açao Popular: *Documento base* (multicopiado), Sâo Paulo 1963.

Aguiar, C.: *Los cristianos y el proceso de liberación de América latina: Problemas y preguntas*, en *América latina: movilización popular y fe cristiana*, ISAL, Montevideo 1971, 41-72.

Aguirre, J. - Aranguren, J. L., y otros: *Cristianos y marxistas. Los problemas de un diálogo*, Alianza Editorial, Madrid 1969.

Allaz, T. G.: *La iglesia contra la pared*, Ed. Nuestro Tiempo, México 1971.

Alonso Hernández, J.: *Esbozo para una teología de la liberación*, en *Aportes para una liberación*, Ed. Presencia, Bogotá 1970, 37-59.

Alvarez Calderón, C.: *Pastoral y liberación humana*, Don Bosco, Quito 1970.

Alves, R.: *Apuntes para un programa de reconstrucción en la teología:* Cristianismo y Sociedad 4 (1969), y en INDOC 12 (1970) 3-16; *A theology of human hope*, Corpus Books, Cleveland 1969; *El pueblo de Dios y la búsqueda de un nuevo orden social:* Cristianismo y Sociedad 26-27 (1971) 5-28; *El pueblo de Dios y la liberación del hombre:* Fichas de ISAL, 3, 26 (1970) 7-12; *Función ideológica y posibilidades utópicas del protestantismo latinoamericano*, en *De la iglesia y la sociedad*, Tierra Nueva, Montevideo 1971; *Hijos del mañana*, Ed. Sígueme, Salamanca 1976; *La muerte de la iglesia y el futuro del hombre:* Cristianismo y Sociedad 2 (1968) 3-19; *Religión, ¿opio o instrumento de la liberación?*, Tierra Nueva, Montevideo 1970 y Ed. Sígueme Salamanca 1973; *Theology and the liberation of man*, en *In search of a theology of development*, WCC, Génève 1969, 75-115; Varios, *De la iglesia y la sociedad* (antología protestante), Tierra Nueva, Montevideo 1971.

Althusser, L.: *La revolución teórica de Marx*, Siglo XXI Editores, México 1970; y otros: *Polémica sobre marxismo y humanismo*, Siglo XXI Editores, México 1968.

Ambert, J.: *Ministerio cristiano y política:* Boletín (Seminario evangélico de Puerto Rico) 3/37 (1972) 1-33.

América latina: Dependencia y subdesarrollo, EDUCA, San José (Costa Rica) 1973.

América latina y su futuro, Federación Mundial Cristiana de Estudiantes (FUMEC), Bs. A. 1965.

Amunástegui, M. L. - Barros, D. - Ramírez Necochea: *La iglesia frente a la emancipación de América latina*, Instituto del Libro, La Habana 1967.

Aportes para la liberación. Simposio de la teología de la liberación, Ed. Presencia, Bogotá 1970.

Araya, V.: *Fe cristiana y marxismo*, Editorial Territorio, San José (Costa Rica) 1974.

Arce, S.: *Fe cristiana e ideología*, MEC nacional (multicopiado) Matanzas 1975; *¿Es posible una teología de la revolución?*, en *De la iglesia y la sociedad*, Ed. Tierra Nueva, Montevideo 1971, 227-254; *Hacia una teología de la liberación*, Jornada homenaje a Camilo Torres, La Habana 1971 (mimeo); *Los cristianos en la sociedad socialista:*

Cristianismo y Revolución 27 (1971); *Pedagogía de la esperanza. Camino nuevo y vivo:* Reflexión y diálogos (La Habana) 2/2 (1973) 1-9.

Arellano, E.: *La liberación y sus condiciones concretas:* Perspectivas de Diálogo VI (1971) 186-189.

Arroyo. G.: *Católicos de izquierda en América latina:* Mensaje (Montevideo) 141 (1970) 369-372; *Consideraciones sobre el subdesarrollo en América latina:* Cuadernos del CEREN (Santiago) 1970, y mimeografiado por CPS, Santiago 1972; *Discurso introductorio al primer encuentro de cristianos por el socialismo en Santiago,* en *Cristianos por el Socialismo,* Ed. Quimantú, Santiago 1972; *Pensamiento latinoamericano sobre desarrollo y dependencia externa,* CIDOC, doc. 69/121, y en Mensaje 173 (1968) 516-520; *Significado y sentido de Cristianos por el Socialismo,* Secretariado nacional «Cristianos por el Socialismo», Santiago 1973.

Arroyo Velasco: *La fuerza interamericana de paz,* Ediciones Mar, México 1971.

Assmann, H.: *El aporte cristiano al proceso de liberación de América latina:* Contacto 2/8 (1971) 13-27; Perspectivas de Diálogo VI (1971 95-105, y en *América latina, movilización popular y fe cristiana; Aspectos básicos de la reflexión en América latina:* Pasos 52 (1973) 1-7; *El cristianismo, su plusvalía ideológica y el costo social de la revolución socialista:* Cuadernos de la Realidad Nacional 12 (1972) 154-179; y otros: *Las exigencias de una opción* (estudio de las críticas de derecha sobre el encuentro de Cristianos por el Socialismo): Cristianismo y Sociedad 33-34/10, 19-70; *Fe y promoción humana:* Perspectivas de Diálogo IV (1969) 177-185; *Hacia un cristianismo dialéctico,* en *Pueblo oprimido, señor de la tierra,* Bs. A. 1972; *La dimensión política de la fe como praxis de liberación histórica del hombre:* Perspectivas de Diálogo 50 (1970) 306-312; *Iglesia y política:* Perspectivas de Diálogo 50 (1970) 239-247; *Iglesia y proyecto histórico:* Perspectivas de Diálogo (1970); *Implicaciones socioanalíticas e ideológicas del lenguaje de la liberación* (mimeografiado CPS), 1972, y en *Pueblo oprimido, señor de la historia,* Editorial Tierra Nueva, Bs. A. 161-172; *Opresión-liberación. Desafío a los cristianos,* Tierra Nueva, Montevideo 1971; *Presupuestos políticos de una filosofía latinoamericana,* en O. Ardilles y otros, *Hacia una filosofía de la liberación latinoamericana,* Ed. Bonum, Bs. A. 1973; *¿Reflexión teológica al nivel estratégico táctico?* Ed. A. L., en *Liberación de América latina,* Bogotá 1971, y en *Pueblo oprimido, señor de la historia,* Tierra Nueva, Bs. A. 1972,243-248; *Teología desde la praxis de la liberación,* Ed. Sígueme, Salamanca 1974; *Teología de la liberación,* Servicio de documentación MIEC-JECI (1970), multicopiado en México por el Centro Crítico Universitario, 1970; *Liberación: notas sobre las implicancias de un nuevo lenguaje teológico:* Stromata 28, 1-2, 16-193; *Aspectos básicos de la reflexión teológica en América latina,* en *Teología negra y teología de la liberación* Ed. Sígueme, Salamanca 1974; *Teoponte, una experiencia guerrillera,* Ed. CEDI Oruro; *Habla Fidel Castro sobre los cristianos revolucionarios en América latina* (Antología), Tierra Nueva, Montevideo 1972.

Avila Penagos, R.: *El cristiano y la politización,* Servicio colombiano de Comunicación Social, doc. n. 01, Bogotá 1971; *Elementos para una evangelización liberadora,* Sociedad de Educación Atenas, Madrid 1971; *La liberación, Voluntad,* Bogotá 1971; *Profecía, interpretación y reinterpretación,* en *Liberación de América latina,* Ed. A. latina, Bogotá 1970; *Teología, evangelio y liberación,* Ed. Paulinos, Bogotá 1973.

Bagú, S.: *Marx-Engels: diez conceptos fundamentales,* Ed. Nueva Visión, Bs. A. 1972; y otros: *Problemas del subdesarrollo latinoamericano,* Ed. Nuestro Tiempo, México 1973.

Bambirria - Vania y otros: *Diez años de insurrección en América latina* I y II, Ediciones Prensa Latinoamericana S.A., Santiago (Chile) 1971.

Bandera, A.. *La iglesia ante el proceso de liberación* (crítica de la teología española conservadora a la teología de la liberación), Biblioteca de Autores Cristianos, Madrid 1975.

Barreiro, J.: *A latin-american contribution to the christian-marxist dialogue,* en *The religious situation in 1969,* Beacon Press, Boston 1968; *Dominación, dependencia y desarrollo solidario,* en *De la iglesia y la sociedad,* Ed. Tierra Nueva, Montevideo 1971, 89-110.

Barth, K.: *Church dogmatics,* vols. I-IV, T. & T. Clark. Edinburgh 1936-1963; *La revelación como abolición de la religión,* Eds. Morera-Fontanella, Barcelona-Madrid 1972.

Bastos, F.: *Neocapitalismo, socialismo, solidarismo,* Río de Janeiro 1963.

Bek, J.: *Una teología latinoamericana* (dominico que enseña en el Seminario evangélico de Puerto Rico) Boletín (Seminario evangélico de Puerto Rico 1/37 (1972).

Beltrán Acosta, Ed.: *Pastoral de conjunto y comunidades de base,* Indo-American Press Service 1971.

Benoit, A. D.: *Los dos rostros de la iglesia una,* Latinoamérica Libros, Bs. A. 1971.

Bertone, C.: *Hechos, doctrinas y liberación,* Ed. Guadalupe, Bs. A. 1971.

Biblia Jerusalem, Ed. española Desclée de Brouwer, Bilbao 1971.

Bishop, J.: *Cristianismo radical y marxismo,* Ed. Nuestro Tiempo, México 1970; *Crisis in Bolivian seminary education:* CIDOC I 49/10 (1970) 212 s; *Doctrina social de la iglesia, el socialismo y el capitalismo:* CIDOC informa 45/9 (1969) 176 s.

Bishops of the Antilles: *Justice and peace. A joint pastoral letter from the bishops of the Antilles episcopal conference,* Le Foyer de Charité, Trinité - Martinique 1975;

Blach - Blanes - Assmann: *Cristianos por el Socialismo, impacto y repercusiones de un encuentro:* Cristianismo y Sociedad 33-34/10 (1972) 5-14.

Blanquart, P.: *Fe cristiana y revolución:* Cristianismo y Sociedad 10 (1971) 28-39.

Boff, L.: *Jesucristo, el libertador,* Latinoamérica Libros, Bs. A. 1974.

Bojorge, H.: *Goel: Dios libera a los suyos:* Revista Bíblica (Buenos Aires) 139 (1971) 8-12; *Exodo y liberación:* Víspera 4 (1970) 33-38; *Para una interpretación liberadora:* Revista Bíblica 32 (1971) 67-71.

Boletín del movimiento internacional de estudiantes católicos y la juventud estudiantil católica internacional (MIEC-JECI), Lima (Perú).

Boletín del secretariado nacional de Cristianos por el Socialismo de Chile.

Borrat, H.: *Vanguardia, retaguardia, postconcilio:* Víspera 2 (1967) 16-19; *La iglesia ¿para qué?:* Cristianismo y Sociedad (Montevideo) 1972; *Hacia una teología de la liberación:* Marcha 1527 (1971); *Las vanguardias católicas de América latina:* SIC (Caracas) XXXIV/335 (1971) 235-239; y A. Büntig: *El imperio y las iglesias,* Ed. Guadalupe, Bs. A. 1973; y Comblin, J. - Dussel, E. D.: *Fe cristiana y cambio social en América latina,* Ed. Sígueme, Salamanca 1973.

Bosco Pinto, J.: *Hacia una pedagogía liberadora,* en *Aportes para la liberación,* Ed. Presencia, Colombia 1970.

Bravo Bresani, J.: *Desarrollo y subdesarrollo,* Moncloa-Campodónico, Lima 1968.

Bravo Casas, G.: *El subdesarrollo como forma de dependencia,* en *Aportes para la liberación,* Ed. Presencia, Colombia 1970.

Bulnes, J.: *El pensamiento cristiano ¿sirve para la liberación social?,* en *Pastoral popular,* Santiago 1970.

Büntig, A.: *Catolicismo popular,* IPLA, Quito 1969; *El catolicismo popular y su aporte al proceso de liberación en América latina:* Pasos 31 (1972); y Moyano C.: *¿La iglesia va hacia el socialismo?,* Ed. Guadalupe, Bs. A. 1971.

Caldera, R.: *Ideario de la democracia cristiana en América latina,* Ed. Ariel, Barcelona 1970.

Câmara, H. y otros: *Mensaje de obispos del tercer mundo,* en Richard, P. (ed.), *Los cristianos y la revolución,* Quimantú Ltda. Santiago de Chile 1971, 37-52; en Gheer-brandt, *La iglesia rebelde de América latina,* y en INDAL, *La iglesia y el socialismo en América latina,* 27 s; *Iglesia y desarrollo,* Ed. Búsqueda, Bs. A. 1966; *La revolución de los justos:* CIDOC informa 56 (1970) 247; *Universidad y revolución,* Ediciones Nueva Universidad, Santiago 1969; *Cristianismo, socialismo, capitalismo,* Ed. Sígueme, Salamanca 1974.

Los Camilos de Chile: Cristianismo y Revolución 16 (1969) 27.

Campi, E.: *Christians for socialism in Italy, Portugal, France and Spain,* Church research and information projects, New York 1976.

Campos, J.: *Prólogo a los documentos de Medellín,* en *Iglesia y liberación humana,* Ed. Nova Terra, Barcelona 1969.

Cardenal, E.: *La santidad de la revolución,* Ed. Sígueme, Salamanca 1976; *Los salmos,* Carlos Lohlé, Bs. A. 1969.

Cardoso, F. E. - Faletto, E.: *Dependencia y desarrollo en América latina,* Siglo XXI Editores, México, 1970; *Notas sobre el estado actual de los estudios de la dependencia,* en Bagú, S. et al., *Problemas del subdesarrollo latinoamericano,* Ed. Nuestro Tiempo, México 1973; *Teoría de la dependencia. Análisis concreto de situaciones de dependencia* (multicopiado T-1) ABIIS, México 1974.

Carmona, F.: *Profundización de la dependencia tecnológica,* en *Problemas del desarrollo.*

Carpani, R.: *Socialismo nacional: puntos básicos para su discusión:* Acción Popular Ecuménica (Bs. A.) 1/1, 46-49.

Carvajal, R. T.: *Metodología de la acción popular,* en *Movilización popular y fe cristiana,* 3-25.

Caster, M. van: *Liberación del hombre y ministerio pascual:* Catequesis Latinoamericana III (1971/II) 357-369.

Castillo, G.: *De la protesta al compromiso revolucionario:* Cristianismo y Sociedad 22/8 (1970) 57-60; *La liberación, el nuevo nombre de la paz,* en *De la glesia y la sociedad.* Ed. Tierra Nueva, Montevideo 1971.

Castro, E.: *A call to action* (multicopiado), CICOP/USCC, Washington, D.C. 1971; *La creciente presencia de criterios de interpretación histórica en la evolución de la hermenéutica bíblica,* en *Pueblo oprimido, señor de la historia,* Ed. Tierra Nueva, Bs. A., 213-218.

Castro Villagrana y otros: *La iglesia, el subdesarrollo y la revolución,* Ed. Nuestro Tiempo, México 1968.

Cayuela, J.: *Brasil: ¿Un Vietnam católico?,* Ed. Pomaire, Santiago 1969.

Cazenave, O.: *La iglesia y el estado en Brasil 1964-1974:* Diálogo Social 56 (1974).

CELAM (Conferencia Episcopal Latinoamericana) Comisión del departamento de acción social: *Instrumentalización política de la iglesia en América latina:* NADOC (Lima) 276 (1972) 1-3; *La iglesia en la actual transformación de América latina a la luz del concilio* (vol. I, documentos; vol. II, conclusiones), CELAM, Bogotá 1969.

Certulo, R.: *Conclusiones críticas,* en *Iglesia latinoamericana, ¿protesta o profecía?,* Ed. Búsqueda, Avellaneda (Argentina) 1969; *Un pretexto: la unidad:* Perspectivas de Diálogo V (1970) 62-68; *Teoría y práctica de la política de desarrollo de la iglesia:*

Perspectivas de Diálogo V (1970) 182-186; *Utilización política de la iglesia*, CIDOC informa 44/8, 138 s.

Chile: *Acción católica rural llama a defender el triunfo* (El Clarín): CIDOC informa 56 (1970) 255; *Curas llaman a respetar veredicto de las urnas* (Noticias de la Tarde): CIDOC informa 56 (1970) 254; *Proclama del movimiento obrero de acción:* CIDOC informa 56 (1970) 254.

Chonchol, J.: *El cristiano y la lucha de clases* (entrevista): Pasos 29 (1972).

Christians and socialism. The christians for socialism in latin America (translation of the CPM documents), Orbis Books, Maryknoll (N. Y.) 1975.

Colonesse, L. M.: *Concientization for liberation* DLAC/USCC, Washington 1971; *Human rights and the liberation of man in the Americas,* Notre Dame Press, Notre Dame 1970.

Comblin, J. - Orellano, E. - Galilea, S.: *Fe y secularización en América latina,* IPLA. Bogotá 1972; *Nova estructura de governo para os paises latinoamericanos:* CIDOC informa, núm. 21/7 (1968); *El tema de la liberación en el pensamiento latinoamericano:* Pasos 7 (1972) y en Perspectivas de Diálogo (1972) 105-114; *Cristianismo y desarrollo,* IPLA, Quito 1970; *Teología de la liberación y modelo brasileño:* Víspera (Montevideo) 29/6 (1972) 11-13; *Cristianismo y desarrollo,* Quito 1970.

Comisión episcopal paraguaya: *Una iglesia al servicio del hombre* (colección de 85 documentos sobre el pensamiento social de la iglesia paraguaya y los conflictos iglesia-estado), Asunción 1973.

Comisión episcopal de acción social (Perú): *Justicia: un clamor en la selva:* Cuadernos de Documentación (Lima) 2 (1971).

Comisión episcopal de los obispos peruanos para la acción social: *Between honesty and hope* (Documents from the church in latin America. Issued at Lima by the Peruvian Bishops Commission for Social Action), Maryknoll (New York) 1970, 247.

Comisión permanente del episcopado argentino: *Condenación del «movimiento sacerdotes para el tercer mundo» de la Argentina:* NADOC (Lima) 164 (1970) 1-6.

Concha Maló, M.: *Ideas en torno al proyecto de una teología mexicana:* Servir 38/8 (1972) 138-150).

Condamines, et. al.: *Los cristianos y los cambios revolucionarios,* en *Pueblo oprimido, señor de la historia,* Ed. Tierra Nueva, Bs. A. 1973, 49-56.

II Conferencia general del episcopado latinoamericano: *La iglesia en la actual transformación de América latina a la luz del concilio:* vol. I. Ponencias, vol. II. Conclusiones, CELAM, Medellín-Bogotá 1968.

Conferencia episcopal argentina: *Declaración del episcopado argentino:* NADOC (Lima) 279 (1972) 4-8.

Consejo mundial de iglesias: *El desarrollo del mundo: El congreso sobre la cooperación mundial para el desarrollo* (1968), Madrid 1969.

Conteris, H.: *Cambio social e ideología,* en *Conciencia y revolución,* Ed. Tierra Nueva, Montevideo 1970, 9-38; *Presencia cristiana en la sociedad secular,* en *De la iglesia y la sociedad,* Ed. Tierra Nueva, Montevideo 1971, 255-270; Barreiro - Santa Ana-Certulo, Gilbert: Conciencia y revolución, Tierra Nueva, Montevideo 1970.

Cooper, D. (ed): *La dialéctica de la liberación,* Siglo XXI Editores, México 1969.

Córdova, E.: *El neosindicalismo cristiano en América latina:* CIDOC informa 21/7 (1968) 1-41.

Costa Rica: *Consejo mínimo de acuerdos básicos. Encuentros de cristianos en Costa Rica*

1971, en Richard, P. (ed.): *Los cristianos y la revolución*, Quimantú Ltda., Santiago-Chile 1971, 159-165.

Cotto, A.: *Las prioridades de la educación teológica en América latina* (consulta ALET para Centro América), Cuernavaca 1973.

Cristianos por el Socialismo. Documento base de CPS de Puerto Rico, CPS, Río Piedras 1976.

Cristianos por el Socialismo (Edición internacional de los documentos del primer encuentro continental: informes nacionales, discursos, correspondencia con el arzobispo, informes de comisiones e informe final), Editorial Ed. Mundo, Santiago 1972 (cf. también la colección de documentos preparatorios no incluidos en este libro).

C.P.S.: *Noticia bibliográfica sobre la repercusión del encuentro de CPS en Santiago:* Cristian.smo y Sociedad 33-34/10.

Los cristianos y la revolución (colección documental), Ed. Quimantú, Santiago 1972.

Los cristianos y el socialismo, en Servicio colombiano de comunicación social (SCCS), Bogotá (Colombia) 1972.

Croato, S.: *Liberación y libertad, pautas hermenéuticas*, Ed. Mundo Nuevo, Bs. A. 1973; *Liberación y libertad; reflexiones hermenéuticas en torno al antiguo testamento:* Revista Bíblica 32 (1971) 3-7; *El hombre según el Génesis:* Revista Bíblica 34 (1972) 3-9; *El mesías liberador de los pobres:* Revista Bíblica 32 (1970) 233-240.

Cuevas, A.: *Problemas y perspectivas de la teoría de la dependencia*, UNAM, CELA, Serie estudios 15 (multicopiado).

Cussianovich, A.: *Nos ha liberado*, CEP, Lima 1972.

Dalmau, J.: *Distensiones cristiano-marxistas:* Cuadernos para el Diálogo, Madrid 1968.

Damboriena, P.: *El protestantismo en América latina*, FERES, Bogotá 1962.

D'Antonio - Pike, F. B.: *Religión, revolución y reforma*, Ed. Herder 1967.

Da Silva, R.: *Esquema para una aproximación al problema del desarrollo:* Cristianismo y Sociedad (1970).

Debray, R.: *Ensayos sobre América latina*, Ed. ERA, México 1969.

Declaración de obispos chilenos (El Mercurio): CIDOC informa 56 (1970) 257.

Declaraciones de sacerdotes peruanos ante la crónica situación de injusticia, atraso, opresión e inmoralidad pública que impera en el Perú: CIDOC informa 21/7 (1968).

Del Monte, C.: *Comunidad profética y lucha de clases:* Cuadernos teológicos.

De la iglesia y la sociedad (antología) Tierra Nueva, Montevideo 1971.

Del Valle, L. G.: *Fe y desarrollo:* Estudios Ecuménicos 4 (1969) 21-25; *El papel de la teología en América latina*, Documentación teológica de la liberación, doc. 18, Bogotá 1971, 16; *Identidad del cristiano revolucionario:* Contacto (México) 1972 5/4 (1972).

Desarrollo, justicia y paz (documentos), Secretariado social mexicano, México 1972.

Deutscher, I.: *El marxismo de nuestros tiempos*, Ed. ERA, México 1972.

Dewart, L.: *El futuro de la fe*, Ed. Nova Terra, Barcelona 1969.

Díaz Delenz, T.: *Aportes para un modelo de desarrollo y liberación*, en *Liberación, opción de la iglesia en la década del 70*, Ed. Presencia, Bogotá 1970.

Doctrina pontificia (vol. II: *Documentos políticos*), Biblioteca de Autores Cristianos, Madrid 1958; (vol. III: *Documentos sociales*), Biblioteca de Autores Cristianos, Madrid 1958.

Documento del primer congreso de sacerdotes para el pueblo: Contacto 1/10 (1973) 64.

Documentos del Vaticano II, Biblioteca de Autores Cristianos, Madrid 1970.

Documentos de los movimientos estudiantiles cristianos (MEC's) en América latina, FUMEC, Ginebra 1975.

Dodds, E. R.: *Paganos y cristianos en una época de angustia,* Ediciones Cristiandad, Madrid 1975.

Dos Santos, Th.: *El nuevo carácter de la dependencia,* en *América latina, dependencia y subdesarrollo,* EDUCA, Centro América 1973; *La crisis de la teoría del desarrollo y las relaciones de dependencia en América latina,* en *La dependencia político-económica de América latina,* México 1969; *Imperialismo y dependencia externa,* CESA, Santiago de Chile 1968; *Lucha de clases y dependencia en América latina,* La Oveja Negra, Bogotá-Medellín 1970; *Dependencia y cambio social,* CESA, Santiago de Chile 1970.

Douglass - Box - Seifer: *Seminario teología de la liberación* (simposio mexicano), multicopiado, Centro Universitario Católico 1970.

Douglass, J. W.: *On a theology of liberation* USCC/CICOP, Washington 1971 (cf. traducción en *Teología de la liberación,* conferencias multicopiadas del simposio mexicano, Centro Crítico Universitario, México 1970).

Dri, R.: *Alienación y liberación:* Cristianismo y Revolución 26/4 (1970) 59-64; *Ideología y fe:* Víspera 26/6 (1972) 17-21.

Durkheim, E.: *Elementary forma of religions life,* New York 1947 (1915).

Dussel, E.: *Hipótesis para una historia de la iglesia en América latina,* Ed. Estela-IEPAL, Barcelona 1967; *Historia de la iglesia en América latina,* Ed. Nova Terra, Barcelona ²1972, ³1974; *Para una ética de la liberación latinoamericana* I y II, Siglo XXI Editores, Bs. A. 1973; *Teología de la liberación y ética* (nueve conferencias) Latinoamérica Libros, Bs. A.; *Caminos de liberación latinoamericana* (2 vols.). Latinoamérica Libros, Bs. A. (Argentina) 1972.

Ejército de los Estados Unidos de América, *Guerra de guerrilla y operaciones especiales* (FM 31-22), Editorial Rioplatense, 1971.

Enaudi, L. - Manlin, R.: Latin *American institutional development: The changing catholic church* (RM-6136-DOS) Rand Corp., California 1969.

Engels, F.: *Anti-Dühring,* Ed. Grijalbo, México 1968; *Las guerras campesinas en Alemania,* Ed. Andes, Bs. A. 1970.

Episcopado mexicano, *La justicia en México,* instrumento de trabajo para el... en ocasión del Sínodo mundial de obispos, México, 71-09-16, CIDOC, doc. 1/1 71/344.

Estudio sobre la síntesis de Teilhard de Chardin: Evolución, marxismo y cristianismo, Plaza Editores, Barcelona 1971.

Evangelización y revolución en América latina (documento de la consulta continental de evangelización de la iglesia metodista de América latina, realizado en Cochabamba (Bolivia) en 1966), Ed. 1, metodista, Montevideo 1969.

Fabbri, L.: *Los comunistas y la religión,* Edicusa, Madrid 1968.

Fals Borda, O.: *Ciencia propia y colonialismo intelectual,* Editorial Nuestro Tiempo, México 1970; *Subversión y desarrollo, el caso de América latina:* Cristianismo y sociedad 26-27/9, 39-51; *Fe cristiana y cambio social en América latina,* Ed. Sígueme, Salamanca 1973.

Ferreira, B.: *Esperanza, historia y porvenir,* México 1969; *La eucaristía, signo de liberación* (simposio mexicano de la teología de la liberación), México 1970.

Flores Caballero, R.: *La contrarrevolución en la independencia,* Colegio de México, México 1969.

Fontaine, P.: *El revolucionario cristiano hoy:* Mensaje 188 (1970) y en MIEC-JECI, doc. serie I, 26.

Fragoso, A. B.: *Evangelio y justicia social:* Pastoral popular (Santiago) 107/18 (1968) 13-28; *Evangelio y justicia social:* CIDOC informa 44/8 (1968) 124; *Profetismo y compromiso concreto con la liberación de la clase trabajadora y campesina:* Pastoral popular 110-111/19 (1969 11-16.

Franck, F.: *La iglesia en explosión,* Siglo XXI Editores, México 1970.

Frei Montalva: *Catholic social justice, democracy and pluralism,* en Pike, F. B., *The conflict between church and state in Latin America,* Alfred A. Knopf, N. Y. 1964.

Freire, P.: *Tercer mundo y teología,* IDOC, México 1967; *La misión educativa de las iglesias en América latina:* Pasos 9-10/7 (1972); *Educación como práctica de la libertad,* Siglo XXI Editores, México 1971.

Frugone, S.: *¿Cuál es la acción del cristiano en la política?:* Marcha 1546 (1971).

Furter, P.: *De la dominación cultural al desarrollo cultural,* en *De la iglesia y la sociedad,* Tierra Nueva, Bs. A., 111-134.

Gajo, P.: *Marxismo contra stalinismo,* Ed. Seix Barral, Barcelona 1970.

Galeano, E.: *Las venas abiertas de América latina,* Siglo XXI Editores, México 1971.

Galilea, S.: *¿Un cristianismo para tiempo de revolución?:* Nuevo Mundo 43/7 (1971) 10-18; *La vertiente política de la pastoral* (Antología) IPLA. Quito 1970 7-16; *Pastoral popular, liberación y política:* Servir 38/8 (1972) 181-190; *La teología de la liberación como crítica de la actividad de la iglesia en América latina:* Nuevo Mundo 45/8 (1972) 138-145.

Garaudy, R.: *Del anatema al diálogo,* Ed. Ariel, Barcelona 1971.

García, A.: *Hacia una teoría latinoamericana de las ciencias sociales del desarrollo,* en *América latina, dependencia y subdesarrollo,* EDUCA, Centroamérica 1973.

García González, J.: *Del desarrollo a la liberación:* Contacto 2/8 (1971) 28-44; *La liberación como respuesta al tercer mundo:* Servir 38-8 (1972).

García Herreros, R.: *Iglesia y liberación: el desarrollo y el progreso a la luz de la fe cristiana,* en *Iglesia en el mundo,* Ed. Paulinas, Santiago 1971.

García Lizarralde, R.: *Cristianismo y marxismo,* en *La iglesia latinoamericana y el socialismo,* 131 s; *Marxismo signo de los tiempos,* en *La iglesia latinoamericana y el socialismo,* 135 s; *De la crítica de la teología a la crítica de la política* (Mimeo), en *Simposio de la teología de la liberación* (México) y en *Pueblo oprimido, señor de la historia,* 69-98.

García Lupo, R.: *Argentina: cursillos de cristiandad, partido secreto de Onganía:* CIDOC informa 44/8 (1969) 127 s.

Garza Zavala, J.: *La iglesia, primer terrateniente del Ecuador:* CIDOC informa 21/7 (1968) 1-30.

Gera - Büntig - Catena: *Teología, pastoral y dependencia,* Ed. Guadalupe, Bs. A. 1974.

Gera, L. - Rodríguez Melgarejo: *Apuntes para una interpretación de la iglesia argentina:* Víspera 15 (1970).

Gera, L.: *La iglesia ¿debe comprometerse en lo político?,* MIEC-JECI, serie 1, doc. 19, Montevideo; *Liberación del pecado y liberación histórico-secular:* Perspectivas de Diálogo 8, 77, 198-207; *Teología de la liberación* (manuscrito mimografiado): Pasos 42-43 1973).

Gheerbrant, A.: *La iglesia rebelde de América latina,* Siglo XXI Editores, México 1970.

Giménez, Gilberto: *Aclaraciones sobre el concepto de subdesarrollo como fenómeno de dependencia:* Pastoral popular (1970).

Giménez Gilberto - Duarte, A.: *Condicionantes estructurales del proceso de liberación social; Elementos para una ética de liberación social,* Universidad Católica (manuscritos de tesis doctoral conjunta), Asunción 1971.

Girardi, G.: *Cristianismo y marxismo,* Servicio colombiano de comunicación social, documento n. 13, Bogotá; *Marxismo y cristianismo,* Taurus Ediciones, Madrid 1968; *Amor cristiano y lucha de clases,* Sígueme, Salamanca ²1975; *Los cristianos y el socialismo: de Medellín a Santiago:* Pasos 2 (1972) 5.

Golconda: *Golconda: El libro rojo de los curas rebeldes,* Muniproc, Bogotá 1969.

González, J.: *El amor, único fundamento de la ética cristiana* (multicopiado), San Juan 1970.

González, J. L.: *El cristiano en la historia* (serie de conferencias Universidad de Princeton), Seminario evangélico de Puerto Rico: El boletín 3 (1969).

Gorosito, J. C. - J. de Zau: *Tercer mundo y compromiso cristiano,* Ediciones Librería Selecta, Panamá 1970.

Gott, R.: *Las guerrillas en América latina,* Estudios internacionales, Ed. Universitaria, Santiago 1971.

Grozzer, G.: *Religión y revolución en América latina,* Ed. Taurus, Madrid 1969.

Gramsci, A.: *Introducción a la filosofía de la praxis,* Ediciones Península, Barcelona 1970.

Grant, F.: *Roman helenism and the new testament,* Oliver and Boyd, London 1962.

Guevara, E. (Che): *Obras completas,* Ed. ERA, México 1969.

Gunder, F. et. al.: *Economía política del subdesarrollo en América latina,* Ed. Signos, Bs. A. 1970; *CEPAL: política del subdesarrollo:* Pensamiento crítico (La Habana) 33 (1969) 184-210; y otros: *La sociología subdesarrollante,* Aportes, Montevideo 1969.

Gutiérrez, G.: *Líneas pastorales de la iglesia en América latina: Análisis teológico,* ICLA, Santiago 1970; *Jesús y el mundo político,* en *Panorama de la teología latinoamericana,* Ed. Sígueme, Salamanca 1975, 105-115; *Teología de la liberación. Perspectivas,* Ed. Sígueme, Salamanca 1972; *The meaning of development. Notes on a theology of liberation,* WCC. Geneve 1969, 116-179; *Notes for a theology of liberation:* Theological Studies 32 (1970) 243-261; *Liberation and development:* Cross Currents 3/21 (1971) 243-256; *Relaciones entre cristianismo y marxismo: reflexiones teológicas,* Fundación obispo Manuel Larrain, Talca 1971; *Salvación y construcción del mundo,* Santiago 1968; *Marxismo y cristianismo:* Pasos 13 (1972); *Marxismo-cristianismo,* Centro Crítico Universitario, A. C. México; *Fraternidad cristiana y lucha de clases,* en *Cristianos por el Socialismo,* área 5, documento 1; *La pastoral de la iglesia en América latina,* MIEC-JECI, Montevideo 1968; *Apuntes para una teología de la liberación,* en *Liberación, opción de la iglesia en la década del 70,* Ed. Presencia, Bogotá 1970; *Apuntes para una teología para la liberación:* Cristianismo y Sociedad 24-25 (1970) 6-22.

Guzmán Campos, G.: *El padre Camilo Torres,* Siglo XXI Editores, México 1969.

Haddox, B.: *Sociedad y religión en Colombia,* Ed. Tercer Mundo - Facultad de Sociología, UNC, Bogotá 1965.

Halperin, D.: *Historia contemporánea de América latina,* Alianza Editorial, Madrid 1970.

Harnack, A. Von: *The mission and expansion of christianity in the first three centuries,* Harper, New York 1962.

Hinkelammert, F.: *Fetichismo de la mercancía, del dinero y del capital. La crítica marxista de la religión:* Cuadernos del CEREN 9 (1971) 3-28; *Instituciones cristianas y sociedad* (multicopiado), Secretariado de Cristianos por el Socialismo, Santiago 1972;

El subdesarrollo latinoamericano: un caso de desarrollo capitalista, Paidós, Bs. A. 1970.

Hirata V., G.: *Pobres y ricos. Estudios exegéticos sobre el evangelio de Lucas*, Secretariado social mexicano, México 1972.

Hontart, F. - Pin, E.: *Los cristianos en la revolución de América latina*, Ed. Guadalupe, Bs. A. 1966.

Horowitz, I. L.: *Revolución en Brasil*, FCE, México 1964.

Houtart, F. - Pin, E.: *Los cristianos en la revolución de América latina*, Editorial Guadalupe, Buenos Aires 1976.

Huberman, L. y otros: *Debray y la revolución latinoamericana*, Editorial Nuestro Tiempo, México 1969.

Iglesia católica en revolución, Impresora Universitaria André Voisin, La Habana 1969.

Iglesia joven - Chile: *Declaración final del primer encuentro nacional de iglesia joven*, en *Los cristianos y la revolución*, Quimantú Ltda., Santiago-Chile 1972, 143-145; *Movimiento iglesia joven saluda victoria de Allende (Puro Chile)*: CIDOC informa 56 (1970) 253.

Illich, I.: *El clero, una especie que desaparece*: Cristianismo y Revolución 11 (1968).

INDAL: *La iglesia latinoamericana y el socialismo. Documentación de la jerarquía y de grupos eclesiales*, INDAL, Caracas 1972.

Inter American bishops: *The liberation of men and nations. Role of the church in the Americas* (Interamerican bishops meeting): Social Thought 300/44 (1971).

Iriarte, G. - Negre, P. y otros: *La transformación actual en América latina*, CEDI, Oruro 1970.

ISAL: *Encuentro y desafío. La acción cristiana evangélica latinoamericana ante la cambiante situación social* (primera consulta ISAL 1961), ISAL, Montevideo 1961; *América hoy: acción de Dios y responsabilidad del hombre* (segunda consulta ISAL) El tabo-Chile; *América latina. Movilización popular y fe cristiana* (tercera consulta continental ISAL) Montevideo 1971; *Hombre, ideología y revolución en América latina*, Montevideo 1965.

ISAL - Bolivia: *Comisión boliviana de justicia y paz*: Contacto 6/10 (1973); *Comité ejecutivo ISAL propugna el socialismo para Bolivia*: NADOC 147 (1970) 5-8 y en *La iglesia latinoamericana y el socialismo*, 75 s; *La voz de los sin voz* (órgano oficial de ISAL - Bolivia), 1971-1972; *Manifiesto del comité ejecutivo de ISAL*: NADOC 170 (1970) 9-12; (Tercera asamblea nacional): *Mensaje de ISAL al pueblo boliviano*: NADOC 196 (1971) 1-4; *Mensaje de ISAL en el congreso de la central obrera boliviana*: NADOC 157 (1970) 7-9 y en *La iglesia latinoamericana y el socialismo*, 77 s; *Posición de ISAL en el contexto político de Bolivia*: NADOC y en *La iglesia latinoamericana y el socialismo*, 87 s.

ISAL de Ecuador: *Primer encuentro nacional de ISAL*: NADOC 186 (1971) 1-2.

ISAL - Bolivia: *Reflexiones sobre sacerdotes mineros*: Cristianismo y Sociedad 26-27/9 (1971) 66-70.

ISAL: *Contribución de la iglesia al proceso de liberación: documento de una consulta en Montevideo*: Cristianismo y Sociedad, 24-25/8 (1970) 81-90.

¿Una izquierda cristiana?, Centro de Estudios y Publicaciones (CEP), Lima 1972.

Jaeger, W.: *Cristianismo primitivo y paideia griega*, Fondo de Cultura Económica, México 1965.

Jaguaribe, H. et. al.: *La dependencia político-económica de América latina*, Siglo XXI Editores, México 1970.

Janni, O.: *Imperialismo y cultura de la violencia en América latina*, Siglo XXI Editores, México 1971; *Sociología de la sociología en América latina*, en *América latina, dependencia y subdesarrollo*, EDUCA, Centro América 1973.

Jiménez, M.: *La liberación del hombre en el pensamiento bíblico* (simposio mexicano de teología de la liberación), México 1970.

Joseph, T.: *El porvenir de la fe:* Perspectivas de Diálogo.

Juan XXIII: *Mater et magistra* (Actas y documentos pontificios), Ediciones Paulinas, México 1967.

Justicia y explotación en la tradición cristiana antigua, CEP, Lima 1973.

Kadt, E.: *Catholic radicals in Brazil*, Oxford University Press, London 1971.

Kaplan, M.: *La ciencia política latinoamericana en la encrucijada*, Ed. Universitaria, Santiago 1970; *Problemas del desarrollo y de la integración en América latina*, Monte Avila, Caracas 1968.

Kummel, W. G.: *The new testament. The history of the investigation of its problems*, Abingdon, Nashville 1972.

Lage, F.: *Brasil, la iglesia y el movimiento revolucionario*, en *La iglesia, el subdesarrollo y la revolución*, Ed. Nuestro Tiempo, México 1968.

Laín, D.: *Carta abierta al pueblo colombiano:* Tricontinental 73/7 (1972) 11-16.

Lalive d'Epinay, C. *Religión, ideología y subdesarrollo:* CIDOC informa 56 (1970) 234 s; *El refugio de las masas*, Ed. Pacífico, Santiago 1968; *La iglesia evangélica y la revolución latinoamericana:* Cristianismo y Sociedad 16-17/6 (1968) 21-30; *Penetración ideológica y prensa protestante,* en *De la iglesia y la sociedad*, Ed. Tierra Nueva, Montevideo 1971, 203-226.

Lanson, A.: *Liberar a los oprimidos*, Kaitas, Bs. A. 1967; *Liberar a los oprimidos*, DER, Bs. A. 1970; *Morir por el pueblo*, Buenos Aires 1969.

Lanternari, V.: *Movimientos religiosos de libertad y salvación en los pueblos oprimidos*, Edit. Seix Barral, Barcelona 1965.

Latin American christians in the liberation struggle: Chile, Dominican Republic, Argentina: NACLA 3/6 (1972).

Latin Americans discuss Marxism-Socialism, LADOC, Washington D. C., 1975.

Latorre Cabal, H.: *La revolución de la iglesia latinoamericana*, Cuadernos Joaquín Moritz, México 1969.

Lebret, L. J.: *Desarrollo, revolución solidaria*, Desclée de Brouwer, Ed. española de D. B., Bilbao 1969; *Manifiesto por una civilización solidaria*, Edit. Universitaria, Lima 1973.

Lenkersdorf, K.: *Iglesia y liberación del pueblo:* Cristianismo y Sociedad, 26-27 (1971) 52-66; *Sobre educación liberadora:* Pasos 18 (1972) 18; y otros: *Fe cristiana y marxismo*, Cuadernos de ISAL, Montevideo 1965.

Liberación en América latina. Encuentro teológico, Ed. América latina, Bogotá 1972.

Liberación. Opción de la iglesia latinoamericana en la década del 70, Ed. Presencia, Bogotá, 1970.

Lima Vaz, H.: *Igreja-reflexo vs. Igreja-fonte:* Cuadernos Brasileiros (marzo-abril 1968).

Lista de instituciones teológicas, editoriales y publicaciones periódicas, Instituto evangélico de estudios teológicos, Bs. A. 1975.

Lombardo-Radice - Garaudy, R., - Kolakowski, L.: *Los marxistas y la causa de Jesús*, Ed. Sígueme, Salamanca 1976.

López, M.: *La liberación de América latina y el cristianismo evangélico*, en *De la iglesia y la sociedad*, Ed. Tierra Nueva, Montevideo 1971, 61-88.

López Oliva, E.: *¿Revolución en la teología?*, en *Elementos para la formación*, FUMEC-AL (35-6-11-72).

Losada, R.: *Dialéctica del subdesarrollo*, Grijalbo, México 1969.

Lozano Barragán, J.: *Hacia una teología mexicana:* Servir 38/8 (1972 151-170.

Lozano - Jiménez - Ferreira: *Simposio de teología de la liberación* (simposio mexicano multicopiado), Centro Crítico Universitario 1970.

Lucha de clases y evangelio de Jesucristo (multicopiados de la jornada chilena de «Los 200» sacerdotes, sobre este tema), Santiago, julio 7, 8, 9 de 1972.

Malinowski, B.: *Magic, science and religion*, Anchor Books, Garden City 1948 (1925).

Malley, F.: *Cristianos marxistas en América latina*, en *Cristiano marxista*, Ed. Verbo Divino, Estella 1975, 55-90.

Mandel, E.: *La formación del pensamiento económico de Marx*, Siglo XXI Editores, México 1968.

Manifiesto a la nación, Iglesia evangélica metodista en Bolivia, La Paz, 1970.

Manjarrez, F.: *Rubén M. Jaramillo*, Ed. Nuestro Tiempo, México 1973 (1967).

Manrique Hurtado, J.: *El socialismo y la iglesia en Bolivia:* NADOC 175 (1970) 1-8 y en *La iglesia latinoamericana y el socialismo*, 82 s.

Marchese, A.: *Marxistas y cristianos*, Península, Barcelona 1968.

Marcuse y otros: *Marxismo y religión*, Ed. Extemporáneo, México 1971.

Marini, R. M.: *Dialéctica de la dependencia*, Ed. ERA, México 1973; *Subdesarrollo y revolución*, Siglo XXI Editores, México 1969.

Maritain, J.: *Humanismo integral*, Ed. Carlos Lohlé, Bs. A. 1966.

Marx, K. - Engels, F.: *Biografía del manifiesto comunista*, Co. General de Ediciones, México 1971.

Marx, K.: *Diferencia de la filosofía de la naturaleza en Demócrito y Epicuro*, Ed. Ayuso, Madrid 1971.

Marx, K.: *El capital. Crítica de la Economía Política* I, Fondo de Cultura Económica, México 1972.

Marx, K. - Engels, F.: *La ideología alemana*, Ed. Pueblos Unidos, Bs. A. 1973; *Obras escogidas*, Editorial Progreso, Moscú 1969; *Sobre la religión* (selecciones de sus escritos, editados por H. Assmann - R. Mate), Ed. Sígueme, Salamanca 1974.

Masín, R.: *Jaramillo, un profeta olvidado*, Tierra Nueva, Montevideo 1970; *Méndez Arceo, ¿político o cristiano?* Editorial Posada, México 1972.

Matos Mar, J.: *La crisis del desarrollismo y la nueva dependencia*, Moncloa-Campodónico, Lima 1969.

Maza, E.: *El movimiento estudiantil y sus repercusiones para la iglesia:* CIDOC informa, 44/8 (1969) 122 s.

Mecham, Lloyd: *Church and state in Latin America*, The University of North Carolina Press, Chapel Hill 1966.

Mensaje de obispos del tercer mundo, en *La iglesia latinoamericana y el socialismo*, INDAL, Lovaina 1973.

Methol Ferré: *Iglesia y sociedad opulenta:* Víspera 3 (1969).

Metz, J. B.: *Teología del mundo*, Sígueme, Salamanca 1970.

Míguez Bonino, J.: *Ama y haz lo que quieras. Hacia una ética del hombre nuevo*, Ed. Escatón, Bs. A. 1972; *Christians and marxists. The mutual challenge to revolution*, London 1975; *Doing theology in a revolutionary situation*, Fortress Press, Philadelphia 1975; *How does God act in history*, en *Christ and the younger churches* (theological contributions from Asia, Africa, and Latin America), S.P.C.U., London 1972,

21-31; *New theological perspectives:* Religious Education 6/66 (1971) y su traducción *Nuevas perspectivas teológicas:* El Apóstol 2/1 (1973), México 1973; *Partidismo o solidaridad:* Cristianismo y Sociedad 33-34/10; *Teología y liberación:* Fichas de ISAL, 26/3; *La violencia: una reflexión teológica:* Cristianismo y Sociedad 10, 28, 5-12; *Unidad cristiana y reconciliación social: coincidencia y tensión,* en *Panorama de la teología latinoamericana* I, Ed. Sígueme, Salamanca 1975, 151 s.

Milglert, A.: *Mutations of western christianity,* Herder & Herder, New York 1964.

Miranda, P.: *Marx y la biblia,* Ediciones Sígueme, Salamanca 1972.

Moine, A.: *Cristianos y comunistas después del concilio,* Ed. Arandú, Bs. A. 1965.

Moltmann, J.: *Teología de la esperanza,* Ed. Sígueme, Salamanca 1967; *Carta abierta a Míguez Bonino:* Taller de Teología (México) 1/1 (1976).

Moncada, C.: *Aportes del cristianismo a una imagen del hombre:* doc. Boletín Teología de la liberación 012 (1971), 9; *La teología como dialéctica,* en *Liberación en América latina,* Ed. A. Latina, 1970, 191-208.

Monteforte Toledo, M.: *Izquierdas y derechas en latinoamérica,* Pleamar, Bs. A. 1968.

Montes, F.: *Teología de la liberación. Un aporte de la teología latinoamericana:* Mensaje, 208/21 (1972) 277-283.

Morales, L. I.: *Cristianismo y espíritu socialista:* Documentación CCCS 017 (1971).

Moreira Alves, M.: *El cristo del pueblo,* Ed. Ercilla, Santiago 1970.

Morelli, A.: *Características de la teología latinoamericana actual:* Servir 38/8 (1972) 171-178; *El hombre liberado del pecado y la opresión. Una teología de la liberación:* Contacto 1/8 (1971) 26-41; *Libera a mi pueblo,* Ed. Carlos Lohlé, Buenos Aires-México 1971 (edición mimeografiada con título *Fe y liberación*); *Man liberated from sin and oppression. A theology of liberation,* en *Freedom in the Americas,* Ed. T. Quigley, New York, 1971, 81-96; *Por una iglesia liberada y liberadora:* Christus, 37 (1972) 10-13.

Mounier, E.: *El personalismo,* Ed. Universitaria de Buenos Aires, Bs. A. 1965.

Movimiento, fe y acción solidaria (generado por ONIS): Contacto 6/10 (1973).

Movimientos revolucionarios de América latina (colección documental), INDAL, Hever-lee-Louvain, Belgique 1972.

Muñoz, R.: *Nueva conciencia de la iglesia en América latina,* Ed. Sígueme, Salamanca 1974; *La teología de la liberación en el último sínodo romano:* Mensaje 21, 215, 735-746; *Lucha de clases y evangelio,* en *Panorama de la teología latinoamericana* I, Ed. Sígueme, Salamanca 1975, 288 s.

Mutchler, D.: *The church as a political factor in Latin America,* Praeger Publishers, New York 1971.

Naess, A.: *Historia del término «ideología»,* en *Elementos de la sociología del conocimiento,* EUDEBA, Bs. A.

Nardoni, E.: *Por una comunidad libre. La última cena según Mc 14 22-25 y el Exodo:* Revista Bíblica 32 (1971) 27-42.

Negre, P.: *La significación de los cambios metodológicos de las ciencias sociales para la interpretación teológica,* Servicio colombiano de comunicación social, doc. N. S. 1972, 8; *La revolución de las ideologías en una etapa de transición:* Pasos, 15 (1972); *Biblia y liberación:* Cristianismo y Sociedad 24-25 (1970) 69-80 y en El Apóstol 3 (1974).

Niebuh, R.: *The social sources of denominationalism,* Meridian Books, New York 1957.

Nilus, L.: *El éxodo como el génesis de la revolución,* en *De la iglesia y la sociedad,* 49-60.

Obispos, militantes y socialismo, Centro de estudios y publicaciones (CEP), Lima 1972.

Obispos del tercer mundo: *Una respuesta al clamor de los pobres*, Búsqueda, Avellaneda 1968.

Ochagavia, J.: *Liberación de Cristo y cambio de estructuras:* Mensaje 188/19 (1970) 181-188.

Olaya, N.: *Apuntes para una teología renovada:* Boletín Interno SSM (México) 2 (1971); *Ciencias sociales y teología*, en *Liberación en América latina*, Ed. América Latina, Bogotá 1971, 55-68; *Fe y praxis social*, en *Pueblo oprimido, señor de la historia*, Tierra Nueva, Bs. A. 1972; *Unidad cristiana y lucha de clases:* Cristianismo y Sociedad. 23-24/8 (1970) 61-69.

O.N.I.S. (Oficina Nacional de Información Social): *Pronunciamiento del Consejo Nacional:* NADOC, 162 (1970) 3-5.

Movimiento sacerdotal: *Cómo nació y se ha desarrollado el movimiento ONIS del Perú*, Secretariado de C.P.S., Santiago 1972; *Declaraciones del movimiento sacerdotal ONIS*, Centro de Estudios y Publicaciones (CEP), Lima 1970.

Options for struggle. Three documents of christians for socialism (Chile, España, Italia), Church Research and Information Projects, New York 1974.

Ortega, B.: *Repertorio para el estudio de las iglesias en la sociedad de América latina 1960-1969* (Bibliografía anotada): CIDOC 52 (1970).

Ortiz, G.: *La teoría de la dependencia, los cristianos radicalizados y el peronismo:* Pucara I (Facultad de Filosofía, Letras y Ciencias, Universidad de Cuenca) 1/1 (1977) 56-71.

Ossa, M.: *Intervención de la iglesia y el cristiano en política*, en *La vertiente política de la pastoral*, IPLA, Quito, 17-38; *Fe en Jesucristo, hoy:* Mensaje 183 (1969).

Pablo VI, *Populorum progressio* (documentos pontificios), Ediciones Paulinas, México 1967.

Padilla, R.: *El reino de Dios*, El Paso, Texas, 1975.

Páginas (Boletín del Movimiento cristiano «para una acción solidaria», generado por el movimiento sacerdotal ONIS), Lima.

Paoli, A.: *Diálogo de la liberación*, Carlos Lohlé, Bs. A. 1970; *La perspectiva política de San Lucas*, Siglo XXI Editores, Bs. A. 1973; *Diálogos entre católicos y marxistas*. Latinoamericana Libros, Bs. A. 1966.

Paredes Encina, P. L.: *El diálogo entre marxistas y cristianos en Chile:* WACC Journal 4/19 (1972) 38-43.

Parrilla-Bonilla, A.: *Puerto Rico, supervivencia y liberación*, Ed. Librería Internacional, Río Piedras (Puerto Rico) 1971.

Pastoral letter from concerned U. S. missionaries in Chile to leaders of the christian churches in the United States, multicopiado por J. Goff, Cuernavaca 1972.

Paysse González, E.: *La iglesia católica y las fuerzas políticas en América latina:* Cristianismo y Sociedad 9-10/3-4 (1965) 44-70.

Paz Zamora, N.: *Diario* (de un guerrillero), SCCS, (doc. n. 18, mayo 1973), Bogotá. Cf. también en el libro de Assmann, *Teoponte, una experiencia guerrillera*.

Peerman, D. A. - Marty, M.: *A handbook of christian theologians*, The World Publishing Co., Cleveland 1965.

Pereira de Queiroz, *Los movimientos mesiánicos*, Siglo XXI Editores, México 1969.

Pérez, A.: *Desarrollo y revolución en América latina:* Perspectivas de Diálogo.

Pérez-Ramírez, G.: *Liberation: a recurring prophetic cry in the Americas*, USCC/CICOP, Washington 1971; *Notes for an introduction to a theology of liberation*, USCC/CICOP, Washington 1971; *Simposio sobre teología de la liberación* I-II, Bogotá 1970.

Petras - Zeitlin: *América latina: ¿reforma o revolución?*, Ed. Tiempo Contemporáneo, Bs. A. 1970.

Petulla, J.: *Christian political theology: a marxian guide*, Orbis Books, New York 1972.

Pironio, E.: *Teología de la liberación* (Encuentro de capellanes en Bogotá), DEC/CAP. GUIAS/1972, doc. preparatorio 2 (multicopiado), Bogotá 1972; *Teología de la liberación* (multicopiado como documento preparatorio encuentro capellanes Bogotá), CELAM, Bogotá 1972.

Pixley, J.: *Pluralismo de tradiciones en la religión bíblica*, Ed. Aurora, Bs. A. 1971; *La teología como instrumento ideológico; ¿Es posible una ciencia teológica?:* El Apóstol, 1-2 (1973) 18-22.23-24; *La sistematización de la teología latinoamericana:* Pasos 3 (1972) y en El boletín del SEPR 1/37 (1972); *El nuevo testamento y el socialismo:* El Apóstol 3/1 (1973) 14 y en el periódico «El Imparcial», San Juan (Puerto Rico), n. 1972; *El reino de Dios, ¿buenas nuevas para los pobres de América latina?* manuscrito multicopiado en San Juan, y en Revista Bíblica, Bs. A. 1976; *Toward a latin american theology: Some suggestions:* The Luthera Quarterly 1/22 (1970) 69-76.

Pla, A., *Los principios de la democracia cristiana*, Ed. del Caribe, Bogotá 1962.

Poblete, R.: *Secularización en América latina*, en *Panorama de la teología latinoamericana* I, Ed. Sígueme, Salamanca 1975, 435.

Pueblo oprimido, señor de la historia (antología), Ed. Tierra Nueva, Bs. A. 1972.

Quigley, Th. E. (ed.): *Freedom and unfreedom in the americas: towards a theology of liberation* (Introd. by H. Cox), IDOC, New York 1971.

Resumen de los apuntes del encuentro de dirigentes de movimientos sacerdotales en América latina: Contacto 6/10 (1973) 75-80.

Rey, J.: *Nueve reflexiones teológicas con vistas al desarrollo integral del hombre latino-americano*, SIC XXXIV (Caracas 1971) 2200-223.

Richard Guzmán, P.: *La negación de lo «cristiano» como afirmación de la fe*, en *Pueblo oprimido, señor de la historia*, 35-48; *Los cristianos y la revolución* (colección documental), Quimantú Ltda, Santiago 1972; *El significado histórico de la fe cristiana en la praxis revolucionaria:* Pasos 34 (1973); *Racionalidad socialista y verificación histórica del cristianismo:* Cuadernos del CEREN. 12 (1972).

Rivera, L.: *Sobre el socialismo de Santiago:* Revista Bíblica 34 (1972) 3-9; *La liberación en el éxodo:* Revista Bíblica (1971) 13-26.

Rivera Pagán, L.: *Aportes del marxismo*, en *Panorama de la teología latinoamericana* II. Sígueme, Salamanca 1976; *Libertad y revolución:* El boletín del SEPR (Seminario Evangélico de Puerto Rico), Río Piedras (Puerto Rico) 3 (1969); *Notas sobre una teología de la liberación:* El boletín del SEPR, 2/36 (1971); *Teología y praxis de liberación*, en *Pueblo oprimido, señor de la historia*, Tierra Nueva, Bs. A. 173-176; *Teología y marxismo*, en *Elementos para la formación*, Folleto de FUMEC (Federación Universal de Movimientos Estudiantiles Cristianos), 35 (6-11-72), Lima.

Rockefeller, N.: *La calidad de la vida en las Américas. Informe al presidente Nixon*, Washington 1969.

Rodríguez, E.: *El socialismo y los cristianos*, SCCS, Bogotá 1972; *Apuntes rojos para un continente al rojo vivo*, SCCS, Bogotá 1973.

Rogel, I.: *Documentos sobre la realidad de la iglesia en América latina:* Sondeos de CIDOC, n. 54, Cuernavaca 1969.

Rosales, J.: *Los cristianos, los marxistas y la revolución*, Ediciones Sílaba, Bs. A. 1970.

Rowley, H. H.: *The old testament and modern studies*, Oxford University Press, 1951.

Ruiz, S.: *Los cristianos y la justicia en América latina*, Ed. Servicio de documentación MIEC-JECI, Lima 1973.

Sacerdotes para el pueblo: *Desafío de la iglesia mexicana*: Perspectivas de Diálogo 63/7 (1972) 93-95.

Sacerdotes para el tercer mundo. Historia, documentos, reflexión (2.ª ed., documentos hasta 1970), Publicaciones del Movimiento. Bs. A. 1970; (Tercera edición: incluye los documentos de la segunda y los nuevos hasta la carta al Sínodo de obispos en octubre 1971), Publicaciones del Movimiento, Bs. A. 1972; *Los sacerdotes para el tercer mundo y la realidad nacional* (incluye hasta el regreso y entrevista con Perón), Ed. La Rosa Blindada, Bs. A. 1973; *Polémica en la iglesia: obispos argentinos y sacerdotes del tercer mundo*, Ediciones Búsqueda, Bs. A. 1970; *Dossier sobre el movimiento sacerdotes para el tercer mundo*: NADOC 178 (1970) 1-11 y en *La iglesia latinoamericana y el socialismo*, 48 s; *Declaración del tercer encuentro nacional*: Perspectivas de Diálogo 46/5 (1970) 196-197; *Carta del tercer mundo a la conferencia episcopal argentina*: NADOC 279 (1972) 1-4; también en *La iglesia latinoamericana y el socialismo*, 63.

Sacerdotes defenderán el triunfo (*El Siglo*, sobre los sacerdotes chilenos en la Unidad Popular): CIDOC informa, 56 (1970) 256.

Sánchez Vázquez: *Del socialismo científico al socialismo utópico*, en *Crítica de la utopía*, UNAM, México 1971; *Fiosofía de la praxis*, Ed. Gr.jalbo, México 1972; *La ideología de la neutralidad ideológica en las ciencias sociales*: Revista Historia y Sociedad, México 1977.

Santa Ana, J. de: *Cristianismo sin religión*, Ed. ALFA, Montevideo 1969; *Esperanza cristiana y compromiso político: fundamentos para la búsqueda de un nuevo mundo y un hombre nuevo*: Perspectivas Teológicas, 3 (1971) 119-128; *De la movilización de los recursos humanos a la creación de una nueva sociedad*, en *De la iglesia y la sociedad*, Ed. Tierra Nueva, Montevideo 1971, 135-172; *Los cristianos, las iglesias y el desarrollo*: Cristianismo y Sociedad 21/7 (1969) 61-69; *Notas para una ética de la liberación a partir de la biblia*: Cristianismo y Sociedad, 14-23/8 (1970) 43-60; *Protestantismo, cultura y sociedad en América latina*, Ed. La Aurora, Bs. A. 1970; *Teoría revolucionaria, reflexión a nivel estratégico-táctico y reflexión sobre la fe como praxis de liberación*, doc. n. 1, áreas, Encuentro cristianos por el Socialismo, Santiago 1972, y en *Pueblo oprimido, señor de la historia*.

Sapsexian, A.: *Theology of liberation-liberation of theology: educational perspectives* (mimeo) TEF, London 1973.

Sartor, R.: *Exodo-liberación: tema de actualidad para una reflexión teológica*: Revista Bíblica 139/32 (1971) 73-77.

Saxe-Fernández, J.: *Proyecciones hemisféricas de la pax americana*, Instituto de Estudios Peruanos Campodónico, Lima 1971.

Scannone, J. C.: *Trascendencia, praxis liberadora y lenguaje*, en *Panorama de la teología latinoamericana*, II Sígueme, Salamanca 1976; *El lenguaje de la teología de la liberación*: Víspera, 30/7, 41-46; *Ontología del proceso auténticamente liberador*: Stromata, 28 (1972) 107-150; *Hacia una dialéctica de la liberación, tarea del pensar practicante en latinoamérica*: Stromata 1-2/27 (1971) 23-60.

Schmitt, K. M. et. al.: *The roman catholic church in modern latin América*, Alfred A. Knopf, New York 1972.

Schuurman, L.: *Etica política*, Eds. Escatón-La Aurora, Bs. A. 1974; *El cristiano, la iglesia y la revolución*, Bs. A. 1970.

Secretariado social mexicano: *Un grave paso atrás en el CELAM* (documento): Contacto 1/10 (1973).

Segundo, J. L.: *Desarrollo y subdesarrollo; polos teológicos:* Perspectivas de Diálogo V (1970) 76-80; *Education, communication and liberation: A christian visión:* IDOC (N.A.) 35 (1972) 63-96; *Evangelización y humanización (Progreso del reino y progreso temporal):* Perspectivas de Diálogo V (1970) 9-17; *Instrumentos de la teología latinoamericana,* en *Liberación en América latina,* Ed. América Latina, Bogotá 1972; *Hacia una exegesis dinámica:* Víspera 3 (1967) 77-84; *¿Hacia una iglesia de izquierda?:* Perspectivas de Diálogo. 32/4 (1969) 35-39.

Segundo, J. L. - Certulo, R. - Rossi, J. J. (ed.): *Iglesia latinoamericana: ¿protesta o profecía?* (colección de documentos). Ediciones Búsqueda, Avellaneda 1969; *Liberación: fe e ideología:* Mensaje 208/21 (1972) 248-254; *Liberación de la teología,* Carlos Lohlé, Bs. A., México 1975; *Masas y minorías en la dialéctica divina de la liberación,* Ed. Aurora, Bs. A. 1973; *Problemática de la idea de Dios y de la liberación del hombre* (ponencia multicopiada de la consulta de ISAL sobre teología de la liberación), Montevideo 1970; *Posible aporte de la teología protestante para el cristianismo latinoamericano en el futuro:* Cristianismo y Sociedad 22/8 (1970) 41-49; *De la sociedad a la teología,* Carlos Lohlé, Bs. A. 1970; *La teología, problema latinoamericano,* IDO-C (International Documentation of the Conciliar Church) 1968.

Seladoc: *Panorama de la teología latinoamericana* I-II-III, Ed. Sígueme, Salamanca 1975-1976.

Sendoya, L. E.: *Teología y proceso de liberación del hombre latinoamericano:* Estudios Ecuménicos 9 (1970) 2-9.

Servicio colombiano de comunicación social (SCCS) (Boletín colombiano de Teología de la liberación para publicación de artículos y crónicas de simposios): Todas las crónicas a partir de julio 1970.

Shaull, R.: *Iglesia y teología en la vorágine de la revolución,* en *De la iglesia y la sociedad,* Tierra Nueva, Montevideo 1971, 23-48; *El cambio revolucionario en una perspectiva teológica:* Cristianismo y Sociedad; *Desarrollo nacional y revolución social:* Cristianismo y Sociedad 16-17/6 (1968) 31-41.

Signos de renovación (colección documental-Comisión episcopal de acción social), Lima 1969.

Signos de liberación. Testimonios de la iglesia en América latina (1969-1973), CEP, Lima 1973.

Silva Gotay, S.: *Bibliografía de la teología de la liberación:* El Apóstol 1/1 (reproducido por ALET), Costa Rica 1974; *Followers of the new faith: the theology of sect formation:* Caribbean Review (San Juan-Puerto Rico); *Una ideología concreta. El desarrollo de la ideología de los grupos cristiano-marxistas en América latina:* Contacto 6/10 (1973) y en *Elementos para la formación,* FUMEC, Lima 1972; *La iglesia y la pobreza. Un estudio de cinco denominaciones protestantes en Puerto Rico:* Revista de Administración Pública (Universidad de Puerto Rico); *La teología de la liberación en Gustavo Gutiérrez,* FUMEC, Lima 1973; *La teoría de la revolución en Camilo Torres. Su origen y consecuencias continentales:* Latinoamérica, UNAM 5 (1972) 105-138.

Silva Henríquez, R.: Carta del cardenal al P. Gonzalo Arroyo, en respuesta a la invitación al «Primer encuentro latinoamericano de cristianos por el socialismo», *Cristianos por el Socialismo,* Ed. Internacional de Quimantú, Santiago 1972 (cf. toda la correspondencia sobre el asunto en el mismo libro); *Iglesia, sacerdocio y política: Lo que nos une es mucho más fuerte que lo que nos separa:* CIDOC informa, 56 (1970) 252.

Simposio: Teología de la liberación (2 vols.: *Aportes para la liberación. Opción de la iglesia latinoamericana en la década del 70,* Presencia, Bogotá 1970.

Skemp, J. B.: *The greeks and the gospel,* Casey Kingsgate Press, London 1964.

Snaith, N. J.: *The distinctive ideas of the old testament,* Epworth Press 1944.

Social activist priests: Chile, Colombia, Argentina, LADOC, Washington D.C. 1975.

El socialismo y los cristianos (notas para una reflexión), Secretariado social mexicano, A.C., Roma 1, México 6 D.F.. 1972.

Sociedad Teológica Mexicana: *Memoria del primer congreso nacional de teología, fe y desarrollo,* Editados por la Sociedad Teológica Mexicana, México 1970.

SODEPAX: *In search of a theology of development,* A Sodepax report, Génève 1970; *Towards a theology of development* (annoted bibliography), Génève 1970.

Souza, H. J.: *Cristianismo hoje,* Río 1962.

Spencer, H.: *The principles of sociology,* D. Appleton and Co., New York.

Stavenhagen, R.: *Sociología y subdesarrollo,* Ed. Nuestro Tiempo, México 1972.

Sunkel, O. - Paz, P.: *El subdesarrollo latinoamericano y la teoría del desarrollo: ensayos de interpretación histórico estructural,* Siglo XXI Editores, México 1970.

Teología para el tercer mundo, los cristianos, la violencia y la revolución, Ed. Cristianismo y Revolución, Bs. A. 1969.

Testimonium (Revista de los movimientos estudiantiles cristianos, protestantes, de América latina), Ginebra, Montevideo, Bs. A.

Torres, C.: *Cristianismo y revolución,* Ed. Era, México 1970.

Torres, E.: *El futuro de la democracia una* (mimeo). Sec. de Cristianos por el Socialismo, Santiago 1972.

Troeltsch, E.: *The social teachings of the christian churches,* Allen and Unwin, London 1931.

Ugalde, L.: *Ambigüedad de la esperanza de los cristianos. Utopía y transformación,* en *Liberación de América latina,* Ed. América Latina, Bogotá, 1971.

Urrea, F.: *Amor, violencia, liberación,* Ed. Presencia, Bogotá 1970.

U. S. Army: *Counter insurgency planning guide* (ST 31-176), Special Warfare School, Fort Bragg 1964.

Valencia Cano, G.: *El pensamiento de un obispo socialista,* en Servicio Colombiano de comunicación social (SCCS), Bogotá (Documento n. 08, mayo 1972).

Vallier, I.: *Catolicismo, control social y modernización en América latina,* Amorrortu, Editores, Bs. A. 1971.

Vanderhoff, F.: *La pastoral indigenista,* México 1973; *La credibilidad del compromiso cristiano:* Contacto 6/10 (1973) 10-25.

Varese, S.: *La misión, las sociedades y su liberación,* en *Antropología y teología de la acción misionera,* Indo-American Press, Bogotá 1972.

Vargas López, I.: *El laicismo en Latinoamérica,* Tesis de grado, doctorado en historia UNAM 1974,

Vekemans, R.: *Status quaestionis sobre la teología de la liberación de América latina* (acusación sobre la Teología de la liberación por el jesuita belga coordinador de la campaña de Frei en Chile): Pasos, 15-5-72.

Veneroni, H. L.: *Estados Unidos y las fuerzas armadas de América latina,* Ed. Periferia, Bs. A. 1971.

La Verdad (Semanario religioso del Oriente de Bolivia, publicado en Santa Cruz), cf. números de 1971.

Vidales, R.: *La iglesia latinoamericana y la política después de Medellín*, IPLA, Quito 1972; *Tareas y proyecciones en la teología de la liberación:* Servir 45-46/9 (1973) 185-202; *El método en la teología de la liberación:* Christus 38 (1973) 28-33.

Villalpando, W. et. al.: *Las iglesias del trasplante* (protestantismo de inmigración en la Argentina), Centro de Estudios Cristianos, Bs. A. 1970.

Villega, A.: *Panorama de la filosofía ibero-americana actual*, EUDEBA, Bs. A. 1963; *Revolución en el pensamiento latinoamericano*, Siglo XXI Editores, México 1972.

Villela, H.: *La revolución cultural como cultura de la revolución:* Pasos 38 (1973) 18; *Los cristianos en la revolución: posibilidad de una praxis revolucionaria:* Cuadernos de la Realidad Nacional 9 (1971) 29-44 en folleto del Centro Crítico Universitario, México, y en la colección de Pasos.

Viola, R.: *¿Superación del diálogo marxismo-cristianismo?*, Primer encuentro latinoamericano, «Cristianos por el Socialismo», área 3, documento 3.

Vuskovic, S.: *Pluralismo ideológico* (multicopiado por CPS): Principios (revista de P.C.) 140 (1971) 43-52.

Weber, M.: *The sociology of religion*, Beacon Press, Boston 1963.

Weffort, F. C.: *Notas sobre la teoría de la dependencia. ¿Teoría de clase o ideología nacional?* (multicopiado DT-1), ABIIS, México 1974.

Wheaton, Ph.: *From Medellín to militancy: the church in ferment*, Division for L. A., U. S. catholic church, Washington D. C. 1970.

Willems, E.: *Followers of a new faith*, Vanderbilt University Press, Nashville 1967.

World conference on church and society (official report), World Council of Churches, 1967.

Wright, G. E.: *The God who acts*, SCM Press, London 1960.

Zaffaroni, C.: *Los cristianos y la violencia*, n. 9, 1968, 31 s.

Zea, L.: *Latinoamérica. Emancipación y neocolonialismo*, Ed. Tiempo Nuevo, Caracas 1971; *América en la historia*, Ed. de la Revista de Occidente, Madrid 1970; *La esencia de lo americano*, Pleamar, Bs. A. 1971.

Zenteno, A.: *Liberación y magisterio*, en *Liberación de América latina*, Ed. América Latina, Bogotá, 1971.

Zevallos, N.: *Contemplación y política*, CEP, Lima 1975.

Indice general

Dedicatoria 9

Reconocimiento 11

Presentación 13

Introducción 15

1. LAS CONDICIONES Y LOS PROCESOS HISTÓRICOS QUE HICIERON POSIBLE EL DESA-
   RROLLO DE LA TEOLOGÍA DE LA LIBERACIÓN EN AMÉRICA LATINA 29

   1. La crisis socioeonómica y política de América latina a principios de la
      década del 60 29
   2. Condiciones teóricas de la teología católica y protestante de principios de la
      década del 60 38
   3. Praxis política de los cristianos en el proceso revolucionario de América
      latina durante la década del 60 49

2. LA CRISIS TEÓRICA DE LAS TEOLOGÍAS EUROPEAS EN AMÉRICA LATINA 73

   1. Origen de la crisis teórica 73
   2. El idealismo greco-romano como fundamento de la teología tradicional 75
   3. Ruptura de la teología latinoamericana con la teología reformista conciliar
      y con la doctrina social cristiana europea 81
   4. Crítica de la teología de la liberación a los teólogos europeos 87

3. RESPUESTA LATINOAMERICANA A LA CRISIS TEÓRICA DE LA TEOLOGÍA: RECUPERA-
   CIÓN DE LA HISTORIA REAL COMO LUGAR DE LA SALVACIÓN 97

   1. Una sola historia 97
   2. La concepción del pecado 103
   3. La concepción histórica de la salvación: liberación 109
   4. La idea cristiana de la historia en la teología de la liberación 112
   5. Historia y escatología 118
   6. Historia y reino de Dios: la dimensión histórica del reino 119

7. Historia y reino de Dios: la dimensión escatológica del reino 124
8. Historia y reino de Dios: integración de las dimensiones del reino 131
9. Implicaciones y consecuencias inmediatas que tiene esta recuperación de la historia sobre la teología 134

4. LA REVOLUCIÓN HERMENÉUTICA: RECUPERACIÓN DEL SENTIDO HISTÓRICO Y LI-BERADOR DEL REINO DE DIOS EN LA LITERATURA BÍBLICA 137

1. La liberación del éxodo como centro estructurante de la fe del antiguo testamento 141
2. La justicia histórica como objetivo final de la liberación en la religión profética del antiguo testamento 147
3. Jesucristo: la historización del futuro revolucionario en el nuevo testamento 160
4. La revolución social en el nuevo testamento 166
5. La nueva hermenéutica abre la historia hacia el futuro e incorpora la reali-dad latinoamericana a la biblia 175

5. FE Y POLÍTICA: EL REDESCUBRIMIENTO DE LA DIMENSIÓN POLÍTICA DE LA FE 183

1. La secularización del orden político 183
2. El primer nivel de la fe: la esperanza del triunfo de la justicia.............. 186
3. La fe en un segundo nivel: la fe como interpretación histórico-cultural y como acción política 191
4. Teología: teoría de la praxis política de la fe 195

6. FE Y CIENCIA: CAMBIO EN EL PUNTO DE PARTIDA PARA LA REFLEXIÓN TEOLÓGICA Y LA INCORPORACIÓN DE LAS CIENCIAS SOCIALES A LA TEOLOGÍA 203

1. Cambio de punto de partida 203
2. Condiciones epistemológicas del conocimiento científico para la praxis social 206
3. Del desarrollismo a la teoría de la dependencia en la teología latinoamericana 213
4. Dependencia y liberación: el binomio de la teología latinoamericana 219
5. De la teoría de la dependencia al instrumental socioanalítico del materia-lismo histórico 223

7. FE E IDEOLOGÍA: LA OPCIÓN DE LA FE POR LOS VALORES, INTERESES Y EL PROYECTO HISTÓRICO Y UTÓPICO DEL PROLETARIADO REVOLUCIONARIO 233

1. Ideología como concepción del mundo de una clase social dada 233
2. Fe, teología e ideología 239
3. Consecuencia de la distinción fe-ideología 240
4. Cristianismo y marxismo: relación de adopción, convergencia y oposición 247

5. La alianza estratégica entre cristianos y marxistas 262
6. La función ideológica de la fe cristiana en la lucha política por la liberación de América latina 270

8. HACIA UNA ÉTICA CRISTIANA DE LIBERACIÓN: HISTORIZACIÓN DE LOS VALORES Y POLITIZACIÓN DE LA ÉTICA 273

1. La ética de liberación 275
2. El hombre como valor supremo en la ética cristiana de liberación 278
3. El hombre oprimido y el hombre nuevo: hacia una nueva antropología 284
4. Hacia una ética científico-política de liberación 293
5. Un problema ético específico: amor y lucha de clases 301

9. CONCLUSIONES DE ESTE ESTUDIO Y SUS IMPLICACIONES PARA LA SOCIOLOGÍA MARXISTA DE LA RELIGIÓN 315

1. Historización y politización de la fe cristiana 315
2. La transformación de la teología y la persistencia de la reflexión teológica 321
3. La función ideológica de la reflexión teológica en el proceso político 325
4. Origen y significado de los cristianos revolucionarios en América latina 329
5. Dificultades teóricas con la sociología marxista de la religión 338
6. Las raíces marxistas para una sociología de la religión 351
7. Hipótesis para el desarrollo de una sociología marxista de la religión 361
8. El lugar de América en la historia 369

Bibliografía 371

Se terminó de imprimir
en septiembre de 1989 en
George Banta Co.
Virginia, U.S.A.

La edición consta de
3,000 ejemplares.